모택동과 주은래 그리고 부의

모택동과 주은래 그리고 부의

왕칭샹(王慶祥) 지음 / 김승일 · 전영매 옮김

경지출판사

머리말

― 압박자와 착취자에 대한 개조 문제·

왕칭샹(王慶祥)은 중국 근·현대사에서 특별한 인물인 아이신줴뤄 부의에 대한 연구, 즉 청조 마지막 황제였으며 일본의 꼭두각시요, "만주국" 황제였던 부의가 어떻게 사회주의 애국자로 개조되었는지에 대한 연구에 종사해 온 전문가이다. 그는 자신의 신작 『모택동과 주은래 그리고 부의』를 나에게 보여주며 머리말을 한 편 써달라고 부탁했다. 내용의 상당 부분을 왕칭샹의 부의 관련 저술에서 개편 제작한 28부작 TV드라마 『마지막 황제』가 큰 인기를 누렸고, TV방송에서 반복 방송됐던 것처럼, 이 책도 많은 독자들의 환영을 받을 것이라는 점을 나는 믿어 의심치 않았다. 독자들은 이 책을 통해 부의가 중국혁명과 중화인민공화국의 두 위대한 지도자 모택동과 주은래의 직접적인 관심과 많은 직접적인 배려가 있었기에 비로소 사회주의 새 사람으로 개조될 수 있었다는 사실을 알게 될 것이다.

모택동, 주은래가 관심을 기울여 부의를 개조시키는 사업을 직접 진행한 것은, 그들을 자신의 백성으로 여겼던 마지막 황제를 개조하기 위해서라고 말할 수 있다. 그러나 그들이 그렇게 한 것은 오로지 한 명의 마지막 황제를 잘 개조하기 위한 것만은 아니었다. 더욱 중요한 것은 중국혁명에서 하나의 중대한 문제, 즉 수천만 명에 이르는 사람들에 대한 지난 날의 압제자와 착취자였던 그를 사회주의 노동자로 개조하는 문제를 해결하기 위함이었다.

마르크스주의 창시자는 될 수 있는 한 가장 합리적이고 가장 인도적인 방법으로 계급투쟁을 전개할 것을 주장하면서, 가장 좋은 방법은 유상몰수방법(즉 계급의 평화적 방법)으로 착취계급을 소멸시키는 것이라고 예로부터 주장했다. 1871년 4~5월 사이 마르크스는 파리꼬뮌의 경험을 종합할 때 "꼬뮌은 계급투쟁을 없애지 않을 것이다. 노동자계급은 계급투쟁을 통해 모든 계급을 소멸시키는 데 주력할 것이며, 이로써 모든 계급이 소멸될 것이다. …… 그러나 꼬뮌은 합리적인 환경을 마련해서 계급투쟁을 가장 합리적이고 가장 인도적인 방식으로 몇 개의 서로 다른 단계를 거칠 수 있게 해야 한다"고 했다.[1] 엥겔스는 1894년 11월에 쓴 『프랑스와 독일의 농민문제』라는 책에서 "우리 당(독일의 사회민주당을 가리킴—역자 주)은 국가의 권력을 장악하는 즉시 대토지 점유자를 모두 박탈해야 한다. 마치 공장주를 박탈했던 것처럼……. 그러한 박탈을 유상몰수방법으로 실행할지의 여부는 우리가 결정할 수 있는 것이 아니라, 우리가 정권을 장악할 때의 상황에 따라 결정된다. 특히 대토지 점유자인 지주들의 자체 행위에 따라 결정된다. 우리는 절대 유상몰수방법이 어떠한 상황에서나 다 허용되지는 않는다고 주장하지 않는다. 마르크스는 나에게 그의 견해에 대해 말한 적이 있다(그것도 여러 차례나 말했었다!). 만약 우리가 유상몰수방법으로 그 전체의 도당에서 벗어날 수 있다면 우리에게는 더없이 이로운 일이다"라고 말했다.[2]

중국공산당은 장기간 신민주주의 혁명투쟁을 지휘해오는 과정에서 포로가 된 적군 장병을 관대하게 대우하고(그들의 인격을 존중하고 그들의 주머니를 수색하지 않으며 그들의 상처를 치료해주며 떠나길 원하는 자에게는 여비를 대주고 남기를 원하는 자는 환영하는 것), 혁명근거지 내의 지주, 부농을 관대하게 대우하며 그들에게 살 길을 열어주는 것(중간계급에 대해서는 더 말할 것도 없이 쟁취하고 단결해야 한다)은 적군과 적대 계급을 고립시키고 분화시키며 와해시켜 인민 혁명의 순조로운 승리를 확보할 수 있는 지극히 중요한 조건이라는 점을 점차 깨닫게 했다.

토지혁명전쟁시기 모택동을 대표로 하는, 정확한 노선을 견지해온 공산당이 바로 그렇게 했다. 그들은 포로를 관대하게 대우하고 민족 공상업을 보호하며, 지주와 부농에게 땅을 나눠주는 등 정확한 정책을 실행했다. 그러나 "좌"경 맹종주의와 모험주의자들은 그러한 정확한 정책을 반대했다. 모택동은 1928년 11월 당내 보고 『정강산 투쟁』에서 이렇게 썼다. "소자산계급(중소 공상업자, 소지주, 부농을 가리킴)에 대한 정책을 우리는 올 2월

---

1) 『마르크스-엥겔스 선집』, 제2권, 인민출판사, 1972, 416쪽.

2) 『마르크스-엥겔스 선집』, 제4권, 위의 책, 314쪽.

전까지는 비교적 잘 실행했다. 3월에 상남특위(湘南特委, 상남특별위원회) 대표가 영강(寧岡)으로 가 우리를 너무 보수적이라고 비평했다. 그들은 우리가 너무 적게 불태우고 너무 적게 죽였다면서 이른바 "소자산을 무산으로 만들어 그들을 혁명할 수 있게 강박하는 정책"을 이행하지 않았다며 전 전위(前委, 전방위원회) 지도자를 바꿨다. 따라서 정책이 바뀌게 되었다. 4월 전군이 경계선에 이른 뒤 불태우고 죽이는 사례는 여전히 많지 않았지만 도시 중등 상인에게서 재산을 몰수하고 농촌 소지주와 부농에게 분담금을 할당시키는 사례는 매우 심각했다. 상남 특위가 제기한 "모든 공장은 노동자 소유로 한다"는 구호도 매우 보편적으로 선전했다. 소자산계급을 공격하는 이러한 "극좌"적인 급진정책은 소자산계급 대다수를 지방 토호의 편으로 몰아가 그들이 흰 띠를 내걸고 우리를 반대하게 만들었다." 그래서 이른바 "중간 계급의 배신"을 부르는 심각한 문제를 초래했다. 1933년 "좌"경 모험주의가 통치하는 임시 중앙이 강서(江西) 소비에트구에 들어선 뒤 모택동이 실행하는, 지주와 부농에게 토지를 나눠주는 정확한 정책을 "부농노선"과 "일관적인 극히 심각한 우경 기회주의"라고 모함하면서 지주에게는 밭을 나눠주지 않고 부농에게는 나쁜 밭을 나눠주는 잘못된 정책으로 바꿔버렸다. 장국도(張國燾)가 지휘하는 사천(四川), 섬서(陝西)의 혁명근거지에서도 "좌"경 모험주의 정책을 적극 추진하면서 공상업을 몰수하고 지주와 부농, 심지어 농민까지도 예외 없이 모든 재산을 남김없이 몰수해버렸다. 결국 천섬지구의 재력, 물력, 인력을 모조리 소모해버려 그곳에서 계속 견지해나갈 수가 없게 했다.

1935년 1월 준의회의(遵義回議) 후 특히 항일전쟁시기와 전국 해방전쟁시기, 모택동을 위수로 하는 중국공산당은 총체적으로 정확한 사회정책을 견지해왔다. 소자산계급과 민족자산계급, 그리고 기타 애국 민주주의자들과의 단결을 쟁취하는 광범위한 통일전선정책과 원래의 압박자와 착취자에게 살 길을 열어주는 정확한 정책도 포함됐다. 그러나 전쟁이 치열했던 1947년 하반기, 많은 해방구에서는 지주를 "쫓아내고" 지주와 부농을 마구 때리고 죽이는 "좌"적인 위험한, 잘못된 경향이 또 나타났다. 같은 해 12월에 열린 중국공산당 중앙회의에서 그러한 위험한, 잘못된 경향을 발견하고 곧바로 바로잡았다. 그때 모택동은 지주와 부농을 마구 때리거나 죽이면 안 되며 적게 죽이고 함부로 죽이는 것을 엄히 금지해야 하며, 그들에게 살 길을 열어주고 개조시켜야 하는 이유에 대해 재차 강조했다. 그렇게 해야 하는 첫 번째 이유는 사회의 동정을 이끌어내 민심을 안정시키기 위하는 데 있고, 두 번째 이유는 인구가 3천여 만 명에 이르는 지주와 부농은 수효가 어마어마한 나라의 노동력이요 막강한 생산력이기 때문이다. 그가 중앙정부를 대표해 작성하고 1948년 1월 18일에 발표한 당내 지시인 "당면한 당의 정책에 대한 몇 가지 중요한 문제"에는 이런 내용이 있다. "극소수의 진정으로 극악무도한 자에 대해서는 인민법원의 심문을 거쳐 판결하며 해당 정부기관[현(縣)급 혹은 분구(分區)급이 구성한 위원회]의 비준을 거쳐 총살하고 공표한다. 이는 전적으로 필요한 혁명질서이다. 이것이 한 방면이다. 다른 한 방면으로는 반드시 적게 죽이고 함부로 죽이는 것을 엄히 금지해야 한다. 많이 죽이고 마구 죽일 것을 주장하는 의견은 전적으로 잘못된 것이다. 그렇게 하는 것은 오로지 우리에게 대한 동정심을 잃게 하고 대중을 이탈시켜 고립상태에 빠져들게 한다. …… 적당한 시기(토지투쟁이 절정기에 이른 뒤)에 대중들을 교육해 자신의 원대한 이익에 대해 알게 해야 한다. 전쟁으로 인해 파괴되지 않고 토지개혁을 파괴하지 않는, 전국적으로 수천만(전국의 약 3억 6천만 명의 농촌 인구 중 약 3,600만 명이나 됨)을 헤아리는 모든 지주와 부농을 노동력으로 간주하고 보존하고 개조시켜야 한다. 우리 임무는 봉건제도를 소멸시키고 지주계급을 소멸시키는 것이지 지주 개인을 소멸시키는 것은 아니다."

임필시(任弼時)는 1948년 1월 12일에 발표했고, 그 후 중앙의 비준을 거쳐 전국 토지개혁 업무 지도문건으로 삼은 연설문 "토지개혁 과정에 나타난 몇 가지 문제"에서 이와 관련해 깊이 있게 논했다. 그는 다음과 같이 말했다. "우리는 지주계급의 착취제도에 대해서는 소멸정책을 실행하지만 지주 개인에 대해서는 소멸정책을 실행하지 않을 것이다. 법정의 심판을 거쳐 죄를 판결받은 소수의 매국노와 내전 범죄자를 제외한 기타 모든 지주들에게는 토지법 규정에 따라 농민의 것보다 많지도 않고 적지도 않은 토지재산을 나눠주어 그들이 노동을 하도록 하게 하고 그들을 개조시킨다. 지주를 노동에 참가시킬 수 있다면 적지 않은 노동력이므로 우리는 그 부분의 노동력을 포기해서는 안 된다. 그리고 또 우리가 만약 그들에게 필요한 토지재산을 나눠주지 않으면 그들은 약탈과 도둑질, 구걸을 하게 되므로 사회를 불안정하게 만들어 농민들이 오히려 손실을 입게 된다. 범죄자라 할지라도 그 범죄가 법원으로부터 사형판결을 받을 정도가 아니라면 반드시 필요한 토지재산을 나눠줘야만 사회질서가 안정될 수 있다. 공산당이 이끄는 혁명이 역사상의 모든 혁명보다 훌륭한 원인은 오직 우리만이 가장 공평하고 합리적인 정책을 제정해 사회생산력을 최대한 발전시켜 모든 사람이 입을 것이 있고, 먹을 것이 있으며, 살 집이 있고, 할 일이 있으며 공부할 수 있는 목표를 이루어 삶에 만족을 느끼지 못하는 사람은 단 한 사람도 없도록 하는 데에 있다. 우리가 이렇게 함으로써 우선 노동자 인민이 만족스러워하고 다음은 지주들도 살 길을 찾을 수 있게 한다." 그는 또 이렇게 말했다. "공산당은 마구 때리고 죽이는 것과 범죄자에게 육형을 가하는 것을 강력히 반대한다. 마구 때리고 죽이는 것과 육형을 가하는 것은 봉건사회의 산물이다. 봉건지주들이 농노를 대하거나 군벌이 병사들을 대할 때 마구 때리고 죽이거나 육형을 가하곤 했다. 100여 년 전 유럽과 미국의 자산계급이 혁명할 때 이미 인권을 보장하고 육형을 폐지하자는 구호를 제기했었다. 자산계급조차 이런 구호를 제기했는데 공산주의자요 신민주주의자이며 자산계급이 이끄는 혁명보다도 몇 배나 더 출중하게 혁명을 이끌 수 있는 우리인 만큼 당연히 마구 때리고 죽이는 것을 반대해야 하며 육형을 반대해야 한다."

잘못된 경향을 바로잡고 나서 해방구의 토지개혁은 비교적 건전한 발전을 이루었다. 전국 해방전쟁시기 옛 혁명 근거지의 토지개혁이 그러했으며, 신 중국이 창립된 후 첫 2~3년간 새로 해방된 지역의 토지개혁 또한 그러했다. 물론 신 중국 창립 전이나 신 중국 창립 후나 토지개혁, 반혁명 진압, 삼반 오반 운동, 이러저러한 그릇된 사상을 비판하는 등 운동에서 모두 대중을 발동시키는 투쟁방식을 취했다. 즉 인민정권이 이미 수립된 상황에서 여전히 계급투쟁을 격화시키는 방식으로 진행했다. 따라서 불가피하게 정도가 다른 확대화 현상이 나타났다. 여기에는 토지개혁 중에 일부 사람을 마구 죽이는 현상이 발생한 것도 포함된다. 그러나 신 중국이 창립된 후 소수민족지역의 민주개혁 과정 중에서는 평화적 방법을 취했다. 바로 주은래가 말했다시피 소수민족 상층 인사들과의 협상을 거쳐 개혁 후 그들 삶의 질이 떨어지지 않도록 보장해 주는 전제하에서 그들의 동의를 거쳐 진행했다. 사실이 증명하다시피 이는 인민정부의 지도아래 계급 모순을 완화해 계급 모순을 해결할 수 있는 보다 더 건전한 방법이다. 신 중국 창립 초기 엽검영(葉劍英)이 광둥(廣東)의 화교 밀집지역에 대해서도 평화적 토지개혁을 실행한 바 있는데 매우 좋은 효과를 거두었다. 신 중국에 대한 광범위한 화교들의 지지를 쟁취하는데서 매우 필요한 조치였다. 그런데 아쉽게도 이 정확한 조치가 후에는 잘못된 비평과 "수정"을 받았다.

중국은 민족자본주의 공상업에 대한 사회주의 개조에서 경제적으로 유상 몰수하고 정치적, 사업적으로 적당하게 배치해주는 평화적 방법으로 진행했다. 민족공상업자들에게는 시종 선거권을 누리게 했으며 단결의 대상으로 간주했다. 사회주의 개조를 마친 뒤 그들은 이미 사회주의 노동자와 사회주의를 지지하는 애국자로 개조됐다. 이는 세계 사회주의 운동사에서 하나의 창조적인 일이다.

종합적으로 말하면 원래의 압박자와 착취자에 대한 중국의 개조정책은 정확한 것이고 성공적인 것이며 "가장 합리적이고 가장 인도적인 방법으로 계급투쟁을 전개해야 한다"는 마르크스의 원칙에 전적으로 부합된다. 모택동은 중국공산당의 이러한 정책에 대해 개괄 서술할 때 이렇게 말했다. "반동계급과 반동세력에 속한 사람에 대해 그들의 정권이 무너진 뒤 그들이 반란을 일으키거나 파괴하거나 방해만 하지 않으면 토지를 주고 일자리를 주어 살 길을 마련해주어 그들이 노동을 통해 자신을 개조해 새 사람이 될 수 있게 할 것이다. 그들이 노동을 거부하면 인민의 나라는 강제로 그들을 노동시킬 것이다. 또 그들에게 선전교육을 시킬 것이며 심혈을 기울여 충분히 교육시킬 것이다. 마치 우리가 포로가 된 군관들에게 했던 것처럼……. 이를 "어진 정치를 편다"고 말할 수 있겠다. 그러나 이는 우리가 원래 적대계급에 속했던 사람에게 강압적으로 실행하는 것으로서 인민 내부의 자아교육과는 동등하게 거론할 수 없다."[3]

모택동이 여기서 언급한 것은 원래의 압박자, 착취자였던 자에 대한 개조는 강박성을 띤다는 것(예를 들어 만약 그들이 노동을 거부한다면 인민의 나라는 그들을 강박적으로 노동시킬 것이다), 또 심혈을 기울여 그들에 대한 선전교육을 충분히 진행해야 한다는 문제이다. 즉 개조는 강제와 자원을 결합시켜야 한다. 개조시키는 과정에서 제일 중요한 것은 사상 개조이다. 사상문제는 설득하는 방법 외에 강압으로 복종시키는 방법으로는 해결할 수 없다. 다른 사람을 설득하려면 설득 대상의 인격(즉 인권)을 존중해줘야 하며 그들을 평등하게 대해야 한다. 그들에게 왜 개조를 받아야 하며 어떻게 개조 받을지에 대해 그 이유를 분명하게 설명해줘야 하며, 설득 대상의 사상적 우려에 대비해 그들 사상면의 매듭을 풀어줘야 한다.

주은래가 부의 등을 상대로 선전교육을 진행한 것이 바로 아주 좋은 실례이다. 1959년 12월 14일 주은래는 열흘 전에 제1차로 특별사면으로 풀려난 전범 중 부의(溥儀), 두율명(杜聿明) 등 11명을 친절히 접견했다. 그는 진의(陳毅), 습중훈(習仲勳), 장치중(張治中), 부작의(傅作義), 소역자(邵力子), 장사소(章士釗), 서빙(徐冰) 등과 함께 이들 특별사면 인원들을 접견했다. 그는 특별사면으로 풀려난 부의를 비롯한 이들을 접견에 참가한 지도자들에게 일일이 소개했으며, 또 부의와 일상사에 대해서도 이야기를 나눴다. 그는 만주족(滿族) 기인(旗人)의 예절과 복식, 용모 특징 등에 대해 이야기했다. 주은래는 "그대들이 풀려난 지 며칠이 됐는데 일부 문제에 대해서는 미리 이야기해두는 것이 좋을 것 같다.",

---

3) 「인민민주독재를 논함(論人民民主專政)」

"그대들은 본보기니까 시련을 이겨낼 수 있어야 하며 좋은 인상을 남겨야 한다"고 말했다. 그는 엄숙히 말했다. 우리 통일전선은 수단과 방법을 가리지 않는 것이 아니라 원칙이 있다. 우리는 민족의 이익과 인민의 이익을 염두에 두고 그대들을 풀어줬다. 그는 특별사면을 받은 인원들에게 긴 연설을 했으며, 네 가지 문제에 대해 이야기했다. 첫째는 입장문제이다. 그는 그들에게 우선 민족의 입장에 굳게 서서 신 중국을 사랑할 것, 그 다음에는 착취계급의 입장에서 벗어나 노동인민의 편에 서서 노동자 인민의 입장을 수립하고 사회주의 관문을 잘 넘길 것을 강조했다. 둘째는 관점문제이다. 그는 노동의 관점과 집단적 관점, 대중적 관점 등 몇 가지 관점을 계속 수립하고 강화해야 한다고 말했다. 주은래는 사회주의 원칙은 "일하지 않는 자는 먹지 말라"는 것이라며 노동 단련을 할 수 있는 기회는 그대들에게 필요한 것이라고 강조했다. 그는 또 "10년간 그대들은 생산노동에 참가하면서 생활방식이 바뀌었다"며 "계속 견지해 나가야 한다"고 말했다. 그는 "10년간 개조를 하며 그대들은 집단생활을 하면서 일정한 집단주의 관점을 갖췄다"며 계속 이를 공고히 할 것을 당부했다. 그는 "대중적 관점은 실제로 집단적 관점의 연장이다. 대중 관점은 중국혁명의 가장 중요한 문제이다. 공산당은 초인간적인 능력을 갖는 것이 아니다. 대중들에게 확고하게 의지했기에 장개석의 반동통치를 무너뜨릴 수 있었다"며 "우리는 경제건설, 과학문화건설에서도 6억 5천만 인민에 의지해야 한다고 말했다. 셋째는 일과 생활 문제이다. 주은래는 일, 생활, 노동, 참관 학습을 잘 배치해야 한다며 참관학습의 목적은 "그대들을 도와 국내 상황을 더 한 층 이해할 수 있게 하기 위한 것"이라고 설명했다. 넷째는 전도문제이다. 주은래는 부의를 비롯한 11명의 특별사면을 받는 사람들에게 이렇게 말했다. "사회주의, 공산주의 길을 가며 새 사람이 되는 것은 전망이 밝다. 그대들이 잘한다면 여전히 수감 중인 전범들은 더 큰 희망을 가질 수 있다. 그들이 개조를 잘한다면 마찬가지로 여러 차례에 나누어 처리할 수 있으며 이는 사회에 득이 될 것이다. 그대들은 낡은 사회에서 온 것만큼 낡은 사회와 연고가 많으므로 그대들의 실제 느낌으로 사회 사각지대의 개조에 도움을 줄 수 있다. 부의 선생은 우리가 할 수 없는 역할을 할 수 있다."[4]

1960년 1월 26일 주은래가 부의와 그 가족을 단독 접견했다. 가족 중에는 그의 숙부 재

---

4) 주은래가 말한 그때 여전히 수감 중이던 전범들은 후에 1960년, 1961년, 1963년, 1964년, 그리고 그 후에 수차례에 나뉘어 전원 석방됐다.

도(載濤), 아우 김우지(金友之), 누이동생들인 김흔여(金欣如), 김예수(金蕊秀), 김온형(金韞馨), 김온오(金韞娛), 김지견(金志堅) 등이 포함됐다. 다시는 부의가 보고 싶지 않다고 말했던 그의 일곱째 누이동생 김지견도 이번 모임에 왔다. 이번에 주은래는 주로 일자리와 생활 배치에 대한 부의의 의견을 듣고 싶어 그들을 부른 것이다. 주은래는 부의에게 사상 개조는 첫째는 객관적인 환경이 있어야 하고, 둘째는 주관적 노력에 의지해야 한다고 말했다. 그는 "이제는 민족 사이가 평등해졌으며 여러 민족이 공동으로 발전하고 있다"면서 "만주족과 한족은 더 잘 단결해야 한다"고 말했다. 그는 또 "그대는 학습에 노력해 성적을 내야 한다"며 "이는 그대 개인에게도 득이 되고 인민에 기여하는 것이며 만주족에게도 이로울 것"이라고 말했다.

　1961년 6월 10일, 주은래는 또 부의와 부의의 아우 부걸(溥傑), 부걸의 부인 일본인 사가 히로(嵯峨浩) 등을 접견했다. 그는 청조의 공과와 부의·부걸의 책임, 만주족에게 합당한 지위, 그리고 중일 양국의 우호관계를 발전시켜야 할 필요성 등 문제에 대해 폭넓게 이야기했으며 부의 형제 등의 사상적 우려를 근본적으로 해소해주었다. 주은래가 말했다. "만주족 통치계급이 관내(산해관 안쪽)로 들어와 약 300년 가까이 중국을 통치하면서 여러 민족의 인민을 노예로 부렸습니다. 비록 중국을 한때 강성하게 만들었던 시기도 있었지만 결국 쇠락하고 말았습니다. 이는 청조의 황제와 소수의 귀족들이 책임을 져야 합니다. 만주족 인민은 책임이 없습니다. 그들도 똑같이 재난을 당했으니까요. 손중산 선생이 이끄는 신해혁명이 청조 정부를 무너뜨린 것은 잘 된 일입니다. 부의 선생은 그때 겨우 몇 살밖에 안 되었으니 그도 역시 책임질 수는 없었습니다. 그러나 "만주국"시대에 대해서는 부의와 부걸 둘 다 책임져야 합니다. 물론 더 큰 책임은 일본제국주의가 져야 합니다. 부의, 부걸이 합작해 쓴 책(부의가 쓴 『나의 전반생(我的前半生)』을 가리킴)"에서 이에 대해 폭로했습니다. 그대들의 책은 수정한 뒤 출판해야 합니다. 책 서문에 자아비평이 너무 많습니다. 그 일들은 다 지난 일들입니다." "당면한 문제는 만주족의 합당한 지위를 회복해야 한다는 것입니다. …… 실제로 1949년 후부터 이미 그렇게 하기 시작했습니다." 주은래는 또 이렇게 말했다. "청조는 중국 마지막 왕조인데 나쁜 일을 많이 했습니다. 그래서 멸망한 것입니다. 그러나 유익한 일도 몇 가지했습니다. 그 첫째가 중국의 여러 형제 민족을 한 데 연결시켜 중국의 판도를 결정짓게 한 것입니다. 중국 판도가 9백여 만 km^2에 이릅니다. 두 번째는 청조가 장기적인 통치를 위해 토지세를 낮춰 농민이 원기를 회복하고 인구를 늘릴 수 있었습니다. 그래서 인구가 4억 명까지 늘어 현재 인구수 6억 5천만 명까지 증가할 수 있는 토대를 마련했습니다. 세 번째는 청조 때 만족문과 한문을 동시에 사용해 두 가지 문명이 점차 융합되어 접근하도록 함으로써 중국문화의 발전을 촉진했습니다. 청조는 판도확정, 인구증가, 문화발전 등 세 분야에서 유익한 일을 했습니다. 강희 황제는 천문, 지리, 수학 지식을 알고 있었으며 학문이 깊었습니다. 러시아 표트르 대제와 강희 황제는 같은 시대 사람입니다. 러시아는 유럽에 위치해 있어 수공업이 비교적 발달했으므로 서유럽의 경험을 살려 공상업을 발전시켰습니다. 중국은 그때 봉건경제의 통치가 비교적 안정적이어서 공상업이 발달하지 못했습니다. 강희 황제는 다만 봉건문화 발전에만 전력했습니다. 청조가 저지른 나쁜 일에 대해서는 역사가 이미 결론을 내렸으므로 더 이상 언급하지 않겠지만 잘한 일에 대해서는 말해야 합니다." 중일 양국의 우호관계를 발전시켜야 할 필요성에 대해 주은래가 사가 히로에게 다음과 같이 말했다. 일본 군국주의가 조선과 중국을 침략하고 대외로 확장한 것은 잘못한 짓이다. 1894년 9·18사변, 77사변에 만주국까지 중국에 막대한 손해를 입혔다. 해방된 지 10년간 수만 명에 이르는 일본의 벗들이 모 주석과 류(소기) 주석, 나를 만나면 사죄의 뜻을 전하곤 했다. 그럴 때마다 우리는 이미 지난 과거라고 말했다. 중일 양국은 약 2천 년간 내왕해오면서 문화교류를 발전시켰다. 2천 년에 가까운 세월에 비해 50년은 너무 짧은 세월이며 게다가 이미 지난 과거가 돼버린 세월이다. 우리는 앞을 내다봐야 한다. 중일 양국의 우호관계 추진과 국교 정상화, 경제 문화교류의 발전을 추진하기 위해 노력해야 한다.

깊은 뜻이 담긴 주은래의 이런 담화는 부의 등의 시야를 크게 넓혀주었다. 그들은 잊을 수 없는 교육을 받았다. 특히 1959년 12월에 주은래가 발표한 연설은 부의와 두율명 등이 그 연설 정신을 애국 관점, 계급 관점, 대중 관점, 노동 관점으로 귀납해 "4훈"이라고 우러르며 앞으로 자신들의 행동준칙과 전진방향으로 삼았다.

사상개조는 사람마다 필요하다. 착취자들을 개조시켜야 하고 노동자들도 개조시켜야 하며 공산당 자체도 꾸준히 자아개조를 진행해야 한다. 주은래는 늘 "살아 있는 동안 평생 배워야 하고 평생 개조해야 한다"는 말로 당 외 인사들을 격려해주곤 했다.

모택동은 말했다. "인민의 나라는 인민을 보호한다. 인민의 나라가 있기에 인민은 전국 범위 내에서 그리고 민주적인 방법으로 자신을 교육하고 개조할 수 있으며, 자신이 내부와 외부 반동파의 영향에서 벗어날 수 있게 하며(그 영향이 아직까지도 매우 클 뿐 아니라, 오랜 시간 동안에는 계속 존재할 것이며, 빠른 시일 내에는 소멸되지 않을 것이다), 낡은 사회에서 얻은 자신의 나쁜 습관과 나쁜 사상을 개조해 스스로 반동파가 가리키는 그릇된 길에 들어서지 않도록 할 것이며, 사회주의 사회와 공산주의 사회를 향해 계속 앞으로 나갈 수 있게 할 것이다."[5]

모택동은 또 이렇게 말했다. "무산계급과 혁명인민의 개조 투쟁에는 다음과 같은 임무가 포함된다. 객관적 세계에 대한 개조와 자신의 주관세계를 개조하는 것—자신의 인식능력을 개조하는 것과 주관적 세계와 객관적 세계의 관계를 개조하는 것이다. …… 이른바 개조 대상인 객관세계에는 개조를 반대하는 모든 사람이 포함되는데, 그들에 대한 개조는 강박적인 단계를 거쳐야만 자각적인 단계에 들어설 수 있다. 전 인류가 다 자각적으로 스스로를 개조하고 세계를 개조하는 때가 되면 세계는 공산주의 시대에 들어서게 될 것이다."[6]

중국인민공화국의 창립 전후 중국에서는 지주분자, 부농분자, 반혁명분자, 나쁜 분자 등 네 부류(물론 그들의 자녀는 포함되지 않는다)를 정해놓았다. 이런 네 부류에 속한 사람이 총 2천여 만 명에 달했다. 1978년 12월 중국공산당 제11기 3중전회 후, 그들 중 절대다수가 "모자"를 벗었으며 나머지 10만 명이 채 안 되는 사람도 1984년 말 전까지 모두 다 "모자"를 벗어버렸다. 이러한 사실은 중국공산당이 압박자와 착취자에 대한 개조정책이 완전 성공적이었다 것을 증명해준다.

그래서 중화인민공화국에서 사회주의 새 사람으로 개조된 이는 부의 혼자가 아니다. 2천여 만 명에 달하는 크고 작은 "부의"들이 있다. 나는 사회주의 개조과정에서 인간에 대한 사상개조를 크게 강조했다고 본다. 그중에는 수천만 명에 이르는 원래의 압박자, 착취자에 대한 사상개조가 포함되며 그 방면에서 빛나는 성과를 거두었다. 이는 누가 뭐래도 모택동, 주은래를 대표로 하는 중국공산당이 세계 사회주의운동에 대한 하나의 중요한 기여라고 해야 할 것이다.

라오까이롱(廖蓋隆)

---

5) 『인민민주독재를 논함』

6) 『실천론(實踐論)』

차 례

머리말—압제자와 착취자에 대한 개조 문제 / V

1.
창의적 결정

　이 세상에 전쟁이 생겨나면서 그에 따라 전쟁포로에 대한 처리문제도 생겨났다. 고대전
쟁에서는 전쟁포로를 처리하는 방식은 일반적으로 비교적 간단했다. 포로를 죽이거나 강
제로 노예노동에 종사시켰다. 최근 한 세기 동안은 국제회의를 통해 일부 조약(전쟁포로
대우에 관련한 국제 조약에는 1899년의 헤이그 제2조약 부록과 1907년의 헤이그 제4조약
부록, 1929년 제네바 외교회의에서 제정한 전쟁포로에 대한 인도적 대우 협약, 1949년 새
롭게 수정 보완한 『전쟁 포로에 대한 대우 관련 제네바협약』 등)이 체결되면서 전쟁포로에
대한 처리에 있어서 엄격한 규제가 생겼다. 그때부터 전쟁포로와 전범을 구분하기 시작했
다. 전쟁포로는 공인하는 전쟁법규와 관례에 따라 전투를 치르다가 포로가 된 참전자를 가
리키며, 교전 양측 모두에게는 전쟁포로문제가 불가피하게 발생한다. 국제조약의 규정에
따라 전쟁포로는 인도주의적인 대우와 보호를 받을 권리가 있고, 숙박과 식사, 위생, 의료
등 생존 여건을 보장받을 권리가 있다. 교전 양측은 구체적 상황에 따라 전쟁기간에 포로
가 교환협상을 진행하거나 실제 전쟁이 끝난 뒤 석방하거나 송환하며 지체해서는 안 되며
함부로 해쳐서는 더욱 안 된다. 그러나 전쟁 범죄자는 다르다. 전범은 전쟁을 발동한 침

략국이나 패전국 중에서 공인하는 전쟁 법규와 관례를 어긴 전쟁 범죄자를 가리킨다. 그들은 혹자는 화학 · 세균 · 핵 등 비상규 무기 사용으로 전쟁을 극도로 참혹화해 막대한 생명 피해와 재산 손실을 빚어낸 정책에 참여했거나, 혹자는 민간인을 상대로 살상 · 약탈 · 강간 · 방화를 저질러 평화를 파괴한 중죄를 범한 자들이다. 그들에 대해서는 재판과 형량을 정하는 문제가 존재했다.

제1차 세계대전 후 일부 국가들이 자국 법정에서 전쟁 범죄자를 재판했었다. 예를 들면 프랑스 법정과 라이프치히 독일제국법정 등이 그러했다. 프랑스 법정에서 재판을 받은 전범은 대다수가 포로가 된 독일병사들이었고, 라이프치히에서 재판을 받은 포로도 모두 그에 버금가는 전범들이었다. 게다가 그들이 받은 형량은 아주 적었는데 그저 상징적으로 1~2년의 유기형을 받았을 뿐이었다. 협약국에서 독일로 인도된 전 독일제국 군 지도자, 정부 수뇌와 전범 등 직접적 책임자는 아무도 라이프치히 법정재판에 오르지 않았다. 하지만 어쨌건 간에 전범재판의 선례를 연 것만은 사실이다.

1919년 상반기에 열린 파리평화회의에서 체결한 『베르사유조약』에는 또 특별국제법정을 설치하고, 1호 전범 빌헬름 2세를 비롯한 전쟁 원흉을 심판하여 징벌하는데 대한 조항을 규정지었다. 그러나 실행되지는 못했다. 빌헬름 2세는 바로 호엔촐레른이며, 1859년에 태어나 1888년에 독일제국 황제와 프로이센 국왕으로 즉위한다. 그의 재위기간은 마침 독일이 독점 자본주의 통치시기에 들어선 시기였는데, 그는 융커-자산계급의 침략확장정책을 폄으로써 제1차 세계대전을 일으킨 원흉이었다. 1918년 11월 오스트리아 · 헝가리 제국 등이 잇따라 항복함에 따라 국내외의 맹비난 속에서 빌헬름 2세와 태자는 네덜란드로 도주했다. 그리고 네덜란드 정부는 협약국의 인도 요구를 거절했으며, 게다가 협약국 주요 국가들인 미국, 영국 등도 빌헬름 2세를 징벌할 의향이 없었기 때문에, 그는 정의로운 심판을 피해 편히 지내면서 수명을 연장하다 1941년 82세를 일기로 사망했다.

제2차 세계대전 후 승전국들은 잇달아 뉘른베르크 국제군사재판과 도쿄 국제군사재판을 열어 독일과 일본 파시스트 전범을 재판했다. 전자는 1945년 10월 재판을 열어 1946년 10월 판결을 선고했는데, 전 독일제국 원수이며 공군 총사령관 겸 나치스당 부 당수 괴링 등 12명에게 교수형, 전 나치당 부당수이며 무임소장관 겸 비밀내각회의 위원 헤스 등 7명에게는 무기형 혹은 유기형의 판결을 내렸다. 후자는 1946년 5월 재판을 열어 1948년 11월 판결을 내렸는데, 전 일본 내각 총리대신 도조 히데키(東條英機) 등 7명에게는 교수형,

도죠 히데키(東條英機, 가운데)가 피고석에 앉아 키난(오른쪽) 수석검찰관의 질문을 받고 있다.

전 일본 참모본부 참모총장 우메즈 요시지로(梅津美治郎) 등 18명에게는 무기형 혹은 유기형의 판결을 내렸다. 이로써 국제재판소를 특별 구성해 전범을 재판한 선례를 열었다.

한편 세계 일부 나라들에서는 또 단독으로 법정을 설립해 독일 · 일본 · 이탈리아 등 국가의 전쟁 범죄자에 대해 2천 회가 넘는 재판을 열었다. 그중 미국과 구소련 · 중국에서 열린 재판이 비교적 중요했다. 1946년 12월부터 1949년 3월, 미국은 뉘른베르크에서 법관 전원이 미국인으로 구성된 12개 법정을 열고 독일 부장과 대사, 해육군 원수를 비롯한 185명 전범에 대한 재판을 진행해 교수형과 무기형 혹은 유기형을 각각 선고했다. 1949년 12월 소련 극동국제군사재판이 하바로프스크에서 열려 세균무기를 사용한 야마다 오토조(三田乙三) 전 관동군 사령관 가지츠카 류지(梶冢隆二), 전 관동군 의무처장 가와시마 기요시(川島清), 전 731세균부대 대장 등 일본 전범에 대한 재판이 진행됐다. 중국에서 열린 재판은 실제로 2차례였다. 1940년대 후기 국민당(國民黨)정부가 북경(北京), 상해(上海), 중경(重慶) 등지에서 10차례 군사재판을 열어 항일전쟁시기 포로가 되었거나 전쟁에서 패해 항복한 일본 전범들을 재판했다. 1956년 중화인민공화국정부는 또 심양(瀋陽)과 태원(太原)에 특별군사재판소를 설치하고, 소련에서 인도되었거나 포로가 된 일본 전범에 대한 재판을 열었다.

제2차 세계대전 아시아전장의 개척과 밀접히 연관되어 있는 한 중요한 인물이 당시의 재판에서 빠져나갔다. 그가 바로 일본의 히로히토(裕仁) 제124대 천황이다. 히로히토는

1904년에 태어나 그의 아버지 다이쇼(大正) 천황의 건강이 악화되자, 1921년에 섭정을 시작했으며, 1926년에 천황에 즉위했다. 그의 재위기간 중에 제2차 세계대전 전 과정을 겪었다. 일본의 최고 결책자인 히로히토는 전후 일본 주재 미군사령관 더글러스 맥아더 장군에게 이런 말을 한 적이 있다. 그는 "일본이 일으킨 전쟁으로 인해 일어난 모든 문제와 사건에 대한 전부의 책임을 져야 한다."[7] 도조 히데키 등 전범들이 잇달아 포로가 되고 있을 때, 일본 공산당은 제일 먼저 천황을 전범으로 기소하고 천황제를 폐지하자는 구호를 제기했다. 그에 이어 사회 각계에서 심지어 장군과 황족들 가운데서도 천황의 퇴위를 요구하는 목소리가 높았다. 소련과 오스트레일리아, 뉴질랜드, 필리핀, 중국 등에서도 천황제를 폐지할 것을 강력히 주장했다. 그중 일부 나라의 신문과 방송에서는 천황을 전범으로 재판을 받게 해야 한다고 호소하기까지 했다. 그러나 결국은 어찌 되었는가? 도쿄 국제군사재판 수석 검찰관은 재판 석상에서 "검찰당국은 천황에 불기소 판결을 내렸다"라고 선포했다. 그로부터 수십 년간 천황은 여전히 천황 자리에 앉아 있었으며 오직 천황의 신비로운 베일만 벗겨졌을 뿐이다. 그리고 정책결정 실권도 내놨다. 그는 일본 국가의 상징인 한편 줄곧 해양 미생물과 강장동물을 연구하는 학자로 살다가 1989년 88세를 일기로 병사했다.

두 차례의 세계대전을 겪고 난 세계의 모든 사람들은 전쟁 범죄자를 사무치게 증오하게 됐다. 바로 이들 전쟁 범죄자들이 전쟁기간에 이루 다 말할 수 없을 만큼 많은 비인간적인 죄행들을 직접 만들어냈기 때문이었다. 그러나 증오와 재판, 처벌이 전쟁으로 인한 대립을 최종적으로 해결할 수 있는 것은 아니다. 그래서 일부 자본주의 국가들에서 범죄의 교정에 종사하겠다고 자원한 인사들이 먼저 나타났다. 그들 중에는 목사도 있고, 감옥에 대해 연구하는 학자도 있으며, 사회 최하층의 체력노동자도 있었다. 전쟁 범죄자 개조에 대한 일련의 이론과 노선, 방침, 정책은 중국공산당과 그 대표인물이 제일 먼저 제기했다.

대규모 전쟁을 겪은 뒤에 책임을 추궁하기 위해서는 수많은 크고 작은 전범을 모두 잡아내야 한다. 그들의 죄행은 가볍고 무거운 구별이 있으며, 범죄 조건도 천차만별이다. 육체적으로 모조리 소멸시켜버리기보다는 그들을 개조해 올바른 방법으로 소극적인 요소를 적극적인 요소로 바꿔 전쟁의 위험을 평화와 사회의 발전에 주력할 수 있는 힘으로 바꾸는

---

7) 맥아더 장군과 시게미츠 마모루(重光葵) 일본 외무대신 사이의 담화를 참조할 것. 『요미우리신문(讀賣新聞)』, 1955년 9월 14일 게재. 가와하라 토시아키(河原敏明) 작, 가의문(柯毅文), 안경호(顔景鎬) 역, 『천황 히로히토의 쇼와사』, 군사번역문출판사, 1986, 170쪽에서 인용함.

것이 보다 바람직할 것이기 때문이다.

1920년대 중국 토지혁명전쟁시기 모택동(毛澤東)이 지주와 부농에게 토지를 나눠주는 정책을 제기했다. 그리고 항일전쟁시기에 이르러서는 또 광범위한 통일전선을 구축하고 원래의 압박자와 착취자에게 살 길을 열어준다는 정책을 명확히 제기했다. 해방전쟁시기에 모택동은 중앙에서 작성하

부의(溥儀)가 도쿄재판소에서 일본 전범에 대한 재판에서 증언했다. 1946년 8월 촬영.

고 1948년 1월 18일 발표한 당 내부 지시에서 다음과 같이 제기했다. "군중을 교육해 자신의 원대한 이익에 대해 알게 해야 한다. 전쟁으로 파괴하지 않고 토지개혁을 파괴하지 않는, 전국적으로 수천만 명에 이르는 모든 지주와 부농을 국가의 노동력으로 보고 보존하고 개조시켜야 한다. 우리의 과업은 봉건제도를 소멸시키고 지주계급을 소멸시키자는 것이지 지주 개인을 소멸시키려는 것은 아니다."

중국혁명이 승리하자 일본 전범과 국민당 전범, 만주국 전범, 위왕(僞汪) 정부 전범, 위몽강(僞蒙疆) 자치정부 전범에 대한 문제를 의사일정에 올려놓았다. 모택동을 비롯한 중국 공산당원들은 혁명의 연대에 원래의 압박자와 착취자를 개조했던 실천 경험을 살려 "개조"를 전범처리의 기본원칙으로 삼아 역사적 성공을 거두었다.

일본 전범에 대한 처리에서 주은래는 1955년에 이미 이렇게 지시한 바 있다. 첫째는 사형 판결을 하지 말 것, 둘째는 무기형 판결을 하지 말 것, 실형을 구형하더라도 극소수로 제한할 것……. 20년이 지나 따져보면 20년 전 사업의 위대함과 영광스러움을 알 수 있다.

실제로 10년 뒤에 모택동이 회고했다. 그때 그는 이미 아주 명확히 보았다. 그는 1964년 외국 손님을 접견할 때 중국에서 일본 전범을 개조한 상황에 대해 설명한 적이 있다. 그는 이렇게 말했다. "중국을 공격했던 장군들 대다수가 소련군에 의해 체포되고 우리에게 체포됐습니다. 일본 전범 중에는 중장도 있고 소장도 있었으며 장교급 군관도 있었습니다. 총 1,100여 명에 이릅니다. 교육을 거쳐 한 사람만 제외하고 모두 우리를 반대하지 않았습니다. 모두 중국의 벗이 됐습니다. 그들은 일본 국내에서도 선전하면서 저들의 독점자본주의와 미 제국주의를 반대했습니다." 그로부터 얼마 뒤 모택동은 또 이렇게 말했다.

"적이 무기를 버리고 항복하고 나면 적들 중 절대다수는 개조될 수 있습니다. 단 훌륭한 정책과 좋은 방법이 있어야 합니다. 그들 스스로 개조하도록 해야지 강박할 수 없으며 강제로 따르게 해서는 안 됩니다." 이는 전범 개조사업의 경험담이라고 할 수 있다. 그 몇 해 동안 모택동은 다양한 장소에서 범죄자와 전범 개조와 관련해 여러 차례 거론했었다. 그는 이 분야에서 "우리에게는 수십 년의 경험이 있다. 15년뿐 아니라 과거에는 근거지에서도 일부 경험이 있었다"고 말했었다. 그는 감옥 관리자가 "사람에 대한 개조를 우선순위에 놓아야지 노동과 생산을 우선순위에 놓아서는 안 되며, 죄인의 돈을 벌려고 하지 말아야 한다는 것"만 안다면 반드시 범죄자의 사상을 개조할 수 있다고 했다.

모택동은 사람은 개조할 수 있다고 굳게 믿었다. 이러한 판단은 전쟁 미치광이에서 친구로 바뀐 1천 여 명의 일본 전범에 의해 증명됐다.

전 일본 전범 후지타 시게루(藤田茂)의 사례를 보기로 하자.

후지타 시게루, 남 1889년생, 일본 히로시마현 사람이다. 무사집안 출신으로서 군관 세가에서 어려서부터 군국주의 사상과 무사도 정신으로 양성됐다. 1930년대에 그는 일본 천황에 대한 무한한 숭배와 강렬한 민족적 우월감을 안고 군대를 거느리고 중국을 침략했다. 그 기간에 그는 일본 육군 제20사단 기병 제28연대 연대장(대좌), 제12군 기병 제4여단 여단장(소장), 제59사단 사단장(중장) 등의 직책을 맡았었다. 전쟁기간 그는 부대를 지휘해 산서(山西)와 산동(山東) 경내에서 "소탕"을 감행하면서 삼광작전[三光作戰, 모조리 죽이는 살광(殺光), 모조리 태워버리는 소광(燒光), 모조리 약탈하는 창광(搶光)-역자 주]을 펴 중국인 포로와 일반 민중 약 천 명을 잇달아 살해했다. 그중 2백 명은 살아있는 상태에서 "과녁"이 되어 신병에게 "담력 훈련"을 시킨다는 명목 아래 학살당했다. 한편 또 부하가 여성 60여 명을 강간하고 민가 1만 8천여 채를 불사르고 파괴했으며 식량 5백여 톤과 짐승 1,600여 마리를 약탈한 것을 방임했다. 그는 또 독가스와 세균 등 국제법이 허용하지 않은 살인무기를 사용하라는 명령까지 내렸다. 장기간의 전쟁

전범 후지타 시게루가 대회에서 죄를 뉘우치며 발언하고 있다.

중에서 침략군 고급 군관으로서 그는 강하고 고집이 세며 괴팍한 성격적 특징을 키웠다. 비록 전쟁에서 패해 포로가 됐음에도 그는 전혀 항복하지 않았으며 기세등등해서 개조를 거부했다. 그는 찾아가 담화하려는 전범관리소 간부에게 "나는 제국주의자이고 너희들은 공산주의자이니 담화할 필요가 없다!"라며 도발했다. 그는 태도가 교만하고 말투가 거만했으며 자신이 전범이라는 사실을 아예 인정하지 않았다. 그는 "나와 나의 부하는 전범이 아니라 전쟁포로이다"라며 "반드시 무조건 석방해야 한다"고 말했다. 관리소에서 전범들을 조직해 학습할 때도 그는 "전쟁포로에게 정치교육을 진행하고 사상개조를 강박하는 것은 국제법에 어긋나는 짓이다. 우리에게는 학습할 의무가 없다"라고 고래고래 소리를 질렀다.

그의 사상 상황에 대해 전범관리소 간부들은 많은 노력을 기울여 그가 끝내 침략전쟁의 죄악과 군국주의의 반동 본질에 대해 인식하고 개조를 받아들이는 길로 들어서게 했다. 1956년 6월 19일 후지타 시게루는 중화인민공화국 최고인민법원 특별 군사법정에서 유기형 18년을 선고받았다. 그는 심양 법정 "마지막 진술"에서 이렇게 말했다. "내가 중국 침략기간에 저지른 행위는 정의롭지 못한 것이며 비인도주의적인 것이었다. 그런 악랄한 죄행은 일본의 일부 통치계급과 독점재벌의 이익을 위해 저지른 것으로서 내가 믿었던 것처럼 일본국민의 행복을 위한 것이 아니었다. 나는 중국인민에게 엄청난 죄행을 저질렀으며 일본인민에게 전례 없는 재난을 가져다주었다. 침략전쟁은 도의에 어긋나는 짓이며 인류에게 흉악한 적이다. 그러니 전쟁이 두 번 다시 일어나는 것을 용납해서는 안 되며, 후대가 그런 잘못된 길을 다시 걷게 해서는 안 된다." 징역을 사는 동안 그의 아내가 일본에서 중국으로 면회를 왔다. 면회할 때 후지타 시게루는 일본인의 앞날에 대해 아내에게 세 가지 어려운 문제를 제기했다. 그는 아내의 정치적 각오를 시험해볼 생각이었다. 그 결과 아내가 매우 난감해하며 답을 하지 못했다. 후지타 시게루는 아내에게 그 문제들을 가지고 열심히 공부해 사상수준을 높일 것을 권했다. 이는 감동적인 진실한 이야기이다.

후지타 시게루는 선행으로 인해 재판 뒤 1년 남짓 징역을 살고 나서 6년이나 앞당겨(판결 전 수감 기간이 있었으므로 형량이 10년 넘게 줄었음) 석방됐다. 석방되던 날 그는 감격한 나머지 자신은 "중국인민의 진리에 따른 교육지도를 받아" "귀신에서 양심 있는 인간으로 바뀌었다"고 말했다. 그는 "언제 어디서나 자신의 일생을 바쳐 제국주의와 침략에 반대해 싸울 것을 맹세한다"고 밝혔다. 후지타 시게루는 귀국 후 바로 "중국귀환자연락회"

제1진으로 335명의 일본 전범이 불기소 통지서를 받았다. 태원(太原)전범관리소 수감자도 포함됨.

에 가입했으며 회장을 맡았다. 이 조직은 "침략전쟁을 반대하고 세계평화를 수호하며 일중 양국의 우의를 추진할 것"을 취지로 삼아 회고록을 출판해 다음 세대를 교육했으며, 일중 양국 간에 더 이상의 전쟁은 없어야 한다고 호소했다. 그동안 후지타 시게루는 활동을 활발히 전개했다. 그는 한편으로는 일본자위대에서 근무하는 옛 부하와의 관계를 통해 일중간의 우호적인 관계를 군대 내부로 확산시켰으며, 다른 한편으로는 잇달아 네 차례나 방문단을 이끌고 중국을 방문했다. 그는 중일 간 우호적인 관계를 위한 기여로 인해 주은래의 친절한 접견과 높은 평가를 받았다. 1982년 세상을 떠나기 전까지도 88세 고령인 후지타 시게루는 중국인민의 은혜를 오매불망 잊지 못했다. 가족들이 그의 특별한 당부에 따라 주은래가 선물한 중산복을 입혀주자 그제야 눈을 감았다고 한다. 그의 손자 후지타 히로시(藤田寬)가 지금은 할아버지의 사업을 이어 받았다. 1984년 10월 후지타 히로시는 중일청년우호친목회 일본측 대표의 한 사람으로서 전 무순(撫順)전범관리소 소장을 만난 자리에서 감격해 하며 말했다. "저의 할아버지께서 살아계실 때 당신의 목숨은 중국이 준 것이라고 늘 말씀하셨습니다. 우리는 전 세대의 운명을 반복해서는 안 됩니다. 저는 일생동안 일

중 간의 우호적인 관계를 위해 힘쓰겠습니다!"[8]

일본전범에 대한 개조의 성공은 위대한 사업이긴 하지만 창조적인 조치라고까지는 할 수 없다. 유럽과 미국 등 자본주의 국가에서도 죄수와 전범 교정에서 성공한 사례가 있다. 그러나 중국 공산당과 중국정부는 황제도 성공적으로 개조했다. 이는 동서고금에 선례가 없으며 전 세계가 공인하는 창조적인 조치였다.

---

8) 후지타 시게루 관련 자료는 『정의로운 재판—최고인민법원 특별 군사법정의 일본 전범재판 현장기록(正義的 審判—最高人民法院特別軍事法庭審判日本戰犯紀實)』, 왕전평(王戰平) 주필, 인민법원출판사, 1991.과 『전쟁 미치광이에서 벗이 되기까지—일본 전범 개조 성공의 길(從戰爭狂人到朋友—改造日本戰犯的成功之路)』, 김 원(金源) 등 저, 군중출판사, 1986. 두 권의 일부 내용을 참조.

2.
위대한 흉금(胸襟)

1908년 12월 2일.

매서운 추위가 중국 땅을 휩쓸었다. 그 추위는 북경을 휩쓸고 자금성(紫禁城)을 휩쓸었으며 태화전(太和殿)을 휩쓸었다.

대전 앞 광장에서는 문무백관이 금란전(金鑾殿) 내 옥좌를 향해 엎드려 절을 하고 있었다. 옥좌 위에 앉은 사람은 뜻밖에도 세 살짜리 어린아이였다. 그 아이가 혼자 힘으로는 그 옥좌에 앉아 있을 수 없음이 분명했다. 27살의 젊은이가 옥좌 옆에 한쪽 무릎을 꿇고 앉아 두 손을 뻗어 어린아이를 부축하고 있었다. 여기서는 지금 온 세상이 다 아는 사건-중국 역사상 최후의 공식적이고 성대한 황제 등극 제전이 열리고 있는 것이다. 그 어린아이가 바로 중국의 마지막 황제, 아이신줴뤄 · 부의(愛新覺羅 · 溥儀)였다. 옆에 꿇어 앉아 그 어린아이를 부축하고 있는 젊은이가 바로 섭정왕 재풍(載灃)이었다. 그 성대한 의식이 열리면서 선통(宣統)이라는 연호를 쓰기 시작했다.

그 시기 호남성(湖南省) 상담현(湘潭縣)의 소산충(韶山沖)에서는 기개가 늠름한 한 15세 소년이 기름 등잔 불빛 아래서 글 읽기에 열중하고 있었다. 그중 제목이 『중국은 열강에 의해 분할될 위험이 있음을 논한다(論中國有被列强瓜分之危險)』라는 책이 있었는데, 그 책 제1권 서두에는 이렇게 써 있었다. "아이고, 중국이 망하게 될 것이다!" 제국주의가 중국을

세 살 난 부의가 선통 황제로 등극했다.

침략하고 분할한 것에 대해 서술한 이 책은 소년의 머릿속에 깊은 인상을 남겼다. 중국인의 한 사람으로서 그는 조국의 운명과 앞날이 걱정됐다. 그래서 그는 고향을 떠나 중국인민을 해방시킬 길을 찾기로 마음먹었다. 1910년 여름, 그는 상향현(湘鄕縣) 동산(東山) 고등소학당(高等小學堂)에 들어가 역사와 지리 지식을 폭넓게 배웠으며, 갈수록 많은 진보적인 간행물들을 접촉했다. 1911년 봄, 그는 또 장사(長沙)로 가 상향(湘鄕)의 성(省) 주재 중학교에 들어갔다. 거기서 그는 손중산(孫中山) 선생이 이끄는 중국 동맹회(同盟會) 회칙을 연구하고, "달로[韃虜, 한족(漢族)이 만주족(滿洲族)을 비하하여 부르던 말]를 몰아내고 중화를 회복하며, 민국(民國)을 창립하고 토지권리를 평균화하자"는 반청(反淸)구호를 잘 알게 됐으며, 황화강(黃花崗) 무장봉기와 72명 열사의 혁명사적에 대해 알게 됐다. 그는 청나라 정권에 대해 대립각을 세우기 시작했다. 그는 길게 드리웠던 머리채를 잘랐으며, 청 정부를 반대하는 글까지 써서 학교 문 앞 벽에다 내다 붙였다.

청나라 정부를 반대하는 길에 들어선 이 청년이 바로 모택동이었다.

그때 또 다른 10살짜리 영준한 소년이 너무 일찍 야박한 세태와 인정의 메마름, 힘겨운 가사노동의 시달림을 받으며 사상을 점차 성숙시키고 있었다. 그는 부처에 대한 미신을 떨쳐버리고[9] 회하(淮河) 강과 대운하가 합류하는 평원 위의 출생지-강소성(江蘇省) 회안(淮安) 시를 떠나 먼 요동(遼東)에 있는 친척집으로 가 공부할 기회를 얻고자 했다. 길게 드리

---

9) 주은래는 "나는 어렸을 적에 부처를 믿은 적도 있다……"라고 말했다. 『주은래 선집(周恩來選集)』, 하권, 인민 출판사, 1981, 356쪽.

운 머리채를 끌고 심양으로 온 그는 그때 당시 봉천부(奉天府) 도지사제용과주고(度支司制用課主稿)였던 큰백부 주이갱(周貽賡)과 철령현(鐵嶺縣) 은주진(銀州鎭) 세원분성보용통판(稅員分省 補用通判)이었던 셋째 백부 주이겸(周貽謙)의 보살핌을 받아 잇달아 은강서원(銀崗書院)과 동관(東關)모범학교에서 공부했다. 그는 비록 청나라 지방 작은 관리 가정에서 자랐지만 꾸준히 배우는 과정에서 서양의 새로운 학문과 많은 새로운 지식을 널리 접촉할 수 있었다. 그는 나라를 구하고 청나라 정부를 반대하는 내용을 중심 사상으로 한 진보적인 간행물들을 몰래 읽었다. 그리고 중국인이 외국 조계지에서 괴롭힘을 당하는 장면을 직접 목격하게 되면서 영사관 문 앞에서 나부끼는 외국 국기와 거들먹거리는 파란 눈의 순경들, 이따금씩 종소리가 울려퍼지는 뾰족하거나 둥근 지붕의 교회당들, 그리고 청정부의 굴욕적인 관청에 대해 자연히 반감과 멸시의 감정이 생겨났다.

이미 통찰력과 식견을 갖춘 이 소년은 바로 주은래였다.

청나라 융유(隆裕) 황태후와 국감 섭정왕 재풍은 부의에게 선통(宣統)이라는 훌륭한 연호를 지어주었다. 뜻은 즉 역대 조상들의 국가정치와 군사상의 업적을 널리 알리고 더욱 발전시켜 청나라 통치를 세세대대로 이어가라는 뜻이었다. 그런데 현실은 무정했다. 세살에 즉위한 부의는 여섯 살도 채 안 되어 옥좌에서 쫓겨났다. 바로 그해 위대한 신해(辛亥)혁명이 일어났던 것이다.

바로 그해 18살의 모택동은 장사에서 군에 입대해 신해혁명 신군 병사의 일원이 됐다.

바로 그해 14살의 주은래는 심양에서 반제국주의 반봉건 선전활동에 참가했다. 그는 학교에서 조직한 연설대회에서 금연 구국에 대한 연설을 통해 신사상과 신문화를 제창했다.

옥좌에서 물러난 뒤에도 부의는 계속 자금성을 차지하고 민국(民國)정부의 "우대"를 받으며 문을 닫아걸고 황제 노릇을 했다. 그는 장훈(張勳)·강유위(康有爲) 등과 결탁해 반동적인 복벽활동을 벌였다. 그러다 1924년에 이르러 풍옥상(馮玉祥)에 의해 궁에서 쫓겨났다. 그후 그는 또 천진(天津) 일본 조계에 "행재소(行在)"를 설립하고 "대청제국(大淸帝國)"의 "중흥(中興)"을 실현할 음모를 꾸몄다. 9·18사변 후에는 놀랍게도 일본 군벌에 희망을 걸고 민족의 죄인으로 타락해 결국 전범의 신분으로 피고석에 오르기까지 했다.

모택동과 주은래는 반제국주의 반봉건의 기치 아래 무산계급혁명의 길을 확고하게 견지하며 걸어갔다. 그들의 혁명목표에는 항상 부의를 대표로 하는 반동봉건세력이 포함되어 있었다.

모택동은 처음 부의에 대해 언급한 글에서 부의를 화근이라고 질책하며 나쁜 것은 철저히 제거해야 한다고 지적했다.

"오스트리아·헝가리제국 마지막 황제 카를이 스위스에 피신해 있을 때 모 신문사 기자가 뵙기를 청했다. 기자가 황제를 가까이서 모시는 신하를 만나자 그 신하가 말했다. '황제가 옥좌에서 물러난 것은 본인이 원한 일이 아닙니다. 그러므로 제왕의 제도를 회복하길 원합니다. 다만 지금은 잠시 은거하며 정치에 관여하지 않을 뿐입니다.' 무릇 황제가 되었던 사람 중에는 계속 황제가 되기를 원하지 않는 이가 없고, 벼슬을 해본 사람 중에는 계속 벼슬을 원하지 않는 이가 없다. 심리적으로 관념의 습관성이란 바로 그러한 것이다. 서양인들은 일을 행함에 있어서 철저한 것을 좋아한다. 역사적으로 국왕을 처형한 사실이 아주 많다. 영국에서는 찰스 1세를 처형했고(1648년), 프랑스에서는 루이 16세를 처형했으며(1793년), 러시아에서는 니콜라이 2세를 처형했다(1918). 이들 국민들은 모두 그리하지 않으면 화근을 제거할 수 없다고 여겼다. 나폴레옹이 세인트헬레나에 유배되어 있을 때 오늘날 빌헬름 2세도 그가 나폴레옹의 후신이 되어 협약국의 재판을 받게 하고자 했다. 그리 된다면 그에게도 큰 이득이 되는 일이었다. 스위스에 피신해 있는 카를과 북경에 숨어 지내는 부의는 국민이 경계하지 않으면 어느 때건 화근이 될 것이다."[10]

모택동이 이 글을 쓰기 2년 전에 전국을 떠들썩하게 했던 것은 장훈(張勳)의 복벽사건(複壁事件)[11]이었다. 이 글을 발표한 4년 뒤에는 또 강유위를 위수로 한 갑자복벽밀모미수사건[12]이 있었으며, 그로부터 2년 뒤에는 "복호환궁(復號還宮)" 반동 정치사건[13]이 있었다.

---

10) 『상강평론(湘江評論)』 제2기. 1919년 7월 21일.

11) 장훈은 청나라 말기에 강남제독(江南提督)에까지 올랐으며, 민국 연간에 장강 순열사(長江巡閱使), 강소 도독(江蘇都督)과 안휘 독군(安徽督軍) 등의 직을 역임했다. 1917년 6월 "부원지쟁(府院之爭, 총통부와 국무원 사이의 권력 다툼)"을 조정한다는 명분으로 군사를 이끌고 북경에 입성해 민국 총통 여원홍(黎元洪)을 몰아내고 7월 1일 부의를 추대해 등극시켰으나 12일 뒤에 실패해 부의는 왕위에서 쫓겨났다. 역사상에서 이 사건을 "장훈복벽"사건이라 부른다.

12) 부의가 궁에서 추방당한 뒤 청나라 황실 사후처리위원회가 양심전(養心殿) 부의의 거처에서 강유위의 서한 등 복벽을 꾸민 관련 문서 총 21건을 조사해냈다. 그 서한에 적힌 시간이 모두 1924년으로 되어 있었으므로 이를 "갑자복위문증(甲子復位文證)"이라고 통칭하고 있다. 그때 준비했던 복벽활동은 부의가 출궁하는 바람에 중단됐다.

13) 부의가 궁에서 추방당한 뒤 강유위 등 봉건 유신(遺老)들은 부의의 황제 휘호를 회복시키고 궁으로 다시 모셔

그로부터 5년 뒤 부의는 끝내 출관해 (산해관 밖으로 나감) 적에게 항복했다. 그는 일본 군국주의의 앞잡이가 되어,[14] 중국인민에게 재앙을 가져다주었다. 역사가 모택동의 예견을 검증해 주었던 것이다.

녹종린(鹿鐘麟)이 부의를 궁에서 추방하는 장면.

얼마 지나지 않아 모택동은 또 『민중의 대연합(民衆的大聯合)』[15]이라는 글에서 신해혁명에서 물러난 선통 황제와 1915~1916년 원세개(袁世凱)가 군주제를 세워 스스로를 황제로 자칭해 만들어낸 "홍헌(洪憲) 황제"[16]에 대해 논설을 발표했다. 그는 이렇게 썼다. "원래 중화민족은 수만 명이 수천 년간 줄곧 노예의 삶을 살았다. 노예가 아닌 사람은 오직 "황제" 한 사람뿐이었다(혹자는 황제 역시 "하늘"의 노예라고 할 수 있다고 함). 황제가 주인이었던 시대는 우리가 능력을 키우는 것을 용납하지 않았다. 정치·학술·사회 등 모든 분야에서 우리가 사상을 갖거나 조직을 갖추거나 연습을 하는 것을 허용하지 않았다." 그는 신해혁명이 인민들의 "깨달음을 한 층 더 증강시켰다"고 주장했다. "성인의 전적을 알고 현명하고 위엄이 있는 황제도 거꾸러질 수 있다. 대역무도한 민주도 수립할 수 있는 것이다. 우리에게는 할 말이 있고 할 일이 있다. 언제든지 말할 수 있고 일할 수 있다. 신해혁명이 있은 뒤 병진년(丙辰年)에 이르러 우리는 또 한 번 홍헌 황제를 무너뜨렸다. 비록 소수의 사람이 한 일이지만 우리는

야 한다는 반동정치 요구를 제기했다. 1926년 8~9월 동안 강유위가 오패부(吳佩孚)에게 보낸 한 통의 긴 서한이 계기가 되어 또 한 차례의 "복호환궁"을 외치는 복벽의 함성이 휘몰아쳤다.

14) 부의는 1931년 11월 13일, 몰래 천진을 떠나 출관해 적에게 항복했다. 그리고 1932년 3월 9일, 만주국(僞滿) 집권자로 취임했으며, 1934년 3월 1일 만주국의 강덕(康德) 황제로 "등극"했다.

15) 『상강평론(湘江評論)』 제4기, 1919년 8월 4일.

16) 원세개(1859~1916)는 청나라 말기 내각총리대신에 임명됐으며, 신해혁명이 일어난 뒤 중화민국 대총통 직위를 찬탈했다. 1915년 12월 스스로 황제로 칭하고 연호를 홍헌(洪憲)이라고 했다. 1916년 3월에 이르러 전국 인민의 반대로 군주제는 취소되었다.

그처럼 위풍당당하던 홍헌 황제도 무너질 수 있다는 사실을 깨닫게 됐다."

그 시기 모택동이 부의를 혁명의 대상으로 삼은 것이 반동 봉건 복벽세력을 대표하는 부의 본인을 제거하는 것까지 포함해 모두가 반봉건 투쟁의 중요한 구성부분이었다면, 9·18사변 이후 민족모순이 상승했는데도 모택동이 여전히 부의를 인민의 적으로 간주한 것은 부의가 일본 군벌의 앞잡이로 전락했기 때문이었다. 그때 부의와 그의 괴뢰정권을 반대한 것은 중국인민의 반제국주의 투쟁의 한 구성부분이었다.

부걸과 사가 히로의 "정략 결혼"

1936년 8월 14일, 모택동은 국민당 수원성(綏遠省) 정부 주석 겸 국민당 제35군 군장 부작의(傅作義)에게 서한을 보내 수원과 서북, 화북지역에서 국공합작을 실현해 항일연군을 구성함으로써 "국가를 멸망의 위기에서 구해내고 생존을 도모하기 위해 노력할 것"[17]을 요청했다. 그 서한에서는 위몽강 자치정부군 참모부 부장 겸 위몽강 자치정부군 제1군 군장 이수신(李守信)과 위몽강 자치정부군 부사령관 탁십해(卓什海)가 수원지역을 침범하고 위협을 조성한 것에 대해 언급했으므로 그들의 상급자인 위몽강 자치정부 주석 데므치그돈로브(德穆楚克棟魯普)의 이름도 거론됐다. 그로 인해 또 그 몽골 왕공보다도 더 큰 일본 제국주의의 꼭두각시 인물인 부의에 대해서도 거론하게 됐다. 그들은 모두 추악한 부류에 속하며 모두 중화 애국군민의 흉악한 적이라고 주장했다. 모택동은 이렇게 썼다.

"이수신과 탁십해 등이 수원을 압박하고 있습니다. 덕왕도 부의와 같은 자입니다. 몽골 괴뢰국이 기세등등하여 짓누르고 있습니다. 일본 제국주의가 바로 곁에 도사리고 있는데 어찌 두 발을 뻗고 잠을 잘 수 있겠습니까!"

---

17) 『모택동 서신 선집(毛澤東書信選集)』 인민출판사 1983, 43쪽.

1944년 3월 3일부터 4일까지, 주은래는 연안(延安)중앙당학교에서 보고를 했다. 이는 그가 중국공산당 제6차 전국대표대회 주요 책임자의 한 사람으로서 "역사적 실제상황에 맞는 안목"과 연안 정풍시기 사상방법에 따라 10여 년 전에 열렸던 그 대회에 대해 깊이 있게 연구한 끝에 제기한 것이었다. 주은래는 대혁명시기 당의 지도경험과 교훈을 종합했다. 그는 1927년 4월부터 7월까지 당은 풍옥상의 무장세력에 의지하려 했던 적이 있다며 기회주의 노선이 과오를 저질렀다고 말했다. 풍옥상은 원래 직계군벌 조곤(曹錕)과 오패부의 부하 군관이었는데 도독을 맡은 바 있었다. 1924년 10월 북경정변을 일으켰으며 부대를 국민군으로 개편했다. 같은 해 11월 5일 청나라 폐제 부의의 황제 칭호를 취하고 부의를 황궁에서 추방했다. 1926년 9월 또 북양군벌(北洋軍閥)을 탈퇴하고 국민혁명에 참가한다고 선포했다. 그러나 풍옥상은 그때 대지주, 대 자산계급의 이익을 대표하고 있었으므로 믿을 수는 없었다. 주은래는 이렇게 말했다.

"풍옥상은 북평(北平)에서 부의를 황궁에서 추방시킨 뒤 소련으로 달려가 자신은 노동자와 농민의 합작으로 태어났다고 허풍을 쳤다. 세계 공산당 조직에서도 그에 대해 상세히 알지 못하고 있었으므로 그를 농민군대의 영수인물로 믿었다. 그때 무한(武漢)은 많이 어려운 상황이었다. 적에게 포위되고 내부에 동란이 생긴 상황에서 마지막 희망을 풍옥상에게 걸었다. 그래서 "마일사변(馬日事變)"에 대해 크게 중시하지 않았다. 정주(鄭州)를 수복한 뒤 사람들은 풍옥상을 만나러 정주로 달려갔다."[18]

결국 정주를 차지하고 앉은 풍옥상은 무한에서 찾아오는 국민당과 공산당 인사들을 상대하는 한편 서주(徐州)로 달려가 남창(南昌)에 있는 장개석(蔣介石)을 만났다. 그렇게 되어 장개석과 왕정위(汪精衛)의 공산당 반대활동에 참가하게 된 것이다. 물론 그동안 풍 장군은 공산당원들을 보호하기도 했다. 특히 9·18사변이 일어난 뒤 그는 항일을 찬성했으며 장기간 공산당과 합작하는 입장에 서 있었다. 그러나 그가 국민당 정풍운동 때의 정치적 태도는 바람직하지 않았다. 주은래의 결론은, 풍옥상이 부의를 청나라 황궁에서 추방한 사실만 봐서는 안 된다는 것이었다. 그가 소련을 방문해 신임을 얻고 1926년 귀국할

---

18) 『주은래 선집(周恩來選集)』 상권. 인민출판사. 1980. 170쪽.

때, 스탈린이 선물한 주기(酒器) 한 세트를 받아온 사실만 볼 것이 아니라, 대혁명적 시각에서 보면 자신의 무장세력에 확고하게 의지했다는 것이다. 예를 들면 엽정(葉挺)의 24사와 광범위한 공농(工農) 군중무장과 같은 세력에 의지했다는 점이다.

주은래는 반동세력의 제일 선두에 섰던 부의에 대해 거론할 때, 일찍부터 엄격한 역사유물주의 태도를 취했었다.

그리고 1년 반이 지난 뒤 일본 히로히토 천황이 무조건 항복한다고 선포했다. 부의의 괴뢰정권과 왕정위의 괴뢰정권, 덕왕의 괴뢰정권이 동시에 무너졌다. 분명한 것은 부의와 같은 전쟁 범죄자와 총결산을 할 때가 됐다는 사실이다. 그런데 의외로 모택동과 주은래는 동북을 향해 진군하는 인민군대에 아이신줴뤄 가족을 "안전하게 보호하라"는 명령을 내렸다. 그 일이 외부에는 알려지지 않았다. 주은래가 1961년 6월 10일 부의와 부걸(溥傑) 그리고 부걸의 부인 사가 히로(嵯峨浩) 일행을 접견할 때 친히 밝힌 사실이다. 사가 히로가 쓴 회고록 『떠돌이 왕비(流浪王妃)』에 대해 언급하면서 주은래는 항일전쟁 승리 당시, 다시 말하면 만주국이 무너질 즈음의 여러 가지 역사적 사실을 회고했다. 그는 사가 히로와 그의 둘째 딸 호생(嫮生)을 상대로 그 자리에 있던 모든 사람을 놀라게 하는 하나의 감동적인 사실을 이야기했다.

> "전쟁이 끝나 "만주국"이 붕괴될 즈음에 우리는 아이신줴뤄 가족이 현재 동북에 있으니 그들을 찾아내 안전하게 보호하라는 명령을 내렸습니다. 그런데 그 명령이 아래까지 제대로 전달되지 않았던 탓에 당신들이 고생이 많았습니다. 이 자리를 빌어 다시 한 번 당신들께 미안한 마음을 전합니다."[19]

『떠돌이 왕비(流浪王妃)』는 1959년 일본 문예춘추사에서 출판되어 그해 9차례에 걸쳐 재판됐으며 영화로 제작되기도 했다. 사가 히로는 그 회고록에서 만주국이 붕괴될 즈음에 그녀가 부의와 부걸를 따라 통화(通化)로 도주한 사실과 그 뒤 고통스러운 떠돌이 생활에 대해 회고했다. 사가 히로는 회고록에서 그들은 대율자구(大栗子溝)에서 임강현성(臨江縣城)으로 이동할 때 공산당 군대-동북민주연합군을 만났으며 바로 감시를 받기 시작했다

---

19) 사가 히로, 『떠돌이 왕비(流浪王妃)』, 북경, 시월문예출판사, 1985, 175쪽.

고 썼다. 그 뒤로 아이신쭤뤄 식구들은 여러 차례 나뉘어 통화로 압송돼 트럭 등에 태워져 눈과 얼음으로 덮인 산길을 달렸는데 차량이 뒤집혀 인명사고가 날 수 있을 정도로 위험했다. 통화에서 부의의 "황후" 완용(婉容)과 사가 히로 등은 시 공안국(公安局) 2층의 한 방 안에 격리되고 부의의 "귀인(貴人)" 이옥금(李玉琴)과 수행인원들은 동북민주연합군 사령부 내에 연금되었다. 물론 그녀들은 모두 엄밀한 신변검사를 받았다. 1946년 2월 3일 악몽 같은 "통화사건"[20]이 일어났다. 총탄과 대포의 굉음 속에서 부의의 늙은 유모가 피를 너무 많이 흘려 사망하고, 이옥금이 부상을 당했으며, 완용은 의식 불명상태에 빠졌다. 사가 히로도 너무 놀라 얼이 나갔다. 그 후 그녀들은 영하 30도의 엄동설한에 볼품없이 파괴된 건물 내에서 또 일주일을 지낸 뒤에야 주민의 집으로 옮길 수 있었다. 한 번은 그들을 지키던 병사가 밤중에 뛰어들어 권총으로 사가 히로의 머리를 겨누고 "움직이지 마랏, 움직이기만 했다간 쏴 죽일 테다!"라고 고함을 질렀다. 또 일본인이 동북민주연합군 사령부를 습격한 사건이 일어났다. 사건이 수습된 뒤 완용 등 아이신쭤뤄 가족들은 부대와 함께 움직였다. 그들은 통풍구가 딸린 화물차를 타고 1946년 4월에 장춘(長春)으로 돌아가 부대 초대소로 쓰고 있던 전 후덕복(厚德福) 호텔에 며칠을 묵은 뒤 철수했다. 그들은 세게 흔들리는 "밀폐식" 유개화차에 태워져 길림(吉林)시로 수송됐다. 공안국 구류소의 얼음장 같은 바닥 위에서 연일 이어지는 심문에 지칠대로 지친 사가 히로는 심지어 "그냥 이대로 호생의 목숨을 끊어버린 뒤 스스로도 자살할" 생각까지 했었다고 했다. 그러나 그는 살아서 상황이 더 처참한 완용을 돌봐야 했다. 그 황후가 아편 공급을 끊어버리는 바람에 매일 미친 듯이 "살려줘! 살려줘!"라고 외치는가 하면 신음하며 눈을 희번덕거리며 바닥에서 마구 뒹굴었다. 간수와 팔로군(八路軍)의 간부들이 앞 다투어 구류소로 달려 들어와 미친 황후를 구경했다.[21] 마치 동물원의 동물을 구경하듯이 쉴 사이 없이 들락거렸다. 국민당 군대가 길림을 폭격하고 공격해오자 이미 걸을 수도 없게 된 완용을 긴 막대기 위에 고정시킨 의자에 묶어 여섯 명의 일본 포로가 메고 기차에 올랐다. 연길에 이르러 기차에서 내린 다음에

---

20) 통화사건은 국민당 통화현 당부서기장 손경효(孫耕曉)가 획책하고 원 관동군 125사단 참모장 후지타(藤田) 등 실패를 승인하지 않는 일본 군인들과 결탁해 민주정부를 뒤엎으려는 목적으로 일으킨 무장 반란으로, 이 반란은 아주 빠른 시일 내에 평정되었다.

21) 사가 히로, 앞의 책. 103쪽.

는 또 마차에 태워져 길거리에서 조리돌림[22]을 했다. 한 면에 "앞잡이 만주국 황족 일행"이라고 쓰여진 큰 흰 기를 수레 위에 꽂은 채……. 그리고 나서 연길법원의 감옥에 수감했다. 그때 완용은 이미 다 죽어가고 있었다. 아편을 얻지 못하는데다 전혀 먹지 못했으며 게다가 돌봐주는 사람도 없었다. 그러다 6월 20일 외롭고 쓸쓸하게 비극적인 생을 마감했다. 사가 히로는 완용이 죽기 며칠 전 군대를 따라 가목사로 철수했다. 거기서 또 "갖은 심문"을 받았다. 그녀는 관동군을 도와 나쁜 짓을 하지 않았으며 궁에서 사치스러운 생활도 누리지 않았다는 사실이 밝혀진 뒤에야 의심이 풀려 하얼빈에서 석방될 수 있었다.[23] 다른 황족들도 속속 석방됐다. 그후 사가 히로는 일본교민이라는 신분을 이용해 딸 호생을 데리고 일본으로 돌아가길 원했다. 그런데 예상 외로 또 국민당의 통제를 받게 됐다. 잇달아 금주(錦州)와 호로도(葫蘆島)·북경·상해에 감금됐으며 갖은 고생을 다했다. 마지막에 일본군 포로가 그때까지 남경(南京)에 있던 중국 침략 일본군 전 사령관 오카무라 야스지(岡村寧次)를 통해 남경 국민당 정부에 거듭 간청해서야 비로소 석방되어 일본으로 돌아갈 수 있었다.

이 같은 상황은 사가 히로가 직접 겪은 일이기에 확실하지만 개인이 보고 들은 것에 지나지 않는데다 환경이 복잡했으므로 실제 사실과는 다를 수도 있다. 혹은 어느 한 측면만 보고 전체를 판단했을 수도 있고, 혹은 하나만 알고 둘은 모를 수도 있었다. 상술한 바와 같이 당시 접견자리에서 주은래가 자신의 견해를 솔직히 말했었다. 그는 사가 히로에게 이렇게 말했다. "당신이 쓴 『떠돌이 왕비』라는 책과 책의 내용으로 제작한 영화를 나는 본 적이 있습니다. 당신의 저서는 일부 일본 군국주의와 관련된 사실을 폭로했는데 아주 좋습니다. 참으로 용감합니다. 그러나 일부 팔로군에 대한 사실은 진실과 다릅니다. 우리가 조사한 바로는 그때 당 중앙은 만주국 인원들을 쟁취할 의향이 있었지만, 아래 관병들은 아직 모르고 있었습니다. 그래서 동북에 들어온 뒤 당신들과 일본 침략자를 구분하지 않았습니

---

22) 조리돌림의 원뜻은 마을사람들을 모은 뒤에 죄를 지은 사람의 등에 북을 달아매고 죄상을 적어 붙인 다음, 농악을 앞세우고 마을을 몇 바퀴 돌아서 그 죄를 마을사람들에게 알리는 것이다. 이것은 마을주민으로서의 성원권과 거주권을 박탈하지는 않지만, 죄를 지은 사람에게 창피를 주어 심리적 압박을 가함으로써 이와 같은 행위의 재발을 방지하고 공동체적 촌락사회 성원의 동질성을 유지하려는 의도를 가진 소극적인 사회제재의 한 방식이다.

23) 사가 히로, 앞의 책, 107~108쪽.

"복귀인(福貴人)" 이옥금(李玉琴)

1989년 10월, 이옥금의 회고록
『중국 마지막 "황비"(中國最後一個"皇妃")』 출판

다. 그러니 한 곳에서 다른 한 곳으로 옮겨 다니며 여러 곳을 전전한 것도 당연한 상황입니다. 당신의 책과 영화에는 중국인민을 자극하는 내용들이 일부 들어 있으므로 당분간은 중국에서 출판하거나 상영할 수 없습니다."

분명한 것은 만주국이 붕괴됐을 때 모택동과 주은래 등 중앙 지도자들이 부의와 아이신쥐뤄 가족, 만주국 요원 등에 대한 정책을 연구하고 결정했으며, 또 동북으로 진군한 부대에 "안전하게 보호"하라는 명령을 내린 것도 사실이었다.

인민들 위에 높이 올라앉은 청나라 황제를 왜 보호하려 했을까? 왕위에서 물러난 뒤에도 오랜 기간 복벽활동에 종사해온 반동인물을 왜 보호하려 했을까? 제국주의자에게 붙어서 나라를 팔아먹은 민족의 죄인을 왜 보호하려 했을까? 그건 무엇보다도 먼저 당시의 복잡한 역사적 상황에 비추어 제기되었던 것이다. 역시 그때의 접견 자리에서 주은래는 무순전범관리소에 연락해 부의와 부걸 등에게 말했다. "한동안 당신들을 무순에 숨겨둔데 대해 많이 걱정했겠죠. 그건 당신들을 보호하기 위해서입니다. 솔직히 말하면 백성들이 아이신쥐뤄 가족에 대한 원한이 얼마나 깊은지에 대해서 그때는 우리도 정확히 알지 못했습니다⋯⋯."[24] 만주국의 반동적이고 추악한 통치가 막 끝났을 무렵에 부의와 아이신줴뤄 가족에 대한 "안전한 보호"조치는 필요한 것이었다. 그러지 않았다면 그들은 하늘에 사무치는 원한을 품은 병사와 백성들과 맞닥뜨렸을 것이다. 그리 되면 그들의 운명은 예측하기 어려웠을 것이다. 일단 문제가 생기는 날에는 내막을 깊이 조사하는데 불리하게 된다. 그러면 정치적 측면에서 볼 때 상황이 더욱 나빠지게 될 수 있는 것이었다.

부의의 "복귀인(福貴人)"이었던 이옥금도 그때 떠돌던 세월을 회고한 적이 있다.[25] 그녀는 하장공(何長工) 사령관이 통화에서 자신과 사가 히로를 친절히 접견하던 정경에 대해, 동북민주연합군이 그녀에 대한 보살핌과 관심에 대해 회고했다. 하 사령관 같은 급에 있는 간부라면 분명 당중앙의 지시에 대해 알 수 있었을 것이다. 부대가 일진일퇴의 긴 싸움으로 어려운 환경에서도 부의의 "황후"와 "귀인" 거기에 "황제 동생의 부인"까지도 버리지 않았다. 이는 "보호"의 책임을 다하려 한 것이 분명했다. 그때 하급 관병들은 혹자는 군복을 입은 지 얼마 되지 않은 농민이거나 혹자는 귀순한 국민당 포로 등이었다. 그러니 그들이 "황후"나, 사가 히로와 같은 일본인에게 과격한 반응을 보이는 것은 완전히 이해할 수 있는 일이었다. 이옥금은 그후 부대의 간부가 그녀를 불러 부의와 이혼하겠다는 본심에 어긋나는 성명을 쓰라고 압박했고, 쓰지 않으면 그녀를 부모 곁으로 보내주지 않을 것이라고 핍박했다. 그들의 본심은 나쁘지 않았지만 얼마나 받아들이기 어려운 일이었겠는가! 게다가 완용은 1946년 4월 부대를 따라 장춘에 돌아간 뒤 부대에서는 그녀를 친척에게 돌려보내 돌보게 할 계획이었다. 그때 완용의 아버지 영원(榮源)은 이미 소련으로 압송되었으며, 그녀의 오빠 윤량(潤良)은 그녀를 받아주려 하지 않았다. 심지어 누이동생을 거들떠보지도 않았다. 부대에서는 이옥금과 그녀의 어머니와 의논해 봤지만 이씨 가문에서는 아편 인이 박힌 "황후"를 도무지 맡을 여력이 없었다. 이러한 상황에서 부대에서는 하는 수 없이 완용을 데리고 전쟁의 포화 속에서 전전해야 했다. 그녀가 부대의 버림을 받았다고 말하기보다는 동포 혈육, 황족 자체가 그녀를 버렸다고 해야 할 것이다⋯⋯.

"안전하게 보호하라"는 조치로부터 무산계급의 입장과 모택동, 주은래 등 중국 공산당

---

24) 사가 히로, 앞의 책, 175쪽.

25) 이옥금이 기술하고 왕경상(王慶祥)이 정리한 『중국 마지막 "황비"-이옥금 자서전(中國最後一個"皇妃"-李玉琴自述)』 북경, 여성아동출판사, 1989.

원들의 위대한 마음을 살펴볼 수가 있다.

사가 히로는 이미 이 세상 사람이 아니지만 그녀는 인생의 마지막 날들 속에서 주은래의 의견에 따라 자신의 저서를 말끔히 수정했다. 만주국이 붕괴된 뒤 세상을 떠돌던 삶에 대해 새롭게 인식했을 뿐 아니라, 1960년대 초 북경에서 남편과 모여 행복하게 살았던 만년의 생활상황도 보충해 넣었다. 『떠돌이 왕비』 개정본은 일본과 중국에서 출간되었다.

3.
인도(引渡)

　모택동과 주은래가 동북으로 진군하는 부대에 부의와 그의 가족을 안전하게 보호하라는 명령을 내린 후부터 5년 동안의 세월이 무심히 흘러갔다. 그 세월이란 부의가 수감지역에서 "연공당사(聯共黨史)"를 배우는 것처럼 하며 허세를 부리던 5년이었으며, 모택동과 주은래가 대세를 완전히 뒤바꿔놓은 5년이었다. 장가(蔣家) 왕조가 대륙에서 추방되자 모택동과 주은래는 부의와 그의 형제들을 모두 귀국시켰다. 물론 그들을 다시 황제의 보위와 벼슬자리에 앉히려는 것이 아니라, 그들을 전범으로써 재판하고 개조하기 위해서였다.

　1950년 8월 1일 오전, 따스한 햇살이 흥개호(興凱湖)와 수분하(綏芬河)를 비추고 있었다. 위(僞)만주국 전범들을 압송 중이던 소련 열차가 길게 경적을 울리며 수분하 기차역에 들어서더니 서서히 멈춰 섰다. 그러자 두 명의 중국인민해방군 군관이 즉시 차에 올랐다. 그들은 명을 받고 만주국 전범들을 인수하러 온 군관들이었는데 먼저 전 만주국 황제인 아이신쮀뤄 부의를 단독으로 만날 계획이었다.

　전범을 태운 객실에서 부의는 걱정이 되어 안절부절 못하고 있었다. 그는 이제 막 소련에서 5년 동안의 구금생활을 마치고 귀국하는 길이었다. 14년간 망국의 재앙을 겪은 중국 인민들 특히 동북인민들은 자기에게 얼마나 깊은 원한을 가지고 있는지를 너무 잘 알고 있

부의는 소련군에 포로가 되어
치타로 압송됐다. 1945년 8월 촬영.

부의가 치타에 구금되어 있는 동안
거처하던 집.

던 그는 이들에게 인도되는 날이 곧 자신이 사형 받는 날로 알고 있었다. 그는 죽는 것이 두려웠다. 그래서 의도적으로 이 날을 피해온 지 오래였던 것이다.

부의가 소련군에 포로가 되어 치타와 하바로프스크에 수감된 후 중국 국민당정부는 부의를 인도받겠다고 소련에 요구했었다. 1945년 9월 하순, 부의는 처음에는 스탈린에게 편지를 써서 영원히 소련에서 체류할 수 있게 해줄 것을 요구했다. 그 편지는 부걸이 쓴 것이었다. 그로부터 두 달 뒤 부의는 하바로프스크 교외의 홍허즈(紅河子) 강제수용소에서 소련 측에 진귀한 보물을 헌납하는 기회를 빌어 다시 한 번 소련에 체류할 수 있게 해줄 것을 요구했다. 부의가 스탈린에게 보낸 편지가 신문에 게재되자 소련 측은 이를 이유 삼아 중국 측의 인도 요구를 거절했다.

1946년 8월 부의가 도쿄 국제군사재판에 증언을 하러 갈 때, 중국 국민당정부는 도쿄 국제군사재판에 파견된 상철준(向哲濬) 검찰관에게 전보를 보내 현지에서 부의의 인도문제에 대해 교섭하라고 명령했다. 그 사실이 「중앙일보(中央日報)」에 보도된 뒤[26] 인도설이 끊이질 않았다. 그러나 끝내 소련정부로부터 거절을 당했다. 그래서 부의는 재판에서 증언한 뒤 곧바로 다시 하바로프스크로 압송됐던 것이다.

뉴욕의 한 극동문제 전문가는 1947년 9월 서양의 한 신문에 게재한 논문을 통해 소련이 부의의 인도를 거절한 것은 앞으로 그를 동북으로 돌려보내 소련에 의지하는 "완충국(緩衝國)"을 만드는데 이용하기 위해서라고 주장했다. 일본이 부의를 이용했던 것처럼……. 이것은 주관적인 억측일 뿐이었다. 소련이 부의의 인도를 거절한 것은 그때까지도 "모택동의 중국"이 아닌 "여전히 장개석의 중국"이었기 때문이었다. 이는 하바로프스크 강제수용소의 소련 군관 베르멘코프가 부의 귀국 전에 그에게 알려준 사실이었다.[27] 그러나 그때 부의는 그 사실을 전혀 이해하지 못했다. 그래서 제니소프 수용소장이 1946년 말 모택동에게 직접 편지를 써 앞으로 사면을 받을 수 있도록 하라고 부의를 설득했으나 그만 거절당하고 말았다. 그때 그는 공산당이 국민당을 대체할 수 있으리라고 믿지 않았기 때문이었다. 자신의 운명이 언젠가는 모택동의 손에 좌지우지될 것이라고는 생각조차 못했던 것이다.

1947년 여름, 부의는 세 번째로 스탈린에게 편지를 써서 역시 소련에 체류할 수 있도록 해줄 것을 요구했지만 대답을 듣지 못했다. 그러다가 1950년 봄에 마지막으로 소련에 체류할 수 있게 해달라고 요구했다가 명확히 거절당했다. 이는 분명 국제와 국내의 정치적 형세에 큰 변화가 일어났기 때문이었으며, 부의가 곧 인도되어 귀국하게 될 것이 분명해졌음을 의미하는 것이었다.

무순(撫順)전범관리소 설립 초기 최초로 부소장을 맡았던 곡초(曲初)는 이렇게 회고했다. 1950년 5월 사량(史良) 국가 사법부장이 그를 불러 업무를 지시하면서 소련에 수감됐던 일본 전범과 만주국 전범이 곧 인도된다는 내부정보에 대해 설명했다. 그녀는 모택동과 주은래가 1949년 12월 16일부터 1950년 2월 17일 소련 방문기간 스탈린과 중소 양국의 중대문제에 관련해서 의논했다고 말했다. 그때 중국은 건국 초기여서 소련 등 11개 사회주의 국가만이 즉각 외교적으로 승인했을 뿐, 여전히 제국주의의 폐쇄적 정책에 직면해 있었

---

26) 「중앙일보」 1946년 8월 29일 자.

27) 부걸, 만가희(萬嘉熙), 육첨(毓嵰), 「부의가 하바로프스크 수용소에서(溥儀在伯力收容所)」 북경, 문사자료출판사, 1980, 40쪽.

다. 중국의 국가 주권을 존중하고, 중국의 국제적 지위를 상승시키며, 중국의 합법적 권리를 수호하고, 중소 양국의 연합과 우의를 증진시키며, 사회주의 진영의 명망을 확대하기 위해 소련이 제2차 세계대전에서 포로로 잡아 수감한, 특히 중국에서 전쟁죄행을 저지른 1천여 명의 일본 전범과 만주국 전범을 전부 중국으로 넘겨 주권국가로서의 중국이 자체적으로 처리하도록 할 것을 결정했다. 그 기회를 빌어 일부 서방국가가 중국정부를 최종 승인하도록 압력을 가하고자 했다. 사량 부장은 또 주 총리께서 전범을 맞이할 준비 업무를 사법부에 위탁하셨다면서 무순전범관리소의 구축방안과 관리소 부지 확정까지 모두 주 총리께서 국내외 정세에 맞춰 손수 심사 처리하신 것이라고 말했다.[28] 7월 21일 새벽, 969명의 일본 전범 압송 특별열차가 무순에 이르렀다. 그리고 열흘 뒤 부의를 비롯한 60여 명의 만주국 전범도 중국 경내로 호송됐다.

스탈린은 장기적으로 체류하겠다는 부의의 요구를 거절할 수밖에 없었지만 그를 못 본 체 하지는 않았다. 그는 친히 소련 내무부 관원을 파견해 부의와 담화를 하도록 했으며 이로써 귀국에 대한 그의 걱정을 덜어주었다.[29] 그러나 부의는 전혀 믿지 않았다. 그는 온통 의심 투성이인 마음으로 반미치광이 상태로 수분하에 돌아왔다. 그리고 소련 군관 아스니스 대위의 안내를 받으며 방금 열차에 오른 두 해방군 군관 앞에 이르렀다.

해방군 군관이 부의의 손을 잡고 얼굴 가득 웃음을 머금고 말했다.

"이제 당신은 조국으로 돌아왔습니다. 우리는 주 총리의 명령에 따라 인수 임무를 수행하러 왔습니다……."

그때 상화에 대해서 동북행정위원회 공안부 정치보위처 집행과장직을 맡았던 동옥봉(董玉峰)은 이렇게 회고했다.

그가 바로 중소 국경에 가서 일본과 만주국 전범을 압송해오라는 명령을 받은 대오를 인솔한 간부였다. 인수 임무에 참가한 다른 한 간부는 동북인민정부 외사처 처장 육희(陸曦)였다. 그가 국가를 대표해 사인하고 인수했다. 그들이 떠나기 전 동북 공안부 왕금상(汪金祥)부장이 직접 임무를 설명하면서 주 총리께서 "한 사람도 놓치지 말고, 한 사람도 죽지 않도

28) 곡초, 「주 총리·사량 부장, 일본·만주국 전범 개조 중시(周總理,史良部長重視改造日,僞戰犯工作)」, 「세계를 놀라게 한 기적(震撼世界的奇跡)」, 중국 문사출판사, 1990, 21쪽.

29) 김원(金源), 「천추에 길이 남을 기적(奇跡寫千秋)」, 「세계를 놀라게 한 기적」, 중국문사출판사, 1990, 16쪽.

록 하라고 요구했다"고 강조했다. 그들은 즉시 총리의 지시를 수행할 구체적 방안을 검토했다.[30] 혹 확실하게 인지하지 않은 것이 있을 수도 있을까봐서였다. 열차에 올라 부의를 단독 접견하는 장면도 그러한 방안 중의 필요한 조치였음에 틀림없었다.

그러나 그때 부의는 "주 총리"에 대해 전혀 모르고 있었으므로 그 이름 석 자가 그의 걱정을 덜어줄 리가 없었다. 인수절차를 거친 뒤 공산당이 그를 계속 살려둘 것인가? 그러한 의문은 마치 커다란 먹구름처럼 그의 마음을 무겁게 짓눌렀다. 압송을 맡은 공안원이 그에게 마음을 놓으라고 아무리 설명해도 부의는 전혀 믿지 않았다. 그는 이들 공안원들이 정부의 정책을 알 리 없다고 여겼다. 이들은 다만 압송 과정만 책임진 자들로서 의외의 사고가 일어나는 것을 막기 위해 듣기 좋은 말로 자기를 속이는 것이라고 여겼다. 목격자의 말에 따르면 부의는 그때 거의 완전히 미친 상태였다고 했다. 오른쪽 볼 근육이 경련을 일으켰으며 아무 거리낌도 없이 차 칸에서 왔다갔다 하며 쉴새 없이 중얼거렸다고 한다. 그래서 다른 사람들은 그의 좌석 옆을 지날 때면 머리를 숙이고 지나다녀야 했다고 했다. 그의 괴상망측한 모양을 보게 될까봐 두려웠던 것이다. 열차가 장춘역에 이르자 부의는 더 제정신이 아닌 듯 안절부절못했다. 누군가 그가 혼잣말로 "여기는 내가 만주국 황제로 있던 곳이다. 이제 다들 모였을 것이다. 나를 공개 재판하려는 것이다"라고 중얼거리는 걸 들었다고 한다.

그때 동북행정위원회 공안부 정치 보위처 처장이었던 왕감(王鑒)은 이렇게 회고했다.

그는 제일 먼저 동옥봉이 전범 압송 중에 걸어온 전화를 받았다. 전화에서 부의 등의 표현과 사상변화에 대해 상세히 보고했다. 왕감 처장은 전화를 받고 나서 즉시 동북 공안부 왕금상 부장에서 보고했으며 왕 부장은 다시 즉각 그 상황을 중앙 공안부에 보고했다. 그 상황이 나서경(羅瑞卿) 부장에게 보고되었고 또 주은래 총리에게 보고됐다. 부의의 사상 파동이 그렇게 빠르게 국가 최고 정부기관에 보고됐던 것이다. 주은래 총리의 명확한 지시가 짧은 시

---

30) 동옥봉. 「중소 국경에서 일본 · 만주국 전범을 인수하기 전과 후(到中蘇邊界接收日,偽戰犯前後)」. 『세계를 놀라게 한 기적』, 앞의 책, 50~51쪽. 또한 육첨이 회고한 바에 따르면 열차에 오른 두 간부는 흑룡강성(黑龍江省) 공안청(公安廳) 곽(郭) 청장과 목단강(牡丹江) 군분구(軍分區) 이(李) 정위(政委)였다. 「부의가 자금성을 떠난 뒤(溥儀離開紫禁城以後)」, 문사자료출판사 1985, 329쪽.

간 내에 전보로 심양에 도착했다. 전보 내용은 동북전범관리지도소조 책임자가 직접 나서서
부의 등 일행의 사상 안정 작업을 잘하라는 것이었다.[31]

여기서 말한 동북전범관리지도소조는 동북전범관리위원회라고도 한다. 그때 설립된 지
얼마 되지 않았으며 동북행정위원회 주석 고강(高崗)이 주임을 겸하고 있었다. 그리고 동
북 공안부 왕금상 부장과 사법부장, 위생부장 등이 모두 지도소조 구성원이었다.

주은래의 지시가 전달되자 고강, 왕금상 등은 즉시 부의와 기타 만주국 대신들의 사상상
황에 대한 보고를 듣고 압송열차가 심양에 도착하면 그들과 담화를 진행하기로 결정했다.
그 목적은 도주하거나 자살하는 등 예측하지 못했던 사건이 일어나는 것을 막기 위해서였
다. 그리고 다른 한편으로는 당의 정책을 선전해 그들의 걱정을 덜어주기 위해서였다.

8월 4일 아침, 만주국 전범 압송 특별열차가 심양 남역 화물하치장에 잠시 멈춰섰다. 왕
감이 친히 동북 공안부 기관의 대형 통근버스를 인솔해 미리 열거한 명단에 따라 부의와
기타 십여 명의 만주국 대신들을 심양시 화평구(和平區) 남경가(南京街) 81번지로 데려왔
다. 그곳은 바로 동북공안부 청사였다. 왕감은 그들이 버스에서 내려 사무청사 위층으로
올라갈 때의 정경이 참 재미있었다고 회고했다.

> "부의가 제일 먼저 버스에서 내리고 그 뒤를 만주국 팔대부(八大部) 십여 명의 대신이 따
> 랐다. 그중에는 만주국 국무총리 장경혜(張景惠)·외교부 대신 완진탁(阮振鐸)·교통부 대
> 신 곡차형(谷次亨)·군사부 대신 우지산(于芷山) 등이 있었다. 버스에서 내린 뒤 부의가 앞
> 장서 계단을 오르는데 여전히 "황제"의 존엄을 과시하고 있었다. 위(僞) 국무총리 장경혜가
> 그 뒤를 따르고, 그의 뒤를 또 여러 대신들이 두 줄로 줄을 지어 따랐다. 임금과 신하의 구분
> 이 아주 분명했다."

버스에서 내려 계단을 오르는 과정에서 그들의 사상경계를 자연스레 보여주었다. 부의
등이 2층 회의실에 이르러 보니 실내 안이 매우 정성들여 배치돼 있었다. 실내 창문가와
문 뒤에 선 경호원들에게 사복을 입혀 평온한 분위기를 조성케 하였고, 실내에 놓인 긴 테

---

31) 왕감. 「부의 귀국 후 첫 수업(溥儀回國後第一課)」, 「세계를 놀라게 한 기적」, 앞의 책. 58~59쪽.

이블 위에는 흰 테이블보를 씌워놓았으며, 그 위에는 과일이며 사탕 · 담배 · 찻물 등을 올려놓아 아늑하고 편안한 환경을 만들어 놓았다. 그래서 심문하는 느낌이 전혀 들지 않도록 했던 것이다. 이 모든 것은 다 주은래의 지시에 따라 부의 등에게 긴장감과 공포감이 들지 않도록 해 업무 전개에 편리하도록 하기 위함에서였다.

이때 고강은 지금 막 부의 등에 대한 간략한 상황을 보고 받고 왕금상의 수행하에 회의실에 들어섰다. 그들은 긴 테이블 한쪽 소파에 자리 잡고 앉아 부의 등에게 차례로 자기소개를 하게 한 뒤 자리에 앉게 했다. 고강은 그들에게 체포된 후의 일반상황에 대해 묻고 나서 그들이 나라를 배반하고 적에게 항복한 죄를 저질렀다고 지적했다. 그리고 그들이 죄를 인정하고 법의 재판을 받아 인민에게 용서를 빌기를 희망했다. 약 한 시간에 걸친 담화는 엄숙하고도 진지하게 진행됐다. 그럼에도 불구하고 부의는 담화과정 내내 신경이 극도로 긴장돼 있었다. 그때 줄곧 부의의 곁에 있었던 육당(毓嵣)은 이렇게 회고했다.[32]

"앞서 왕감이 특별열차에 올라 명단을 부를 때 부의는 벌써 끌려나가 총살당할 때가 된 줄로 알고 있었다. 그가 갑자기 육당 앞에 무릎을 털썩 꿇더니 엉뚱하고 미친소리를 하는 걸 모두가 부추겨 일으켰다. 통근버스에 갈아탄 후 부의는 또 육당의 손을 잡고 중얼거렸다. '이젠 끝장이다. 끝장이야! 내가 널 데리고 태고조 황제에게 가게 됐구나. 널 데리고 조상들에게로 가게 됐어⋯⋯.'"

회의실에 들어서자 부의는 다과가 놓여 있는 테이블이 "명을 재촉하는 연회상"인 줄 알고 사과를 하나 집어 입 안에 우겨넣었다. 곁에서 바로 옆에 있는 동북인민정부 주석 고강을 부의에게 소개할 때도 그는 사과를 베어 먹으며 상대하지 않았다. 고강이 소련에서 5년간 산 느낌을 얘기해보라고 하자 부의는 사과를 먹으면서 "내가 무슨 생각을 하고 있는지 당신들이 다 알고 있으면서 묻긴 왜 묻소?"라고 딱딱하게 대답했다. 더 웃기는 것은 그의 곁에 아무도 없다는 듯이 테이블 위에서 과일이며 사탕이며 담배 등을 집어 육당의 옷 주머니 속에 쑤셔 넣었다. 그리고는 고강이 얘기중인 데도 아랑곳 하지 않고 마술에라도 걸린 듯이 일어나 큰소리로 외쳤다.

---

32) 육당은 부의의 족질(族侄)로서, 그의 회고 내용은 본서 저자가 1981년에 녹취한 기록을 참조할 것.

"얘기 그만 하고 어서 갑시다!"

그리고는 선뜻 이제 때가 되었다는 듯이 어서 형을 집행해 줄 것을 요구했다. 그 광경을 본 그 자리에 있던 모든 사람들이 웃음을 참지 못하고 박장대소하였다. 고강도 웃고 나서 는 유유자적하게 부의와 한담을 하기 시작했다. 고강은 부의에게 만주국 시기 궁중생활이 며 요시오카 야스나오(吉岡安直)에 관한 일 등에 대해 물었다. 그리고 또 부의에게 그의 숙 부 재도(載濤)가 초청을 받고 제1기 2차 전국정치협상회의에 참석한 사실과 그의 족질 헌 동(憲東)이 현재 해방군에서 군복무 중이라는 사실을 알려주었다. 그리고 지금 막 실내에 들어서고 있던 장소계(張紹繼)를 가리키면서 "저 어린 친구를 보세요. 일도 하고 있습니 다. 얼마나 좋습니까"라고 말했다. 장소계는 만주국 총리대신 장경혜의 아들인데 부의 등 과 같은 시기에 소련에 수감되어 있다가 고작 며칠 먼저 귀국했다. 그의 등장과 그가 만주 국의 여러 대신 가족들의 상황을 설명하자 그제 서야 부의와 그 자리에 있던 만주국 대신 들은 긴장을 푸는 것 같았다.

마지막으로 고강이 부의 등에게 선포했다. "정부가 당신들을 위해 학습장소를 마련해 놓 았습니다. 심양에 적당한 곳이 없어서 무순(撫順)으로 보낼 것입니다. 그러니 모두들 허튼 생각 하지 말고 거기 가서 쉬면서 마음을 가라앉히고 학습하십시오!"

왕감이 담화를 끝낼 때의 정경을 회고했다. 한 시간 전에 "버스에서 내려 청사 계단을 오 를 때"와는 정서가 전혀 달랐음을 알 수 있을 것이다.

"담화가 끝나갈 무렵 어찌 된 영문인지 그들은 임금과 신하의 구분이 없이 둘, 셋씩 짝을 지어 회의실을 나갔다. 제일 마지막까지 남은 부의는 사과 몇 알을 가져가고 싶어 하는 눈치 였다. 사과를 가져가도 된다는 허락을 받자 그는 얼굴에 웃음을 지으며 회의실을 나갔다."

왕감이 평했듯이 이번 회담을 거치면서 놀라서 어쩔 바를 몰라 하던 부의 등의 심정이 확 실히 어느 정도는 가라앉아 있었음을 알 수 있었다. 전 만주국 제2군관구 초옥침(肖玉琛) 소장(少將) 참모장(參謀長)도 그때 그 열차를 타고 있었다. 훗날 그는 부의가 회담상황에 대해 전달하기 전과 후의 상황을 회고하면서 그 자리에 있었던 만주국 전범의 심정에 대해 언급했다. 그 내용은 다음과 같았다.

"한 시간이 넘게 지나자 승용차가 돌아왔다. 부의 등이 열차 안으로 돌아왔다. 그들은 환한 얼굴을 하고 희색이 만면했다. '제가 우리 열한 사람을 대표해 동북 인민정부 주석의 지시를 전달하겠습니다…….' 부의는 체포된 뒤 전례없이 즐거운 마음으로 동북 인민정부 주석을 알현했던 경과를 설명했다. '우리는 뜨거운 접대를 받았습니다. 테이블 위에 수박이며 바나나며 여러 가지 고급 담배와 사탕들이 가득 차려져 있었습니다. 우리는 테이블 양쪽에 줄지어 앉았습니다. 잠시 후 정부의 고강 주석이 객실에 들어오자 우리는 모두 일어섰습니다. 고 주석이 우리에게 앉으라는 뜻을 표했습니다. 그는 미소를 지으며 우리에게 말했습니다. 오시느라 노고가 많으셨습니다. 몇 년간 드시지 못했을 텐데 조국의 과일과 담배를 맛보시지요.' 우리는 과일과 구수한 대중화 담배를 맛보면서 고 주석의 연설에 귀를 기울였습니다. '당신들은 모두 중국인입니다. 그런데 조국을 배신했으니 물론 죄가 있습니다. 그러나 당 중앙은 당신들을 관대하게 처분할 것입니다. 당신들을 죽이지는 않을 것입니다. 당신들은 무순에 도착한 뒤 학습을 통해 자신을 잘 개조해 새 사람으로 태어나도록 노력하세요. 머지않아 당신들은 가족들과 연락할 수 있을 겁니다. 그들이 걱정하고 있을 테니까요.' 고 주석의 연설이 끝나자 부의는 '제가 모두를 대표해서 반드시 정부 주석의 지시에 따를 것입니다'라고 말했다. 모두들 부의의 설명을 듣고 마음이 많이 놓이는 것 같았다." [33]

---

33) 초옥침이 구술하고 주소추(周笑秋)가 정리한 『한 만주국 소장의 회억(一個僞滿少將的回憶)』을 참조. 흑룡강인민출판사, 1986, 115~116쪽.

4.
무순(撫順)에 "숨겨두다"

　다케베 로쿠조(武部六藏) 전 만주국 총무장관과 일본군 제59사단 사단장 후지타 시게루 중장 등 969명의 일본 전범은 1950년 7월 21일 무순에 도착해 전범관리소에 수감된 데 이어, 전 만주국 황제 아이신쮀뤄 부의와 만주국 국무원 총리대신 장경혜 등 60여 명의 만주국 전범도 1950년 8월 4일 무순으로 압송됐다.

　부의 등 중요한 전범들을 외부와 격리된 무순에 데려다 그들이 마음을 가라앉히고 학습하도록 한 것은 물론 그들을 개조시키기 위해서였다. 그러나 그때 당시 모택동과 주은래의 이러한 결정은 다른 한 측면으로는 "그들을 보호하기 위한" 구상이었다는 사실을 사람들은 오랫동안 잊고 있었다. 만약 5년 전의 보호정책이 만주국 붕괴라는 역사적 조건을 고려해 부의와 그 가족의 목숨을 보존시키기 위한 목적에서 제정한 것이었다면, 지금의 보호정책은 국제와 국내의 새로운 정치적 정세에 맞춰 제기된 것이었다. 그때 한국전쟁이 일어나 미군 비행기와 대포가 압록강을 향해 접근해오고 있었다. 한편 국내에서는 신생의 인민정권을 공고히 다지기 위해 질풍노도와 같은 반혁명 진압운동을 배태시킴으로써 이미 시기가 무르익어 있었다. 이처럼 준엄한 시각에 부의 등 인물을 대피시키지 않으면 안 되었던 것이다. 1961년 6월 10일 주은래는 부의와 부걸을 접견한 자리에서 "한동안 당신들을 무순에 숨겨뒀었다"고 직접 얘기했다.

무순전범관리소

"무순에 숨겨두자"고 한 것도 주은래가 친히 내린 결정이었다. 그해 중앙 사법부 사량 부장이 업무를 배치할 때 주은래가 이 같은 결정을 하게 된 이유에 대해 이렇게 언급했었다.

"중앙은 여러 측면에서 고려했다. 관내[關內, 산해관(山海關) 서쪽과 가욕관(嘉峪關) 동쪽 일대]의 각 지역은 새 해방구였고, 동남 연해 여러 섬과 서장(티베트) 등지는 아직 해방시키지 못했으며, 새 해방구 내 토비들을 아직 숙청하지 못한 상황이었다. 게다가 장개석이 시시각각으로 대륙을 역습할 망상에 빠져 있었을 뿐만 아니라, 미 제국주의는 또 한반도에서 침략을 획책하고 있었다. 동북지역은 오랜 해방구인데다 또 소련과 가까이 있어 일단 무슨 일이 생기면 수시로 이동시킬 수가 있었다. 그래서 중앙은 동북인민정부 소재지인 심양의 동쪽에 인접해 있는 무순에 바로 동북사법부 직속 제3감옥(무순성 감옥)에 동북전범관리소를 두었던 것이다.[34]

주은래는 또 친히 전범관리소 지도체제를 결정했다. 전범관리소 설립 준비 초기에 주은래는 중앙사법부에 위탁했다. 그로부터 얼마 뒤 사량 부장이 일본과 만주국 전범을 교육하는 것은 특별하고도 정책성이 강한 사업이라고 판단해 중앙공안부(부장 나서경)가 주관하고 사법부가 협조할 것을 건의했다. 사량은 또 동북인민정부 고강 주석의 인솔 하에 왕금

---

34) 곡초, 『주 총리 · 사량 부장, 일본 · 만주국 전범 개조 중시(周總理.史良部長重視改造日.僞戰犯工作)』, 『세계를 놀라게 한 기적』, 앞의 책, 21쪽.

부의가 무순전범관리소에서
지냈던 감방

상 동북공안부 부장과 고숭민(高嵩民) 사법부 부장·왕빈(王斌) 위생부 부장 등으로 동북
전범관리소 지도소조를 구성할 것을 제의했다. 주은래는 그 제의를 받아들였다. 이어 동
북전범관리소 지도소조는 동북공안부와 사법부·위생부, 그리고 동북 공안 3사에서 인
원을 뽑아 전범관리소 소장과 부소장·교도과장·총무과장 그리고 의료인원 간수·경위
원·행정 인원 등을 배치했다. 전범관리소의 업무지도는 동북공안부 정치보위처가 맡고
비용 지출과 물자 공급은 동북인민정부 기관사무관리국이 맡았다. 그렇게 되어 부의 등 전
범은 몸을 "숨길" 곳이 있게 되었던 것이다."[35]

　무순에 금방 왔을 때 부의는 마음이 아주 복잡했다. 한편으로는 처형당할 것이라는 공포
의 그림자가 그에게서 완전히 사라지지 않았던 것이다. "연일 밤 가슴이 두근거리고 살이
떨렸으며 모든 게 의심스러웠다." 간수가 교대하는 소리에도 같은 감방을 쓰는 전범의 잠
꼬대에도 그는 헛된 생각이 들며 마음을 조였다. 정부가 징벌을 할까 두려웠고 또 역사적
원한을 품은 동북 태생 간수가 함부로 복수할까봐 걱정이었다.[36] 다른 한편으로는 황제의
태도를 내려놓지 못했다. 그래서 같은 감방의 전범들은 그를 "독특한 생활악습"을 가진 자
로 봤다. 이에 대한 실화는 너무 많았다.

　"그는 계속 방안에 틀어박혀 바깥세상에 잘 나오지 않는 제왕의 습관을 유지하면서 '비천

---

35) 장실(張實), 「무순전범관리소 사전 업무 회고(撫順戰犯管理所前期作回顧)」, 『세계를 놀라게 한 기적』에 게재.
　　중국문사출판사, 1990, 39~40쪽.

36) 부의, 『나의 개조-전국 정협 좌담회 연설 제강(我的改造-在全國政協座會上的發言提綱)』 참조.

한 신하며 백성들과' 접촉하기를 꺼렸다. 평일이면 그는 자신과 제일 가깝게 지내는 학생 육암(毓嵒)하고만 얘기를 몇 마디씩 나눌 뿐, 다른 사람과는 거의 말을 하지 않았다. 자신의 장인인 영원(榮源) · 아우 부걸 · 매부 만가희(萬嘉熙)와도 일정한 거리를 두곤 했다.

부의는 손에 물 한 방울 묻히지 않는 안일하고 나태한 착취계급의 삶에 습관이 됐으므로 이상할 정도로 게을렀다. 우리 모두 취침 전에는 언제나 세수한 물에 발을 씻곤 했다. 그러나 부의는 열흘 넘도록 심지어 수십 일이 지나도 발을 한 번도 씻지 않았다. 모두들 그의 발에서 구린내가 난다고 말해야만 그는 비로소 육암이 그에게 발을 씻어주도록 허락했다.

우리는 매일 아침 일어나면 두 명의 당직이 변기통을 내다 비워야 했다. 그런데 부의는 대소변이 자기 몸에 튈까봐 언제나 변기통을 높이 추켜드는 바람에 변기통이 평형을 잃어 늘 대소변이 다른 한 사람의 몸에 튀곤 했다. 그래서 어떤 사람은 차라리 혼자 변기통을 들어내며 그와 함께 변기통을 들려고 하지 않았다. 생활회의를 할 때면 모두들 그가 남에게 해를 끼치면서 자기 이익만을 취한다고 비평했다."[37]

목욕할 때 그는 매번 제일 먼저 탕에 들어가곤 했다. 그리고 이어 다른 사람이 탕에 들어오면 그는 탕에서 나와 옷을 입곤 했다. 탕에 먼저 들어가 씻는 사람이 있으면 그는 아예 들어가지 않았다. 때론 차라리 세숫대야에 따뜻한 물을 받아 몸을 닦는 것으로 때웠다. 내가 그에게 아직도 '황제'의 자세를 낮추지 못했다고 말하자, 그는 '난 한 번도 남이 씻었던 물에 씻은 적이 없었기에, 차라리 씻지 않을지언정 남이 씻었던 물로는 씻지 않는다……"라고 말하며 동의하지 않았다.

부의는 매일 방문을 열고 드나들 때 언제나 다른 사람이 앞에서 문을 열어야 따라서 들어가거나 나갔다. 그 자신이 문을 열고 드나들 때는 언제나 손수건이나 종이로 손잡이를 싸서 쥐고 문을 열었다. 그가 그렇게 하는 걸 귀찮게 여기지 않는 건 그 자신이 남들과 달리 특별하고 남보다 잘났다고 생각했기 때문이었다. 한 번은 부의가 사상 보고를 할 때 이렇게 말했다. "나는 한 번도 스스로 방문을 열어본 적이 없다. 남의 손이 닿았던 문에 손을 대는 것이 싫다. 모두의 손이 닿았던 손잡이가 너무 더럽기에 나는 종이와 손수건을 대고 문을 연다……."[38]

---

37) 초옥침이 구술하고, 주소추가 정리한 『한 만주국 소장의 회억(一個僞滿少將的回憶)』에서 인용. 흑룡강인민출판사, 1986, 118~119쪽.

38) 이복생(李福生), 「만주국 황제 부의 개조 에피소드(改造僞滿皇帝溥儀瑣記)」, 『세계를 놀라게 한 기적』, 65쪽.

그런 전 황제를 대체 어떻게 개조해야 할까? 부의의 일거일동이 같은 감옥 전범들마저 꼴불견으로 보고 있으니 태생이 가난하고 전쟁의 시련을 겪은 간수들은 더 말할 것도 없었다. 바로 그때 관리소 내에서 일본 전범들의 단식사건이 터졌다.

곡초는 이렇게 회고했다.[39]

"금방 관리소에 온 일본 전범들은 전투모를 쓰고 교복까지 입었으며 사령관 견장까지 단 자도 있었다. 모두 의기양양하고 거만해 교도소 인원들의 반감을 샀다. 사람을 더욱 분노케 한 것은 수수밥과 배추 두부국이 그들 앞에 차려졌을 때 계급이 꽤 높았던 일본 전범이 음식 먹기를 거부한 사실이었다. 우리 경위 전사들도 모두 큰 솥의 밥을 먹고 있는데 살인한 게 마치 공이라도 세운 것처럼 특별한 대우를 받고자 했던 것이다. 다음 식사시간에도 그들은 여전히 밥상 앞에서 한 숟가락도 뜨질 않았다. 그 일은 그때 부소장을 맡았던 곡초의 관심을 불러일으켰다. 그는 이렇게 기억했다. '그래서 나는 저자들이 계속 밥을 먹지 않다가 만약 무슨 일이라도 생기면 어떻게 책임을 져야 하나 하고 마음속으로 걱정이 됐다. 나는 동북공안부에 전화로 보고했다. 동북공안부가 어떻게 그 상황을 주 총리에게 보고했는지는 알 수 없지만 얼마 지나지 않아 주 총리의 회답이 동북공안부를 통해 전달됐다. 주 총리는 우리에게 수감 중인 일본과 만주국 전범들에 대해 생활기준 면에서 국제관례에 따를 것을 요구했다. 또 전범의 계급 순서에 따라 우리 군의 공급 기준을 참조해, 장관과 영관·영관 이하 등 세 급별에 맞춰 특별 급식·중등 급식·대중 급식 등 세 가지 대우를 각각 적용토록 했으며, 밀가루와 쌀을 전면 공급키로 한다고 규정해 주었다. 주 총리는 또 수감 중인 전범들에 대해 엄히 단속해야지만, 외부적으로는 엄히 감시하고 내부적으로는 느슨한 분위기를 만들어 한 사람도 도주하지 않고 한 사람도 죽지 않도록 할 것을 요구했다. 또 때리거나 욕하지 말고 인격을 모욕하지 말며, 그들의 민족 풍속습관을 존중하며 사상적으로 그들을 교육하고 개조할 수 있도록 요구했다."

주은래의 지시에 따라 관리소에서는 일본과 만주국 전범의 생활기준을 명확히 규정했다. 규정에 따라 일본 전범은 장군 이상, 만주국 전범은 황제, 대신, 성장(省長) 이상에게

---

39) 곡초, 앞의 논문, 「세계를 놀라게 한 기적」, 앞의 책, 23~24쪽.

는 특별 급식을 제공하고, 일본 영관 이상, 만주국 현장(縣長)과 단장(團長) 이상 전범에게는 중등 급식을 제공하며, 기타 전범에는 대중 급식을 제공하기로 했다. 이외에도 두 가지 우대 조치를 해주었다. 쌀을 주식으로 하는 일본 민족의 생활습관을 존중해 대중 급식과 중등 급식의 잡곡 부분까지도 모두 쌀로 바꾸기로 결정했다. 그리고 부의에 대한 우대 조치로는 특별 급식 기준에 따라 공급하는 외에도 수시로 그에게 입에 맞는 음식을 만들어 주기로 했다. 음식 외에도 의복·감방·의료·문화생활 등 면에서 아주 좋은 여건을 마련해 주었다.[40] 또 황국성(黃國城)이 회고한 바에 의하면,[41] 전범 한 명당 1일 공급 기준은 다음과 같았다. 대중 급식은 주식을 밀가루나 쌀 한 근(5백그램), 잡곡 다섯 냥, 콩기름 2돈(10그램), 반찬값 4,200원(당시의 동북화폐, 이하 같음)으로서 그 시기 중등 가정의 생활 수준에 해당됐다. 중등 급식은 주식을 전부 밀가루나 쌀 한 근 반(750그램), 콩기름 5돈(25그램), 채소 값 10,400원이었으며, 특별 급식은 주식을 전부 밀가루나 쌀 한 근 반(750그램), 콩기름 7돈(35그램), 반찬값 15,400원이었다. 반드시 기준에 따라 다 쓸 것을 요구했으며 절약하거나 남겨서는 안 된다고 했다.

초기에 관리소의 일반 간부와 전사들은 이를 이해할 수가 없었다. 왜 이들 전범들을 그렇게 잘 먹여야 하는지? 왜 매국노 황제를 특별히 우대해야 하는지! 그저 "그건 주 총리의 지시"라는 것 이상은 말하지 않았지만 이해할 수 없는 건 여전했다. 얼마 지나지 않아 또 한 사건이 일어났다. 부의가 무순에 온 지 20여 일이 지나서였다. 원래 관리소에서는 그에 대한 개조에 도움이 될 수 있도록 부의와 그의 가족들을 따로따로 가뒀었다. 그런데 부의가 스스로 생활할 수 없어 다른 사람이 시중을 들어줘야만 했다. 그래서 생활에 적응할 수 없다는 이유로 가족들과 같이 지낼 수 있게 해달라고 거듭 요구한 것이었다. 관리소 지도층에서는 주은래의 지시와 부의의 상황에 따라 부의의 요구를 허용했다. 그가 가족들과 같이 지낼 수 있도록 허용했으며 빨래하고 양말을 깁는 등의 일은 다른 사람이 대신해줄 수 있도록 허용했다. 이 또한 분명한 우대 조치가 틀림없었다. 그렇게 한동안 지난 뒤에 다시 따로 수감해 부의가 스스로 셔츠를 씻고 양말을 깁고 단추를 달고 신발 끈을 묶을 수 있도

---

40) 장실(張實), 「무순전범관리소 초기 업무에 대한 회고(對撫順戰犯管理所前期工作回顧)」, 『세계를 놀라게 한 기적』, 앞의 책, 43~44쪽.

41) 위의 책, 211쪽.

록 했으며, 아주 작은 발전을 보여도 그때마다 칭찬해주었다. 이로부터 우대해주는 목적이 교육과 개조에 있었음을 알게 되었다.[42]

주은래의 지시에 따라 관리소 간부들은 관련 국제조약과 혁명 인도주의정신을 이행해 전범의 인격을 존중해 주었다. 그들을 모욕하거나 학대하지 않았으며 될 수 있는 한 그들을 자극하거나 방해하지 않기 위해 노력했다. 예를 들어 외곽의 경위원들만 총을 소지할 수 있고 내부 간수들은 총을 소지하지 못하도록 규정해 "외부적으로 엄하고 내부적으로는 느슨한" 관리방법을 채용했다. 국내신문에 반혁명을 진압한 소식이 보도됐을 경우 공포감을 조성하지 않기 위해 신문을 잠시 나눠주지 않기도 했다. 부의를 대함에 있어서는 더욱 각별히 주의했다. 그에 대해서는 사상적 부담이 제일 컸기 때문이었다. 매번 감옥 내 철문 소리만 나도 그는 신경을 곤두세우곤 했다. 게다가 사람들은 또 그를 신비한 인물로 여겨 누구나 다 "그의 얼굴을 한 번 볼 수 있는 기회"를 얻고자 했다. 그래서 관리소에서는 규정을 지어 외부인의 참관을 금지시키기도 했다. 그런데 일부 지도층 인사들이 그에 대한 관심과 호기심 때문에 꼭 부의의 모습을 보겠다고 요청해 오곤 했다. 거절하기 어려운 경우에는 관리원들이 교묘한 방식을 동원해 지도층 인사들의 요구를 만족시키는 한편 부의 본인은 눈치 채지 못하도록 했다.[43]

주지하다시피 일본과 만주국 전범들이 무순에 압송됐을 즈음 한국전쟁이 일어났다. 9월 중순까지 미국이 15개 나라의 군대를 이끌고 유엔의 이름으로 인천에 상륙했다. 보름 뒤 전쟁의 불길이 압록강변까지 번졌다. 이는 중국의 안전과 경제건설을 심각히 위협했을 뿐 아니라 중국과 조선 국경에 인접한 무순전범관리소의 안전을 직접적으로 위협했다. 이것이 바로 관리소를 북쪽에 있는 하얼빈으로 옮기게 된 배경이었다.

---

42) 이복생, 「만주국 황제 부의 개조 에피소드」, 『세계를 놀라게 한 기적』, 앞의 책, 64쪽.

43) 장실(張實), 「무순전범관리소 초기 업무에 대한 회고」, 『세계를 놀라게 한 기적』, 앞의 책, 44쪽.

5.
북으로 이동했다가
다시 남으로 돌아오다

　늦가을, 신문지로 차창을 빈틈없이 가린 특별열차가 중국 동북의 중장철도(中長鐵路, 만주지역 수분하 구간으로 중동 간선 철도와 하얼빈에서 장춘을 거쳐 대련·여순에 이르는 중동 지선 철도) 위를 질주하고 있었다. 사람들은 그 열차를 타고 있는 사람들이 일반 여객이 아닐 것이라고 짐작할 수 있을 정도로 경비가 삼엄했다. 그러나 통일된 복장을 한 사람들 속에 전범이 된 "황제"가 있으리라고는 생각지 못했을 것이다.

　무순전범관리소를 북쪽에 있는 하얼빈으로 옮길 결정은 주은래가 내린 것이다. 그때 관리소 일본어 통역이었으며 훗날 소장을 맡은 김원(金源)이 그 일의 자초지종에 대해 설명한 바 있다.

　"주 총리가 동북행정위원회에 보낸 특별 전보를 통해 일본 전범과 만주국 전범을 북만(北滿)지역으로 옮길 것을 동북행정위원회에 지시했던 것이다. 그리고 이동 속도를 최대한 빨리 할 것을 요구했다. 동북 공안부 왕금상 부장은 중앙으로부터 비밀전보를 받자 10월 16일 그날로 전범들을 하얼빈으로 옮겨 수감할 것을 무순전범관리소에 명령했다. 한편 동북공안

건륭제 전황석 삼연인(乾隆帝田黃石三聯印)

건륭제 전황석 삼연인(乾隆帝田黃石三聯印)

부 책임자는 전범 수감과 수감 교육 개조 기간에 '한 사람도 도주하지 않고 한 사람도 죽지 않도록 하라'는 주 총리의 지시를 무순전범관리소에 전달했다. 동북공안부는 중앙의 관련 지시에 따라 전범 관리교육 업무에 대한 명확한 규정을 정하여 그 규정에 따라 관련 지시를 이행하는 과정에서 느슨하지만 실제적으로는 엄격히 해서 반드시 '한 사람도 도주하지 않고 한 사람도 죽지 않도록 할 것을 전범관리소에 요구했다."[44]

관리소 간부와 전사들은 즉시 행동을 개시했다. 특별열차를 섭외하고 솜옷을 구입하고 가솔들을 분산시키고 압송을 위한 조직을 구성했다. 그들은 전범을 두 진으로 나누어 10월 18일과 19일 각각 길을 떠나 20일 안전하게 하얼빈에 도착하도록 했다. 그렇게 이동 임무를 원만히 수행해 또 한 번 주은래가 강조한 "한 사람도 도주하지 않고 한 사람도 죽지 않도록 하라"는 요구를 실현했다. 게다가 지난 번 수분하에서 무순으로 이동할 때와 마찬가지로 비밀 유지가 아주 잘 됐다. 기차 차창마저 신문지로 빈틈없이 가렸으며 도중에 비밀이 전혀 새나가지 않았다. "전범을 숨겨야 한다"는 정신에는 여전히 변함이 없었다.

하얼빈에 이르러 대다수 일본 전범은 하얼빈 도리(道里) 감옥에 수감되고 일부는 호란(呼蘭) 현성(縣城) 공안국 구치소에 수감됐으며, 부의와 만주국 대신들은 도외(道外) 7도가에 있는 하얼빈 공안국 구치소에 수감됐다.

1950년 10월 25일, 중국인민지원군이 압록강을 건너 조선에 들어가 전쟁에 참가했다.

---

44) 김원(金源), 『천추에 길이 남을 기적』, 『세계를 놀라게 한 기적』, 앞의 책, 5쪽.

정치 정세는 더욱 준엄해졌다. 전범관리소가 하얼빈으로 옮긴 뒤 환경이 갑자기 바뀌면서 또 다른 어려움이 늘었다. 그럼에도 관리소 동지들은 주은래의 지시를 명심하고 부의를 변함없이 보살폈다. 그 시기 동북지역은 아홉 개 성으로 나뉘어져 있었다. 한 번은 아홉 성의 주석들이 하얼빈에서 회의를 하게 됐는데 그들은 부의라는 신비한 인물을 보아야겠다는 의견을 제기했다. 부의를 자극하지 않기 위해 관리소 손명재(孫明齋) 소장은 열심히 접견할 수 있는 상황을 만들었다. 여러 성장이 부의를 한 번 볼 수 있게 했을 뿐 아니라 부의의 일상생활 규칙에도 방해되지 않도록 했다. 급식 면에서도 부의에게는 특별 급식 이상의 기준을 지속적으로 해주어 그를 크게 감동시켰다. 부의는 그에게 공급되는 밀가루와 쌀, 생선과 육류를 잡곡과 대중음식으로 바꾸고 절약한 물품을 항미 원조에 지원할 것을 스스로 요구하기도 했다. 부의의 태도에 성실하고 진심이 어려 있었지만 관리소에서는 그의 생활에 대한 대우 기준을 낮추는 일은 허락하지 않았다. 1951년 초 부의는 또 신변에 몰래 감춰두었던 조상 대대로 물려 내려온 국보 "건륭전황옥삼연환옥새(乾隆田黃玉三連環玉璽)"를 내놓았다. 부의가 그 보물을 바친 이유는 여전히 "항미 원조 지원"이었다. 그의 사상에 변화가 일기 시작한 것이었다.[45]

　물론 부의의 사상 변화는 초보적인 것이었으며 정부에 대한 믿음도 조건적이어서 흉금을 터놓으려면 아직도 먼 상황이었다. 그러나 일본 전범들은 하얼빈으로 옮겨진 뒤 제3차 세계대전이 곧 일어나게 될 줄 알고 태도가 더 완고해졌으며 더욱 기고만장해했다. 바로 그 시기에 주은래의 새로운 지시가 관리소에 전달됐다. 김원은 그 당시의 상황을 다음과 같이 회고했다.

　　"아마도 1952년 봄이었던 것으로 기억한다. 주은래 총리께서 북쪽 하얼빈으로 옮긴 뒤 일본과 만주국 전범, 특히 일본 전범들이 우리의 관리교육방침과 정책에 대해 이해하지 못하고, 심지어 죄를 인정하지 않고 개조를 거부한다는 사실을 알고 '이들 전범에게 회죄(悔罪, 죄를 뉘우침) 교육을 실행하라'고 명확히 지시한 바 있다. 그때 전범 관리소 교육과 부과장이었던 나는 주 총리의 지시가 문구는 길지 않지만 핵심을 포착했음을 깊이 느꼈다."[46]

45) 장실(張實), 「무순전범관리소 초기 업무에 대한 회고」, 『세계를 놀라게 한 기적』, 앞의 책, 44~48쪽.

46) 김원(金源), 「천추에 길이 남을 기적-일본과 만주국 전범 개조 작업에 대한 회고」, 『세계를 놀라게 한 기적』, 앞

회죄교육은 일본 전범들에게 큰 충격을 주어 역사적 죄악을 스스로 자백하는 생생한 사례가 수없이 발생했을 뿐만 아니라 부의에게도 영향을 미쳤다. 그때 동북공안부 정치보위처 집행과 과장이었던 동옥봉은 매번 관리소에 갈 때마다 중점적으로 부의를 찾아 담화했다. 그의 부드러운 태도와 차근차근한 설득에 부의는 그를 고강의 비서인 줄로 오해했다. 처음에 부의는 자신은 만주국에서 꼭두각시였으므로 자백할 죄가 별로 없다고 여겼다. 동옥봉이 그에게 당신이라는 "황제"가 사인한 "치안유지법(治安維持法)" "보안교정법(保安矯正法)", "양곡관리법(糧穀管理法)", "국병법(國兵法)" 등 거의 1천 가지 파시스트식 법률 때문만으로도 동북의 3만 인민이 막대한 피해를 입었으며, 천백만에 이르는 생명이 죽었는데 어찌 자신은 죄가 없다고 말할 수 있는가 하고 지적하자, 그 말을 들은 부의는 깜짝 놀라더니 죄를 인정하고 뉘우친다는 뜻으로 동옥봉에게 머리 숙여 큰 경례를 했다. 이러한 그의 진보적 표현은 만주국 전범들에게 강렬한 반향을 일으켰다.[47]

회죄교육을 실행하면서 일본과 만주국 전범 개조 업무가 점차 자리를 잡아갔으며 전범들의 정서는 점차 안정되기 시작했다. 그런데 장기간의 수감생활 탓에 전범들의 체질이 약화되기 시작했다. 이에 관리소 지도층에서는 급식 개선과 제한된 문화 스포츠 활동만으로는 부족하다는 사실을 깨닫게 됐다. 이 문제는 곧바로 상급기관에 보고됐다. 관리소 제1임 소장 손명재는 이렇게 회억했다.

"동북 공안국 이석생(李石生) 부국장이 하얼빈을 시찰했을 때, 그 문제를 크게 중시했다. 그는 또 우리에게 노동을 통해 범죄자를 개조하는 것에 대한 당 중앙과 모 주석의 중요한 지시를 전달하면서 실제 상황과 결부시켜 전범이 '도주하지 않고 죽지 않게 하라'는 주 총리의 지시를 전면적으로 이해해야 한다고 설명했다. 그는 관리소의 임무는 전범을 잘 개조하는 것이지 죽게 만드는 것이 아니라고 말했다. 그는 또 반드시 비정상적인 사망을 막아야 한다며 그 임무를 완성하는 관건적 요소는 모든 방법을 동원해서 그들의 체질을 강화시키는 것이라고 말했다.[48]

의 책, 6쪽. 손명재, 「일본 전범 개조에 대한 회고(改造日本戰犯的回顧)」에서 "이들 전범에게 적당한 회죄교육을 실행하라"는 주은래의 지시 원문을 인용했다.

47) 동옥봉, 「중소 국경에서 일본 · 만주국 전범을 인수하기 전과 후」, 『세계를 놀라게 한 기적』, 앞의 책, 56~57쪽.

48) 손명재, 「일본 전범 개조에 대한 회고」, 『세계를 놀라게 한 기적』, 앞의 책, 125쪽. "동북 공안부"는 1953년 상반

모택동과 주은래의 지도와 상급기관의 지시에 따라 관리소는 현지 한 공장에다 수공으로 종이박스를 만들어주기로 결정하고 종이박스 작업장을 개설했다. 전범들의 일일 노동시간은 최장 4시간을 넘지 않도록 하고 제품의 생산단가를 정하지 않았으며, 소득은 전부 그들의 생활을 개선하는데 쓰기로 했다. 부의는 노동 중에 헌균(憲鈞)과 말다툼까지 한 적이 있다. 그때 싸움 해결을 맡았던 교도원 이복생의 설명에 따르면, 부의가 손놀림이 어설퍼서 종이박스를 제대로 붙이지 못하는 것을 헌균이 트집잡아 비평하면서 심지어 비웃는 말까지 했던 것이다. 이에 부의가 격분했던 것이다. 헌균은 숙친왕(肅親王)의 아들로서 족친으로 따지면 조카뻘이 되었다. 30년대에는 부의 덕에 만주국 은사(恩賜)병원의 원장직을 맡기도 했었다. 소련에서 수감 중일 때 헌균이 처음 부의를 만났을 때는 땅에 꿇어앉아 울면서 "소인이 이제야 마마를 뵙게 됐사옵니다!"라고 말한 적도 있었는데, 이제는 같은 전범으로서 개조를 받게 된 사이임에도 불구하고 완전히 안면을 바꿔 부의를 대했던 것이다. 이복생의 부드러운 조정 끝에 두 사람은 결국 화해했으며 부의의 노동 열정을 불러일으키는 계기가 되게 했던 것이다.[49]

한국에서의 전쟁국면이 호전되면서 정세가 점차 안정되기 시작했다. 관리소는 상급기관의 지시에 따라 1951년 3월 25일 이미 669명의 영관급 이하 일본 전범을 호란현과 하얼빈시 도리(道里)감옥에서 무순으로 다시 옮겼다. 이어 1953년 10월 23일 또 남은 일본과 만주국 전범을 전부 무순으로 이동시켰다.

비록 여러 차례 이동하며 그 이동 규모가 매우 컸음에도, 외부에서는 무순과 하얼빈에 부대를 이끌고 중국을 침략했던 만주국 국무원 총무청 장관과 일본군 중장 사단장 등 일본 거물급 인물들이 수감돼 있으며 만주국 매국노 황제와 그 대신들이 수감돼 있다는 사실을 아무도 몰랐다. 이는 관리소 동지들이 주은래의 "숨겨야 한다"는 지시를 착실히 관철해 비밀 유지를 잘했기 때문이었다. 1950년에서 1954년까지 관리소 생활 관리원이었던 고진(高震)은 이렇게 회고했다.

"부의 등은 그렇게 무순으로 되돌아온 뒤에도 줄곧 '숨겨졌다'. 그해 청나라 황실 천진 주

기경에 "동북 공안국"으로 개칭하고 그 산하 "정치보위처"도 "노동개조처"로 개칭했다.
49) 이복생, 「만주국 황제 부의 개조 에피소드」, 『세계를 놀라게 한 기적』, 앞의 책, 62~63쪽.

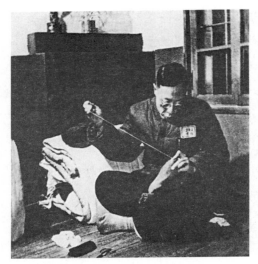

부의는 무엇이라도 처음부터 하나씩 배워나갔다.

부의가 하우스 내에서 채소에 물을 주고 있다.

재 판사처 주재관 부수(溥修)는 천진에 있는 부의의 부동산 재산을 관리하라는 명을 받고 재도(載濤)에게 부의의 행방에 대해 수소문했다가 거절당했다. 사실 재도는 아무것도 모르고 있었다. 그는 비록 신 중국의 정치활동에 참가했지만 그런 소식을 수소문했다가는 말썽을 자초하게 될 것이라는 것을 알고 절대 알려고 하지 않았다. 그때까지도 여전히 부수의 집에서는 부의를 위해 수절 중이던 이옥금도 백방으로 남편의 행방을 수소문하고 있었다. 그녀는 전국여성연합회에 찾아가기도 하고 잇달아 송경령(宋慶齡)과 주은래·모택동에게 편지를 써보기도 했으며 후에는 중앙인민정부 문 앞에서 기다리며 지도자를 만나게 해달라고 요구하기도 하는 등…… 그러나 이 모든 것은 다 부질없는 일이었다. 그녀는 아무런 관련 정보도 얻을 수 없었다.[50] 한편 부걸의 처자식도 저들의 가족을 찾고 있었다. 많은 편지들이 연속해서 일본에서 북경과 스위스 적십자회로 날아갔지만 함흥차사였다.[51]

이제 모든 게 분명해졌다. 바로 모택동과 주은래가 의도적으로 부의 등 전범을 몇 년간 깊숙이 숨겨두어 국제간의 전쟁을 피하고 국내의 정치운동을 피하게 했던 것이다. 이는 당

---

50) 이옥금이 기술하고 왕경상(王慶祥)이 정리, 『중국 마지막 "황비"-이옥금 자서전』, 앞의 책, 315~316쪽.

51) 사가 히로, 『떠돌이 왕비』, 앞의 책, 127~128쪽.

시의 역사적 환경 속에서 그들의 목숨을 보존케 한 다음 그들을 다시 새 사람으로 개조시킬 수 있는 유일한 경로였다. 그렇게 하지 않았다면 정부가 부의와 같은 인물에게 아무런 형벌도 가하지 않는다 하더라도 그들을 사회에 내놓는다면 그들이 과연 살아남을 수 있었을까? 부의가 귀국길에서 보여준 정신착란을 일으킨 반응도 사실은 자기 처지를 정확히 알고 있었기 때문이었다.

전범을 무순으로 다시 옮긴 뒤 중앙의 구체적 배치에 따라 관리소에서는 전범들에 대한 회죄 복죄(죄를 순순히 인정함)교육을 계속 진행했다. 이에 따라 일본과 만주국 전범들의 정서도 안정되어 가기 시작했다. 관리소에서는 또 기와 가공 공장을 운영해 전범들이 자기 능력 한도 내에서 생산노동에 참가할 수 있게 했다. 전범들의 식사를 다양하게 조절하기 위해 관리소에서는 또 여러 명의 고급 요리사와 분식 요리사를 초빙해 일주일간 중복되는 음식이 없도록 했다. 전범들의 문화 오락생활과 청결위생 상황도 꾸준히 개선됐다. 매일 단체체조를 하고 매주 단체 문화 스포츠 활동도 했다. 예를 들어 영화를 본다거나 합창과 무용을 스스로 연습해 공연한다거나 농구·배구·배드민턴·탁구 등 구기운동과 캐럼즈(康樂棋, 영어로는 'caroms'라고 하는데, 일종의 구슬치기 놀이)·중국 장기·바둑 등 게임도 할 수 있게 했다. 전범들은 반나절은 교육을 받고 반나절은 노동을 했으며, 과외 시간에는 문화 스포츠 활동에 참가했다. 전범들은 모두 재미와 즐거움을 느낄 수 있었다.

관리소 내 일부 간부들은 이해할 수가 없었다. "헤아릴 수도 없이 많은 사람을 죽인 일본 사령관과 장군들, 그리고 나라를 팔아 부귀영화를 누리고자 했던 만주국 황제와 대신들에게 그처럼 잘 먹이고 여유 있는 생활을 하게 할까? 또 빈틈없이 그들을 돌봐야 할까?" 하는 의문이었다. 곡초 부소장이 그런 동지들에게 설명했다.

"모 주석과 주 총리께서 정한 전범 개조 정책 결정은 세계에서 선례가 없는 현명한 결정이다. 승전국에서는 전범을 교수형에 처하지 않으면 강제수용소에 가두곤 한다. 오직 중국만이 예외이다. 그래서 우리는 당의 정책을 이해해야만 한다. 중앙의 현명한 정책도 중요하지만 우리 모두의 공동 노력도 반드시 필요하다. 그래야만 전 세계 인민들에게 중화민족은 도량이 넓은 민족으로서 무력으로 모든 적을 물리칠 수 있을 뿐만 아니라 모든 사악한 세력을 개조할 수 있다는 능력도 갖췄음을 엄숙히 증명할 수 있는 것이다."

　모택동과 주은래의 개조 방침 하에서 모든 전범들은 더없이 인간적인 대우를 받았다. 부의는 특히 특별한 대우를 받았다. 많은 전범들이 기와 가공공장에 배치되어 노동할 때, 부의와 곡병선(曲秉善), 완진탁(阮振鐸), 헌균 네 사람은 정기적으로 관리소 의무실에 가 위생작업을 했다. 예를 들면 의무인원의 지도 아래 실내 청소를 하거나, 전범들의 몸무게를 달아 기록하거나, 감방 안팎을 소독하거나, 중의와 중약에 대한 기초지식을 배우는 등의 일을 했다. 부의를 제외한 다른 세 사람은 의학을 배웠으므로 기초가 있었다. 부의도 궁에 있을 때 중의학 서적을 몇 권 읽긴 했지만 기초는 별로 없었다. 그때 관리소 내과 주치의였던 온구달(溫久達)은 일정기간이 지나 의무실에서 시험을 친 적이 있는데 곡병선 완진탁 헌균의 성적은 다 80점 이상이었지만 부의만은 60점도 맞지 못했다고 회억했다.[52] 부의가 기분이 상하지 않게 하기 위해 평가원은 일부러 부의의 성적을 75점으로 올려주었다. 그래서 성적을 공개할 때 네 사람 모두 크게 기뻐했다고 했다.

　이러한 분위기 속에서 관리소의 업무 중심이 바뀌기 시작했다.

---

52) 온구달, 「일본과 만주국 전범들을 치료했던 일부 회억들(爲日,僞戰犯治病在片斷回憶)」,「세계를 놀라게 한 기적」, 앞의 책, 194~195쪽.

6.
조사와 심문

　얼음이 석 자 두께로 언다는 엄동설한에 무순전범관리소 손명재 소장과 교도과 김원 부
과장이 북경 최고인민검찰서를 찾았다. 30년 뒤 김원은 그때 당시 북경에 왔던 자초지종
을 이렇게 회억했다.

　"1954년 1월 중순이었던 것 같다. 나는 손명재 소장을 따라 북경에 가 최고인민검찰서에
3년간 일본과 만주국 전범 개조 업무에 대해서 보고했다. 최고인민검찰서 고극림(高克林)
부검찰장과 담정문(譚政文) 부검찰장이 친히 우리의 보고를 들었다. 그리고 최고인민검찰
서 책임자가 우리에게 일본 전범에 대해 조사와 심문을 전개하는 것에 대한 주 총리의 지시
를 전달했다. 주 총리는 일본 전범들이 중국에서 저지른 주요 죄행을 정확히 조사할 것을 요
구했다. 고검(최고인민검찰서) 책임자는 또 중앙정부가 일본 전범과 만주국 전범을 심리하
기로 결정했다고 밝혔다. 그 뒤 1954년 3월초 최고인민검찰서는 동북공작단을 무순전범 관
리소에 파견해 수감 중인 일본과 만주국 전범에 대한 기소 전 준비작업에 착수했다. 내가 알
기로는 주 총리께서 심문 전문가인 담정문 씨를 동북공작단 단장으로 지정까지 하였다."[53]

---

53) 김원(金源), 『천추에 길이 남을 기적-일본과 만주국 전범 개조 사업에 대한 회고』, 『세계를 놀라게 한 기적』, 11쪽.

부의가 전범 토론회에서 발언하고 있다.

중앙정부는 일본과 만주국 전범 조사와 심문에 대해 이미 조치를 취해 두고 있었다. 1951년 10월 주은래가 업무를 주관하는 중화인민공화국 정무원은 이미 이런 결정을 내렸다. 즉 동북인민정부가 동북지역의 조사업무를 담당하고 전쟁죄행조사위원회를 설립해 일본 전범과 만주국 전범의 죄행을 수집한다는 결정이었다. 그러나 그때는 "반 탐오(反貪汚), 반 낭비(反浪費), 반 관료주의(反官僚主義)"를 중심 내용으로 하는 "3반(三反)운동"이 전국적으로 전개 중이었다. 1952년 1월 28일, 주은래는 또 중앙 공안부가 제출한 보고에서 이렇게 지시했다.

"최고인민검찰서와 공안부에 알린다. 3반운동이 끝나면 일부 인원을 배치해 중(中, 국민당), 만(滿, 만주국), 몽(蒙, 위몽강 자치정부), 일(日, 일본) 전범 사건을 전문적으로 검토해야 하며, 기한 내에 처리방안을 제출하라."

같은 해 8월 최고인민검찰서는 마광세(馬光世), 조유지(趙維之)를 비롯한 9명으로 구성된 일본 국적 전범에 대한 중점 조사팀을 파견해 전범에 대한 조사와 심문 시범작업을 진행했다. 같은 해 11월 초, 그때 정무원 부총리였던 등소평이 "정부는 전범처리위원회를 결성할 계획이므로 검서(최고인민검찰서)와 공안부는 전범 처리의견과 위원회 회원 리스트를 작성할 것"을 지시했다.[54] 1년 뒤, 그 작업은 드디어 주은래가 손수 결성한 동북공작단이 맡아 진행하게 됐다.

최고인민검찰서 동북공작단은 1954년 3월 4일 설립됐는데, 작업 협조 차원에서 임시로 배치된 간부와 무순전범관리소 관리인원들까지 합쳐 약 1천 명에 이르는 방대한 대열을 형성했다. 그 대오는 중국공산당 요녕성위원회(遼寧省委)와 무순시위원회(撫順市委)의 지지를 받아 개별적인 정찰과 자백을 서로 결부시키고, 엄숙한 심문과 폭넓은 조사를 결부시켰으며, 계획적인 조사 심문과 인내성 있는 교육을 결부시키는 방법으로 조사와 검토, 실

---

54) 중앙기록보관소에 소장된 중국 침략 일본 전범과 만주국 매국노 재판 기록을 참조.

사구시의 원칙을 관철해나갔으며, 증거를 중시하고 진술 내용을 경솔히 믿거나 "강제 자백서" 받는 것을 엄금하는 원칙을 견지하고, 계획에 따라 질서 있게 증거를 확보한다는 내용으로 하는 조사 심문 업무를 전개해나갔다. 만약 앞서 무순전범관리소 업무 중점이 전범에 대한 개조와 교육을 통해 죄를 인정하고 죄를 뉘우치는 문제를 해결하는 것이었다면, 그 뒤의 업무 중점은 조사와 심문, 재판과 판결문제에 대한 해결이었다.

최고인민검찰서 부검찰장 겸 동북공작단 단장 담정문이 무순전범관리소 간부 동원대회에 모습을 드러낸 순간 감방 내의 공기는 삽시간에 얼어붙는 것 같았다. 일본 전범과 만주국 전범들이 함께 조사와 심문을 받게 되었다. 실권을 쥐었던 전 만주국 총무청 장관 다케베 로쿠조와 꼭두각시 행세를 했던 원 만주국 황제 부의가 서로 비밀을 들추어내게 되었다. 이는 틀림없이 너무나도 중요한 역사의 한 장면이 되는 것이었다.

부의가 소환되었다. 조사 심문을 맡은 조환문(趙煥文)은 나영환(羅榮桓)이 1954년 3월 21일 비준한 "범죄 추궁 처분서"를 큰 소리로 낭독했다. 그때 일생 동안 세 차례나 황제의 자리에 올랐던 그 전기적인 인물은 마음이 착잡하고 무거웠으며 그 부담은 말할 수 없이 컸을 것이다. 동북공작단이 인쇄 발부한 "업무상황 브리핑" 제2기에는 부의의 사상 동향에 대해 다음과 같이 적고 있었다.

"부의는 자신의 범죄 자료를 작성할 때 사상에 파동이 일었다. 스스로 죄가 너무 크다는 것을 느꼈으며, 매국노 우두머리이기까지 하니 제일 먼저 처리될 것이라 여겼던 것 같았다."[55] 그러한 그의 사상 경향은 교육인원 이복생과의 담화에서도 알 수 있다. 그는 가라앉은 목소리로 이복생에게 말했다. "이 선생, 저의 죄가 너무 크다는 생각이 듭니다. 아마도 일본인들이 만주국시기에 저지른 죄가 모두 제가 저지른 죄와 갈라놓을 수 없을 것입니다. 매국죄만으로도 저는 사형감입니다. 게다가 저는 만주국시기에 너무 많은 법령에 '재가'를 내렸습니다. 그때 범인에 대한 징벌 중에서 제일 엄했던 것이 '반역자 징벌법'이었습니다. 그런 죄를 지으면 모두 사형에 처했습니다. 그래서 저는 오늘 정부가 저를 아무리 관대하게 대해 준다고 해도 제가 저지른 엄중한 죄행은 사면 받지 못할 것이라고 생각합니다."[56]

---

55) 당시의 브리핑 내용은 1954년 4월 23일 인쇄하여 발부됐으며, 지금은 중앙기록보관소에 소장되어 있다.

56) 이복생, 「만주국 황제 부의 개조 에피소드」, 「세계를 놀라게 한 기적」, 77쪽.

관리소 간부가 부의와 담화하고 있다.

부의는 의기소침하고 신경이 날카롭게 곤두서 있었으며 밤에는 불면증에 시달렸다. 이복생이 알아본 바에 따르면 부의는 늘 이리저리 눈치를 보며 다른 사람이 죄를 자백하는 것을 주의 깊게 관찰하곤 하면서 이따금씩 뭔가 적곤 했다고 했다. 왜 그랬던 것일까? 그건 그때까지도 중대한 죄행에 대해서는 감출 생각이 있었던 것으로 보인다. 그는 그에 대해 속속들이 알고 있는 가족성원들이 낱낱이 밝힐까봐 제일 걱정이 컸던 것이다. 그리고 한편으로는 별로 중요하지 않은 내용들만 자백해 대수롭지 않게 넘기려 했지만 아는 것이 너무 적어 걱정이었다. 이는 그가 평소에 궁에만 깊숙이 들어앉아 구체적인 사건에 대해서는 상세히 알지를 못했던 탓이었다. 그는 두려운 것이 너무 많았다. 그러나 결국 정부로부터 가장 엄한 징벌을 받는 것이 제일 두려웠다. 그가 천진에 있을 때 스스로 일본 육군 대신 미나미 지로(南次郞)와 흑룡회(黑龍會) 두목 도야마 마쓰루(頭山滿)와 연계를 취한 것과 일본인에게 항복한 것은 사실이며, 그가 만주국에서 일본인의 비위를 맞추고 고아를 잔혹하게 학대한 것도 사실이며, 그가 소련에서 허위로 역사적 사실을 날조하고 자서전을 쓰는데 입을 맞추었으며 진귀한 보물과 장신구들을 몰래 감춘 것 또한 사실이었다. 그러나 이러한 모든 것은 가족 성원들의 '반역'으로 인해 낱낱이 밝혀지게 되었다. 그에 대한 결과가 어떻게 나타날지 매우 두려워했던 것이다. 마음속으로 준비가 되지 않은 것은 부의만이 아니었다. 동북공작단도 부의를 처리하는 문제에 대해서 의견이 서로 많이 엇갈렸다. 예를 들어 1954년 7월 열린 제50차 동북공작단위원회에서 매국노 처리 문제에 대해 의논할 때, 만주국 대신 등 일반 매국노들은 "반드시 사형에 처해야 한다는 것"이 일치된 의견이었으나, 부의에 대해 처리 의견을 논의할 때는 의견이 엇갈렸다. 단 한 사람만이 이렇게 주장했다. "그가 황제가 된 것은 스스로에 의해 결정된 것이었지만, 후에는 완전히 꼭두각시로 전락해 일본인은 그를 일반 대신으로 등용했습니다. 저의 의견은 사형에 처해야 한다는 것입니다."[57] 1955년 9월, 중앙정부는 최고인민검찰원 당조직으로부터 일본 전범과 만주국 매국노에 대한 조사상황과 처리의견과 관련한 보고를 받았다. 그 보고에서는 62명 만주국 전범에 대한 처리의견을 제기했다. 보고에 따르

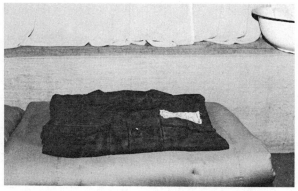

부의가 입었던 죄수복.

면 총 39명을 기소할 예정인데 그 중 장경혜(張景惠) 등 21명을 사형에 처해 바로 집행할 예정이고, 만주국 황제 부의 등 8명을 무기형에 처할 예정이며, 정주이찰포(正珠爾扎布) 등 10명은 유기형을 구형할 예정이며, 그외 23명은 불기소로 즉각 석방할 예정이었다.[58] 1956년 2월까지 동북공작단이 작성한 만주국 전범 기소 재판 명단에는 부걸(유기형 15년을 구형할 예정이었음)과 윤기(潤麒, 유기형 12년을 구형할 예정이었음)의 이름도 들어 있었다.[59] 동북 공작단과 최고인민검찰원이 제출한 처리 의견은 중국인민 특히 동북 인민이 만주국 매국노에 대한 증오를 반영한 것이었다. 그러한 분위기 속에서 부의가 어찌 발을 펴고 잠을 잘 수 있었겠는가? 그러나 얼마 지나지 않아 일본 전범에 대한 재판이 시작되고 그동안 알려진 소식으로 인해 부의는 마음이 점차 안정돼 가기 시작했다. 960여 명의 일본 전범 중에서 중점 조사 심문 대상자는 총 107명이었다. 동북공작단은 심리를 거쳐 그중 죄가 극악한 70여 명 전범에게 극형을 구형할 것을 제의했다. 김원 동지는 그들이 중앙에 제출할 제의서를 가지고 북경에 가 업무 보고를 했던 상황을 다음과 같이 회억했다.

"1955년 말, 동북 공작단과 무순전범관리소 책임자가 북경에 가 업무보고를 할 때, 주 총리가 중남해에서 친히 그들의 의견을 들었다. 주 총리는 멀리 내다보는 안목으로 의미심장

---

57) 동북 공작단이 편집한 『상황 브리핑(情況簡報)』을 참조하라. 현재 중앙기록보관소에 소장되어 있다.

58) 중앙기록 보관소에 소장된 중국 침략 일본 전범과 만주국 매국노에 대한 중국의 재판 기록자료를 참조.

59) 중앙기록 보관소에 소장된 중국 침략 일본 전범과 만주국 매국노에 대한 중국의 재판 기록자료를 참조.

하게 말했다. '일본 전범 처리 문제에서 한 사람도 사형에 처하지 말고 한 사람도 무기형에 처하지 말며, 유기형에 처할 전범도 극소수로 제한할 것, 기소장에서 기본 죄행을 정확히 밝히고 죄행이 확실해진 뒤에 기소할 것, 일반 죄행을 저지른 자는 기소하지 말 것, 이것은 중앙의 결정입니다.' 동북 공작단과 무순전범관리소 책임자가 무순에 돌아온 뒤 곧바로 중앙과 주 총리의 지시 정신을 공작단과 관리소 전체 간부에게 전달했다. 그러나 일본 침략자의 피해를 본 많은 동지들은 이해할 수 없다는 눈치였다. 그래서 동북공작단 책임자는 두 번째로 북경에 가 주 총리에게 보고했다. 주 총리는 그들에게 차근차근 말했다. "아래 동지들이 이해할 수 없는 것이 아니라 자네가 이해하지 못하는 것은 아닌가? 자네가 이해할 수 있다면 아래 동지들이 이해 못하지 않을 리 있겠는가? 중앙이 일본 전범을 관대하게 처리하기로 결정한 것은 앞으로 20년이 지나면 이런 중앙의 결정이 옳았다는 걸 알 수 있을 것이오."[60]

주은래의 지시가 전달된 뒤 동북공작단과 무순전범관리소 간부들은 아주 빠른 시일 내에 사상을 통일했다.

주은래의 지시는 물론 무순의 일본 전범에게만 국한된 것이 아니었다. 그 지시는 무순전범관리소와 진성(秦城)감옥·태원(太原)감옥에 수감 중인 1,062명 일본 전범과 553명 국민당 전범·약 70명의 만주국 전범·위몽강(僞蒙疆) 자치정부 전범·왕정위(汪精衛) 위(僞) 정권의 전범을 상대한 것이었다. 중앙은 심사숙고한 끝에 아이신줴뤄 부의의 운명을 제일 먼저 그 사려함 속에 포함시켰던 것이다.

---

60) 김원(金源), 「천추에 길이 남을 기적-일본과 만주국 전범 개조 사업에 대한 회고」, 『세계를 놀라게 한 기적』, 앞의 책, 13~14쪽.

7.
최고회의의 결정

아이신줴뤄 부의는 신 중국을 만났다. 그의 운명은 어쩔 수 없이 중국공산당과 연관됐으며 중화인민공화국정부가 처리하는 일본 전범과 연관됐던 것이다.

1956년 3월 14일~15일 중국인민정치협상회의 제2기 전국 위원회 상무위원회는 제19차 회의를 열고 전범 처리 문제에 대해 토론했다. 주은래가 전국 정협 주석의 신분으로 회의를 주재했으며 전범 처리 문제에 대해 제일 먼저 연설했다.

"이들 일본인이 지금은 전범이지만 20년 뒤에는 벗이 될 것입니다. 중일 우호에 관심을 갖는 벗이 될 것입니다."[61] 주은래는 확고한 신념을 안고 이같이 말했지만 다른 한 마디 말은 마음속에 담아두고 말하지 않았다. 즉 부의가 지금은 전범이지만 멀지 않아 공민이 될 것이며, 조국의 사회주의 건설에 관심을 갖는 공민이 될 것이라는 말이었다.

회의기간 동안 나서경 공안부 부장이 전쟁 범죄자 처리문제에 대해 발언했으며, 담정문 최고인민검찰원 부검찰장이 일본의 전쟁 범죄자 처리문제에 대해 보충 발언했다. 충분한 토론을 거친 뒤 주은래가 대회를 종합했다.

---

61) (일본) 중국 귀환자 연락회가 편찬한 『우리가 중국에서 무슨 짓을 했는가―원 일본 전범 개조회고록(我們在中國干了些什么―原日本戰犯改造回憶錄)』, 중국인민공안대학출판사, 1989, 205~206쪽.

12일 뒤에 열린 제2기 전국정협 제20차 상무위원회의에서는 또 『전범-전쟁 포로와 담화할 각계 인사들로 구성된 소조 명단』을 통과시켰다. 대규모의 조직적인 "담화"를 실행하는 범위는 물론 일본 전범에게만 제한된 것이 아니었다. 국민당 전범과 만주국 전범 등도 포함됐다. 사실 당시 회의가 지난 후 긴 시간 동안 모택동과 주은래는 직접 일부 인원에게 위임해 대표성을 띤 중요한 전범들과 담화하게 했다.

모택동은 정잠(程潛), 장치중(張治中), 부작의(傅作義), 소역자(邵力子), 장사소(章士釗) 등 애국 민주인사들에게 위임해 진성감옥으로 가 두율명(杜聿明), 왕요무(王耀武), 송희렴(宋希濂) 등 전 국민당 고급장교들을 만나게 한 적이 있었다. 장치중은 그들과 마주 앉아서 모택동의 지시를 전달했다.

"모 주석께서는 당신들의 개조문제에 대해 크게 관심을 두고 계십니다. 그리고 당신들이 새 사람이 되고자 하는 소원과 거둔 성적에 대해서도 잘 알고 계십니다. 모 주석은 '국민당 전범에게는 조사 심문과 재판을 하지 말며, 대륙에 남고 싶어 하는 사람은 정부에서 타당성 있게 배치하고, 또 국외로 나가고 싶어 하는 사람에게는 자유로이 출입국할 수 있도록 정부가 편리를 제공해 주라'고 지시했습니다." [62]

이는 실제로 국민당 전범에 대해 대사면 혹은 특별사면의 방식을 통해 관대하게 처리할 것이라는 중앙의 정신을 보여준 것이었다.

한편 등소평(鄧小平)·이선념(李先念)·하룡(賀龍)·섭영진(聶榮臻)·판첸어르더니·췌지잰잔(班禪額爾德尼·確吉堅贊)·유아루(劉亞樓)·왕평(王平) 등 중앙지도자들이 잇달아 무순을 방문해 부의를 만났다. 김원은 이렇게 회억했다.[63] "어느 날 하룡과 섭영진 두 원수가 요녕 군사 공업 생산 상황을 시찰하는 길에 무순전범관리소를 방문했다. 두 분 원수는 1호 회의실에서 먼저 관리소 소장으로부터 전범 개조상황에 대한 보고를 듣고 나서 부의를 접견했다. 두 분 원수는 말머리에서 요지를 명확히 밝혔다. 우리가 동북에 오게 되

---

62) 문강(文强), 「북경에서 개조를 받다(在北京接受改造)」, 『전범에서 공민으로-원 국민당 장교들의 생활 개조를 회고하다(從戰犯到公民一原國民黨將領改造生活的回憶)』, 북경, 중국문사출판사, 1987, 159쪽.

63) 김원(金源)의 「천추에 길이 남을 기적-일본과 만주국 전범 개조 사업에 대한 회고」, 『세계를 놀라게 한 기적』, 중국문사출판사, 1990, 18쪽.

자 주 총리께서 여기 들러 당신들을 보고 오라고 하셨습니다. 어려움이 있으면 말씀하시고 하루 빨리 새 사람이 되도록 노력하십시오"

김원 동지는 또 그 당시의 접견 상황에 대해 회억했다.

"하 원수는 부의의 건강상태가 좋은 것을 보고 웃으며 이렇게 물었다. '당신은 예전에 황궁에서 황제로 있을 때 먹었던 음식이 맛있었습니까? 아니면 지금 여기서 먹는 음식이 맛있습니까?' 그러자 부의가 대답했다. '제가 예전에 궁에서 황제로 있을 때 끼니마다 적어도 48가지 음식이 올라왔습니다. 완용은 때론 십여 가지 요리를 더 올리기도 했습니다. 비록 모두 산해진미였지만 무슨 맛인지 몰랐습니다. 그런데 지금 여기서는 식사 수준이 비록 예전보다 못하지만 어떤 때는 한 끼에 채소가 든 찐빵을 한 근(5백그램)이나 먹을 수 있습니다. 너무 맛있습니다.' 하 원수가 말했다. '그건 당신의 생활이 규칙적이 되었기 때문입니다. 또 당신이 발전했다는 표현이기도 합니다.' 하 원수는 또 옛날 황제들은 장수하는 경우가 아주 적었다고 말했다. 만주국 꼭두각시 황제로 있을 때 얘기가 나오자 부의는 얼른 '제가 죄를 많이 지었습니다. 당에 미안하고 인민에게도 미안합니다. 저는 반드시 잘 거듭나도록 하겠습니다'라고 말했다. 하 원수는 크게 기뻐하며 부의에게 말했다. '당신이 착실하게 거듭날 수 있게 노력하는 것은 잘하는 일입니다. 개조만 잘하면 공민의 권리도 가질 수 있고 밝은 앞날이 있을 것입니다.' 섭 원수도 학습과 개조를 잘하라며 '중국의 사회주의 건설의 현실을 직접 볼 수 있을 것'이라고 말했다. 부의는 두 분 원수의 말을 듣고 나자 마치 큰 보물이라도 얻은 것처럼 감방으로 돌아와서는 연 며칠간 다른 가족들과 함께 두 원수의 말 속에 담긴 뜻을 거듭해 곰곰히 생각해봤다. 그의 여러 가족성원들도 모두가 다 부의가 살 길이 열릴 것이라고 느끼고 있었다."

살 길이 열릴 것이라는 희망은 확실했다. 그건 모택동의 생각과 결정에서 온 것이기 때문이다. 1956년 4월 25일 모택동은 중국공산당 중앙 정치국 확대회의에서 중요한 연설을 했다. 그것이 바로 여러 해가 지나 대중에 공개된 명작 『10대 관계를 논함(論十大關係)』이었다. 연설문에서 반혁명 진압 문제에 대해 최종 결정을 내렸다. 이로써 부의의 운명이 결정됐으며 그의 후반 인생이 결정됐던 것이다.

"어떤 사람을 죽이지 않을 수 있을까요? 호풍(胡豐), 반한년(潘漢年), 요수석(饒漱石)과 같은 사람들은 죽이지 않습니다. 전범으로 체포된 선통 황제, 강택(康澤)과 같은 사람도 죽이지 않을 수 있습니다. 그들을 죽이지 않는 것은 그들이 지은 죄가 죽을죄가 아니어서가 아니라 죽이면 불리하기 때문입니다. 이들 중 한 사람을 죽이게 되면 두 번째, 세 번째 이렇게 죽일 자가 있을 것이므로 숱한 사람을 죽여야 합니다. 이것이 그 첫 번째 이유요, 두 번째 이유는 사람을 잘못 죽일 우려가 있다는 겁니다. 한 사람의 목을 쳤다면 다시 붙일 수는 없는 법입니다. 또 부추가 자라는 것처럼 한 번 베어낸 뒤에 계속 자라는 것도 아니어서 한 번 목을 치고 나면 잘못을 바로 잡을 방법도 없는 것입니다. 세 번째 이유는 증거가 사라질 수 있다는 겁니다. 반혁명을 진압하려면 증거가 있어야 합니다. 이쪽 반혁명이 저쪽 반혁명의 살아있는 증거가 되는 경우가 많습니다. 송사가 걸리게 됐을 때 증거를 제공받을 수도 있는 자를 없애버리고 나면 영원히 그 증거를 찾을 방법이 없게 됩니다. 그렇게 하는 것은 반혁명에만 이로운 일이 되며 혁명에는 불리하게 됩니다. 네 번째 이유는 그들을 죽인다 해서 생산을 늘릴 수 있는 것도 아니고, 과학 수준을 제고시킬 수 있는 것도 아니며, 4해(네 가지 해로운 것. 즉 파리, 모기, 쥐, 참새) 제거에도 도움이 되는 것이 아니고, 국방세력을 키울 수 있는 것도 아니며, 대만을 수복할 수 있는 것도 아닙니다. 오히려 그들을 죽임으로써 포로를 살해했다는 명성을 얻게 되는데 예로부터 포로를 살해했다는 명성은 좋지 않은 것입니다. 또 한 가지 이유는 기관 내의 반혁명은 사회의 반혁명과는 다르다는 겁니다. 사회의 반혁명은 인민들 머리 위에 올라앉지만 기관 내의 반혁명은 인민들과 멀리 떨어져 있게 됩니다. 그들에게는 보편적인 원수는 있지만 직접적인 원수는 많지 않기 때문입니다. 그러니 그들 중 한 사람을 죽이지 않은들 무슨 해로운 점이 있겠습니까? 노동 개조를 할 수 있는 자는 노동 개조를 시키고, 노동 개조를 할 수 없는 자들은 먹여 살리면 됩니다. 반혁명은 폐물이고 해충이지만 일단 손에 잡아넣기만 하면 인민들을 위해 일할 수 있게 만들 수 있습니다. …… 죽이지 않으면 먹여 살려야 합니다. 모든 반혁명분자에게는 살 길을 열어주어 새 출발을 할 기회를 주어야 합니다. 그렇게 하는 것은 인민의 사업에도 국제적 영향에도 모두 이로운 것입니다."[64]

---

64)『모택동 저작 선독(毛澤東著作選讀)』, 하권, 인민출판사, 1986, 736~738쪽.

모택동의 연설이 있던 날, 제1기 전국인민대표대회 상무위원회 제34차 회의에서 "수감 중인, 일본의 중국 침략전쟁 범죄자를 처리하는 데에 관한 결정"을 통과시켰다. 이어 모택동은 중화인민공화국 주석령을 발표해 그 결정을 공개했다. "결정"은 전 세계에 중국정부가 관대한 정책을 적용해 일본과 만주국 전범을 처리할 것이라고 선고했다.

"결정"이 국내외에서 강렬한 반향을 불러일으킨 가운데 사람들의 관심을 끌 또 하나의 내부 소식이 퍼져나갔다. 그 소식이란 중국의 마지막 황제 부의가 석방되어 북경으로 돌아왔다는 내용이었다! 그때 상해에 있던 사천 태생인 현대의 유명인인 주효회(周孝懷)는 그 소식을 듣고 크게 감동했다. 상해시 정협(政協, 정치협상회의)이 전범 처리 관련 회의를 마치자마자 그는 황염배(黃炎培) 전국정협 부주석에게 편지 한 통을 띄웠다. 편지에는 이렇게 써 있었다.

"닷새 전, 상해시 정협이 전범 관련 회의를 열었는데, 저는 어지럼증 때문에 참석하지 못했습니다. 가경시(柯慶施) 동지가 회의장에서 보고한 내용을 친구를 통해 전해 듣고 나서야 부공(溥公, 제가 그 이름을 대지 않는 걸 양해해 주시길 바랍니다)이 북경으로 돌아왔다는 사실을 알게 됐습니다. 그 자리에 같이 있었던 오랜 친구는 그 소식을 듣더니 감동해 눈물을 쏟았습니다. 정부가 여러분에게 의견을 제기하라고 했습니다. 다른 사람에 대해서는 잘 모르겠지만 부공에 대해서는 몇 가지 영원히 잊을 수 없는 사실을 얘기해야겠기에 별도의 편지에 따로 적었습니다. 읽어보시고 나서 모·주 두 분께 올려 참고하시도록 해주시기 바랍니다. 부공에 대한 처리 결정이 내려진 후 사람을 만나는 것이 허용되면 저에게 알려주십사 부탁드립니다. 꼭 북경에 가서 그를 한 번 만나야겠습니다. 그는 참으로 사람의 마음을 아프게 하는 사람입니다. 정사(丁巳)년에는 강[康, 강유위(康有爲)]·심[沈, 심증식(沈曾植)] 때문에 잘못을 저지르고, 신미(辛未)년에는 나[羅, 나진옥(羅振玉)]·정[鄭, 정효서(鄭孝胥)] 때문에 잘못을 저질렀습니다. 이들 모두가 스스로 신하라고 자칭하고 스스로 학자·시인으로 천거한 자들입니다. 고서(舊書)가 참으로 많은 해를 끼쳤습니다. 한스럽습니다![65]

이 편지는 1956년 5월 중순에 쓴 것이다. 이 편지를 쓴 주효회는 무술년(戊戌年)에 이미

---

65) 주효회가 황염배에게 보낸 편지 원본을 참조할 것. 현재 중앙기록보관소에 수장되어 있음.

장사(壯士)였다. "백일 유신(百日維新)"이 막 실패할 조짐을 보이기 시작했을 때, 그는 일찍이 자희(慈禧) 태후가 광서제(光緒帝)를 감금하고 유신파 인사들을 잡아들이라는 명을 내렸다는 소식을 접하고 그 즉시 위험을 무릅쓰고 "육군자(六君子)" 중의 한 사람인 유광제(劉光第)에게 소식을 전했다. 그런데 유 씨는 신법을 위해 목숨을 바치기로 마음을 먹었던지라 도주하기를 거부했다. 그래서 주 씨는 시장 입구 사형장에서 벌어진 비참한 장면을 목격할 수밖에 없었다. 반세기가 지난 뒤 이 역사적인 풍운인물은 또 한 번 나서서 부의를 위해 사정했다.

주효회는 1917년에 장훈 복벽사건에서 부의가 강유위ㆍ심증식 등으로부터 우롱을 당했고, 1931년 부의가 출관해 일본인에게 항복한 것은 나진옥ㆍ정효서 등의 잘못이라고 주장했다. 그의 눈에 부의는 "마음을 아프게 하는 사람"이었다. 주효회가 "별도의 편지에 적었다는 영원히 잊을 수 없는 사실"은 두 가지 일을 말하는 것이었다. 한 가지는 1930~1931년 사이에 부의가 어려움 속에서도 돈을 기부해, 섬서(陝西)와 장강(長江)의 재해지역을 위해 모금하는 주경란(朱慶瀾) 장군의 의거를 극구 지지했던 사실이다. 다른 한 가지는 부의가 출관한 뒤 일본인의 올가미에 걸려들었다는 주장이었다. 여순(旅順)에 있을 때 주효회를 접견한 적이 있는데 그때 부의는 이미 어찌할 수가 없는 입장이었지만 두뇌는 여전히 명석했었다고 했다. 얼마 뒤 만주국 황제에 임명되어 집권했지만 절대 부의 스스로 원한 것은 아니었다는 것이었다. 이는 비록 주효회가 부의를 위해 책임을 회피시키려는 의도가 분명했고, 결코 옳은 방법은 아니었지만, 그러나 이번 사건을 통해 부의에 대한 처리 문제가 사회적으로 매우 폭넓은 영향을 주었음을 알 수 있다.

황염배는 주효회의 편지를 받아보고 나서 1956년 5월 21일 주은래에게 편지를 보내 주 씨의 소원에 따라 모택동과 주은래에게 그 편지와 자료를 전달하라는 설명 외에 그 자신의 태도도 밝혔다. 그는 주 씨가 쓴 자료는 "확실히 볼 필요가 있다"면서 "부의가 『자본론(資本論)』을 볼 수 있게 해달라고 요구했다고 들었으므로 그의 사상이 비약적인 발전을 가져왔을 수도 있음을 설명한다"고 밝혔다. 주은래는 그날로 편지를 읽고 나서 "즉시 주석과 팽진(彭眞)에게 보내 열람토록 할 것"을 지시했다. 5월 29일 팽진이 "정문(政文) 동지, 이 자료를 베껴 부의의 자료 속에 보존하고, 원본은 총리 사무실로 돌려보내시오"라고 지시했다. 그래서 담정문 최고인민검찰원 부검찰장의 조치에 따라 주효회의 편지와 자료, 황염배의 편지, 그리고 중앙 지도자의 지시까지 함께 베껴져 부의의 자료 속에 보존되게 됐

1956 年 3 月 8 日，周恩来总理在最高人民检察院的报告中批示："免予起诉的战犯要分三批放"。遵照这一指示，最高人民检察院于 1956 年 6 月 21 日释放第一批在抚顺战犯管理所羁押的日本战犯 295 名；7 月 15 日释放第二批战犯 296 名；8 月 21 日释放第三批战犯 306 名。

1956년 3월 8일, 주은래 총리는 최고인민검찰원 보고에 대해 "불기소 석방키로 한 전범을 세 차례에 나누어 석방하라"고 지시했다. 그 지시에 따라 최고인민검찰원은 1956년 6월 21일, 무순 전범관리소에 수감됐던 일본 전범 295명을 제1차로 석방하고, 7월 15일 제2차로 전범 296명을 석방했으며, 8월 21일 제3차로 전범 306명을 석방했다.

던 것이다.

주효회가 입수한 소식은 정확한 것은 아니었다. 부의는 석방되지 않았으며 여전히 무순에 수감 중이었다. 그때 많은 일본 전범들은 먼저 처리하라는 중앙의 조치에 따라 모두 석방됐다.

1956년 3월, 주은래는 최고검찰원의 보고에 대해 지시할 때 불기소 석방키로 한 전범을 세 차례에 나누어 석방하라고 지시했다.

그해 6월 28일 오후 3시 35분, 제1차로 석방된 일본 전범 335명을 실은 일본 기선 "고안마루(興安丸)"가 서서히 당고신항(塘沽新港) 부두를 떠나 귀향길에 올랐다. 귀국자들은 배가 떠나기 전에 선독한 『고별사』에서 이렇게 말했다.

"우리는 중국에서 지낸 즐거운 생활과 당신들이 보여준 인자함을 절대 잊지 않을 것입니다. 당신들과 작별해야 하는 우리는 마음이 너무 괴롭습니다. 그러나 우리는 계속 괴로움 속에서만 살지 않을 것입니다. 우리는 새로운 인생길을 따라 나가는 기쁨과 감격으로 가슴이 벅찹니다. 우리 마음속에는 아름다운 희망으로 가득 찼습니다."[66]

그해 7월 28일 오후 4시 30분, 제2차로 석방된 328명의 일본 전범과 가석방된 다케베 로쿠조가 일본 "고안마루" 기선에 실려 당고신항을 떠나 귀국했다. 귀국자 대표는 출발 전에 선독한 『고별사』를 통해 "지난날 우리는 손에 침략의 무기를 들고 이 바다를 건너 중국

---

66) 「인민일보(人民日報)」, 1956년 6월 30일자.

에 침입했었습니다. 오늘날 우리는 여전히 이 바다를 건너지만 이제는 평화를 사랑하는 사람이 되어 자기 조국으로 돌아갑니다."[67]

그해 9월 1일 밤 11시 30분, 일본 "고안마루" 기선은 제3차로 석방된 354명의 일본 전범을 싣고 당고신항 부두를 떠났다. 귀국자 대표는『고별사』를 통해 다음과 같이 말했다.

"우리는 지난날 일본 제국주의와 우리에 의해 살해된 1,200만 중국 열사의 영령과 그들의 가족들을 떠나 건강하고 즐거운 마음으로 조국으로 돌아가 기다리고 있을 우리 가족들을 만나 얼싸 안으려 합니다. 그런데 우리가 살해한 사람들은 영원히 땅 속에 고이 잠들어 영원히 돌아올 수가 없습니다. 일본 제국주의와 우리가 저지른 하늘에 사무치는 죄와 열사 가족들의 비애와 증오는 영원히 잊혀지지 않을 것입니다."[68]

이로써 직무가 비교적 낮고 죄행이 비교적 경하며 죄를 진실되게 뉘우치는 일본 전범 1,017명이 잇달아 중국적십자회에 의해 일본적십자회를 거쳐 석방되어 귀국했다. 한편 그 외에 죄행이 엄중한 45명의 일본 전범도 중국 최고인민법원이 특별군사재판을 열어 심리했다. 6월 9일부터 19일까지 요녕성 심양시에서 스즈키 히라쿠(鈴木啓久) 등 8명 일본 전쟁범죄사건에 대해 공개 재판했다. 6월 10일부터 19일까지 산서성(山西省) 태원시에서 도미나가 준타로(富永順太郎)의 전쟁범죄와 스파이 범죄사건에 대해 공개 재판했다. 6월 12일부터 20일까지는 산서성 태원시에서 조노 히로(城野宏) 등 8명의 일본 전쟁범죄자와 반혁명 범죄사건에 대해 공개 재판했다. 7월 1일부터 20일까지 요녕성 심양시에서 다케베 로쿠조 등 28명의 일본 전쟁 범죄 사건에 대해 공개 재판했다. 재판은 엄정하고도 관대했다. 재판 결과 45명 범죄자에게 각각 유기형 8년에서 20년을 구형했다.

1956년 7월 2일 오전 왼쪽 가슴에 "981"번이라는 흰색 천 죄수 명찰을 단 부의가 소환을 받고 증인석으로 씩씩하게 걸어 나왔다. "오늘 저는 조국의 장엄한 법정에서, 조국 인민 앞에서 일본 제국주의 만주국 총무청장 다케베 로쿠조와 그의 보조자 후루미 타다유키(古海忠之)가 만주국 정권을 조종하고 우리 동북인민을 노예로 부린 죄행에 대해 증언하려 합니

---

67) 「인민일보(人民日報)」, 1956년 7월 29일자 참조.

68) 「인민일보(人民日報)」, 1956년 9월 3일자.

부의가 심양 특별군사 재판에서 증언했다.

다."[69] 부의가 증언하는 목소리가 방청석까지 가득 찬 법정 대청에서 쩌렁쩌렁 울려 퍼졌다.

이복생은 이렇게 회억했다.[70] 부의는 1946년 극동국제군사재판에서 증언한 교훈을 살렸다. 그때 그는 자신의 죄를 속이기 위해 일본 제국주의 중국 침략 죄행을 충분히 폭로하지 못했다. 그래서 이번에는 재판에서 낱낱이 폭로하기로 마음먹었다. 그는 매우 신경을 써서 증언을 준비했다. 심지어 밥을 먹을 때나, 걸을 때나, 잠자기 전 시간마저 놓치지 않았다. 그랬기에 증언은 매우 설득력이 있었다. 그래서 피고 후루미 타다유키는 법정에서 부의에게 큰 경례를 하고 눈물까지 흘리며 "증인의 증언은 모두 다 사실입니다"라고 말하기까지 했다. 부의는 증언을 하고나서 격동된 나머지 "저는 중국인이지만 중국인민에게 이로운 일을 한 적이 없습니다. 이제야 드디어 조국과 인민에게 이로운 일을 한 가지 했습니다. 그래서 마음속으로 너무 기쁩니다"라고 말했다.

역사가 증명하다시피 중국정부가 일본 전범에 대한 관용과 재판은 매우 성공적이었다. 이는 모택동과 주은래의 성공이었다. 그들이 일본전범 처리문제에 대한 인식과 제기한 이론과 정책은 완전히 실제에 부합된 것이었다. 역사에서 현실에 이르기까지, 전쟁에서 우호에 이르기까지, 피해와 범죄, 국내와 국제에 이르기까지 모든 면에 대해 생각했다. 주은래는 일본전범 처리문제에 대한 연설문을 작성하기 위해 여러 가지 원칙적인 의견을 제기

---

69) 왕전평 주필, 『정의로운 재판』, 인민법원출판사, 1990, 89쪽.

70) 이복생, 「만주국 황제 부의의 개조에 관한 에피소드」, 『세계를 놀라게 한 기적』, 중국 문사출판사, 1990, 96쪽.

한 바 있다. 기록으로 보관된 관련 내용들이[71] 주은래가 문제에 대해 사고할 때의 정치성과 과학성을 충분히 증명해 주었다.

주은래는 연설문에서 전범처리 관련 내용은 이러한 사고방식에 따라 써야 한다고 주장했다. 즉 엄숙성을 잃지 않으면서도 이치에 어긋나지 않게 해야 대중들에게 책임질 수 있는 것이라고 말했다.

첫째, 현재 중국정부가 수감 중인 전범의 유래에 대해 실사구시적으로 설명해야 한다고 밝혔다. 한 부류의 전범은 소련이 포로가 된 일본전범 중에서 중국과 관련된 자들로서 소련이 중국에 인계한 자, 다른 한 부류의 전범은 일본이 항복한 뒤 또 장개석과 염석산(閻錫山)이 일으킨 반혁명 내전에 참가했다가 우리 군에 포로가 된 일본전범이다. 그러니 대중들에게 지금 중국에 있는 일본 전범은 이들이 전부라는 착각을 주지 않도록 해야 한다. 실제로 일본의 중국 침략전쟁 중 대부분 전범과 주요 전범들은 일본이 항복한 뒤 극동국제군사재판과 그때 중국정부에 의해 이미 처리됐다. 둘째, 현재 수감 중인 일본전범 중 대다수은 그저 일반범죄만 저지른 자들이고 게다가 수감 중에 거듭나려는 노력이 좋았다. 소수의 전범만 죄가 중한 자들이다. 셋째, 현재 일본의 국내 상황과 전쟁 뒤 중일 양국 인민의 우호관계 발전을 반영했다시피 10년간 상황이 크게 바뀌었다. 따라서 인대상무위원회에서는 일본전범 중에서 중하지 않은, 죄가 경한, 그리고 죄를 뉘우치는 표현이 좋은 자들에 대해서는 불기소 판결을 내리고, 일본전범 중에서 죄가 중한 자들에 대해서는 법에 따라 기소하되 관대하게 구형하기로 결정했다.

이러한 원칙적 의견은 그때 일본전범 처리에 대한 모택동과 주은래의 기본 구상을 반영했으며 그 원칙적 의견은 또 차후에 국민당 전범과 만주국 전범 등의 처리에서도 기본 구상이 되었다.

---

71) 중앙기록보관소 소장.

8.
서신왕래에서
가족방문에 이르기까지

기러기가 푸른 바다를 지나 이제 막 고등학교 2학년에 진학한 17살 여자아이의 편지가 도쿄 히요시 사가(日吉嵯峨) 댁에서 북경 중남해 서화청(西花廳)으로 날아왔다. 중화인민공화국 주은래 국무원 총리가 편지를 펼쳐 자세히 읽어 내려갔다. 그 편지 속 글귀들에서 흘러넘치는 인간세상의 정에 그는 감동했다.

"존경하는 중국 총리 큰아버지 선생님 :

저는 만주국 범죄자 아이신줴뤄 부걸의 맏딸 혜생(慧生)입니다. 저는 모든 가족들 몰래 큰아버지에게 이 편지를 쓰고 있습니다. 저의 아마[阿瑪, "아마(阿瑪)"는 만족어로 "아빠"라는 뜻]가 너무 보고 싶어서입니다. 큰아버지께서 17살 여자아이의 마음을 이해할 수 있으리라 믿습니다.

저는 중국어가 아주 서툽니다. 그래도 저는 제가 일본에서 배운 중문으로 편지를 씁니다. 저의 아마의 소식을 알 길이 없어 저와 어머니 모두 많이 걱정하고 있습니다. 저는 오매불망 보고싶은 아마에게 얼마나 많은 편지를 썼으며 얼마 많은 사진을 붙였는지 모르겠습니다. 그러나 회답 편지는 한 통도 받아보지 못했습니다. 그저 바다를 바라보며 한탄만 할 뿐입니다!

부걸의 장녀 혜생

비록 중일 양국은 체제가 서로 다르고 사람들의 사상이 서로 다르지만 혈육의 정은 중국에서나 일본에서나 다 같습니다. 만약 주 총리에게도 혈육이 있고 아이가 있다면 자연히 저와 제 여동생이 아버지를 그리워하는 마음을 헤아릴 수 있을 것이며, 저희 자매를 키우시면서 눈이 빠지게 남편을 기다리는 저의 어머니의 마음을 더 이해할 수 있을 것입니다. 이 순간 절박하고 고통스러운 제 마음을 아실 것이라 생각합니다!

지금은 일본과 중국이 수교하지 않았지만, 저의 가정은 중국의 아마와 일본의 어머니로 구성됐습니다. 우리 온 가족은 진심으로 중일 양국의 우호관계를 기대하고 있습니다. 이는 아무도 막을 수 없는 힘입니다! 어머니는 당장이라도 아마의 곁에 날아가지 못하는 것을 한스러워하고 있습니다. 저도 하루 빨리 한 자리에 모일 수 있기를 간절히 바랍니다. 그걸 위해 저는 지금 중문을 열심히 공부하고 있습니다. 저는 자신이 중국과 일본의 우호적인 관계를 위해 뭔가 할 수 있고 중일 우호 관계를 위한 다리를 놓기 위해 자그마한 힘이나마 보탤 수 있기를 바랍니다.

감사합니다. 그리고 부탁드립니다! 큰아버지께서 이 편지와 사진을 함께 저의 사랑하는 아마에게 전해주시길 바랍니다. 그리고 저와 아마가 편지를 왕래하는 것을 허락해 주시길 진심으로 바랍니다⋯⋯."

부걸의 큰딸 혜생은 그때 어머니 사가 히로와 여동생 호생(嫮生)과 함께 도쿄의 외할머니 집에서 살고 있었다. 그녀는 중국 총리가 자신이 아버지와 연계할 수 있도록 도와주기를 바랐다. 그 바람은 헛되지 않았다. 주은래는 혜생이 아버지를 그리는 마음을 충분히 이해했으며 그녀의 중문 수준도 칭찬해주었다. 더욱이 침략전쟁으로 인해 심각한 피해를 입은 중일 양 국민의 우호를 요구하는 호소에 감동하였다. 그는 편지를 두 번이나 연속해서 읽은 뒤 옆에 있는 비서에게 말했다. "난 이런 아이가 참 좋네. 젊은이들은 뭘 하든 용기가 있어야 돼. 혜생 이 아이에게는 중국 만주족 청년의 혈기가 있어. 이제 기회가 생기면 이 아이를 만나봐야겠군." 혜생의 뜻에 따라 총리는 즉시 편지와 사진을 부걸에게 전했다. 그리고 부걸이 일본에 있는 가족들과 서신 왕래를 하는 걸 허락한다고 무순전범관리소에 특별 지시를 내렸다. 한 나라의 총리가 자국 범죄자가 수교도 하지 않은 나라에 있는 가족과 통신할 수 있게 하도록 구체 사항을 직접 비준한 것은 역사적으로 처음 있는 일이다. 총리는 비서를 시켜 혜생에게 회답편지를 써 부걸이 일본 가족과 통신할 수 있도록 허락했다는 사실을 알리게 했다. 얼마 지나지 않아 일본적십자회가 무순의 부걸이 쓴 편지를 도쿄의 히요시 사가 가문에 전달했다. 편지는 혜생에게 쓴 것이었다.

> "아빠는 지금 중국의 무순에 있다. 무사히 잘 있으니 걱정 말거라! …… 이 편지가 발송될 수 있는 건 내 딸 혜생의 덕이구나. 정말 고맙다. 주은래 총리께서 혜생이 당신에게 쓴 편지를 읽은 뒤 나에게 보내주셨어. 총리께서도 혜생의 중문 수준을 칭찬하셨다는구나…….[72]

부걸의 편지는 사가 가문에 더할 나위 없는 기쁨을 가져다주었다. 그 자리에서 혜생은 아마의 편지를 받쳐들고 주은래의 사진 앞에 털썩 무릎을 꿇었다. 그녀는 눈물을 삼키며 흐느꼈다. "총리 큰아버지, 어느 때건 중국으로 돌아가게 되면 저는 꼭 당신을 찾아뵙겠습니다"라고 말하며 자신의 사진 한 장을 가져다 중문으로 또박또박 이렇게 썼다. "가장 존경하고 가장 신뢰하는 중국 총리 주은래 큰아버지께 드립니다." 그녀는 귀국할 때 총리에게 드리려고 준비한 것이었다.

주은래는 혜생에게서 부걸을 생각했고, 또

사가 히로(1950년대 일본에서 촬영).

---

72) (일본) 후나키 시게루(船木繁) 저, 전헌빈(戰憲斌) 역, 『마지막 황제(皇弟)―부걸(末代皇弟―溥杰)』, 중국 탁월(卓越)출판사, 1990, 146.

부걸에게서 부의를 생각하게 됐다. 그는 몇 년간 숨겨뒀던 위(僞)자가 들어가는 전범들 가족과의 연락 문제를 검토해야 한다고 여겼다. 그래서 그들이 어떤 방식으로든 가정의 따뜻함을 느낄 수 있게 해 개조에 도움이 되도록 해야 한다고 생각했다. 주은래는 최고 인민검찰원에 이 문제에 대해 검토할 것을 지시했다. 그리고 1955년 6월 3일, 위 만주국 전범이 가족과 편지 왕래를 하고 면회를 하는 것을 허용한다는 결정을 내렸다.[73]

그 결정은 혜생이 총리에게 편지를 쓴 것과 연관이 있음이 분명했다. 그러나 결코 우연은 아니었다. 일찍이 1952년에 중앙는 무순전범관리소에 전범의 가족과 그들의 주소를 조사하라며 연락을 취할 준비를 해둘 것을 지시한 바 있었다. 그러나 그때는 시기가 성숙되지 않았다. 이제는 국내외 정치 형세에 중요한 변화가 일어났다. 한국전쟁이 2년 전에 이미 끝났고, 대대적인 반혁명 진압운동도 완화세를 보이기 시작했으며, 신 중국의 경제상황도 회복 단계에서 첫 번째 5개년 계획 발전시기에 접어들었던 것이다. 이런 변화와 가족들의 역할이 전범들의 사상 전환을 추진하는 면에서 특별한 작용이 있다는 점 등을 감안하여 중앙은 1955년 2월 10일 다음과 같은 결정을 내렸다. 먼저 일본 전범이 그들의 국내에 있는 가족과 통신하도록 허용했다. 그로부터 2개월 내에 중국 적십자회가 일본 전범의 가족들이 보낸 편지 1,200여 통과 소포 1천여 건을 잇따라 전달했다. 다만 만주국 전범들의 가족 문제만 일정에 올려놓지 않고 있었다. 그러나 만주국 황제와 대신들도 각자의 부모와 자녀, 친척과 친구들이 있는데 그들을 계속 아무 소식도 들리지 않는 철통 속에 넣어놓을 수만은 없었다. 이제 그 문제를 해결할 시기가 되었던 것이다.

결정이 부의의 감방까지 전해지자 이 전임 황제는 마음이 설레고 정신적 고무를 받았다. 10년간의 철창생활을 되돌아보면, 특히 귀국한 뒤 5년간 그는 매일 공부하면서 점차 생활적으로 자립할 수 있게 됐고, 노동에도 참가하고 조사도 받았다. 이 모든 것을 통해 그는 지난날을 되돌아보고 앞날을 똑바로 바라볼 수 있게 되었다. 이제는 역사의 뒤안길로 사라져버린 금빛 번쩍이는 왕관이 이미 그 빛을 잃었지만, 그렇다고 가족들이 보고 싶지 않을 수는 없었다. 연로한 아버지 재풍(載灃)이 살아 계신다면 고희를 넘겼을 것이다. 그리고 젊은 아내 이옥금(以玉琴)은 어디 있는 걸까? 만주국 시절에 줄곧 그의 곁을 떠나지

---

73) 손세강(孫世強), 『무순전범관리소 역사 연혁과 대사에 대한 간략한 기록(撫順戰犯管理所歷史演變與大事簡記)』, 『세계를 놀라게 한 기적』, 259쪽.

않았던 누이동생들도 통화(通化) 대율자구(大栗子溝)에서 헤어진 뒤로 감감무소식이었다……. 이 모든 것이 어찌 마음에 걸리지 않을 수 있겠는가! 그는 가족들의 소식을 기다렸다. 그리고 가족들이 자신을 이해해주기를 바랐다. 이제 드디어 편지를 쓸 수 있게 된 것이다.

전범 가족의 주소를 알아내기 위해 관리소 간부들은 많은 작업을 했다. 전범 등기표에는 대다수가 1945년 체포될 때의 주소를 적어 넣었으므로 그 뒤 변화가 너무 커 찾기가 쉽지 않았다. 관리소 간부들은 먼저 부의를 도와 북경에 거주하는 누이동생과 아우의 주소를 찾아냈다. 부의의 친필 필적을 본 가족들은 바로 문안편지를 보내왔다. 그는 편지에 쓰여져 있는 상황을 이렇게 서술했다.

> "편지 내용에서 뜻밖에 아우와 누이동생들이 모두 취직했으며 그들 자녀들도 초등학교와 중학교, 대학교까지 다니고 있을 뿐 아니라, 공산당의 양성 아래 여자 운동선수가 된 아이가 있는가 하면, 인민교사가 된 아이도 있다는 사실을 알게 됐다. 더욱이 나의 일곱째 숙부는 인민대표와 정협 위원으로까지 선출됐다. 아이신쒜뤄 가족의 모든 성원들이 조국의 대가정 속에서 활기차게 발전하는 삶을 살고 있었다. 이는 내가 전혀 생각지 못했던 일이었다."[74]

부의는 젊은 아내가 마음에 걸리지 않을 리 없었다. 그런데 이옥금에게 쓴 첫 번째 편지가 주소가 맞지 않아 되돌아왔다. 한참 걱정하고 있을 때 이복생 교도관이 그의 감방에 들어섰다. 그는 이옥금의 상세한 주소와 그녀의 상황을 간단히 설명해주었다. 이복생은 그에게 이옥금이 재가하지 않았고, 사회에서 임시직으로 일하고 있으며, 지금은 친정에 살고 있는데 생활 형편이 괜찮다는 사실을 알려주었다. 부의는 매우 기뻤다. 특히 정부가 그를 도와 아내의 행방을 찾아준 데 대해 감사했다. 이복생은 찾기가 쉽지 않았다고 말했다. 그들이 직접 장춘에 가서 여러 곳을 돌아다니며 찾았으며, 현지 공안당국의 협조를 받았으나 그야말로 바다에서 바늘 찾기와 같았다고 말했다.[75] 그의 아내가 "사랑하는 부의에게"라고 서두를 뗀 회답편지가 오매불망 그리는 남편에게 도착했을 때의 정경은 말하지 않아도 독자들은 충분이 상상할 수 있을 것이다.

---

74) 부의가 1957년에 무순전범관리소에서 쓴 자서전을 참고. 발표되지 않음.

75) 이복생. 「만주국 황제 부의 개조 에피소드」, 「세계를 놀라게 한 기적」, 앞의 책, 83~84쪽.

통신이 가져다준 직접적인 후과는 면회였다. 가족이 건재하다는 것을 알게 된 이상 게다가 바로 무순에 있다는데 어찌 만나고 싶지 않겠는가? 부의의 젊은 아내 이옥금이 제일 먼저 달려왔다. 1955년 7월초부터 1956년 말까지 연속 네 차례 면회를 왔는데 관리소 간부들이 여러 모로 도와주었다.

이옥금이 사상이 단순한 부류에 속한다면 북경에 있는 부의의 족친과 동생들의 상황은 다소 달랐다. 그들은 모두 너무 많은 어려움을 겪었기에 매국노 황제였던 맏이의 면회를 간다는 것이 비록 소원이었더라도 누가 감히 그러한 요구를 스스로 제기했다는 책임을 질 수 있었겠는가? 그들의 우려는 이해가 가는 일이었다. 그러나 얼마 지나지 않아 석탄의 도시로 유명한 이 도시에 드디어 이름이 쟁쟁했던 청나라 황족들이 모습을 드러냈다. 그들 중에는 부의의 일곱째 숙부와 청나라 말기에 근위군 훈련 전담 대신과 군자(軍咨)대신을 지낸 바 있는 베이러(貝勒, 청나라 때 귀족의 세습 작위)였던 재도(載濤), 그리고 부의의 두 누이동생들로서 중국 제1왕부－순친왕부(醇親王府)의 셋째 공주였던 온영(韞穎)과 다섯째 공주였던 온형(韞馨)이 있었다. 그들은 모택동과 주은래가 친히 그들의 심적인 우려를 덜어주고서야 비로소 오게 됐던 것이다.

1956년 1월 30일부터 2월 7일까지 중국인민정치협상회의 제2기 전국위원회 제2차 회의가 북경에서 열렸다. 재도가 전국 정협 위원 자격으로 회의에 참석했다. 어느 한 번은 연회에서 주은래는 재도를 만나자 따뜻하게 인사를 건넸다. 그리고 그는 그가 재도 선생이며 부의의 숙부라고 모택동에게 인사시켰다. 모택동은 재도의 손을 잡고 친절히 말했다. "부의가 무순에서 학습을 잘하고 있다더군요. 마르크스－레닌주의 서적들도 적잖게 읽고 있다는군요. 가족들을 데리고 보러 가시지요." 그 말에 재도는 크게 감동했다.

회의가 폐막한 지 얼마 지나지 않아, 북경시 인민정부가 사람을 파견해 동성관가(東城寬街) 서양위(西揚威) 후퉁(胡同)에 있는 재도의 집을 찾았다. 파견인원은 재도에게 이런 말을 전했다. "모 주석께서 당신에게 임무를 맡겼습니다. 당신 조카 면회를 다녀오라구요. 못본 지 몇 년 됐지요." 모택동이 재도에게 한 말을 주은래가 기억했다가 북경 시장 팽진(彭眞)에게 구체적 사항을 지시했던 것이다. 파견된 사람은 모택동의 지시를 이행해 특별히 무순 면회 관련 구체 사항을 의논하러 온 것이었다. 그들은 팽진 시장의 조치에 따라 재도가 부의의 셋째 누이동생 온영과 다섯째 누이동생 온형을 데리고 같이 가기로 결정했다. 온영의 남편 윤기(潤麒)와 온형의 남편 만가희(萬嘉熙)도 부의와 함께 수감 중이기 때문이었다. 온영은 무순으로 가게 된 상황을 이렇게 회고했다.

"무순으로 떠나기 전 나의 일곱째 숙부가 나를 데리고 시정부로 가서 팽 시장을 만났다. 팽 시장은 우리에게 '거기는 날이 추우니 따뜻하게 입고 가시지요'라고 당부했다. 시장이 다섯째 여동생에게 옷을 사 입으라고 100원을 지급했다. 그때 나는 청색 골덴 외투와 검정색 골덴 바지를 샀으며, 그리고 면 메리야스도 샀다. …… 팽 시장은 또 '당신들은 친척 방문을 가는 것이니까 먹을 것을 사가지고 가도 됩니다. 간식거리라든가……. 정부가 돈을 줄 겁니다'라고 말했다. 일곱째 숙부와 의논 끝에 먹는 건 가져가지 않기로 했다. '너무 큰 책임이 따르기 때문이었다.' 그래서 먹는 것은 사지 않았다. 원래 팽 시장은 우리끼리만 무순에 가라고 했다. 그러나 우리는 그래도 정부가 사람을 파견해 함께 가는 것이 맞다고 판단했다. 그래서 시장은 공안국의 정(丁) 과장을 파견해 우리와 동행하게 했다. 정 과장은 참 좋은 사람이었다. 길에서 내내 우리를 보살펴주었다. 편안한 숙소도 안배해주고 공원 구경도 시켜주면서 빈틈없이 돌봐주었다."[76]

"먹을 것은 가져가지 못한다", "그래도 정부가 사람을 파견해 함께 가는 것이 맞다." 이런 말들 속에서 재도 등이 심적으로 크게 우려를 하고 있었음을 알 수 있을 것이다. 국가 주석의 결정과 국무원 총리의 배려, 북경시장의 조치가 아니었다면 당시의 면회는 절대 이루어질 수 없는 일이었다. 그렇게 무순에서 면회를 가졌을 때 북경 음식을 먹지 못한 부의는 많이 서운해 했다고 한다. 고향을 떠난 지 30년, 세상의 온갖 풍파를 다 겪은 그는 슬픔에 젖어 한탄했으며, 온영은 팽진 시장의 말을 듣지 않고 북경의 간식을 사가지 않은 걸 많이 후회했다고 했다.

재도와 온영·온형 등은 1956년 3월 9일 무순에 이르렀고, 이튿날 이른 아침 전범관리소에 가 부의, 부걸, 곽보라 윤기(郭布拉·潤麒), 만가희, 육암(毓嵒), 육첨(毓嶦), 육당(毓嵣) 등 아이신줴뤄의 가족들을 모두 만났다. 그때 교도과 과장이었던 김원은 이렇게 회고했다.

---

76) 김예수(金蕊秀), 「우리 온 가족에 대한 당과 국가 지도자들의 관심(黨和國家領導人對我們全家的關懷)」, 「상우귀상지(相遇貴相知)」, 제2집, 요녕(遼寧)교육출판사, 1987, 278쪽.

"재도 등은 관리소에 와 부의와 부걸 등을 만나자 말했다. '내가 이번에 너희들을 보러 온 것은 모 주석께서 파견하신 것이다. 주 총리께서는 모 주석의 지시에 따라 팽진 시장에게 시켜 우리에게 옷도 해주셨어. 국가에서 모든 여비를 부담해줬어……' 재도의 말이 끝나기도 전에 부의의 온 가족은 감동해 울었다. 이번 면회는 전범관리소 1호 회의실에서 이루어졌다. 면회가 막 시작됐을 때는 손명재 소장과 나, 이복생 동지 등이 다 참석했다. 후에 우리가 그 자리에 있는 것을 불편해할 것 같아서 자리를 피해주었다. 그들은 그 회의실에서 오전 내내 웃고 떠들며 이야기를 나누었다. 오후에 관리소에서 자동차를 안배해줘 부의와 부걸 등을 재도 등이 묵고 있는 무순동공원(撫順東公園) 전문가 초대소에 태워다 주었다. 재도 등은 무순에서 며칠 묵으며 부의 등과 여러 차례 만났다. 그후 부의는 감동해서 나에게 말했다. '모 주석과 주 총리께서 정무에 몹시 바쁘심에도, 매일 나라 대사를 처리하시느라 그처럼 바쁘신 와중에도 우리 걱정을 해주시다니 저는 정말 생각도 못했습니다!'"[77]

재도는 신 중국에서 자신의 경력에 대해 얘기했다. 이 역시 부의가 생각지 못했던 사실이었다. 1950년 6월 14일, 중국 국민당 혁명위원회 중앙위원회 주석 이제심(李濟深)의 추천을 받고 주은래가 모택동에게 보고해 비준을 거쳐 재도를 정협 제1기 전국위원회 제2차 회의에 참석하도록 특별 초청했다고 재도가 말했다. 그는 또 주은래가 회의에서 재도를 만나 아주 미안해하면서 "재도 선생, 제1기 전국정협회의 때 당신을 참석시키지 못했습니다. 제가 수십만 만주족 인민의 대표인 당신을 깜박 잊었었습니다"라고 말했다. 주은래는 또 재도에게 대회에 의안을 제출해 신 중국의 건설을 위한 책략을 제기할 것을 진심으로 요청했다. 이제심과 장광내(張光鼐)의 고무 격려로 재도는 "말의 품종을 개량해 군용에 이롭게 해야 한다"는 의안을 제출해 모택동과 주은래의 중시를 받았다. 그들은 재도의 애국정신과 풍부한 군마에 대한 지식을 치하했으며 그를 중국인민해방군 포병사령부 마정국(馬政局) 고문으로 임명하기로 결정했다. 임명장은 중앙군사위원회 주석 모택동이 1950년 8월 10일 발부했다. 그해 재도는 이미 63세였다. 4년 뒤 그는 전국인대대표로 선출됐으며 얼마 뒤에는 또 전국정협위원으로 당선돼 국가 대사를 의논하는 최고 차원의 회의에 늘 참

---

77) 김원(金源), 「천추에 길이 남을 기적―일본과 만주국 전범 개조 사업에 대한 회고」, 「세계를 놀라게 한 기적」, 앞의 책, 17쪽.

석했다. 그는 "해방 후 나는 은거할 생각이었다. 그런데 모 주석과 공산당은 나를 거부하지 않았다. 주 총리께서 나에게 큰 관심을 둬 내가 다시 나올 수 있도록 초청했다."[78]

온영도 모택동과 주은래가 그녀를 위해 일자리를 마련해준 과정을 얘기했다. 이 역시 부의가 생각지 못했던 일이었다. 온영의 얘기에 따르면 장사소(章士釗) 선생이 『만궁잔조기(滿宮殘照記)』라는 책에서 그녀가 30년대에 일본에서 부의에게 써 보낸 편지를 읽고 아주 천진하고 재미있다는 생각이 들어 이 "공주"를 만나보고 싶다고 했다고 했다. 그후 회의에 참석한 재도를 만나 그녀의 행방을 물었다. 장사소는 재도에게 셋째 공주를 데리고 집에 놀러 오라고 초대했다. 1954년의 어느 하루 온영은 일곱째 숙부인 재도를 따라 동사팔조(東四八條)의 장씨댁을 방문했다. 장사소가 연회를 마련했는데 훌륭한 사람들이 많이 와 있었다. 장사소가 크게 기뻐하며 온영에게 말했다. "『만궁잔조기(滿宮殘照記)』를 모 주석에게 보시라고 드렸는데 거기에 자네가 부의에게 쓴 편지 내용이 들어 있네. 참 재미있는 내용이더군. 이제 자서전을 써보게. 내가 또 모 주석에게 올릴 테니."

온영이 자서전을 다 쓰자 장사소는 그녀를 도와 수정까지 해주었다. 그렇게 쓴 뒤에 수정하기를 반복하며 여러 날이 지나서야 비로소 완성할 수 있었다. 이어 장씨댁의 꽃무늬가 있는 비단천으로 정교하게 겉표지를 싼 공문서 용지에 완성고를 베껴 쓴 뒤 셋째 공주의 사진 두 장과 결혼사진 한 장, 만주족 의상을 입고 찍은 사진 한 장까지 붙였다. 며칠이 지나 모택동이 장사소에게 답장을 보내 온영의 일자리 문제를 이미 조치했다고 알려주었

장춘시 도서관 간부가 된 이옥금이 여러 차례 무순으로 남편을 면회하러 갔다.

78) 정회의(鄭懷義), 장건설(張建設), 『마지막 황제의 숙부 재도의 흥망록(末代皇叔載濤沉浮錄)』, 군중출판사, 1989, 118쪽～127쪽.

다. 그로부터 얼마 뒤 온영은 북경시 동사(東四)구(區)정협위원 및 간부가 되었다. 그녀가 그 후에 알게 된 일이지만 그 일도 역시 주은래가 조치한 것이었다.[79]

부의는 눈물을 머금고 가족들이 들려주는 감동적인 이야기들을 들으며 마음속으로 또 한 번 놀랐다. 그는 이렇게 썼다.

> "나는 아이신줴뤄 가족의 제일 큰 변화가 바로 공산당과 인민정부, 모 주석에게 애정어린 감격의 정을 느끼게 된 것을 느꼈다. 그들은 나에게 잘 거듭나라고 요구했다. 나의 누이동생 들은 스스로 존귀하다고만 믿고 있던 것이 이제는 소박해졌으며 많은 일들을 알게 됐다. 이 역시 나에 대한 하나의 교육이었다. 그때 가족과의 면회를 통해 나는 나 자신이 구원을 받았 을 뿐 아니라 우리 온 만주족과 만주족 중의 아이신줴뤄 씨족도 구원을 받았다는 사실을 알 게 됐다.[80]

재도 일행이 북경으로 돌아오자 팽진 시장은 직접 재도의 집을 방문해 무순의 면회 상황 을 물었다. 재도가 보고를 마친 뒤 온영과 온형도 팽진에게 기쁜 마음을 표현했으며 따뜻 한 옷을 사 입었다며 시장에게 감사한다고 말했다. 팽진이 웃으며 말했다.

"나에게 감사할 것 없습니다. 그건 정부가 주는 것입니다."

북경의 아이신줴뤄 가족이 정부의 관심을 받고 있을 무렵, 장춘의 당정 부문도 부의의 젊은 아내 이옥금을 잊은 적이 없었다. 그때 이옥금은 무순에 두 차례나 다녀왔으며, 둘은 서로를 격려하며 정에 겨운 대화를 많이 나누었다. 아내는 남편을 그리워하며 기다렸고, 남편은 더욱 아름답고 행복한 삶을 다시 꾸려가길 바라고 있었다. 둘 사이의 편지 왕래와 면회가 부의의 사상 변화에 적극적인 영향을 미쳤다. 바로 그때 중국공산당 장춘시 위원회 통일전선부(長春委統戰部)가 상급기관의 지시에 따라 이옥금에게 일자리를 안배해주었 다. 그래서 만주국 궁정의 "복귀인(福貴人)"은 일약 국가간부가 됐으며, 시(市)급 기관의 도서관리 간부가 됐다. 부의가 이로 인해 기뻐하고 있을 때, 또 전범 관리소의 간부들이 이

---

79) 김예수, 「우리 온 가족에 대한 당과 국가 지도자들의 관심(黨和國家領導人對我們全家的關懷)」, 「상우귀상지 (相遇貴相知)」, 제2집, 요녕(遼寧)교육출판사, 1987, 276~277쪽.

80) 부의가 1957년에 무순전범관리소에서 쓴 자서전을 참고할 것.

부의와 이옥금의 동거실

로 인해 기뻐하고 있을 때, 그들이 전혀 예상치 못했던 일이 갑자기 이옥금이 가족 방문을 온 기간에 일어났다.

그것은 재도 일행이 북경으로 돌아간 뒤 이옥금이 세 번째로 무순에 갔을 때였다. 아무도 그녀가 왜 갑자기 관리소 간부들에게 다음과 같은 세 가지 문제를 제기했는지 알 수 없었다. 그 세 가지 문제란 "부의가 언제 석방되는가? 정부는 부의가 석방된 뒤의 일자리를 어떻게 배치할 것인가? 만약 그녀가 부의에게 미안한 일을 했다면 용서를 받을 수 있는가?" 하는 것이었다. 관리소 손명재 소장의 대답은 부의에 대한 처리문제는 나라에서 결정할 일로서 관리소에는 대답할 권한이 없다고 했다. 손 소장은 또 이런 문제를 제기하는 것은 면회 규정에 어긋나는 것이라고 엄정하게 지적했다. 1956년 12월 25일, 이옥금은 마지막으로 무순에 왔으며, 결국은 부의 앞에서 정식으로 이혼요구를 제기하게 되었다. 관리소 간부의 설득도 그녀에게는 아무 소용이 없었다. 그녀의 태도는 단호했다. 자신과 부의는 진정한 부부의 정을 가져본 적이 없으며 "정상적인 사람으로서의 삶을 살기 위해" 반드시 이혼해야겠다고 말했다. 그래서 그 일은 아주 빨리 상급기관에 보고됐다. 김원은 이렇게 회고했다.

"관리소 지도자들은 연구를 거쳐 이는 부의와 이옥금의 사생활문제만이 아니라 부의의 지속적인 개조문제와도 관계되는 일이라고 판단했다. 그 기간에 부의는 이옥금을 특별히 보고 싶어했기 때문이었다. 그의 곁에 남은 사람은 이제 유일한 아내 이옥금뿐이었다. 그래서 우리는 바로 중앙공안부 제1국에 지시를 요청했다. 얼마 뒤에 공안부 제1국 국장 능운(凌雲) 동지가 나서경 부장의 답신을 전달했다. 전례를 깨고 부의와 이옥금을 관리소 내에서 동침하게 해 그들 사이의 감정을 회복하도록 하는 한이 있더라도 둘의 이혼을 쉽게 허락해서는 안 되며 최대한 이옥금을 설득하라는 것이었다. 전화를 놓기 바쁘게 우리 몇은 서둘렀다. 어떤 사람은 2인용 침대를 준비하러 가고 또 어떤 사람은 주방에 가 그들을 위한 저녁식사를 마련했다. 이튿날 내가 부의에게 어젯밤 얘기가 잘됐냐고 물었다. 부의가 울상을 지으며 말했다. 밤새 얘기했지만 이옥금은 밤새 울었으며, 무슨 말을 해도 이옥금은 이혼하겠다고 했다는 것이다. 그후 부의는 또 수감중인 가족들과도 의논했는데 그들 모두가 이옥금이 원하는 대로 이혼해주는 수밖에 없다고 말했다. 이어서 무순시 하북구(河北區) 법원을 통해 정식 이혼수속을 밟았다.[81]

약 반 년 전, 최고인민법원 특별군사법정에서 일본전범을 심리할 때, 중국정부는 실형을 선고받은 일본 전범의 가족 방문을 허용했으며 다음과 같은 규정을 정했다. 수감된 지 만 5년이 된 자의 경우, 전범 본인과 그 아내가 원하면 동거하는 걸 허용한다. 전범 관리소에서는 이를 위해 특별히 10개의 방을 마련했다. 동서고금의 감옥 역사에서 있었던 적이 없는 이런 규칙을 제정해냈던 것이다. 그 당시 중국에서 이 같은 결정을 할 수 있는 이가 누구였을까? 이번에 부의와 이옥금의 동침을 허용한 것은 국내 전범에게는 전례가 없는 일이었으며, 국내 모든 수감 중인 죄수에게도 전례가 없는 일이었다. 그러한 선례를 깨뜨렸으니, 그 당시 중국에서 이 같은 결정을 할 수 있는 이는 당연히 모택동, 주은래 밖에는 없었다.

각급 간부들의 거듭된 설득도 소용없이 결국 법원은 이혼 판결을 내려야 했다. 개조를 거친 부의는 자신의 행복을 위해 다른 사람의 고통을 바탕으로 해서는 안 된다는 이치와 문제를 처리함에 있어서 자신만 생각할 것이 아니라 상대방의 이익과 요구를 많이 생각해야 한다는 이치를 이미 깨달았던 것이다. 그런 깨달음으로 인해 그는 이혼에 동의한 것이

---

81) 김원(金源), 「천추에 길이 남을 기적—일본과 만주국 전범 개조 사업에 대한 회고」, 「세계를 놀라게 한 기적」, 1990, 17쪽.

었으며, 의기소침하고 비관적인 정서 속에서 빨리 헤어 나와 계속해서 밝은 앞날을 향해 걸어갈 수 있었던 것이다.

9.
높은 담의 안팎

　무순 기차역에서 5리쯤 떨어진 혼하(渾河) 북안 영원가(寧遠街)에 1936년에 수리해 쌓은 높은 담이 빙 둘러쳐 있다. 바로 부의가 "황제"로 있던 "강덕(康德)" 연대에 "무순감옥"으로 불렸던 높은 담 안에 일본과 조선의 죄인들을 가뒀었으며, 더구나 수없이 많은 중국의 반 만주 항일애국지사들을 가뒀었다. 일본이 항복한 뒤 그 높은 담 안은 국민당정부의 "무순 모범감옥"이 됐으며 공산당원과 애국 진보인사들을 가두는 용도로 사용됐다. 1948년 10월 국민당이 무순에서 퇴출한 뒤에도 높은 담 안은 여전히 감옥이었다. 처음엔 요동성(遼東省) 제3감옥으로 불리다가 후에는 동북행정위원회 사법부 직속 감옥으로 개칭되었다. 물론 인민정권하의 감옥인 것만큼 수감 대상도 완전 바뀌었다. 빙 둘러싼 높은 담이 바로 2년 뒤 1천 여 명의 일본 전범과 만주국 전범이 머리를 들면 바라볼 수 있는 인공 장벽이었다. 어느 시대 범인이나 이러한 장벽에 의해 사회와 격리되었다. 징벌을 받고 있는 그들이 어찌 감히 그 장벽을 뛰어넘을 생각을 할 수 있겠는가? 그런데 1956년 아름다운 봄날에 전범이 그 높은 담 밖으로 걸어 나오는 전례 없는 상황이 발생했다. 그 상황의 시작점은 여전히 북경이었다. 김원은 이렇게 회고했다.

　"1956년 봄 무순전범관리소는 중앙공안부의 통지를 받았다. 손명재 소장과 나(그때 나는

교육과 과장을 맡았음)를 북경으로 회의에 참가하러 오라는 통지였다. 우리가 북경에 도착
해보니 일본 전범을 수감 중인 태원(太原)전범관리소 소장과 국민당 전범을 수감 중인 몇몇
전범관리소 소장이 이미 와 있었다. 그때 공안부 제1국 국장 능운 동지가 회의에서 전범을
조직해 사회에 나가 참관하는 문제에 대한 중앙의 결정을 발표했다. 그리고 그 결정의 중대
한 의미에 대해 설명했으며 또 주 총리의 중요한 지시를 전달했다. 총리 지시의 대체적인 내
용은 이러했던 것으로 기억한다. '전범을 조직해 사회에 나가 참관하도록 해 현실교육을 받도
록 하라. 그들에게 저들이 죄를 저질렀던 곳에 나가 신 중국 창립 후의 변화를 보도록 하라.'
총리께서는 또 참관 중에 그들의 안전에 조심할 것과 그들의 인격을 존중해줄 것을 요구했다.
회의에 참가했던 동지들 모두가 중앙의 결정과 총리의 지시는 옛날 감옥이 사회와 격리됐던
관례를 깨고 사회 군중의 힘을 이용해 범죄자를 교육하고 개조시키는 대담한 시도임을 알 수
있었다. 주 총리의 지시에 따라 중앙 공안부는 1956년 2월부터 세 기로 나눠 전범에 대한 사
회 참관 학습을 조직함으로써 사회의 실제교육을 받도록 하라는 공식 통지를 발표했다.[82]

실제로 중앙의 『전범 참관을 조직하는 것에 대한 구체적 배치』는 1956년 1월 10일 이미
지시가 내려졌다. 그때 무순은 추운 겨울이어서 활동하기가 불편했으므로 전범들의 참관
활동은 입춘 이튿날 즉 2월 6일 시작하기로 미뤘던 것이다. 무순전범관리소 간부들은 중
앙의 명확한 지시에 따라 먼저 무순지역을 참관하고 이어 준비된 침대석이 있는 특별열차
를 타고 전국 각지를 참관하기로 결정했다. 참관을 다녀온 도시들로는 무순·심양·하얼
빈·장춘·안산(鞍山)·천진·북경·남경·상해·항주(杭州)·무한(武漢) 등지였다. 그
들은 도시에도 가고 농촌에도 갔으며 많은 공장·광산·수리건설프로젝트·과학문화부
문·사회복지사업과 농업생산합작사 등을 참관했다. 그리고 여러 지역의 명승고적도 유람했다.
중앙의 요구에 따라 일본 전범·국민당 전범·만주국과 몽강 자치정부 전범 등 약 2천
명 중에서 노약자를 제외하고는 모두 참관활동에 참가했다. 무순의 일본 전범들은 세 개의
대대로 나뉘어 세 기에 걸쳐 활동에 참가하게 했다. 부의 등 만주국 전범은 1956년 2월부
터 1957년 8월까지 네 차례에 걸쳐 감옥 밖으로 나가 밖을 볼 수 있었다.

---

82) 김원, 「천추에 길이 남을 기적—일본과 만주국 전범 개조 사업에 대한 회고」, 『세계를 놀라게 한 기적』, 앞의
책, 1990, 8~9쪽.

부의 등 만주국 전범들의 참관은 동북지역으로 제한했다. 이는 그들의 역사적 죄행이 대체로 이 지역 범위에서 저질렀던 것이었기에 주은래의 지시에 따라 그들에게 죄행을 저지른 곳에 가서 신 중국 창립 후의 변화를 보도록 하기 위해서였다. 부의 자서전[83]의 기록에 의해 네 차례의 외부 참관과정을 개괄해 본다.

1956년 3월 7일 부의가 무순 전범관리소 참관단을 따라 무순 용봉탄광을 참관했다.

제1차 참관

시간: 1956년 3월 5일~7일

지점: 무순지역

참관 항목: 무순 노천 탄광 · 석유제1공장 · 무순 노동자 경로원 · 대산보촌(臺山堡村) 농업생산합작사 · 용봉 광산(龍鳳礦山) · 석탄 공업부 무순 공업학교 · 무순 제2국영상점.

제2차 참관

시간: 1957년 5월 21일~27일

지점: 심양지역

참관 항목: 대화방 댐(大伙房水庫) · 동북 공업 진열관 · 심양 제1 선반공장 · 심양 제2 선반공장 · 심양 풍동(風動)공구공장 · 철서(鐵西)구 노동자 새 마을 · 동북 체육궁 · 심양 케이블 공장 · 심양 시내 관광 · 심양시 백화공사 제1상점 · 심양 국영 무역기업 연합 경영 공사 · 북릉(北陵)공원.

제3차 참관

시간: 1957년 6월 3일~13일

지점: 하얼빈 · 장춘 · 안산

---

83) 부의가 1957년에 무순전범관리소에서 쓴 자서전을 말함. 발표되지 않음.

하얼빈 참관 항목: 하얼빈 백화공사 제1상점과 부식품상점 · 스탈린공원 · 조린(兆麟)공원 · 아동공원 · 하얼빈공원 · 하얼빈 시내 관광 · 동북 측량기기 절삭공구 공장 · 동북 전력 계량기기 공장 · 하얼빈 아마 공장 · 하얼빈 전동기 공장 · 조양향(朝陽鄕) 금성(金星) 농업생산합작사 · 동북 열사기념관 · 하얼빈 모직물공장.

장춘 참관 항목: 중국 과학원 광학 정밀기기 연구소 · 장춘시 아동병원 · 장춘 시내 관광 · 장춘 제1자동차 제조공장 · 장춘 영화제작소 · 중국인민해방군 수의 대학.

안산 참관 항목: 안산 강철 대고산(大孤山) 광산공장 · 안산 제9호 용광로 · 안산강철 제2 박판 공장 · 안산 강철 대형 압연공장 · 안산 강철 무봉강관 공장.

제4차 참관

시간: 1957년 8월 28일~30일

지점: 심양시

참관 항목: 요녕성 동북 농업박람회 · 심양 도자기공장 · 심양 중형 기계공장 · 요녕 실험중학교 · 심양 화학공업공장.

주은래는 전범들에게 높은 담 밖의 사회를 참관하도록 하라는 지시만 한 데 그치지 않고 직접 참관 내용까지 관여했다. 그는 아주 세심한 것까지 생각했고 많은 관심을 두었다.

중앙의 결정이 막 발표되었을 때 수감 중인 전범들은 믿지를 않았다. 죄를 지은 자들에게 감옥을 떠나 참관과 유람을 시키다니 대체 왜 그럴까? 죄가 비교적 가벼운 낙천파들은 이는 아마도 석방될 징조라고 추측했지만, 죄가 중한 소수의 비관파들은 오히려 바싹 긴장하기 시작했다. 그들은 사회에 나가 참관하다가 그들에게서 피해를 받았던 사람들이 알아보기라도 하고 보복할까봐 걱정했다. 어떤 이들은 부의의 이름을 예로 들어 마음속의 불안한 심

부의가 무순 전범관리소에서 조직한
제2차 참관활동에 참가 중이다.

정을 공개적으로 나타냈다. "부의의 초상은 만주국시기에 도처에 내걸려서 동북인이라면 보지 못한 사람이 어디 있겠느냐"고 말했다. 이 말을 들은 부의는 정말 재난이 들이닥쳤다는 예감에 안절부절 못했다. 한 마디로 말하면 부의 등 전범들이 두려운 것은 오늘의 참관이 예전의 죄악과 연결지어지는 것이었다. 이에 대해 주은래는 미리 지시해 두었다. 그는 교도소 간부들에게 참관 중 전범의 안전에 주의할 것과 그들의 인격을 존중해 줄 것을 특별히 요구했다.

범죄자에 대해서도 인격을 존중해 줘야 하며, 그들을 수감하고 심문하거나 징벌할 때도 인격을 모욕해서는 안 되며, 그들을 개조하기 위해서는 더욱 인격을 존중해 줘야 한다는 것이 주은래의 일관적인 생각이었다. 1950년 장춘 영화제작소에서 반 특무 소재를 다룬 영화『무형의 전선』을 제작했다. 영화에서 포로가 된 특무반장 이 모를 취조하는 장면이 나오는데 취조원이 특무반장에게 "인민의 힘은 거스를 수 없다는 사실을 알아야 해!"라고 말하며 주먹으로 탁상을 내리친다. 그 영화 제작이 끝나 북경에 보내 심사를 받을 때 주은래는 그 장면에 대해 비평했다. 그는 범인을 취조할 때는 태도 표시를 하지 말아야 한다며 영화 속의 그런 장면은 정책에 어긋나는 행위라고 말했다. 후에 그 장면을 수정했으며 그 영화는 방영된 뒤 공안부의 표창까지 받았다.[84]

전범들은 참관기간에 실제로 많고도 많은 피해자들을 만났다. 피눈물 어린 규탄도 있었고 감동적인 용서도 있었지만 복수만은 없었다. 대산보 농업생산합작사 사원 가정을 참관했을 때는 매우 생동적인 이야기가 만들어졌다. 교도원 이복생이 그 당시 상황에 대해 이렇게 회고했다.

"그것은 1956년 3월 6일의 일이었다. 그(이복생)는 부의와 전 만주국 대신 등 7명 전범을 데리고 유(劉)씨 아주머니 댁을 방문했다. 부의는 죄스러운 마음에 방에 들어서자 곧바로 안쪽 벽 구석진 곳으로 이동했다. 그리고 구들 모서리에 걸터 앉아 집안을 흘끔흘끔 둘러보며 계속 유씨 아주머니의 눈길을 피했다. 유씨 아주머니네는 다섯 식구가 살고 있었는데 2명은 합작사에서 일했고, 한 명은 공장 노동자였으며, 한 명은 재학 중이고, 아주머니는 살림을

---

84) 관몽령(關夢齡)의 유고로서 이점항(李占恒)이 정리한 『한 군통(국민정부 군사위원회 조사통계국. BIS) 대령의 자술서(一個軍統上校的自述)』를 참고, 문화예술출판사 1990, 74쪽.

맡고 있었다. 아주머니가 말했다. '만주국 시기에는 집안에 쌀이 있는 게 발견되면 경제범이었어요. 그러나 지금은 사원들이 집집마다 먹을 걱정 입을 걱정 안하고 살아요. 믿지 못하겠으면 저 쌀독 안에 쌀을 보세요.' 그녀는 쌀독 뚜껑을 열더니 말했다. '옛날 강덕(康德) 연간에는 어디 있을 수 있는 일이었겠어요?' 그때 부의는 더는 참을 수 없어 벌떡 일어서더니 머리를 깊숙이 숙였다. 그리고 고통과 자책하는 표정으로 말했다. '제가 바로 강덕입니다. 만주국 황제 부의가 바로 저입니다. 참관을 통해 저는 큰 감동을 받았습니다. 당신들의 아름다운 생활은 공산당이 마련해준 것이라는 것을 저는 잘 압니다. 옛날에 당신들은 도토리 가루를 먹고 강제로 잡혀가 노역을 살아야 했습니다. 제가 죽을죄를 지었습니다. 저는 매국노입니다. 오늘 당신들에게 사죄하러 왔습니다.' 그러자 이어 우경도(于鏡濤)가 일어서더니 말했다. '저는 만주국 국민 근로부(勤勞部) 대신으로 있을 때 백성들이야 살거나 죽거나 아랑곳 않고 잡아가 노역을 시켰습니다. 그래서 사회 발전을 저해했으며 하늘에 사무칠 큰 죄를 지었습니다. 오늘 인민들에게 사죄합니다!' 그 말이 끝나기도 전에 또 한 사람이 일어서더니 거의 흐느낌에 가까운 목소리로 말했다. '저는 식량 징수를 맡은 위(僞) 흥농부(興農部) 대신 황부준(黃富俊)입니다.' 그에 이어 왕지우(王之佑)가 말했다. '저는 일본놈들을 위해 강제 군인 징발을 맡은 위(僞) 군사관리구 사령관이었습니다.' 그렇게 위(僞)자로 시작되는 황제에서 위(僞)자로 시작되는 대신 사령에 이르기까지 한 사람씩 무릎을 꿇고 노인에게 처벌해줄 것을 요구했다. 순식간에 벌어진 상황에 유씨 아주머니는 너무 놀라 어리둥절해졌다. 한참 뒤에야 정신이 들어 천천히 태도를 밝혔다. 아주머니의 마음속에 잠깐 사이지만 얼마나 힘든 심적 번뇌가 있었는지를 짐작할 수 있었다. 아주머니는 사리 밝게 말했다. '이제 다 지난 일입니다. 당신들이 잘못을 바로잡고 모 주석의 지시에 따르고 바른 사람이 되면 된 겁니다.' 그 몇 마디 말에 말없이 눈물만 흘리던 전범들이 갑자기 대성통곡하기 시작했다. 그때부터 부의는 그가 '바른 사람'이 되길 바란다고 한 유씨 아주머니의 말을 가슴속 깊이 새기고 그의 후반생의 인생 준칙으로 삼았다."

주은래가 예기했던 효과가 나타나기 시작했다.

전범들의 참관에 대한 여러 가지 자료들이 전국 각지에서 끊임없이 중앙공안부 청사로 날아들었다. 그 자료들은 정리와 편집 인쇄를 거쳐 주은래 총리에게 전해졌으며, 또 모택동 주석에게 보내졌다. 지도자들은 그 자료들을 보고 전범들의 전국 참관 진행과정을 장악

부의 등 전범들이 유소기(劉少奇)의
『마르크스-레닌주의의 중국에서의
승리』라는 책을 열독했다.

하고 지도했다. 현재 기록보관당국에 보존되어 있는 여러 가지 전범 참관 브리핑을 보면 역시 부의의 이름이 제일 눈에 띄고 그 외 일부 민중들에게 잘 알려진 이름도 들어 있다. 아래에 요점만 간략하게 적어본다.[85]

전 국민당 천상악(川湘鄂)[86] 혁명 근거지 수정공서(綏靖公署, 민국시기 국민당의 지휘기관) 중장 주임 송희렴(宋希濂)은 이렇게 말했다. "해방 전에 일부 반동 정치가들에게서 '공산당은 도시를 관리할 수 있는 능력이 없다'고 말하는 것을 들었다. 학습을 통해 나는 사상적으로 이런 견해를 부정해버렸다. 이번 참관을 통해서 특히 공산당은 도시 관리능력을 갖추었을 뿐 아니라 도시를 그처럼 아름답고 합리적으로 건설할 수 있다는 사실을 인식하게 됐다. 이번에 마치 꿈을 꾸고 있는 것처럼 천안문광장에 왔다. 너무나도 장엄하고 웅장했다. 나는 마음이 설렜으며 감동했다.

전 국민당 동북 보안장관 사령부 중장 사령 겸 서주(徐州) "토벌 총사령부(剿總, 제2차 세계대전을 전후하여 중국공산당에 대한 군사적 포위 토벌을 감행하기 위해 국민정부가 설립한 군사기관)" 중장 부사령관인 두율명(杜聿明)은 이렇게 말했다. "민관 공동경영 의리(義利)식품회사를 참관할 때 투자 측 대표가 자신은 제3세대 자본가라면서 1957년이 되

---

85) 중앙기록보관소에 소장되어 있는 『전범 참관 반응 브리핑(戰犯參觀反應簡報)』에 의거함.

86) 사천(四川), 호남(湖南), 호북(湖北) 등 세 성의 약칭.

기 전에 모든 자산을 나라에 바치고 그 자신은 그냥 일하면서 살아가는 사람이 되겠다고 밝혔을 때 나는 크게 감동했다. 나에게는 몰래 감추고 밝히지 않은 죄와 재산이 없을까? 다시 한 번 청산하고 자백해야 한다. 만약 내가 똑똑히 자백하지 않는다면 개조될 희망이 없다. 나는 새로운 사람이 될 것을 맹세한다. 낡은 것을 깨끗이 청산하고 새로운 관점을 수립할 것이다. 아무런 주저도 없이 인민과 함께하고 공산주의를 향해 나아갈 것이다. 전 국민당 제9병단 중장 사령 요요상(廖耀湘)은 "나는 비록 낡은 사회에서 살아남아 내려온 죄인이지만 나는 중국인이다. 조국의 위대하고 신성한 사업에 경건하고 뜨거운 마음으로 옹호하지 않을 수 없다"라고 말했다. 전 국민당 사천성(四川省) 정부 주석 왕릉기(王陵基)는 자기 스스로를 수십 년간 절인 마늘에 비유하면서 뼛속까지 누렇게 절여져 개조되기 어렵다고 말한 바 있었다. 그런데 이번 참관을 거치고 북경으로 옮겨 수감된 뒤 그는 "모 주석에게 죄를 빌고 죗값을 치르러 왔다"고 말했다.

전 위(僞) 몽강자치정부 주석 겸 위 몽골군 총사령 데므치그돈로브는 끝까지 죄를 인정하지 않으려 했으며 게다가 "내몽골은 공산당에게 이용당했다"고 공공연히 떠벌이기까지 했다. 그러나 참관을 통해 그도 바뀌었다. 그는 자신은 몽골 민족의 죄인이며 제국주의에게 이용당한 도구였다고 시인하기 시작했다.

만주국 국무원 총무청 차장 후루미 타다유키(古海忠之)는 농가를 참관할 때 눈물이 끊일 새가 없었으며 평화의 소중함과 자신의 죄가 엄중하다는 것을 깊이 느낀다고 말했다. 그는 앞으로 꼭 세계의 평화를 수호하기 위해 노력할 것이라고 말했다.

미국 스파이 존 토머스 도너(John Thomas Donne)와 리처드 조지 펙티우(Richard George Fecteau)는 관청(官廳) 댐을 참관하고 나서 이럴 줄 알았더라면 절대 그런 짓을 하지 않았을 것이며 중국에 오지도 않았을 것이라며, 앞으로 다시는 당신들의 댐을 파괴할 생각 같은 걸 하지 못할 것이라고 말했다.

참관을 통해 수없이 많은 것들이 부의 등 일행에게 충격을 주었다. 이 역시 모택동과 주은래가 예견했던 바였다.

전범들을 조직해 명절 축제를 참관한 것은 감옥 내 전범 개조의 한 모델을 벗어난 다른 한 형식이었다. 이와 관련한 지시는 중앙 공안부가 작성해 1956년 9월 여러 전범관리소에 내려 보냈다. 국경절인 그날은 북경 천안문광장 동쪽 중앙공안부 대문 앞에 남지자구(南池子口)를 향한 곳에 특별한 관람대가 설치됐다. 진성(秦城)감옥에서 온 두율명, 송희렴 등 전범들이 관람대 등받이 의자에 앉아 바다 물결을 방불케 하는 붉은 기 대오며, 하늘땅을 진동시키는 요고(腰鼓) 앙가(秧歌)대오, 공농업 사회주의 건설의 성과를 보여주는 도안 모형 대오, 씩씩한 수도의 민병사(民兵師), 생기와 활력이 넘치는 체육 선수단 행렬 꽃다발로 수놓은 듯한 울긋불긋 찬란한 문화예술가 행렬 등을 관람했으며, 밤하늘을 오색찬란하게 장식한 불꽃놀이까지 관람했다. 한편 무순시에서 축제에 참가한 전범들은 주석단상에서 멀지 않은 내빈석에 집중시켜 앉게 하여, 눈이 밝은 사람들은 한 눈에 부의의 늘씬한 체구를 알아볼 수 있을 정도였다. 그 후부터 노동절과 국경절 때마다 축제 관람을 위해 대열을 조직했다. 『주은래의 일생(周恩來的一生)』[87]이라는 저서에는 이런 내용이 있다.

"특별사면을 받아 석방을 앞둔 마지막 황제 부의에게 주은래는 공안부의 작은 청사 위에서 국경절 행진을 관람하게 했으며, 그에게 신 중국의 변화를 보게 했다."

만약 이 말이 확실한 근거가 있다면 주목할 만한 내용이다. 이는 중앙이 부의 본인에게 다른 일반 전범과는 다른 특별한 정책을 적용하고 있었음을 증명해 주기 때문이다. 부의 본인은 이러한 사실에 대해 한 번도 말한 적이 없다. 아마도 그때 그에게 비밀에 부칠 것을 요구했을 수도 있을 것이다. 그러나 그는 무순에서 축제를 관람했던 소감에 대해 말한 적이 있다. 1957년 5월 8일, 부의는 무순전범관리소에서 미얀마연방공화국 사오 쉐 따익(Sao Shwe Thaike) 민족원(상원) 의장을 만난 자리에서 무순에서 조국 건설을 참관한 소감에 대해 즐겁게 얘기해 손님들의 큰 흥미를 불러일으켰었다. 그는 또한 자랑스러운 표정을 지으며 말했다.

"저는 여러 곳을 참관했을 뿐 아니라, 무순시 노동절과 국경절 축제 관람활동에도 참석했었습니다. 오로지 공산당과 모 주석 지도 아래의 중국에서만 저 같은 사람에게 그런 대우를 해줄 것입니다. 잘 아시겠지만 어느 나라나 또 어느 왕조에서든 절대로 해낼 수 없는 일이었습니다."[88]

부의가 옥중에서 여러 나라 기자의 취재를 받을 수 있도록 허용한 것 역시 그에게는 높은

---

87) 남신주(南新宙), 『주은래의 일생(周恩來的一生)』, 중국청년출판사, 1987년, 499쪽.

88) 중앙기록보관소에 소장된 관련 기록 자료를 참고.

담 안팎을 연결시키는 통로였다. 그 통로를 통해 전 세계가 그의 존재와 그의 생활 그의 정치적 자세에 대해 알게 된 한편, 그도 이 세계의 기이하고 다양한 관점에 대해 알게 됐던 것이다.

1956년 8월 18일, 영국 로이터 통신사 기자 데이비드 칩(David Chipp)은 부의의 인터뷰를 허락받은 첫 서양인으로서 무순전범관리소에 왔다. 그가 부의에게 물었다. "당신은 중국 역사에서 마지막 군왕입니다. 지금 처지가 비참하게 느껴지지 않습니까?" 그 질문에 부의는 곧바로 대답했다.

"지금이야말로 제 일생에서 제일 행복한 날들입니다. 그리고 청조시기와 만주국시기야말로 저에게는 제일 비참한 날들이었습니다. 인도 받아 귀국해서부터 인민정부의 배려와 교육을 거쳐 저는 진리를 깨치게 됐습니다. 과거에 저는 봉건통치자로서 개인의 지위와 저 한 사람의 안전을 위해 조국과 인민의 이익까지 팔아가며 일본 제국주의에 빌붙어 조국과 아시아 여러 나라에 전대미문의 재난을 가져다주었습니다. 이제 저는 어찌 하는 것이 인간답게 사는 것인지를 깨달았습니다. 사람은 다른 사람과 전체의 이익을 위해야 하며, 조국이 잘 돼야 자신도 잘 될 수 있으며, 집단이 잘 돼야 개인도 잘 될 수 있다는 이치를 알게 됐습니다. 중국이 잘 되고 전 세계가 잘 되길 바랍니다. 이런 생각을 하게 되자 진리를 어느 정도라도 깨닫게 됐으며, 저도 귀신에서 인간으로 바뀌게 됐고 진정한 행복을 느끼게 됐습니다."

1956년 9월 27일, 프랑스 기자 부다르(Budaer)는 부의를 만나자마자 직설적으로 질문했다.

"당신이 오랜 세월동안 여기 갇혀 있었지만 정부는 줄곧 당신에 대해 취조를 하지 않았습니다. 이상하다고 느끼지 않았습니까?"

그 질문에 부의는 침착하게 대답했다.

"인류 역사에서 고금을 막론하고 어느 왕조나 포로가 된 제왕은 살아남지 못했습니다. 그러나 나는 살아 있으며 아주 잘 살고 있습니다. 이 같은 사실이 저는 확실히 이상하다고 느껴집니다."

1956년 10월 하순, 한 캐나다 기자가 무순에 위치한 그 높은 담 안을 방문했다. 부의를 만난 그는 분명 선의적이지 않은 말투로 물었다.

부의가 무순 전범관리소에서 방문자들을 접견하고 있다.

"솔직히 말씀해주세요. 당신은 여기 갇힌 것이 공정하지 않다고 여기지 않으십니까? 그리고 현 정부를 인정하시는지 명확히 말씀해주세요."

그 질문에 부의는 아주 단호하면서도 힘 있게 대답했다.

"제가 수감된 것은 죄를 지었으니 벌을 받아 마땅한 것입니다. 그리고 현 정부에 대한 태도에 대해 물으셨는데 물론 명확히 대답할 수 있습니다. 저는 지금의 인민정부는 중국역사이래 유일하게 참으로 인민을 위해 봉사하는 정부라고 생각합니다. 저는 굳건히 지지합니다!"[89]

이는 높은 담 안과 밖의 교류이자 한 범인과 세계의 대화였으며, 또한 토론과 변론이라는 투쟁도 포함되어 있었던 것이다.

오직 모택동과 주은래만이 세계에서 유명한 전쟁 범죄자가 직접 전 세계와 대화할 수 있도록 그처럼 기백이 넘치는 역사적 결정을 내릴 수 있었던 것이다.

---

89) 부의가 무순전범관리소에서 여러 나라 기자와의 담화 내용은 중앙기록보관소 관련 기록 자료와 부의가 1957년에 쓴 자서전, 그리고 이복생의 회고 문장 등을 근거로 종합하여 편집한 것이다.

10.
"사자(赦字) 011호"

　신 중국의 아침햇살이 동방의 지평선을 비추자 낡은 사회 잔당의 멸망을 알리는 종소리가 귀가 번쩍 뜨이게 울려퍼졌다. 대대적인 반혁명 진압에서부터 깊이 있고 지속적인 반혁명 숙청운동의 전개에 이르기까지 960만km² 면적의 대지 위에서는 백성을 해쳤거나 혁명을 파괴했던 적대세력을 엄밀히 조사해 내어 호되게 단속했다. 두율명(杜聿明)의 하급 부하들 중에서 두 손에 숱한 사람의 피를 묻힌 관원들은 총살당했으며, 오랜 세월 동안 부의를 따랐던 시종 무관장인 장해붕(張海鵬)도 사형장에 끌려 나가 처형당했다.

　그러나 전범관리소에 수감된 왕후장상들은 아직 살아 있었다. 그러니 그들이 막대한 위협을 느끼지 않을 수 없었으며, 자신의 목숨과 앞날에 대해 우려하지 않을 리 없었다. 그들 모두가 자신의 죄가 더 크고 갚아야 할 빚이 더 많다고 여기고 있었다. 그러니 이전부터 사형장이야말로 자신이 있어야 할 자리임을 각오하고 있었다. 그런데 그들이 알지 못한 사실은 한 위대한 인물이 그 중요한 역사적 시기에 일반 사람들이 분별하기 어려운 경계에 대해 연구했다는 사실이었다. 그 경계는 전략을 짜고 전쟁을 지휘한 적군 사령관과 약탈과 강간 살인을 한 적군 연대장 사이의 구별이며, 비합법적인 조정에서 왕 노릇을 한 꼭두각시 황제와 몰래 정보를 나르고 무고한 백성을 살해한 만주국 경찰서장 사이의 구별이었다.

그러한 결론은 앞 부류는 죽이지 않아도 된다는 것이었다. 왜냐하면 그들은 "백성과 멀리 떨어져 있었기에 보편적인 원수는 있지만 직접적인 원수는 많지 않으며", "죽을죄를 지은 것은 맞지만 죽이면 오히려 당국에 불리했기 때문이었다."

  이러한 결론을 내린 사람은 바로 모택동이었다. 1956년 4월 25일, 그는 중국공산당 중앙 정치국 확대회의에서 10대 관계에 대해 논한 연설과 이 결론을 발표한데 이어, 또 같은 해 11월 15일 중국공산당 제8기 2중전회에서의 연설을 통해 그의 논점을 한 층 더 명확히 했다. 그는 이렇게 말했다.

  "극악무도한 토호와 악덕지주 · 악질 세도가 · 반혁명자들은 죽여야 하는가 죽이지 말아야 하는가? 죽여야 합니다……. 우리가 죽여야 할 사람들은 "작은 장개석[낙양에 주둔한 국민당 청년군 제206사 사장 구행상(邱行湘)]" 들이다. "큰 장개석", 예를 들어 선통(宣統) 황제 · 왕요무(王耀武) · 두율명 등은 한 사람도 죽이지 말아야 합니다. 그러나 그 "작은 장개석"들을 죽이지 않으면 우리의 발 아래서 매일같이 "지진"이 일어날 것이므로 생산력을 해방시킬 수 없고 노동인민을 해방시킬 수 없게 됩니다. 생산력에는 두 가지가 포함되는데 노동력과 생산수단입니다. 반혁명을 진압하지 않으면 노동인민들이 좋아하지 않을 것이고 소도 좋아하지 않을 것이며 호미도 좋아하지 않을 것이고 땅도 마음이 편치 않을 것입니다. 왜냐하면 소를 부리고 호미를 다루며 땅을 이용하는 농민들이 좋아하지 않기 때문입니다. 그래서 반혁명 분자들 일부를 반드시 죽여야 하고, 그 외 일부는 잡아가두어야 하며, 또 일부는 단속해야 하는 것입니다.[90]

  모택동의 연설은 옥중에 수감된 범인들에게는 전달될 리가 없었다. 그러나 전범관리소 내 왕후장상들은 필경 시대의 풍운 속에서 단련됐으므로 전반적인 국면에 대한 판단에 능한 인물들이었다. 그런 그들인지라 특별군사재판에서 일본 전범에 대한 재판이 끝난 상황에서 자신을 기다리고 있을 운명에 대해 모를 리가 없었을 것이다.

  1957년은 일본 전범에 대한 처리를 완전히 끝낸 후의 새로운 한 해였으며, 또 국내 전범들이 희망을 가진 해이기도 했다. 그들이 외지 참관과 명절 행사 참석 등의 활동을 자신들

---

90) 『모택동 선집(毛澤東選集)』, 제5권(卷), 인민출판사, 1977, 317~318쪽.

처리에 대한의 전조와 길조로 본 것도 아주 자연스러운 일이었다.

여름이 됐다. 6월 8일자 「인민일보(人民日報)」에 실린 아주 중요한 사론이 전국에 퍼져 나갔으며, 무순 · 태원 · 진성(秦城) 등지의 감옥에까지 퍼졌다. 전범들은 여느 때와 마찬가지로 단체로 "그건 왜일까?"라는 제목의 사설을 학습했다. 그러나 그들이 자세히 음미하고 깊이 생각해보기도 전에 한 차례의 정치 풍파가 삽시간에 전국을 휩쓸었다. 그것이 바로 그때 국내 첫 번째 대사인 정풍 반우파 투쟁이었다. 그 투쟁은 그로부터 수개월간 모든 것을 압도해버렸다. 이어 경제업무에서도 다양한 열풍이 나타났다. 수천 수만에 이르는 사람들은 "대약진운동(大躍進運動, 1958년에서 1960년까지 중국 전국에서 공 · 농업 생산의 비약적인 발전을 위해 맹목적으로 전개한 극 '좌' 노선의 군중운동을 말함)"을 단번에 새로운 세계로 공산주의가 비약적으로 발전할 수 있는 운동인 줄로 이해했다.

질풍노도처럼 앞뒤 정세를 모를 그런 상황에 선 모택동과 주은래는 어깨에 짊어진 짐이 더욱 무거워졌다. 그들은 나라와 백성의 운명에 대해 생각해야 했을 뿐만 아니라, 전범관리소에 수감 중인 죄수들의 운명도 책임져야 했다. 그때 높은 담 안에는 안정된 환경과 평온한 정책 아래에서 모든 것이 질서정연하게 진행되고 있었다.

전 국민당 국방부 기밀국 장춘 감찰처 상교(上校, 대령) 검찰장 관몽령(關夢齡)도 그 당시 무순전범관리소에 수감 중이었다. 그 기간 자신의 경력을 회고해 3권에 이르는 원고를 남겼다. 그는 원고에서 이렇게 썼다.[91] "외지에 나가 참관할 때 많은 사람들이 참관을 마치고 돌아오는 날이 곧 석방되어 고향에 돌아가는 날이 될 줄로 알고 있었다. 게다가 그런 생각으로 쓴 체험 문장도 벽보에 실리기까지 했다. 그러나 참관을 마치고 돌아올 즈음 마침 반우파투쟁이 가장 치열하게 번지고 있을 무렵이었으므로 석방될 것이라는 생각도 자연히 사라져버렸다. 그들 중 어떤 사람들은 전범들이 이럴 때 석방되면 우파 분자들의 예비대로 이용당할까봐 정부가 우려하고 있다고까지 분석했다. 또 어떤 사람들은 자신을 걱정했다. 예를 들어 사회에서 생각 없이 제멋대로 지껄여대는 사람을 만나 덩달아 허튼소리라도 했다가 우파로 몰리기라도 할 바에는 차라리 감방에 남아 편히 무사히 지내는 것이 낫다고 생각했다. 그래서 수감 중인 전범들은 끝내 마음을 안정시킬 수 있었다."

---

91) 관몽령의 유고로서 이점항(李占恒)이 정리한 『한 군통(국민정부군사위원회 조사통계국) 대령의 자술서(一個軍統上校的自述)』 제7장의 관련 내용을 참고. 문화예술출판사, 1989.

부의가 무순 전범관리소 내에서
자서전 자료를 쓰고 있다.
(1958년에 찍음)

　　무순전범관리소 내의 국민당 전범들은 모두 대다수 일본 전범들이 석방된 후에 감옥을 옮겨 수감된 자들이었다. 1958년부터 그들에 대해 점차적으로 깊이 있게 죄를 자백하고 인정하는 활동을 펼치기 시작했다. 그러나 만주국 전범들에 대해서는 그 작업을 이미 일본 전범을 조사 심문하는 사이에 동시에 완성했던 것이다. 그래서 그 시기 두 부류의 전범에 대한 활동내용이 다소 달랐다.

　　부의는 1957년 하반기부터 1958년 말까지 자서전을 쓰는 것이 주된 업무였다. 45만 자에 이르는 자서전 원고에서는 그의 개조생활을 전면적으로 깊이 있게 종합했을 뿐만 아니라, 세상을 놀라게 한 『나의 전반생』의 공식 출판을 위한 기초를 닦아놓았다. 그러나 그 자서전을 써내기까지 결코 쉬웠던 건 아니었다. 부의는 자서전을 쓰는 과정에서 "줄곧 치열한 사상투쟁을 해왔다"고 교도원 이복생이 말했다.[92] "반복적인 교육을 거쳐 그는 끝내 봉건주의 제국주의와 철저히 결렬할 수 있었다." 처음에 그는 조상들의 부패한 생활에 대해 들추어내고 비판하는 것이 싫었다. 감정적으로 조상들에게 미안하다고 여겼던 것이다. 그는 또 일본 제국주의에게 붙어 나라를 팔아 영화를 구한 죄악의 역사를 폭로하는 것이 마음 내키지 않았다. 그 경력이 너무 추악하다고 생각했을 뿐만 아니라, 그는 또 만주국 조정에서 고아를 학대한 사실을 쓰고 싶지 않았다. 너무 잔인하다는 생각이 들었다. 심지어 소련에서 수감 중일 때 보석을 감춘 사실도 쓰고 싶지 않았다. 아마도 사상을 폭로하고 싶지 않은 제왕의 유풍이 여전히 남아 있었는지도 모른다. 관리소 간부들은 부의의 사상 고민에

---

92) 이복생, 「만주국 황제 부의 개조 에피소드」, 『세계를 놀라게 한 기적』, 중국문사출판사, 1990, 98~100쪽.

대해 많은 설득을 거쳐 그가 "자신의 길은 스스로 가야 하며 자신의 역사는 스스로 써야 한다"는 이치를 깨닫게 했으며, 낡은 관념을 버리고 마음가짐을 바로 잡게 해 개조 성과를 공고히 다지게 했다. 한편 관리소 간부들은 또 그가 자서전을 쓰는 데 필요한 여건을 마련해 주었다. 예를 들어 상황에 대해 잘 알고 있고 또 필력이 좋은 부걸에게 그를 도와 만주국 역사 부분에 대해 쓰게 했으며, 부의가 명확히 기억하지 못하는 사실에 대해서는 다른 전범에게 그를 도와 그가 생각해 낼 수 있도록 도움을 제공하도록 했다. 그리고 요녕성 도서관에 사람을 파견해 그를 도와 자료를 찾아오게 했으며, 관리소 지도자는 또 친히 원고를 심열하며 그를 도와 수정해 주기도 했다. 세계에 이름난 한 권의 기서는 그렇게 해서 기본 형태를 갖출 수 있게 됐던 것이다.

부의는 자서전을 통해 자신을 종합했으며, 또 보고와 연설을 통해 다른 사람에게 영향을 주었다. 국민당 전범에 대해 죄를 자백하고 인정하는 작업이 전개되고 있을 때, 부의는 복역 중인 후루미 타다유키(古海忠之)와 함께 일본과 만주국 전범 중에서 좋은 전형으로써 자주 순회 보고를 하곤 했다. 관몽령은 자신이 쓴 원고에서 그때 부의가 보고할 때의 풍채를 묘사하고 그 작용에 대해 평가한 바 있는데, 다음과 같이 쓰고 있다.

"만주국 황제가 아주 많은 사람들의 눈길을 끌었다. 나는 호기심으로 가득 찬 마음으로 이

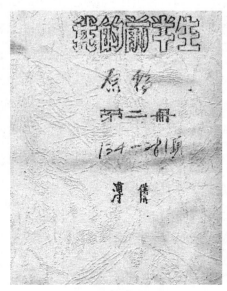

『나의 전반생』 유인본 표지

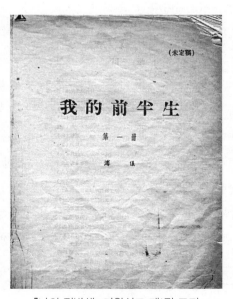

『나의 전반생』 미완성고 제1권 표지

청나라 마지막 황제를 대했다. 부의는 북경말을 했는데 보고 내용이 아주 풍부하고 폭로한 사상이 아주 구체적이고 실제적이었으며 죄에 대한 인식도 아주 깊었다. 부의의 보고를 듣기 전에는 그가 학습을 제대로 했을 리가 없다고 여겼었다. 그런데 그의 보고를 듣고 나서는 나의 주관적 상상이 깨져버렸다. 부의를 그 정도로 개조시켜 자기 스스로 직접 죄를 인정하는 발언을 하도록 한 것은 참으로 공산당의 인류 개조, 전범 개조에서 이룩한 뛰어난 성과였다. 황제를 개조시킨 사실은 고금을 통틀어 어느 누구도 해본 적이 없다. 과거에는 황제를 개조한 사람이 없었으며 앞으로는 황제가 없으니 개조 또한 더더욱 운운할 수 없을 것이다."[93]

연설을 들은 사람들은 의론이 분분했다. 부의를 그처럼 훌륭하게 개조한 것은 예상밖의 일이었다. 죄에 대한 인식 면에서도 국민당 전범 중에서 제일 개조를 잘한 사람일지라도 부의에 비하면 거리가 너무 멀다는 사실을 인정하지 않을 수 없었다.

몇 해 전과 비교해서 이 2년 동안 전범에 대한 개조생활도 더 풍부하고 다채로워졌다. 그런 환경에서 부의는 즐겁게 생활할 수 있었다. 전 만주국 제2 군관구(軍管區) 소장 참모장 초옥침(肖玉琛)은 그때의 몇 가지 생활 정황을 회고했다.

"토요일 밤마다 만주국 전범과 국민당 전범·일본 전범들이 즐거운 모임을 가지곤 했다. 왕지우(王之佑)의 반주 없이 부르는 노래·부걸의 『일하추한신(日下追韓信)』과 이문룡(李文龍)의 마술은 모두에게 제일 인기 있는 프로였다. 그리고 국민당의 채성삼(蔡省三)·상전도(尙傳道)·단극문(段克文)이 분장 공연하는 경극 한 단락도 나름대로 재미가 있었다. 일본 전범의 공연은 또 다른 재미가 있었다. 음력설이 되면 사람마다 나름대로의 장기를 발휘하곤 했다. 꽃을 만들 줄 아는 사람은 꽃을 만들고 등을 잘 만드는 사람은 등을 만들어 감방마다 깔끔하고 알록달록하게 장식해 명절 쇠는 분위기로 가득 차게 했다. 음식도 산해진미까지는 아니더라도 다양하고 풍성했다. 단 한 가지 금지령이 있었는데 그것은 술을 마시지 못한다는 것이었다."

"1958년부터 정부는 수감 중인 우리 전체 전범들을 조직해 자기 능력에 맞는 노동에 참가

---

93) 관몽령의 유고로서 이점항(李占恒)이 정리한 『한 군통 대령의 자술서』를 참조. 앞의 책. 311쪽.

하도록 했다. 노동에 참가할 수 있는 장소에는 전동기공장·무선전기공장·농장·양계장 등이었다. 관리소 지도자들은 우리들에게 자원하여 신청할 것을 요구했다. 농장의 노동량이 비교적 크기에 모두들 앞 다퉈 농장에 가겠다고 신청했다."[94]

훗날 부의가 무순전범관리소를 자신의 집이라고 친절하게 부르고 하나의 대학교라고 말할 수 있었던 데는 실제로 이러한 충분한 이유가 있었던 것이다.

1959년 여름, 관몽령이 부의의 보고를 겸한 연설을 듣기 전과 후에 그들이 전혀 예기치 못하고 전혀 알지 못했던 한 가지 대사가 북경 일부 회의에서 토론되고 있었다.

모택동과 주은래는 국민당 전범과 만주국 전범·위몽강 전범들의 학습과 개조상황에 대한 보고를 듣고 매우 흡족해하면서 바로 이들 전범에 대한 처리문제에 대해 검토했다. 이로써 한 가지 위대한 건의가 탄생하게 됐으며, 즉시 국가 최고 권력기관에 제시됐다.

중국공산당 중앙위원회의 건의
전국 인민 대표대회 상무위원회:

중국공산당 중앙위원회는 위대한 중화인민공화국 창립 10주년을 경축하는 날에 즈음하여 확실히 죄를 뉘우치고 바른 길에 들어선 일부 전쟁 범죄자와 반혁명 범죄자·일반 형사 범죄자를 특별사면할 것을 전국인민대표대회 상무위원회에 건의하는 바이다.

우리나라 사회주의 혁명과 사회주의 건설은 이미 위대한 승리를 이룩했다. 우리 조국은 번영하고 생산건설이 발전하고 있으며, 더불어서 인민의 생활은 나날이 개선되고 있다. 인민민주주의 독재정권이 전례 없이 공고해지고 강대해지고 있다. 전국 인민의 정치적 각오와 조직 정도가 전례 없이 제고됐다. 국가의 정치경제 상황도 매우 양호하다. 당과 인민정부가 반혁명분자와 기타 범죄자에 대해 실행하는 징벌과 관용을 결합시키고, 노동 개조와 사상교육을 결부시킨 정책이 위대한 성과를 거두었다. 수감 중인 여러 부류의 범죄자 중에서 대다수가 이미 정도는 다르지만 개조되었으며, 그중 적지 않은 사람은 죄를 뉘우치고 바른 길로 들어섰다. 이런 상황을 감안해 중국공산당 중앙위원회는 위대한 중화인민공화국 창립 10주

---

94) 초옥침이 구술하고 주소추(周笑秋)가 정리한 『한 만주국 소장의 회억(一個僞滿少將的回憶)』 참조. 앞의 책, 150~151쪽.

년 경축일에 즈음하여 죄를 뉘우치고 바른 길로 들어선 전쟁 범죄자와 반혁명 범죄자, 일반 형사 범죄자에 대한 특별사면을 선포한 것은 시의 적절하였다. 이런 조치를 실시한 것은 소극적인 요소를 적극적인 요소로 바꾸는 데 이로웠으며 이들 범죄자와 기타 수감 중인 범죄자에 대한 개조를 계속하는데 중대한 교육적 역할을 하였다. 이는 그들에게 우리의 위대한 사회주의 제도 아래서 죄를 뉘우치고 바른 길에 들어서기만 하면 자신의 전도를 찾을 수 있다는 것을 느낄 수 있게 했다.

중국공산당 중앙 위원회는 전국인민대표대회 상무위원회에 상기의 건의사항을 검토할 것과 그리고 이에 상응하는 결의를 내릴 것을 건의하는 바이다.

중국공산당 중앙위원회 주석 모택동
1959년 9월 14일

모택동은 중국공산당 중앙위원회를 대표해 건의를 제기한 이튿날, 또 여러 민주 당파와 여러 인민 단체 책임자 · 무당파 유명인사 · 문화 교육계 유명인사들을 초청해 좌담회를 열었다. 모택동은 연설을 통해 신 중국 창립 10주년을 맞이하여 특별사면 문제에 대한 일련의 관련 상황을 통보하고 설명까지 했다.

9월 17일 제2기 전국인민대표대회 상무위원회 제9차 회의에서는 모택동의 건의에 따라 죄를 뉘우치고 바른 길로 들어선 범죄자들을 특별사면 하는 문제에 대한 결정을 통과시켰다. 이어 유소기(劉少奇)가 중화인민공화국 주석 특별사면령을 발표했다.

이튿날「인민일보」제1면의 뚜렷한 위치에 모택동의 건의와 인민대표대회 상무위원회의 결정, 유소기의 특별사면령이 게재됐으며, 또「죄를 뉘우치고 바른 길에 들어서면 전도가 밝다」라는 제목의 사설도 함께 게재됐다. 그 신문은 즉시 전국 각지 전범관리소를 들썩이게 했다. 수없이 많은 눈길이 "특별사면령" 제1조항을 주목했다. 즉 "장개석 집단과 만주국 전쟁 범죄자 중 10년간 수감됐고, 또 죄를 뉘우치고 바른 길에 들어선 자는 석방한다"는 내용이었다. 이날은 마침 추석이었다. 지난날에는 이날이 언제나 명절이었지만, 수감 중인 몸이라 쓸쓸하게 맞이했었지만, 올해의 분위기는 완전히 달랐다.

무순전범관리소 감방마다 회의가 열렸다. 전범들은 신문 한 장을 둘러싸고 모두들 앞 다투어 자신들의 소감을 발표했다. 모두들 특별사면을 기대하고 갈망한다고 말했다. 부의는

중국정부가 신문을 통해 전범 특별사면 관련 소식을 전 세계에 발표했다.

그 시각 너무나 많은 것이 떠올라 머리가 너무 복잡해 있었다.

특별사면이라면 불기소 석방을 의미한다. 그러니 특별사면이라는 말에 대해 부의 역시 다른 사람들과 마찬가지로 설레고 들뜨는 기분이었다. 그는 모택동의 건의를 자세히 이해하면서 그 어구들에서 넘쳐나고 있는 거의 이해할 수 없으리만치 넓은 도량에 대해 음미했다. 그는 원고에다 이렇게 썼다.

"특별사면은 누가 제기한 것인가? 공산당 중앙이다. 사면대상은 누구인가? 과거에 인민에게 하늘에 사무칠 정도의 큰 죄를 지었고, 수없이 많은 공산당원을 도살한 국민당 반동파와 매국노였으며 제국주의의 앞잡이들이었다. 그 건의에 서명한 사람은 바로 모택동 주석이었는데, 그의 아내와 두 아우와 두 누이동생은 바로 국민당에 의해 살해당했으며, 그의 아들은 한국전쟁에서 미국의 폭격에 의해 희생됐던 것이다……."

이런 가운데 어떤 사람들은 슬며시 짐을 챙겨 석방돼 감옥을 나갈 준비를 하고 있었지만, 부의는 어딘가 실망한 눈치였다. 다른 사람들은 이 화제를 둘러싸고 끊임없이 담론했지만, 그는 그저 듣기만 하고 의론에 끼어들지 않았다. 누군가 그에게 "제1차로 사면 받을 수 있을 것 같은가?" 하고 물을 때마다 그는 언제나 솔직하게 대답했다. "다른 사람은 누구나 다 될 수 있지만 나만은 안 될 것일세." "난 안 될 걸세. 난 죄가 너무 크니까. 개조 정도를 봐도 남들보다 우수한 게 아니지. 나는 아직 특별사면 조건에 부합되려면 한참 부족하네."[95]

부의 스스로 자괴감이 들었을 뿐만 아니라 다른 사람들의 관점도 비슷했다. 모두가 관직이 낮고 죄가 작으며 개조를 받는 마음가짐이 바른 전범만이 제일 먼저 특별사면을 받을 수 있다고 여겼던 것이다. 가장 낙관적인 전범은 참모장과 영관급(校級) 군관이었다. 그들은 심지어 석방될 준비까지 다 해놓은 상태였다. 그러나 부의는 "반드시 처벌해야 하는 주범"의 첫 번째 대상임이 틀림없다. 그러니 모든 전범이 다 풀려난다 해도 그만은 가망이 없을 것으로 생각했다. 9월 22일 기자들이 전범관리소로 몰려들었다. 사람들은 기자가 카메라를 계속 부의에게 들이대는 것을 발견했다. 그래서 어떤 사람은 이 "황제자리"에 앉았던 사람을 먼저 석방할지도 모른다고 추측하기도 했다. 그러나 대다수 사람들은 기자가 그냥 호기심에서 그러는 것일 거라고 생각했다. 사진을 많이 찍는다고 먼저 석방하는 것이 아니니까 말이었다. 그건 누구라도 설명할 수 없는 것이었다.[96]

특별사면을 바라는 전범들은 감옥에 수감된 뒤 제일 지루한 2개월을 보냈다. 11월 30일 그날 큰눈이 내렸다. 전범 관리소에서는 이튿날부터 전범들을 동원해 눈 쓸기에 나섰다. 12월 3일까지 울 안과 길에 쌓인 눈을 전부 깨끗이 쓸어냈을 뿐 아니라, 큰 극장 안을 새롭게 장식하고 전기선을 많이 늘이고, 녹음기며 촬영기를 장착했다. 그리고 자동차로 많은 긴 의자도 날라왔다. 특별사면 대회가 열리게 될 것이라는 사실을 사람들은 속으로 짐작하고 있었다.

그날 밤, 김원 부소장이 부의를 불러 담화를 했다. 며칠째 손명재 소장 등 지도자들이 연이어 그를 불러 담화했다. 어떤 지도자들은 그에게 누가 제일 먼저 사면을 받을 수 있을지 생각해본 적이 있냐고 물었다. 그는 한참 생각하더니 조장의 이름을 말했다. 지도자들이 그 외 또 누가 사면받을 수 있을지를 묻자 그는 또 최근 학습 평가에서 성적이 제일 좋은 사람을 꼽고 학습위원회 한 사람을 꼽았다. 지도자들은 더 묻지도 않고 얼굴에 웃음을 띠고 그에게 말했다. "이것이 바로 당신의 진솔한 생각인 줄 압니다." 그래도 부의는 절망하지 않았다. 그는 마지막 특별사면 대상 중에는 그의 이름도 반드시 포함될 것이라고 굳게 믿고 있었다. 이번에 김원이 또 그를 불러 담화했다. 모두들 이 시각의 움직임에 많이 민감해

---

95) 이복생, 「만주국 황제 부의 개조 에피소드」, 『세계를 놀라게 한 기적』, 앞의 책, 101쪽.

96) 초옥침이 구술하고 주소추가 정리한 『한 만주국 소장의 회억』을 참조, 앞의 책, 155~156쪽.

있었지만 부의는 생각이 별로 많지 않았다. 어느 한 원고에서 그는 그 때의 담화 내용과 그 당시 심정에 대해 간단하게 기록하고 있다.

"12월 3일 밤, 부소장이 또 나를 불렀다. 그리고 나에게 또 특별사면에 대한 나의 견해에 대해 물었다. 나의 대답은 여전히 그 한 마디였다.

"나는 희망이 없습니다. 그러나 난 결심하고 앞으로 더 노력하기로 마음먹었습니다……."

"당신이 특별사면으로 풀려난다면요? 어떻게 생각하세요?"

"그건 인민이 나에게 비준해 주는 것이 되겠죠. 나에게 사람으로서의 자격이 있다고 여기게 되는 것이겠죠. 그러나 지금은 그럴 일이 없을 것입니다."

그날 밤, "만약 당신이 특별사면으로 풀려난다면?"이라고 한 소장의 말만 생각하면 나는 심장이 마구 뛰었다. 그러나 이어 "그럴 리 없다"고 내 스스로에게 말했다.

이튿날 오전, 무순전범관리소 제1차 전범 특별사면대회가 성대히 열렸다. 요녕성 고급인민법원의 대표가 특별사면으로 풀려날 인원들에게 발급할 통지서를 선독했다. "중화인민공화국 최고인민법원 특별사면 통지서―1959년도 사자011호(赦字011號)", 다시 말하면 국내에서 특별사면을 받은 첫 전범이라는 의미이다. 부의는 그 첫 전범이 자신이 될 줄은 꿈에도 생각지 못했다! "이들 전범은 수감기가 만 10년이며 수감기간에 개조를 거쳐 확실히 죄를 뉘우치고 바른 길로 들어서 특별사면 첫 조항 규정에 부합되므로 석방한다." 법원 대표가 부의 등에게 "당일부터 중화인민공화국 공민권을 부여한다"고 선포하자 부의는 더 이상 자신의 감정을 주체하지 못하고 목이 메도록 통곡했다.

부의를 특별사면 한다는 뜻밖의 결정에 많은 사람들이 불복했다. 어떤 사람은 토론회의에서 "공산당이 왜 말한 대로 지키지 않느냐며 주범을 반드시 처리한 것이 아

부의가 특별사면대회에서.

니라 오히려 주범을 용서한 것"이라고 공개적으로 항의했다. 또 어떤 사람은 부의의 트집을 잡으며 자신에 비해 "학습 면이나 노동면이나 어느 것 하나 죄를 뉘우치고 바른 길에 들어섰다고 할 수 있느냐? 그리고 "관직을 보나 죄의 크기를 보나 부의는 관리소에서 첫자리를 차지하며 만주국에서도 1위를 차지한다"고 따졌다. 이런 상황에서 또 관리소 손명재 소장과 김원 부소장이 나서서 많은 설득과 설명을 해야 했다.

"여러분의 의견을 듣고 지도자들이 의논한 끝에 손명재 소장이 말했다. "부의는 3살에 황제가 되어 50년간 사치스럽고 안일한 생활을 해왔습니다. 옛날에는 책을 봐도 아랫사람이 곁에서 같이 읽어줬고, 문을 나서면 아랫사람이 우산을 받쳐줬으며, 발을 씻고 신을 신고 문을 열고 닫는 등 모든 일에서 남의 시중을 받았습니다. 그런데 지금 그는 스스로 일상생활을 할 수 있게 됐을 뿐 아니라, 노동에도 적극 참가하며 심지어 직접 가래통을 가시고 요강을 내다 비울 줄도 알게 됐습니다. 더욱 중요한 것은 개조 과정에서 그의 사상은 줄곧 비교적 안정적이었으며 진심으로 죄를 뉘우치고 바른 길에 들어서려고 노력했습니다. 이것이 환골탈퇴적인 개조가 아니고 무엇이란 말입니까? 어떤 사람은 겉보기에는 학습도 잘하고 노동도 잘하는 것처럼 보이지만, 사상이 이랬다저랬다 변동이 심했으며, 당의 정책에 대해 아직까지도 의구심을 품고 있습니다. 그러함에도 부의보다 더 잘 개조됐다고 할 수 있겠습니까?"[97]

그렇게 혼란스러운 상태가 며칠간 이어진 뒤 12월 10일쯤, 김 소장이 중요한 보고를 했는데 특별사면 문제에 대한 것이었다. 그는 죄를 뉘우치고 바른 길에 들어선 기준에 대해 얘기했으며 부의 문제에 대해 얘기했다. 그는 부의가 봉건주의 사상을 뿌리 채 뽑아버렸다고 말하면서 한 번은 그의 가족이 면회를 왔는데, 여전히 그를 "성상"이라고 불렀다가 부의에게 꾸중을 들은 적이 있다고 소개했다. 이는 그가 지난날 자신의 칭호를 수치스럽게 생각하고 있음을 설명한 것이다. 김 소장은 또 모든 사람이 자신에게는 황제가 될 사상이 없다고 말한다면서 그건 당연한 것이며 그런 사람에게는 그런 사상이 있을 수 없다고 말했다. 김 소장은 또 구체적인 사람에 대해 구체적으로 요구해야 한다면서 부의에 대한 요구가 바로 그런 것이라고 말했다. 또 한 번은 일부 자본주의 국가의 신문기자들이 이곳에 취

---

97) 초옥침이 구술하고 주소추가 정리한 『한 만주국 소장의 회억』을 참조, 앞의 책, 158쪽.

전범 특별사면대회에서 부의가 감동해 주먹을 부르쥐고 소리 높이 외쳤다.

재하러 왔는데 그들은 부의를 만나 부의의 입을 통해 뭐든 정보를 얻으려 했다. 그러나 결국 아무 정보도 얻지 못하고 그들은 실망해 돌아갔다. 이 모든 사실은 부의가 입장이 굳건하며 훌륭히 개조했음을 설명해 주는 것이었다.[98]

　제1차로 부의를 특별사면한 것은 부의 본인이 예상치 못했던 일이었을 뿐만 아니라, 같이 수감된 전범들도 예상치 못했던 일이었다. 전범관리소의 간부와 그보다 더 위의 고위층 책임자들도 그때 당시에는 미처 깨닫지 못했다가 그후에야 점차 깨치게 됐다. 모택동과 주은래가 전범 처리 문제에 대한 연구 보고회의에서 제일 처음으로 부의의 이름을 제기했고 관련 상황과 부의 본인의 학습 개조상황에 대해 청취하고 나서 이를 근거로 부의를 제일 먼저 특별사면 하는 것에 대한 결정을 내리게 된 것이었다.

98) 관몽령의 유고로서 이점항이 정리한 『한 군통 대령의 자술서』를 참고할 것. 문화예술출판사, 1989. 322쪽.

11.
서화청(西花廳)에서의 악수

　　모택동은 "무릇 개조를 반대하는 사람들을 개조하려면 반드시 강박적인 단계를 거쳐야한다. 그런 뒤에야 자각적인 단계에 들어설 수 있다"고 했다. 부의가 무순전범관리소에서지낸 10년에 가까운 세월은 바로 강박적인 개조 단계에 속했다. 만약 높은 담과 망루, 전기철조망, 철 울타리가 확실히 "강박"적인 수단이라면, 모택동·주은래 등이 부의에 대한관심과 보살핌은 다정함과 따스함으로 가득 차 그의 마음을 울리고 그가 진심으로 깨우치게 해 그가 빠른 시일 내에 자각적인 개조의 길에 들어서도록 촉진시켰다. "사자 제011번"통지서가 발표된 그 순간부터 그의 새로운 자각적인 개조 단계가 시작된 것이다. 그는 더이상 높은 담과 망루, 전기 철조망, 철 울타리 안에서 살지 않았다. 그러나 모택동과 주은래의 가르침과 격려는 여전히 귓가에서 맴돌며 그에게 따스함과 보살핌을 주었다.

　　1959년 12월 9일 쌀쌀한 초겨울의 아침 신화사(新華社) 촬영기자의 셔터 누르는 소리 속에서 부의가 무순에서 북경으로 돌아왔다. 그의 다섯째 누이동생 온형이 집으로 데려가 잠시 거주하도록 했다. 사흘 뒤 북경시 민정국의 한 간부가 부의에게 이튿날 오후 수장이 접견할 것이므로 외출하지 말고 자동차가 데리러 올 때까지 기다리고 있으라고 통지했다. 대체 어느 수장이 접견할지에 대해서는 얘기하지 않았으며 부의도 감히 묻지를 못했다. 그 이튿날 상황에 대해 부의는 개인 서한에서 간단명료하게 기술했다.

"그날은 12월 14일이었다. 나는 국무원에서 파견한 자동차를 타고 전정(前井) 후퉁 6번지에서 국무원 서화청으로 갔다. 나의 일곱째 숙부인 재도(載濤)도 거기서 나를 기다리고 있었다. 나는 문을 열고 들어서자 주 총리를 보았다. 총리께서 자리에서 일어서더니 나와 악수를 했다. 나의 마음은 얼마나 감격하고 격동됐는지 모른다. 나는 총리의 손을 꼭 잡고 저도 모르게 '아이쿠! 주 총리 님!'하고 외쳤다. 하고 싶은 말이 가슴 가득 찼지만 너무 격동된 나머지 오히려 한 마디도 할 수가 없었다. 주 총리께서는 또 나를 진의(陳毅)와 습중훈(習仲勛) 부총리에게 소개시켰으며 나에게 장치중(張治中) 부작의(傅作義) 장사소(章士釗) 등 여러 수장들과 중앙 통전부 부부장 서빙(徐冰) 등을 소개해 주었다. 그 자리에는 또 최근 석방된 장개석 집단의 전범들인 두율명(杜聿) · 왕요무(王耀武) · 정정급(鄭庭笈) · 송희렴(宋希濂) · 구행상(邱行湘) · 진장첩(陳長捷) · 증확정(曾擴情) · 주진강(周振強) · 양백도(楊伯濤) · 노준천(盧浚泉) 등 10명도 있었는데 그들도 일일이 나와 악수했다. 우리가 자리에 앉기를 기다려 주 총리는 우리 11명에게 일일이 그리고 진지하게 개인상황과 가정상황에 대해 물었으며, 우리를 격려해주고 앞으로 나갈 방향에 대해 제시해주었다……."

두율명 등 10명의 국민당 고급장교도 12월 4일 제1차로 특별사면 받은 이들이다. 그들은 북경에 가족이 없으므로 진성 감옥을 나오자 북경시 민정국의 조치로 숭내(崇內) 여관에 머물게 됐다. 이날 그들을 여관에서 중남해(中南海) 서화청으로 데려왔던 것이다.

부의는 도착하자 먼저 주은래와 진의 등 중앙 지도자들의 단독 접견을 받은 뒤 회의실로 안내되었다. 서빙(徐冰)이 그 자리에 있는 두율명 등에게 소개했다. "이 분은 청

다섯째 누이동생 온형이 북경역에 나가
큰오빠를 마중했다.

나라 마지막 황제 부의입니다. 그는 무순관리소에서 제1차로 특별사면을 받은 분입니다."
이 같은 소개에 의아해하는 눈빛들이 바로 그에게 향했다. 그 이전에는 아무도 부의를 몰
랐다. 게다가 눈앞에 있는, 남색 솜옷 제복에 도수 높은 근시안경을 쓴 후리후리한 몸매의
노인이 바로 과거 3살에 황위에 오른 "꼬마황제"라는 사실이 아무래도 믿어지지 않는 눈치
였다. 부의는 아주 겸허하게 아주 빈번하게 여러분들에게 머리를 끄덕여 인사를 했다.

　오후 3시 정각, 주은래, 진의(陳毅), 습중훈(習仲勛), 장치중(張治中), 부작의(傅作義),
소역자(邵力子), 장사소(章士釗) 등이 함께 회의실에 들어섰고 장내 모든 사람이 일어나서
뜨거운 박수를 보냈다. 주은래는 사람들에게 앉으라고 하고나서 이야기를 나누기 시작했
다. 그는 제일 먼저 머리가 희끗희끗한 노인을 알아보고 "증확정(曾擴情)"하고 불렀다. 이
사람은 황포군관학교 제1기 졸업생으로서 주은래가 주관하는 정치부 내에서 일하며 거창
한 대혁명을 함께 한 적이 있었다. 그 뒤 증확정은 장개석을 따라 내전에 참가했으며 40년
대 말 국공결전에서 국민당 사천성 당부 중장 주임의 신분으로 해방군에 포로가 됐다. 어
느덧 30여 년이 지났음에도 주은래는 그의 모습을 기억하고 있었으며 그의 이름까지 불렀
다. 이에 그는 감동해 마지않았다. 주은래가 웃으며 말했다. "황포군관학교에 있을 때 나
는 나이가 30살도 채 되지 않았습니다. 많은 학생들이 나이가 나보다 많았는데 그때는 참
으로 압박이 컸었습니다." 그러자 증확정이 대답했다. "그때 저는 이미 30살이 넘었으니
학생이 선생님보다도 몇 살이나 더 많았습니다." 주은래는 황포 출신인 국민당 명장 두
율명 앞에 와 서더니 섬서(陝西) 태생인 습중훈을 가리키며 말했다. "저 사람은 당신과 한
고향 사람입니다." 이어 그는 두율명의 나이며 건강상태에 대해 물었다. 그가 겨우 55세
이고 건강상태가 괜찮다고 하자 주은래는 "아직 젊습니다. 아직 나라를 위해 많은 일을 할
수 있습니다"라고 격려해주었다. 두율명은 많이 창피해하면서 말했다. "선생님께 미안합
니다. 선생님을 따라 혁명하지 못하고 반혁명의 길을 걸었습니다. 선생님의 기대를 저버
렸습니다." 그 말에 주은래는 진심 어린 어투로 "당신들 학생을 탓할 수 없습니다. 선생이
되어 잘 가르치지 못한 탓입니다"라고 말했다. 송희렴를 마주한 주은래는 친절하게 물었
다. "건강상태가 괜찮아 보입니다. 아직 50세 전이지요? 가족 중에는 누가 있습니까? 어
디 있습니까?" 그 물음에 송희렴이 대답했다. "선생님, 관심을 가져주셔서 감사합니다. 올
해 52살이지만 건강합니다. 후반생은 인민을 위해 힘이 닿는 데까지 일하도록 하겠습니
다. 저의 아내는 1949년에 병으로 죽고 자식 다섯은 모두 미국과 홍콩에 있습니다. 국내

부의의 일기에 1959년 12월 14일 주 총리의 접견을 받을 때 담화내용이 기록되어 있다.

에 또 누이동생과 다른 친척들이 있습니다." 총리는 관심 어린 어조로 그 명성이 높은 전 국민당 장군에게 말했다. "해외에 있는 가족은 먼저 연락하고 국내에 있는 가족은 빠른 시일 내에 만나도록 하십시오. 당신들의 직업과 생활, 가정을 점차 안정되도록 조치해나가야 할 겁니다. 무슨 요구나 어려운 점이 있으면 중앙 통전부 서빙을 찾으세요. 그는 부부장이며 금후 당신들의 직업과 생활에 대한 조치를 책임질 것입니다." 송희렴은 감격해 머리를 끄덕였다. 주은래가 전 국민당 천진시 경비 사령부 중장 사령인 진장첩(陳長捷) 앞에 이르자 그가 긴장한 표정을 짓는 것을 발견했다. 원래 해방군이 천진성 아래까지 쳐들어왔을 때 진장첩은 봉기를 거부하고 외딴 성을 굳게 지키려 했다. 그러다가 수십 시간의 시가전 끝에 포로가 됐던 것이다. 그래서 수치스러운 마음이 들었던 것이다. 주은래는 그의 마음을 이해하고 진심으로 위안해 주었다. "당신은 원래 국민당 군관이었으니 상급의 명령에 따랐던 것입니다. 이젠 다 지난 일입니다. 이제 입공속죄하면 되지 않겠습니까!" 주은래는 전 국민당 제49군 중장 군장 정정급(鄭庭笈)의 아내 풍리견(馮莉娟)이 생활 압력 때문에 1958년에 남편과 이혼했다는 사실을 알고나서 다급히 물었다. "그가 재혼은 했습니까?" "안 했습니다"라고 정정급이 대답했다. 그러자 주은래는 그 자리에 앉은 다른 사람들을 둘러보면서 말했다. "여러분들은 저 두 사람이 재결합할 수 있도록 설득해 주십시오." 전 국민당 제18군 소장 군장 양백도(楊伯濤)가 총리에게 가정상황을 설명할 차례가 됐다. 그는 아내가 대만으로 가지 않고 고향인 지강(芷江)의 모 이불 공장에서 노동자로 일하면서 스스로의 힘으로 자녀들을 부양하고 학교까지 보냈다고 말했다. 주은래는 머리를 끄덕이며 칭찬했다. 그후 얼마 지나지 않아 양백도의 아내와 자녀는 북경으로 이주해 정착했으며 정 정급도 본처 풍리견과 재결합했다.

그 자리에 있던 전 국민당 고급장교들은 모두 황포군관학교 학생들로서 모두 주은래와 는 스승과 제자의 정이 있었다. 그중 두율명, 송희렴, 왕요무(王耀武), 증확정, 주진강(周 振强) 등은 주은래가 직접 가르치기까지 했었다. 스승과 제자가 오랜 만에 만났으니 나눌 얘기가 어찌 많지 않았겠는가!

부의는 접견을 받은 자들 중에서 유일하게 주은래와 스승과 제자 혹은 상급과 부하 관계 가 아닌 사람이었다. 그러나 그렇다고 소외받지 않았다. 사람들은 오늘날 총리와 옛날 황 제가 일상적인 이야기를 나누는 장면이 참으로 평범하지 않다는 사실을 발견했다. 그들은 만주족 기인(旗人)의 예절과 복식, 그리고 한족과 다른 용모 특징 등등에 대해 이야기를 나 누었다. 주은래는 실로 견문이 넓은 지도자였다. 그런데 부의는 처음으로 사람마다 경모 하는 총리를 만난 자리였으므로 조심스럽고 서먹했다. 그래서 얘기를 나누는 중에 스스로 화제를 자신 쪽으로 이끌었다. 그는 자신은 지주계급의 총 두목이었고, 또 일본 제국주의 의 꼭두각시였다면서 거듭 반성했다. 주은래는 웃으며 온화하게 말했다. "당신은 이전에 이미 많이 반성했으니 반성은 그만 하고 시간이 있으면 회고록을 써보십시오. 나라를 위해 일을 많이 하면 됩니다." 진의도 부의에게 말했다. "제가 젊은 시절 북경에서 공부할 때는 당신의 신민이었던 걸요." 부의는 총리와 부총리가 그렇게 말하자 긴장했던 마음이 순식 간에 확 놓여진 듯했다.[99]

아주 오랜 시간 동안 총리는 하나의 완벽한 계획을 구상해왔으며, 반 년 전에 그것을 실 행에 옮겼다. 그것이 바로 지금은 이미 전국 여러 성과 시까지 확산되어 빛나는 성과를 거 둔 역사문헌자료 업무였다.

부의는 "회고록을 쓰라"는 말에 큰 관심을 보였다. 그는 무순에서 쓴 수십만 자에 이르는 자서전이 생각나 총리에게 보고했다.

주은래는 그의 말에 귀를 기울이면서 이따금 몇 마디씩 묻곤 했다. 비록 총리가 말은 많 이 하지 않았지만 그 일이 그의 큰 관심을 불러 일으켰음을 사람들은 알 수 있었다.

특별사면으로 막 풀려난 11명의 유명인사들과 일일이 인사를 나눈 뒤 온화한 성품으로

---

99) 양백도, 『주은래 총리와의 첫 만남을 회고하다(回憶周恩來總理第一次깐見)』 및 부의 일기와 기타 관련 문장을 참조.

이름난 주은래는 부상을 입은 적이 있는 오른손을 흔들며 회안 지방 말투로 스스럼없이 말했다. "당신들이 나온 지 며칠 됐으니 문제가 있으면 먼저 말하는 것이 좋을 것 같아서 이렇게 불러 얘기를 들어보려 합니다." 주은래는 아주 자연스레 특별사면이라는 화제로부터 이야기를 시작했다. "예전에 당신들은 집단생활을 했었는데 이 며칠간은 개인별 생활을 했습니다. 그래도 집단생활을 하는 것이 좋지요?" 여기서 주은래의 말뜻은 특별사면 받은 사람들은 10일 전까지도 감옥에서 집단적으로 개조생활을 했었지만 석방된 며칠간은 사회에서 독립적으로 생활을 하게 되었는데 모두 가정과 직업이 아직 자리 잡지 못한 점을 감안하면 그래도 정부가 조직해 참관하고 학습하며 집단생활을 좀 더 하는 것이 낫지 않겠느냐는 뜻이었다. 물론 다시 감옥으로 돌려보낸다는 뜻이 아니라, 주은래는 부의와 두율명 등 제일 먼저 특별사면 받은 사람들에게 아주 큰 기대를 걸었기 때문에, 다음과 같이 말을 이어갔다. "당신들은 인민들의 본보기입니다. 시련을 이겨내야 하며 다른 사람들에게 좋은 인상을 남겨야 합니다." 그리고는 말을 돌려 주은래는 정치가의 기백으로 기치선명하게 전범을 특별사면 한 본질에 대해 밝혔다. "당과 정부는 한 말은 꼭 지킵니다. 우리의 통일전선은 목적을 위해 수단방법을 가리지 않거나 하지는 않습니다. 우리에게는 원칙이 있습니다. 장개석이야말로 방법 수단을 가리지 않고 유아독존적인 개인주의를 행했습니다. 그러나 우리 공산당은 민족의 이익과 인민의 이익에 따라 당신들을 석방한 것입니다." 상투적인 인사말이 아닌 이 몇 마디를 한 후 이어서 엄숙한 긴 연설이 시작됐다. 두 시간 남짓한 동안 주은래는 신변의 여러 사람의 예를 들어가며 혁명의 발전 과정을 추리해 나갔다. 융통성 있게 원활하게 연설하였는데 정말 청산유수였다. 그는 네 가지 문제를 통해 사람들이 진심으로 감복할 수 있게 얘기했다. 그것이 바로 부의와 두율명 등이 "사훈(四訓)"이라고 높이 칭송했던 유명한 연설이었다.

12.
주은래가 입장을 말하라

　회안(淮安) 말씨를 쓰는 주은래의 연설이 중남해 서화청 내에 울려 퍼졌다.

　"입장 문제는 정치문제이며 사람들이 민족투쟁과 계급투쟁에서 어느 쪽에 서느냐 하는 문제입니다. 이런 면에서 여러분들은 시련을 이겨내야 하며 사람들에게 좋은 인상을 남겨야 합니다."[100] 전반적인 연설에서 주은래가 입장 문제에 대해 논한 비중이 제일 컸다. 부의와 두율명을 개조하는 것은 결국 그들이 과거의 낙후한 혹은 반동 입장에서 벗어나도록 하기 위한 때문이라는 것이었다.

　"첫째는 민족적 입장을 굳건히 하고 신 중국을 사랑해야 합니다." 주은래는 확고한 어조로 말했다. 주은래는 민족 입장에 대해 많은 얘기를 했다. 그 자리에 있던 사람들이 역사적으로 중요한 시기에 입장을 밝힌 바 있지만 이제는 되돌아보고 종합할 필요성이 너무나 크기 때문이었다. "아편전쟁 때부터 오늘에 이르기까지 120년에 가까운 세월 동안 투쟁을 거쳐 중국인민은 위대한 승리를 거두었습니다. 이같은 사실은 제국주의마저도 인정하고 있습니다." 여기까지 말하고 나서 주은래의 정열에 넘치는 눈길이 문득 부의에게서 멈췄다.

---

100) 주은래, 『제일 먼저 특별사면 받은 부의 등 11명 전범을 접견할 때 한 담화(接見首批特赦戰犯溥儀等十一人時的談話)』, 『주은래 통일전선 문선(周恩來統一戰線文選)』, 인민출판사, 1981, 396쪽. 본 장절에서 주은래 연설 내용은 주로 상기 문장에 의거하고 부의 일기의 관련 내용을 참고했다. 따라서 일일이 출처를 밝히지 않기로 한다.

"부의 선생, 당신도 증명할 수 있습니다. 지금 우리나라가 과거 당신 때보다 잘하고 있지 않습니까?" 그 말에 부의가 대답했다. "비교도 할 수 없습니다. 청나라에서 서태후 통치시기까지는 완벽한 매국정치였습니다. 강산은 한 번에 무너질 정도로 망가졌었지요." 주은래는 부의의 말을 이어 계속했다. "국민당이 통치한 20여 년도 잘하지 못했습니다. 그러나 오늘 중국의 6억 5천만 인민은 일어섰습니다. 여기서 태어나 여기서 자라났지요. 이런 나라를 사랑하지 않을 수 있겠습니까?"

주은래는 민족문제를 예를 들어 낡은 사회와 신 중국의 서로 다른 정책을 대조시켰다. 그는 "과거에는 한 민족이 다른 여러 민족을 압박했다"고 말하면서 다시 한 번 부의를 향해 객관적이면서도 그를 존중하는 태도로 말했다. "부의 선생, 당신이 청나라 말기에 등극할 때는 겨우 두세 살이었으니 그때는 당신이 책임질 수 없습니다. 그러나 만주국시대는 당신이 책임져야 합니다." 주은래는 계속하여 말했다. 선통 연간 그 자신은 긴 머리카락을 땋은 채 심양에 왔다면서 그때 만주족들의 기염은 대단했다고 말했다. 이어 그는 그후 청나라가 망하게 되자 많은 만주족들이 이름을 바꾸고 감히 자신이 만주족이라는 사실을 인정하지 않았으며 대다수가 동화됐다고 말했다. 주은래는 또 작가 서사여(舒舍予)와 희곡예술가 정연추(程硯秋)를 예로 들면서 낡은 사회에서 민족이 압박받았던 비참한 정경을 생생하게 그려냈다. 그리고 오늘날 공산당의 영도 아래 여러 민족이 평등해졌다면서 신 중국은 여러 민족 인민의 대가정이라고 말했다. 그래서 대다수 사람들이 다시 족적(族籍)을 회복하고 자신이 만주족임을 감히 스스로 인정하게 됐다면서 제2차로 족적을 기입할 때는 스스로 만주족이라고 적어 넣는 사람이 많아졌다고 말했다.

그 자리에 있던 사람들은 부의가 총리의 연설에 귀를 기울이면서 눈물을 흘리는 것을 보았다. 아이신쉐뤄 씨가 이 땅에 황제로 왕림한 3백 년간 만주 귀족들은 세도를 부리며 중국을 휘젓고 다녔다. 그러나 청나라가 역사의 뒤안길로 사라지면서 창성하던 만주족에게는 또 한 차례 치명적인 재난이 닥쳤던 것이다. 그렇지만 신 중국이 만주족을 구원하면서 아이신쉐뤄 가족의 흥성발달이 다시 시작됐던 것이다. 이 모든 것은 총리가 얘기하는 것이 진리일 뿐만 아니라 부의가 석방된 후 직접 목격한 사실이기도 했다. 그가 자신의 가족을 사랑하고 자신의 민족을 사랑할진대 어찌 가족과 민족을 구원해준 신 중국을 사랑하지 않을 수 있을 것인가!

주은래는 만주족에서 장족(藏族)으로 이야기를 이어가면서 수개월 전 서장(西藏, 티베트)에서 일어난 중대한 변화에 대해 얘기했다. 그곳의 농노제가 바뀌고 장족들이 더욱 발전할 것이라고 말했다.

손중산(孫中山)이 민족문제에 결함이 있다면서 민족 평등을 제기한 반면에 주은래는 "국족(國族)"이라고 칭했다. 장개석 때에는 "종족(宗族)"이라고 고쳐 불렀다면서 이는 대한족(大漢族)주의사상이라고 말했다. 그는 또 비록 손중산이 민족주의에 대한 해석이 아주 정확한 것은 아니지만 그의 혁명과 발전은 반드시 긍정해야 한다고 말했다.

주은래는 여러 민족이 반드시 일일이 모두 인정을 받아야 하는 것은 아니라고 말했다. 그리고 어떻게 동화될지는 앞날의 일이라고 했다. 앞으로 민족은 모두 동화될 것이며 지구도 동화될 것이다. 그러나 이는 몇백 년 뒤의 문제이다. 오늘날 여러 민족은 반드시 서로 평등하게 대해야 하며 서로 도와야 한다. 특히 전국 인구의 94%를 차지하는 한족은 더욱더 소수민족을 도와야 할 책임이 있다. 그래야만 진정으로 평등하게 대할 수 있어 여러 민족이 다 함께 발전할 수가 있는 것이다. 주은래는 또 그 자리에 있는 사람들이 다 익숙하게 알고 있는 두 사람을 예로 들었다. 한 사람은 용운[龍云, 자(字)는 지주(志舟)]인데 그는 1927~1945년 장기간 국민당 운남성(雲南省) 정부의 주석직을 맡았던 인물이었다. 다른 한 사람은 황소횡[黃紹竑, 자는 계관(季寬)]인데 역시 국민당 광서성(廣西省) 정부의 주석직을 맡았었다. 두 사람 모두 봉기를 일으켜 신 중국의 건설에 참가했다. 그러나 그들의 민족 평등문제에서는 교훈을 받을 것이 있었다. 용운은 운남의 소수민족을 인정하지 않았고, 황계관은 장족(壯族) 자치구를 획분하는 것을 꺼렸다. 이러한 조치는 민족 단결과 사회발전에 영향을 주지 않을 리 없었던 것이다.

주은래는 또 국내 민족문제에서부터 국제 민족문제로 이야기를 이어갔다. "우리는 국내 여러 민족 사이의 평등을 주장할 뿐 아니라 국가와 국가 사이도 평등해야 한다고 주장합니다." 주은래는 현재 세계에는 사회주의와 제국주의가 있으며 민족주의도 있다면서 그중 제국주의는 반동적인 것이고 민족주의는 혁명적인 일면이 있는 한편 반동적인 일면도 있다고 주장했다. 주은래는 현재 일부 제국주의 국가와 민족주의 국가들이 중국을 반대해야 한다고 목소리를 높이고 있는데 전혀 이상할 것이 없다면서 우리는 구별해서 대처해야 한다고 말했다. 즉 제국주의의 도전에는 반대하고 민족주의 국가에 대해서는 쟁취해야 한다고 했다. 주은래는 먼저 중국과 인도 국경을 예를 들어 이는 원래 역사적으로 내려온 문제라면서 청나라 때도 인도와 국경을 가르지 않았으며 분명하게 이를 가를 수가 없다고 말했다. 그러나 제국주의가 한도 끝도 없이 우리 땅을 침범해오고 있으므로 이런 상황에서 주은래는 자와할랄 네루에게 편지를 써 쌍방 모두 이미 관습적으로 인정하고 있는 국경선에서 각각 20km씩 물러서서 군사출동이 없도록 하자고 말했다. 이 원칙은 중국이 라오스와 네팔 등 국가와의 국경문제를 처리함에 있어서도 적용됐다. 주은래는 우리는 인도 등 국가와는 적대국이 아닌데 무력을 행사할 필요가 있겠느냐고 말했다. 그리고 정세는 완화될 수도 있고 또 소란스러워질 수도 있다고 했다. 그는 전적으로 완화시킬 수 있다면서 우리는 국경을 꿋꿋이 지키되 순시를 멈추고 충돌을 피할 것이므로 인도가 말썽을 부린다면 그들이 도리에 어긋나는 것이라고 말했다. 그곳은 온통 높은 산들에 둘러싸여 있어 대규모의 군사 배치가 어려우므로 아무리 정세가 급박해지더라도 별로 두려울 것이 없다고 했다. 그러나 계속 소란을 피울지는 그들 국내와 국제적 여건에 따라 결정된다고도 했다. 이어 주은래는 또 인도네시아에서 화교가 업신여김을 당하는 문제를 예로 들었다. 그는 닷새 전 진의(陳毅) 외교부장이 수반드리오 인도네시아 외무장관에게 편지를 써 인도네시아 화교의 이중국적 문제를 즉시 해결해줄 것과 인도네시아 국적이 없는 화교의 정당한 권익을 수호하고 귀국을 원하는 인도네시아 화교를 안전하게 송환할 것 등 세 가지 건의를 제기했다면서, 그러나 인도네시아 당국은 화교가 인도네시아 국적을 취득하는 걸 허락하지 않으면서 또 중국을 배격하고 있다고 말했다. 화교가 업신여김을 당하는 문제에 대해 주은래는 우리는 화교들을 철수시킬 것을 주장한다면서 6백만 화교를 귀국시킬 계획이며 해남도(海南島)에 3백만 명을 안치할 수 있고 운남(雲南), 귀주(貴州), 사천(四川), 광동(廣東), 복건(福建)에도 다 안치할 수 있다면서 그들이 돌아와 사회주의를 건설하도록 할 것이라고 말했다. 종합적으로 말해서 주은래는 중국과 인도 사이의 국경 분쟁에서 우리는 쌍방 모두 현재의 국경에서 20km 물러설 것을 주장하며, 인도네시아 화교 분쟁에서 우리는 화교를 철수시킬 것을 주장한다는 것이었다. 이렇게 함으로써 우리는 민족주의 국가와는 이해 충돌이 없음을 증명할 것이며, 국가와 국가 사이에 서로 평등하게 대해야 함을 주장하는 우리 태도가 성실하다는 것을 증명할 수 있다고 했다.

황제의 보좌에 앉아 최고 권력을 행사했던, 그리고 한때는 민족의 죄인이라는 수치스러운 역을 맡았던 인물이며, 아직까지도 2백만 만주족 인민이 주목하는 인물인 부의는 마음으로써 주은래의 말 한 마디 한 마디를 기록해 두었다. 주은래는 특별사면 받은 11명을 상대로 말하고 있었지만 부의는 마치 자기 한 사람에게만 하는 말처럼 느꼈던 것이다. 이처럼 민족의 입장을 건실히 하고 조국을 사랑해야 한다는 말 속에 담겨 있는 뜻은 그 깊이가 얼마나 깊은 것인지 헤아리기조차 힘들었던 것이다.

주은래는 마지막으로 대만의 예를 들었다. 그는 민족의 입장은 무엇보다도 중요한 첫 순위라면서 "우리는 장개석에게도 통할 수 있는 여지를 남겨두고 있다. 지은 죄는 타협할 수 없지만 민족문제에서 그는 미 제국주의와 다른 견해를 가지고 있다"고 말했다. 즉 미국 국무원이 대만을 중국 대륙에서 분리시키기 위해 유엔을 통해 대만을 미국의 위임통치를 받도록 할 것을 거듭 제기했지만, 장개석은 이를 받아들이지 않았고, 영국과 프랑스도 지지해 주지 않아 미국의 위임 통치 계획은 결국 실현되지 못했다는 것이었다. 주은래는 장개석이 위임통치를 반대했으며 두 개의 중국이 되는 것은 반대했다는 것을 강조했다. 종합하면 민족입장을 굳건히 하여야 하고, 조국의 영토를 완전히 지켜내야 한다면서, 제국주의의 분할은 허용할 수 없는 일이며, 털끝 하나라도 다치게 해서는 안 된다는 것이었다.

이것이 바로 주은래의 변증법이었다. 이는 물론 모택동의 변증법이기도 했으며, 결국은 마르크스주의 변증법이었다. 주은래는 사실과 이론 정치를 통일시키는데 아주 능숙했다. 민족주의도 혁명적인 일면이 있다고 말하면서 주은래는 의식적으로 장개석과 관련된 예를 몇 가지 들었다. 그는 인심을 잃은 포악한 독재자로 불리는 이 최대의 반동 인물에게서도 긍정적인 면을 찾아냈던 것이다. 그것은 주로 국민당과 공산당의 제1차 합작과 대혁명 기간 들썩했던 세 가지 대사에서였다. 첫 번째 사건은 상단 반란 평정사건이었다. 1924년 10월, 회풍은행[홍콩상해은행(HSBC) Hong Kong Shanghai Bank Corp)] 광주(廣州) 분행의 매판 진염백(陳廉伯)과 불산(佛山) 대지주 진공수(陳恭受)를 위수로 한 광주상단 반혁명 무장세력이 영 제국주의 포함의 지지 아래 손중산(孫中山)의 광주 혁명정권을 반대해 반란을 일으켰을 때, 황포군관학교 교장이었던 장개석은 손중산의 명령을 받고 광주의 여러 군을 지휘해 상단의 반란을 신속히 평정해버렸던 사건이었다. 두 번째 사건은 양희민(楊希閔)과 류진환(劉震寰)의 난을 평정한 것이었다. 1925년 5월 광동 혁명정부가 동쪽을 정벌하던 때, 운남(雲南) 군벌 양희민과 광서(廣西) 군벌 류진환이 영 제국주의 지지 아래 북양(北洋)군벌과 결탁해 광주 전보국과 기차역 등 여러 곳을 점령하고 반혁명반란을 일으켰을 때, 황포군관학교 당군 총지휘를 맡았던 장개석이 광동군(粵軍)과 함께 동시에 동쪽 정벌 전선에서 광주로 군을 돌려 신속히 반란을 평정하면서 승리를 거두었던 사건이었다. 세 번째 사건은 사기(沙基)에서의 참사사건이었다. 1925년 6월 23일, 영제국주의 군대가 사면(沙面)의 조계지 대안에 있는 사기로(沙基路)에서 상해 "오삼십운동(1925년 5

월 30일, 상해에서 발생한 반제 노동운동)"을 성원하는 홍콩과 광주의 시위 대오를 향해 총을 쏴 유혈참사를 빚어냈던 사건이었다. 주은래가 조직하는 황포학생군도 이 시위행진에 참가했었는데 그 자리에서 23명이나 희생됐다. 장개석은 그 사실을 알고 분개해서 혁명적인 글귀로 충만된 "군정의견서"를 군사위원회에 제출했었다. 주은래는 이런 사건들은 혁명적인 행동이라 하지 않을 수 없다며 높이 평가했지만, 그러나 그 후 그가 또 반동의 길에 들어섰다고 아주 객관적으로 말했던 것이다.

그 자리에 있던 11명 중에서 10명은 장개석의 옛 부하였다. 그들은 "위원장님(委座)"을 따라 내전을 했다가 전범으로 전락되었던 인물들이었다. 그러나 그들에게도 대혁명시기 북벌과 동부 정벌의 영광스러운 한 면이 있으며, 항일전쟁시기 침략자들과 전장에서 피 흘리며 필사적으로 싸워 길이 빛날 역사의 기록을 남기기도 했다. 그들은 누군가 그러한 사실을 기억하고 있을 것이라고는 믿지를 않았었는데, 이제는 총리의 말을 들으면서 이를 믿게 되었던 것이다. 당연히 총리가 이를 기억하고 있었으니까 말이었다.

부의는 장개석과 아무런 상관이 없는 사람이었다. 역사를 거슬러 올라가 보면 그에게는 봉건 반동의 역사와 매국의 역사밖에 없었으며, 진보나 혁명적인 내용은 전혀 없다. 그러나 그는 이제 54세였다. 앞으로 60세, 70세, 80세가 기다리고 있으니, 그가 만일 영광스러운 후반의 인생을 창조한다면 마찬가지로 총리의 칭찬을 받을 것이 틀림없었다.

"민족의 이익과 노동인민의 이익은 일치합니다. 민족의 입장을 수립하고 나서 한 걸음 더 앞으로 나아가 노동인민의 입장도 수립해야 합니다." 입장 문제에 대한 주은래의 해석은 이로써 한층 더 깊어졌다. 그가 말했다. 오늘날의 인민들 중에는 노동자계급·농민계급·소자산계급·민족자산계급이 모두 포함되어 있다. 노동자계급은 지도자계급이고 농민은 집단 농민이며 자산계급과 소자산계급은 아직까지도 원래의 입장을 조금은 가지고 있다. 노동인민의 입장을 수립하는 것은 바로 착취계급의 입장을 제거해 점차 노동 인민의 편에 서도록 하는 것이다. 주은래는 노동인민의 입장은 자발적으로 수립되는 것이 아니라 장기적인 단련을 거쳐야 하며 꾸준히 사상개조를 강화해야 한다고 주장했다.

주은래는 입장에 대해 인식하는 것과 입장을 견고히 할 수 있느냐 없느냐는 것은 별개의 문제라고 말했다. 그는 진독수(陳獨秀)·장국도(張國燾)가 입장을 굳건히 하지 못했던 까닭에 변절하게 된 것이라면서 이로부터 알 수 있다시피 공산당원이 되었다 하더라도 끝까지 한결같이 잘할 수는 없으므로 모두 항상 경각성을 높여야 한다고 말했다.

주은래는 특별사면 받은 인원들의 구체적 상황에 대해 분석하고 나서 그들이 과거 개조 생활과정에서는 입장문제에 있어서 명확한 기준이 있었지만, 이제 석방된 뒤에는 사상에 대한 시련문제가 기다리고 있다고 하면서 개조 성과가 튼튼한지 여부에 따라 결정된다고 말했다.

주은래는 부의와 두율명 등에게 책을 많이 읽으라고 격려했다. 그는 읽고 나서 실제로 응용할 줄 알아야 한다면서 특히 『모택동 선집』을 많이 읽으라고 추천했다. 그는 그 책이 알아보기 쉬울 뿐만 아니라 중국혁명의 발전과도 연결시킬 수 있기 때문이라고 말했다. 주은래는 인민 내부의 문제도 끊임없이 토론해야 한다면서 진리는 토론할수록 명확해지는 것이므로 변증법적인 관점으로 해결해야 한다고 말했다. 총리는 습관적으로 부상을 입었던 오른손을 흔들며 미소를 머금고 말했다. "그대들은 꾸준히 쟁론하고 토론해야 합니다. 그래야만 진리를 깨칠 수 있고 비판적이고 논증법적인 자세를 유지할 수 있으며 대립 통일을 실현할 수 있습니다. 지금부터 그대들은 새로운 삶을 시작하게 되며 오늘은 새로운 신분으로 서로 만난 것입니다. 지금 그대들은 새 사람들입니다. 더 이상 황제도 총사령관도 아니며 벗으로써 서로를 대해야 할 것입니다."

주은래가 말을 이었다. 그는 민주혁명 단계론이냐 지속적 혁명론이냐 하는 문제에서 물론 지속적 혁명론을 견지해야 한다며 사회주의 관문을 잘 넘고 장차 공산주의 관문도 잘 넘어야 한다고 말했다. 그는 할 수 있는 일이 아주 많다고 하면서 사람이나 사회나 모두 꾸준히 혁명해야 한다고 말했다. 그는 또 자와할랄 네루는 우리가 "혁명의 불길이 타오르는 시대"에 처했다고 말했고, 미 제국주의는 우리가 "혁명에 열광하고 있다"고 말했다면서, 우리에게는 영원히 혁명의 불길이 타올라야 한다고 말했다. 그는 또 우리나라는 경제 건설뿐만 아니라 정치건설과 정신건설도 함께 진행해야 한다면서, 우리 시대는 앞으로 발전하고 있으며 그대들도 꾸준히 진보해야 한다고 말했다.

간곡하게 타이르고 마음에서 우러나는 말로써 거듭 당부했다. 얼마나 민주적이고 얼마나 자애로우면서도 얼마나 친절한 총리인가! 부의의 마음속에는 주은래에 대한 존경심으로 가득 찼다. 그는 직접 기록한 주은래의 연설문 중에서 많은 경구들을 베껴내 일기에 거듭 옮겨 쓰면서 그로써 자신을 채찍질하곤 했다. 물론 지금 와서 그 연설을 돌이켜보면 일부 내용에서 1950년대 후기의 시대적 흔적을 엿볼 수 있을 것이다. 그러나 이를 독자들은 이해할 수 있을 것이며, 또한 이로 인해 역사적 진실이 더욱 두드러져 나타나고 있음을 알 수 있을 것이다.

13.
진지한 "4훈(四訓)"

주은래의 느긋한 연설과 간절한 바람에 부의와 두율명 등은 귀를 기울였으며 마음속 깊이 아로새겼다.

입장문제에 대해 얘기하고 난 주은래는 또 세 가지 기본적인 사상관점, 즉 노동적 관점, 집단적 관점, 군중적 관점에 대해 이야기했다. 주은래는 사회주의 원칙은 "일하지 않는 자는 먹지 말라"는 것이라며 노동을 할 수 있는 기회가 생긴 것은 당대들에게 아주 필요한 것이라고 말했다. 그는 당신들이 10년 동안 어느 정도 노동에 대한 관점을 양성했다고는 하지만, 석방된 뒤에는 공고히 하기가 쉽지 않다면서 관심을 기울이고 견지해나가야 하며 포기하지 말라고 당부했다. 그는 또 그대들의 가족들도 생산 노동에 참가해 생활방식을 바꾸었다고 하면서 이는 좋은 일이므로 격려해주어야 한다고 말했다. 또한 가족들도 사회의 사람이라면서 그들도 그대들을 도울 수 있다고 말했다.

주은래는 또 10년의 개조가 좋은 점이 있다면서 그대들은 집단생활을 통해 일정한 집단적 관점을 형성했는데 이를 공고히 해야지 버려서는 안 된다고 말했다. 그러지 않으면 개인주의 사상이 머리를 쳐들 것이라고 그는 말했다. 그는 그대들은 아직 흠 잡을 데 없는 면이 없는 것이 아니므로 개인주의적인 면이 적지 않다면서 늘 집단생활을 해야 한다고 말했다. 그래서 그대들을 조직해 정협과 연결시켜 자주 학습할 수 있도록 할 것이라고 말했다.

주은래는 또 아주 유머러스하게 다음과 같이 말했다. "우리 모두는 다 집단생활을 하는 것입니다. 가정도 작은 집단입니다. 여인이 일하는 것은 좋은 일입니다. 부부가 모두 밖에서 일하고 일요일에 한 번씩 만나면 더 좋지요. 매일 같이 있으면 싸우게 되니까요. 아들이 그대들과 논쟁하거나 그대들을 비평할 수도 있습니다. 마음속으로 각오하고 있어야지요."

군중적 관점에 대해서 주은래는 집단적 관점의 연장이며, 한 문제의 두 측면이라고 주장했다. 주은래는 군중적 관점은 중국 혁명에서 가장 중요한 문제라면서 공산당에게 초인간적인 능력이 있었던 것이 아니라, 모 주석의 사상에 의거하고 군중에 의거하는 이 두 가지로써 장개석의 반동 통치를 뒤엎을 수 있었다고 말했다. 그는 오늘날 우리가 경제건설과 과학문화건설을 함에 있어서 전적으로 6억 5천만 인민에 의거해야 한다고 말했다.

공산주의 사상을 어떻게 수립할 것인가? 다시 말하면 정확한 사상 관점을 어떻게 수립할 것인가? 그것은 모 주석의 저작과 마르크스-레닌주의를 통해 노동적 관점과 집단적 관점을 학습해야 하며 군중적 관점을 강화해야 한다는 것이었다. 주은래는 이상의 몇 마디를 개괄적으로 말하고 나서 다시 한 번 친절한 눈길을 부의와 두율명 등에게 돌려 "당신들에게는 새 사람이 된 감정이 있으므로 반드시 계속하여 사상을 개조하고 학습에 노력해 이상의 관점을 공고히 해야 합니다"라고 말했다.

주은래는 부의 등 11명이 정확한 입장과 정확한 사상 관점을 수립하는데 관심을 돌렸을 뿐 아니라, 또 그들이 특별사면으로 풀려난 뒤의 직업과 생활문제에 대해서도 자세히 물었다. 그는 "직업과 생활·노동·학습·참관 등을 잘 배치해야 합니다. 참관시키고 학습시키는 목적은 당신들이 국내 상황에 대해 더 깊이 알 수 있도록 돕기 위해서입니다"라고 말했다. 주은래는 이렇게 배치했다. 즉 "지금부터 2개월 내에 전국 정협(정치협상회의)에서 조직해 참관하고 보고를 듣도록 한다. 문화 오락 장소인 정협 강당 3층의 사무실들도 특별사면 인원들에게 개방해 그들이 마음껏 책을 보고 신문을 읽거나 기타 문화체육활동에 참가할 수 있게 한다. 2개월 뒤에 다시 직업 배치 문제를 생각한다. 그 기간에 대륙에 가족이 있는 자는 모두 고향으로 돌아가 가족을 방문할 수 있으며 가족들을 북경에 데려올 수도 있는데 구체적 사항은 통전부와 정협이 담당한다"는 것이었다.

일부 사람들이 대만에 있는 친척·친구와 편지를 통하며 대만이 조국으로 돌아오는데 기여하도록 설득하겠다고 제기한 데 대해, 주은래는 개인적인 서신 왕래는 신뢰가 있어야 한다면서, 거기에다 너무 성급하게 서두르지 말 것과 서신에 비아냥거리는 내용은 쓰지 말기를 희망했다. 그리고 그들에게는 민족의 이익을 중히 여겨 멀리 내다봐야 이로울 수 있다고도 말했다.

주은래는 마지막으로 또 부의 등 특별사면 인원들의 장래문제에 대해 이야기했다. 그는 사회주의 공산주의 길을 걷고 새 사람이 되어야 밝은 앞날이 있을 것이라면서 당신들이 잘 해야 옥중에 있는 사람들이 희망을 가질 수 있다고 말했다. 그는 또 그들도 잘 개조하면 마찬가지로 몇 차례로 나뉘어 석방될 수 있다면서 이는 사회적으로도 이로운 것이라고 말했다. 그러나 이미 석방된 사람들이 확실히 훌륭하다는 것을 사회가 인정해야만 가능한 일이라고 그는 덧붙였다. 그리고 그대들은· 제일 처음으로 석방된 사람들이므로 서로 격려해줘야 한다면서 서로 왕래하는 것을 허락한다고 말했다. 그는 또 자신을 격려해야 할 뿐 아니라 옥중에 있는 사람들도 격려해주어야 한다면서, 옥중에 있는 사람들 가운데는 죽어도 깨닫지 못할 사람도 있지만, 대다수는 개조를 거치고 나면 석방될 수 있는 사람들이므로 그들에게도 장래를 보장해주어, 나오면 사회와 함께 발전하도록 해야 한다고 말했다. 그는 이번에 당신들과 함께 석방된 사람이 총 33명이고 앞으로는 더 많은 사람이 석방될 것이라며 모두 낙오자가 되지 말기 바란다고 말했다.

주은래는 특별사면 인원과 수감 중인 전범들에게 밝은 앞날을 제시해주는 한편 어떤 길을 가야 할지는 스스로 선택해야 하며 다른 길을 갈 수 있다는 것도 설명해주었다. 그는 예를 들어 말했다. 개별적으로 사람들은 나오고 나면 암암리에 뭔가 하려고 덤벼든다면서 주경문(周鯨文)이 그런 부류에 속한다고 했다. 우리는 공개적으로 그를 보내주었고, 그는 나가서 『폭풍십년(風暴十年)』이라는 책을 한 권 썼는데, 그가 조국을 떠난 것은 달러 때문이었다는 것이다. 그러면서 우리는 이처럼 하찮은 일에 대해서는 별로 개의치 않는데, 그것은 민주인사와 공산당원 중에도 이탈자가 있기 때문으로, 만약에 그런 생각을 하는 사람이 또 있다면 우리에게 얘기해도 된다고 했다.

주은래는 두 가지 전도를 모두 부의 등 앞에 열거해 주었다. 그리고 화제를 돌려 당면한 준엄한 국내외 정세에 대해 설명했으며, 신 중국 건설과정에서 반드시 부딪치게 될 여러 가지 어려움에 대해 설명하면서 집안 형편을 솔직하게 드러냈다. 그는 제국주의 독점 자산계급은 우리를 소멸하려 하고 있으며, 일부 민족국가들도 사단을 일으키고 있다면서 이러한 여건 속에서 우리는 가난한 중국을 번영시키고 부강케 하며 현대화한 중국으로 바꿔야 하고, 또 영국을 따라잡아야 한다고 말했다. 그리고 이는 물론 형제 국가들의 도움이 필요하지만 주로 자력갱생에 의거하고 모두의 노력에 의거해야 한다고 덧붙였다. 주은래는 아주 진심 어린 말투로 특별사면 인원들에게 강조했다. 당신들은 현재 상황이 아주 좋다고 여기지 말라면서, 북경의 골목에는 아직도 낮고 작은 집들이 많으니 전 중국이 현대화를 실현하려면 아직도 수십 년은 걸려야 한다고 했다. 거기에 정신상태도 서로 다르며 어떤 사람은 당대들보다도 못하다고 했다. 그리고 개인적으로 생활하면서 발전이 더디다든가, 너무 좋다고 여기게 되면 스스로 혼란에 빠지게 될 가능성이 많다. 물론 대체적으로는 좋다고 봐야 하지만, 부족한 점도 있으니 꾸준히 고쳐가야 한다고 했다. 이 모든 것은 후세사람들을 위해 길을 개척해나가는 것이므로, 제2차 5개년 계획은 제1차 5개년 계획보다 발전 속도가 빨라야 하며 꾸준히 경험을 종합하고 발전시켜 나가야 한다고 강조했다.

전도문제에 대해 이야기를 끝낸 주은래는 부의 등 특별사면 인원들에게 두 가지 희망을 제시했다. "첫째, 당과 국가를 믿어야 합니다. 당과 국가는 그대들을 믿습니다. 그대들은 자체의 힘으로 국가와 민족을 위해 많이 기여해야 합니다. 둘째, 만약 여의치 않은 일이 생기면 편지를 써도 되고 중앙 통전부와 연락해도 됩니다. 할 얘기가 있으면 해야 합니다. 작은 일들이 쌓여 응어리가 되지 않도록 해야 합니다."

주은래의 이야기는 여기서 끝나지 않았다. 그는 또 부의·두율명 등이 이제는 사회에 발을 들여놨는데 어떤 문제에 봉착하게 될지, 그들이 무엇을 할 수 있을지, 그리고 어떤 영향을 받게 될지, 또 어떤 영향을 줄 수 있을 지에 이르기까지도 생각을 했다. 그리고 미리 토론해보는 것이 좋다고 말했다. 그는 잠깐 생각하더니 말을 이었다. "당신들은 낡은 사회에서 왔기에 낡은 사회와 연계가 많습니다. 그러니 자신이 직접 느낀 바를 가지고 사회의 사각지대를 개조하는데 도움이 되어야 합니다"고 했다. 총리는 잠깐 멈추고 옆에 앉은 부의를 향해 미소 지으면서 "부의 선생은 우리가 할 수 없는 역할을 할 수 있습니다"라고 말했다.

주은래는 부의가 사회에 줄 수 있는 에너지에 대해 충분히 예측했던 것이다. 그는 부의·두율명과 같은 이들은 모두 각자의 장점이 있어 사회를 개조할 수 있는 힘이 될 수 있으리라고 굳게 믿었던 것이다. 그는 또 부의·두율명과 같은 이들이 사회나 친척과 친구들로부터 오는 불량한 영향을 막아낼 능력이 있다고 굳게 믿었다. 주은래는 경험에 비추어 의미심장하게 부의 등 특별사면 인원들을 향해 말을 이어나갔다. 당신들은 낡은 사회에서 수십 년간 생활하면서 복잡한 관계를 구축했는데 그 관계들을 단칼에 잘라버릴 수는 없는 일이니 그들의 요구를 거절할 수 없을 것이다. 그러므로 사회가 그들을 개조할 수 있게 하는 것이 더 좋은 일이고, 당신들이 사회에 나가고 그대들의 친척이나 친구들 속으로 가게 되면 두 가지 가능성이 있다고 했다. 즉 당신들이 그들에게 영향을 주거나 그들이 그대들에게 영향을 줄 수도 있다. 그러나 친척과 친구들 중에서 새로운 세대들은 당신들을 비판할 수도 있다. 그 이유는 당신들에게 꾸준히 투쟁해야만 인류와 사회가 발전할 수 있다고 지적할 것이기 때문이다. 이는 새로운 시련이다. 좋은 영향은 받아들이고 나쁜 영향은 막아내야 한다. 인간 삶의 흥미로움이 바로 여기에 있다. 저속적인 "서로 치켜세우기"를 막아야 한다. 여기까지 말하고 나서 주은래는 그 자리에 앉은 부작의[자는 의생(宜生)] 수리전력부 부장에게 눈길을 돌렸다가 "의생은 수리업무에 참가해서 하나의 방안을 둘러싸고 논쟁을 줄기차게 벌입니다. 이는 고상한 정치생활입니다"라고 칭찬했다.

마지막에 부작의와 장사소도 발언했다. 장사소가 말했다. "공산당과 모 주석이 영도하는 신 중국에서 여러 장군을 특별사면 한 것은 중국 역사에서 처음 있는 일입니다. 여러 장군께서는 총리의 지시에 좇아 개조의 본보기로서의 영광스러운 임무를 수행하기 위해 노력하시기 바랍니다."

역사로부터 오늘에 이르기까지, 이론에서부터 실천에 이르기까지 회안 말씨가 끊길 줄 모르는 사이에 어느새 두 시간이나 흘렀다. 주은래는 시계를 쳐다보더니 사업인원들에게 저녁식사는 준비했는가 하고 물었다. 준비하지 않았다는 말을 듣자 조금은 미안한 기색으로 접견을 받은 사람들을 향해 "다음에 다시 봅시다"라고 말했다.

부의는 눈물을 머금고 주은래와 작별 인사를 했다. 그가 두 손으로 주은래의 손을 꼭 잡고 있는 것을 그 자리에 있던 사람들 모두가 볼 수 있었다. 두 사람은 뭔가 더 얘기하려는 눈치였다. 그때 증확정(曾擴情)과 진장첩(陳長捷), 그리고 원 국민당 제6병환 중장 사령 노준천(盧浚泉)과 원 국민당 청년군 206사 소장 사장 겸 낙양(洛陽) 경비 사령 구행상(邱行湘), 이 넷이 다가왔다. 그들은 곧 북경을 떠나 각자의 고향으로 돌아가게 된다. 주은래는 이들 예전의 황포학생들이 그에게 작별인사를 하려 한다는 것을 알고 "다음에 또 봅시다"라는 말로 부의와 예의 있게 작별인사를 했다. 그리고 증확정 등 이들과도 일일이 악수하고 그들을 응접실 문어귀까지 배웅하면서 "그대들은 꼭 집에 돌아가 혈육이 한데 모여 설을 쇠면서 가족 간의 정을 나눠야 합니다"라고 당부했다.

주은래의 이번 접견과 담화는 부의·두율명 등 11명에게 큰 격려가 됐다. 연설하는 가운데 부의를 거듭 얘기하면서 그의 전반생에 대해 객관적으로 평가했는데 이에 그는 특히 크게 감동했다.

접견이 있은 뒤 부의와 두율명은 주은래의 연설기록을 자발적으로 정리하고 귀납했다 그들은 그중에 제기된 애국적 관점과 계급적 관점·군중의 관점·노동의 관점을 집중시켜 숭경하는 마음으로 "4훈"이라고 부르며 그것을 방향과 행동 준칙으로 삼고 마음속 깊이 새겨두고 잊지 않았다.

14.
새 삶의 시작

접견이 끝난 뒤 국무원의 자동차가 다시 부의를 서성구(西城區) 전정 후퉁(前井胡同) 6번지 다섯째 누이동생 온형의 집까지 데려다주었다. 그로부터 열흘도 지나지 않아 주은래가 파견한 사람이 또 그 작은 사합원의 검은색 대문을 두드렸다. 그는 총리의 건의를 전하러 왔다. 즉 부의가 장기적으로 누이동생의 집에 거주하는 것이 불편할 것 같으니 차라리 집단생활을 한동안 더 해보는 것이 어떠냐는 것이었다.

부의는 총리의 건의를 흔쾌히 받아들였다. 1959년 12월 23일 그는 동단(東單) 근처의 소주(蘇州) 후퉁 남쪽 입구에 위치한 숭내(崇內)여관으로 옮겨 두율명·송희렴·정정급 등 원 국민당 제2 수정구(綏靖區) 중장 겸 산동성 정부주석 왕요무와 함께 지내게 됐다. 그들은 한 사람이 방 한 칸씩 썼는데 물론 정부가 출자해 임대해 준 것이다. 부의는 214호 방에 들었다.

제1진으로 특별사면되어 북경에 남은 인원 중, 구행상·진장첩·증확정·노준천·양백도, 그리고 원 국민당 절서사관구(浙西師管區) 중장 사령 겸 금화(金華) 도시 방어 지휘관 주진강(周振强) 등 6명도 대전문(大前門) 남쪽의 호방교(虎坊橋) 여관에서 지내고 있었다.

주은래의 배려에 따라 한 명의 전 황제와 10명의 전 국민당 장군이 하나의 특별팀을 결성했다. 주은래는 또 비서를 연락원으로 파견해 제때에 이 특별팀의 학습과 일상생활을 책임

127

진 북경시 민정국과 상황 조율을 하도록 지시했다. 그때부터 부의는 숭내여관에서 한동안 충실하고 즐거우며 잊을 수 없는 시간을 보냈다. 6일 뒤인 1959년 12월 29일, 부의는 무순 전범관리소 김원 부소장에게 쓴 편지에서 새로운 삶을 시작한 자신의 한없이 기쁜 마음을 드러냈다. 그는 편지에 이렇게 썼다.

> 요즘 저는 민정국 은조옥 동지와 시 정협 임지월(林之月) 동지의 지도 아래 두율명 등 10 명과 함께 농업 전시관 · 공업교통 전시관 · 체육장 · 선무(宣武) 강철공장 · 민족문화궁 · 민족호텔 등지를 잇달아 참관했습니다. 그뒤 매주 수요일과 토요일마다 우리는 참관했습니다. 참관에서 돌아오면 우리는 자유롭게 토론을 하곤 합니다. 음력설 전에 정부는 우리를 조직해 참관과 학습을 시켰으며 보고를 듣게 했습니다. …… 어제(28일) 우리는 통지를 받고 인민대회당에 가서 진의 부총리께서 국제와 국내 정세에 대해 보고하는 것을 들었습니다. 저는 인민대회당에서 인민들과 함께 중앙 지도자의 보고를 듣게 될 줄은 상상도 못했습니다. 이야말로 제 일생에서 가장 영광스러운 일이었습니다. 또 저에게 너무 큰 고무와 격려를 가져다 주었습니다.

부의와 두율명 등에게 주은래는 설교하는 식의 엄숙한 정치적 얼굴 표정을 짓고 그저 그들의 참관과 보고 청취, 학습과 토론만 관여한 것이 아니라 인정미가 넘치는 총리로서 그들의 일상생활까지도 진심으로 관심을 두었던 것이다.

숭내여관과 호방교여관에서 지내던 11명의 새 공민은 아무도 잊을 수 없는 일도 발생했다. 어느 눈보라가 몰아치는 아침, 중공중앙통전부 연락위원회 마정신(馬正信) 주임이 급히 찾아왔다. 그는 쓸 비누가 있느냐며 "이는 총리의 생각입니다. 총리께서 오늘 새벽 두 시에 저에게 전화를 걸어와서 물어보라고 하시며, 좀 넉넉히 사다가 드리라고 했습니다" 라고 말했다. 그는 또 "여러분 저와 함께 거리에 나가 옷가지도 더 삽시다. 총리께서는 당신들이 외투 하나씩 사 입기를 바라셨습니다"라고 설명했다. 기록에 의하면 이러한 사실은 1960년 1월 9일 아침식사 전과 후에 일어났다. 그날 오전에 바로 모든 사람에게 비누를 나눠주었고 외투는 몇 사람의 안내로 상점에 가서 몸에 맞춰 구입했으며 비용은 모두 정부가 지불했다. 처음에 부의는 다른 특별사면 인원들과 마찬가지로 총리가 비누를 사는 자질구레한 일까지 관심을 주는 것에 대해 이상하게 느꼈으나, 후에야 알게 됐다. 1960년 초는 나라가 경제적으로 어려운 시기에 들어서기 시작했기에 얼마 지나지 않아 물자 공급을 배급표로써 물자 구입을 통제하고 배급제를 실행하기 시작했다는 사실을……. 부의는 김원에게 보내는 편지에서 은조옥이 그와 함께 상점에 가 외투를 구입하던 경과에 대해서 서술했다.

"정부가 우리 매 사람에게 외투 한 벌씩 나눠주었습니다. 어제 은 동지와 저는 백화점에 옷을 사러 갔습니다. 곧 설이므로 물건 사러 온 사람들이 매우 많았습니다. 저는 9사이즈를 입어야 몸에 맞는데 9사이즈가 다 팔리고 없었습니다. 그러자 은 동지는 그 상점 책임자와 의논해 더 구입해 달라고 했으며 아마도 오늘쯤이면 9사이즈 외투를 저에게 보내올 것입니다."

주은래의 빈틈없는 관심으로 이제 막 새로운 삶을 시작한 부의와 두율명 등 11명은 좋은 여건과 환경이 마련됐으며 그들은 아주 만족스러워했다. 역시 김원에게 보낸 그 편지에서 부의는 또 이런 몇 마디를 적었다. "1인당 생활비용을 60원씩 보조해 주었고", "아프면 모든 의료비용은 조직에서 주었으며", "여기서는 목욕하는 것도 식사하는 것도 모두가 너무 편리하고 텔레비전까지 있습니다!" 1960년대 초, 텔레비전은 중국 가정에 별로 보급되지 않았었다. 그러니 부의가 신선하다는 느낌이 든 것도 이상할 것이 없었다. 그때 부의 등의 여관비용이나 교통비용은 일절 국가가 결산해주었으며, 식사는 단체 급식제를 실행했는데 1인당 하루 식사비로 1원만 내면 고기 요리 두 가지와 야채 요리 두 가지 등 총 4가지 요리에 국까지 먹을 수 있었다. 부의는 여전히 무순에 있을 때처럼 식욕이 좋았으며 식사량도 특히 많았다. 예전의 "천자"는 그가 천자로 있을 때와 비교해도 아마도 삶의 질이 떨어졌다고 느끼지 않는 것 같았다. 그는 진심으로 당과 정부의 배려에 감사하고 총리의 관심에 감사하고 있었으며, 실제 행동으로써 조국과 인민에 모든 힘을 다 바치겠다고 거듭 밝혔다.

어느덧 1월 하순이 되었다. 이따금씩 폭죽 소리가 북경의 골목들에서 울려퍼졌다. 이제 며칠만 지나면 음력설이었다.

북경시위 통전부와 북경시 민정국이 숭내 여관에서 간소한 연회를 마련해 북경에 남은 제1진 특별사면 인원들을 초대했다. 연회가 파한 뒤 모두들 모여 특별사면 후의 느낌을 이야기했다. 한창 이야기가 무르익어갈 무렵 여관 종업원이 부의에게 노 선생 두 분이 아래층에서 뵙기를 청한다고 알려주었다. 부의는 종업원이 건네주는 편지봉투를 뜯어보고 깜짝 놀랐다. "황제"에게 "문안을 올린다"는 두 장의 붉은 단자였다. 마주 접은 붉은 종이 위에 정중한 해서체로 보란 듯이 하나는 "전 대청국 한림원 편수 진운고(原大淸翰林院編修陳雲誥)"라고 서명했고, 다른 하나는 "대청국 도지부 주사 손충량(原大淸度支部主事孫忠亮)"이라는 서명이 있었다. 부의는 보지 않았다면 모를까 보고나니 치밀어 오르는 화를 누를 길이 없었다. 그래서 종업원에게 큰 소리로 말했다. "썩 꺼지라고 이르시오! 그자들을 만나지 않을 것이오!" 두율명과·송희렴·왕요무 등이 다급히 달려 나와 부의에게 왜 그처럼 크게 화를 내느냐고 물었다. 부의가 건네주는 붉은 단자를 한참 쳐다보던 그들은 모두 참지 못하고 웃음을 터뜨렸다. 그 일이 국민당 장군들에게는 확실히 웃음을 자아낼 만한 일이라면 부의에게는 이해할 수 있을 만도 한 일이었다. 황제였던 부의는 3세부터 40세까지 긴 세월 동안 해마다 수천 수만을 헤아리는 붉은 단자를 받았었다. 보통은 노란 비단을 겉면으로 하고 붉은 종이를 안면으로 해서 아주 정교하게 제작한 상주문 족자였다. 그런데 부의가 의아해한 것은 청나라가 멸망한 지 이미 반세기가 넘었는데도 아직 사상이 이처럼 완고한 옛 신하가 있다는 사실이었다. 이로부터 주은래가 그들을 접견할 때 거론했던 "사회의 사각지대"가 확실히 객관적으로 존재한다는 사실을 충분히 증명해 주고 있음을 알 수 있었다. 여관 종업원은 부의가 화내는 것을 보더니 면회실로 돌아가 손님들에게 말했다. "부의가 출타 중이어서 방에 없습니다"라고 말하면서 부의 대신 방문객을 돌려보냈던 것이다. 그 일은 이튿날 주은래의 귀에 들어갔다. 총리는 껄껄 웃더니 "청나라 왕조가 멸망한 지도 수십 년이 지났고 해방된 지도 11년이 지났건만 아직도 황제를 잊지 못해 황제에게 설 인사를 오는 사람이 있다니……. 만약 부의가 특별사면을 받지 않았다면 누가 이런 사람이 있다는 사실을 믿을 수 있으며 새 사회에서 이런 일이 일어날 수 있다는 걸 믿을 수 있겠는가!"[101] 하고 힐난했다고 한다.

이는 그저 재미있는 지나가는 이야기가 아니라 아주 생동적이고 전형적인 사례로서 주은래의 깊은 사색을 불러일으키지 않을 리가 없었다. 그는 사람의 사상은 쉽게 개조되는

---

101) 발표되지 않은 부의의 원고에 의거함. 또 심취(沈醉)가 쓴 글 「황제가 특별사면 받은 뒤(皇帝特赦之后)」를 참조. 홍콩 「신만보(新晚報)」, 1982년 3월 12일자.

것이 아니라고 말한 적이 있었다. 황제는 개조를 거쳐 더 이상 황제가 되고 싶어 하지 않는데도 과거의 신하들은 이 황제를 잊지 못하고 여전히 신하가 되고자 했던 것이니, 참으로 이해할 수가 없는 노릇이었다. 주은래는 이로부터 아주 큰 문제에 생각이 닿았다. 즉 반드시 부의를 도와 개조 성과를 공고히 해야 한다는 생각이었다. 지난 10년간 부의는 수감 중이어서 감시를 받고 있었으니 사상개조는 강제성을 띠고 있었다. 그런데 특별사면을 받은 뒤 환경이 바뀌었다. 새로운 상황에서 어떻게 사상이 퇴보하지 않도록 보장할 수 있을 것인가? 며칠 뒤인 1960년 1월 26일, 주은래는 부의와 그 가족들을 접견하는 자리에서 속마음을 나누는 형식으로 직접 부의에게 이 새로운 문제에 대해 연구할 것을 격려했다. 이하는 두 사람의 대화 내용이다.

> **주은래:** …… 당신은 이 몇 년 동안 많이 진보했지만 아직 공고하다고는 할 수 없습니다. 개조하려면 첫째는 객관적 환경이 있어야 하고 둘째는 주관적 노력이 필요합니다. 지금은 환경이 바뀌었습니다. 그때는 당신이 그리 하지 않으면 허용되지 않았지만 지금은 환경이 바뀌어 하든 안 하든 자유입니다. 게다가 지금 모든 사람이 당신을 평민으로 보는 것이 아닙니다. 일부 사람들은 아직도 당신 앞에 무릎을 꿇고 허리를 굽힐 수도 있습니다.
>
> **부의:** 이번에 돌아온 뒤에도 두 노인이 청나라 관직명이 적힌 편지를 들고 저를 만나러 왔었습니다. 그때 저는 외출해야 하니 만날 시간이 없다는 이유로 만나지 않았습니다. 그들을 설득할 수가 없었습니다. 방법이 없습니다.
>
> **주은래:** 지금 환경에서 반드시 바뀌어야 합니다. 반드시 처한 환경에 대해 제대로 인식하고 환경의 시련을 이겨내야 합니다.
>
> **부의:** 자신의 입장이 굳건하면 낙후한 자를 도울 수 있지만 자신이 굳건하지 않으면 영향을 받게 됩니다.
>
> **주은래:** 그것이 쉽지 않습니다. 공산당은 수십 년간 혁명해왔는데도 일부 잘못을 저지르는 자가 있습니다.

부의와 두율명 등 11명을 조직해 여전히 집단생활을 하고 참관과 학습, 보고 청취를 하면서 풍부하고 다양한 사회활동에 참석하도록 했다. 주은래가 취한 이 모든 것은 그들에게 새로운 환경을 인식하게 하고, 감옥과 수감된 환경이 아닌 사회와 자유로운 환경에서 개조

성과를 공고히 하게 함으로써 바른 입장을 확고하게 세우고 새로운 자신의 역사를 써나가 도록 하기 위해서였다.

역시 같은 담화에서 주은래는 부의에게 그 시기 참관과 학습 소감에 대해 크게 관심을 두 며 물었다. 이는 분명 그가 직접 당사자에게 자신이 정한 정책의 효과를 검증하려는 것이 었다. 대화는 화기애애한 분위기 속에서 계속 진행됐다.

> 주은래: 어디를 참관하셨습니까?
> 부의: 아주 많은 곳을 참관했습니다. 전자관 공장·민족궁·민족호텔·청화대학 등입니 다. 청화대학은 참으로 대단합니다. 학생들이 첨단과학을 연구하고 있었습니다.

부의는 이번에 북경에서 참관하면서 소감이 아주 많았던 것 같았다. 그는 그 소감을 총 리에게 말했으며 그를 방문한 국제 친구들에게 말했으며 또 친척과 친구들에게도 말했다. 그로부터 얼마 뒤에 부의가 집안 조카뻘 되는 육당(毓嶦)에게 보낸 편지에는 이런 말이 쓰 여 있었다.

> "우리 정부가 우리와 장개석 집단의 전범 중에서 이번에 특별사면을 받은 10명을 함께 숭 내여관에서 지내게 했으며, 함께 수도의 공업과 농업·학교·거리 등 사회주의 건설을 참관 하게 했다. 수도 건설의 거대한 변화와 여러 가지 건설의 비약적인 발전을 직접 보고나니 실 로 놀랍고도 기뻤다. 위대한 모택동 시대에 중국 공민의 한 사람으로서 더없이 자랑스럽고 자부심이 생기더구나."[102]

주은래는 참관 소감에 대한 부의의 상세한 이야기에 귀를 기울이며 그의 사상성과에 못 내 기뻐했다. 대화는 계속되었다.

> 주은래: 그렇다면 당신은 나보다도 더 많이 봤습니다. 농업기계공장도 가봤습니까?
> 부의: 아닙니다. 공사는 한 곳만 가봤습니다. 며칠 전에 송희렴과 같이 동물원에 한 번 갔

---

102) 1960년 8월 18일. 부의가 육당에서 보낸 편지 원고를 참고할 것.

었습니다.

주은래: 예전에도 동물원에 가본 적이 있습니까?

부의: 너무 오래 전의 일이라 잘 기억도 나지 않습니다. 칠숙에게서 들었는데요. 제가 두 살 때 한 번 가본 적이 있답니다.

주은래: 지금은 새 동물이며 새로운 설비들을 많이 늘렸습니다. 그중에 일부는 외국 친구들이 선물한 것입니다.

얘기는 동물원에서 또 청나라 황궁으로 이어졌다. 총리는 부의에게 그들이 청나라 황궁에 가본 적이 없으니 가보고 싶어 할 것이라며 그들에게 안내를 해줄 수도 있지 않느냐고 말했다. 주은래가 여기서 얘기한 "그들"이란 물론 숭내여관과 호방교여관에서 지내는 전 국민당 장군들을 가리킨다. 주은래는 이전 청나라 황궁 주인이 그 장군들에게 안내원이 돼 주기를 바라는 한편, 특히 부의가 어렸을 때 등극했던 곳으로 돌아가 보는 것을 허락했다. 그 일은 며칠 뒤에 실현됐다.

1960년 2월 초, 부의와 두율명 등은 고궁에서 마음껏 하루를 즐겼다. 옛날 살았던 곳에 다시 와 보는 부의는 당연히 감개가 무량했다. 그는 이 네모난 성을 둘러싼 높은 담을 마주하고 이를 갈며 증오한 적도 있었다. 그러나 양심전(養心殿) 밖이나, 곤녕궁(坤寧宮) 앞이나 어찌 부의의 마음속에 따스하고 아름다운 추억들을 남기지 않았겠는가? 그해 풍옥상(馮玉祥) 장군이 인민의 의지를 이행해 중국의 마지막 군주를 여기서 내쫓았었다. 그런데 지금 주은래 총리가 인민의 이익을 대표해 또 이 평범하지 않은 일반 공민에게 다시 돌아와 볼 것을 건의했던 것이다. 30여 년간 세상이 바뀌면서 고궁에도 거대한 변화가 일었다. 그 변화에 부의는 놀라지 않을 수 없었다. 역사의 증인으로서 그는 『나의 전반생』이라는 책에 이렇게 썼다.

"나를 놀라게 한 것은 내가 고궁을 떠날 때의 그 낡고 쇠락한 모습은 온데 간데 없이 사라졌다는 것이다. 이르는 곳마다 페인트칠을 하고 손질하여 새로운 모습이었다. 문이며 커튼이며 침대 휘장, 침대 매트 테이블보까지 모두가 새것이었다. 다른 사람에게 물어서야 알게 된 일이지만, 이 모든 것은 고궁에서 자체로 공장을 설립해 원 모습 그대로 새롭게 꾸며놓은 것이라고 했다. 고궁의 옥기 · 자기 · 서화 등 옛 문물들은 북양(北洋)정부와 국민당정부, 그리고 나까지 포함해서 훔쳐갔기 때문에 얼마 남지가 않았었다. 그러나 나는 거기서 해방 후 박물관이 다시 사들였거나 수장가들로부터 헌납받은 문물들을 적잖게 발견했다. 예를 들어 장택단(張擇端)의 『청명상하도(淸明上河圖)』는 나와 부걸이 훔쳐갔던 것인데 이제는 도로 돌아와 있었다.

　어화원(御花園)의 햇살 아래서 뛰노는 아이들을 보았고, 좌석에 앉아 차를 음미하는 노인들을 보았으며, 묵은 측백나무에서 풍기는 젊음의 향기를 맡으면서 여기 햇빛이 옛날보다 밝다는 느낌을 받았다. 고궁도 새로운 삶을 맞은 게 틀림없었다."

이제 막 새로운 삶을 시작한 부의는 주은래의 사상성과 인정미 넘치는 교육과 인도를 받으며 활기차게 새 사회를 향해 나아갔던 것이다.

15.
직업 배치에 대한 면담

1960년 1월 26일 오전 11시 30분부터 오후 3시까지.

전국 정협 강당 소회의실.

이는 바로 주은래가 부의와 그 가족들을 접견한 구체적 시간과 장소를 말하는 것이었다. 3주 뒤에 부의는 무순전범관리소 김원 부소장에게 보낸 편지에서 그때 당시 열렬했던 장면과 자신의 설레이던 마음에 대해서 서술했다. 그는 이렇게 썼다.

"주 총리께서는 정무가 다망하신 중에도 정협 강당에서 저와 저의 가족들, 즉 칠숙 재도와 넷째 아우 김우지(金友之)[즉 부임(溥任)], 저의 여섯째 누이동생을 접견하셨으며, 우리와 일일이 악수하시고 오찬도 함께 드셨습니다. 제가 정협 강당에 들어섰을 때 주 총리께서는 이미 거기서 우리를 기다리고 계셨습니다. 총리의 건장한 몸매며 자상하고 부드러운 얼굴, 부모와 같은 관심과 진정 어린 질문을 하는 장면은 저의 머릿속에 깊이 새겨져 영원히 잊을 수 없을 것입니다. 총리께서는 우리에게 많은 격려의 말씀을 해주셨습니다. 총리와 담화하는 가운데 저는 너무 감동해서 몇 번이나 눈물을 흘렸습니다."

부의의 편지에는 진심이 담겨 있었다. 그는 반년 뒤에 조카뻘 되는 육당에게 쓴 편지

1960년 1월 26일, 주은래가 부의와 만나 직업 배치에 대해 면담하는 정경이다. 왼쪽이 재도.

에서 총리의 당시 접견과 초대에 대해 다시 한 번 언급했다. 그 내용 중에도 "주 총리께서…… 우리에 대한 여러 가지 배려와 위안·격려에 나는 너무나 감동해 몇 번이나 눈물을 흘렸다"는 등의 진심 어린 말들이 적혀 있었다.

접견과 초대 과정에서 주은래는 부의와 그 가족들과 친절한 대화를 끊이지 않았으며 아주 폭넓고 다양한 화제로 대화를 이끌어나갔다. 그러나 그중에 하나의 중요한 주제가 있었으니 바로 부의와 직업 배치 문제에 대한 면담이었다.

부의의 직업 배치 문제는 보름 전인 1월 12일에 제기됐다. 그날 중공중앙 통전부 평걸삼(平杰三) 부부장과 하일평(賀一平) 부부장·중앙 통전부 연락 위원회 마정신(馬正信) 주임·북경시위 통전부 유말사(廖沫沙) 부장·전국 정협 신백순(申伯純) 부 비서장, 그리고 전국 정협 기관 사영(史永) 비서 처장·연이농(連以農) 총무 처장 등 통전계통 지도 동지들이 전국 정협 강당 연회청에서 오찬모임을 열어 부의와 두율명 등 11명의 특별사면 제1진으로 북경에 남아 있던 인원들을 초대했다. 실제로 이는 "업무 오찬모임"이었다. 식사 중에 지도자 동지들은 특별사면 인원들이 참관과 학습이 끝난 뒤 북경에 남아 취직할 것인지 아니면 고향으로 돌아갈 것인지에 대해 일일이 의견을 수렴했다. 부의는 멀리 장춘에 있는 아내와는 이미 이혼했으므로 북경에 남는 길을 선택하는 수밖에 없었다. 그는 1960년 2월 19일 김원에게 보낸 편지에서 그 당시의 정경을 이렇게 기록했다.

"통전부 수장께서 우리 생활과 학습, 직업에 대해 크게 관심을 가져주시며 개인의 능력에 따라 매 개인에게 적당한 배치를 해주었습니다. 우리들 11명 중 증확정, 노준천, 구행상, 진장첩은 자기 고향으로 돌아가 각자 현지에서 직업을 찾기로 하고, 양백도, 주진강은 집으로 돌아갔다가 다시 북경으로 돌아오길 원했으므로 정부가 그들 매 사람에게 왕복 여비를 발급해 주었으며, 두율명, 송희렴, 왕요무, 정정급과 저는 북경에 남아 앞으로 정부가 적당히 배치해주기를 기다렸습니다."

떠날지 머물지 하는 문제가 결정되자 일자리를 정하는 일이 자연스레 일정으로 떠올랐다. 중국의 마지막 황제에게 인민을 위해 봉사할 수 있는 일자리를 마련해 줘야 했다. 이는 전 세계적으로도 있어본 적이 없는 새로운 문제였다. 중국에서 이러한 문제는 오직 주은래만이 맡아서 처리할 수가 있었다.

1월 26일 접견과 초대 과정에서 주은래는 부의의 지식 토대 · 신체 상황 · 취미와 애호 등에 대해 알아보면서 그가 감당할 수 있으면서도 그에게 알맞은 일자리를 배치하고자 무진 애를 썼다. 아래는 주은래와 부의가 면담할 때의 대화 내용이다.

주은래: 오늘 당신과 의논해 적당한 직업을 배치해 드리도록 하겠습니다. 당신은 공업부문에서 일하기를 원하십니까? 어느 부류의 공업을 원하십니까?

부의: 경공업이나 공사하는 것 중 어느 곳이든 좋습니다.

주은래: 당신이 보기에는, 어떤 것이 더 적합하겠습니까?

부의: 아무튼 어느 쪽이든 배워야 하거든요. 지금으로서는 저 스스로도 어떤 것이 적합할지 잘 모르겠습니다.

주은래: 연세가 어찌 되십니까? 생일은 몇 월이구요?

부의: 정월 생일입니다. 54살이 다 돼갑니다.

주은래: 선거 연령에 따르면 당신은 벌써 54살임에도 공업을 배우고 싶어하시니 나보다 더 진보하셨습니다. 공업을 배우는 것은 어렵지 않습니다. 그런데 선반 일은 당신 시력이 합당한지 어떤지 봐야 합니다.

부의: 눈이 700도 근시안입니다.

주은래: 정밀 기기를 다루는 건 안 되겠군요. 내 생각에는 여러 부서의 연구소들에게 알아보면 적당한 일자리를 찾을 수 있을 것 같습니다. 예전에 화학과 물리 중 어느 쪽을 더 좋

아하셨습니까?

부의: 전 아무것도 배우지 못했습니다. 물리며 화학은 전혀 모릅니다.

주은래: 당신이 쓴 『나의 전반생』이 괜찮았습니다!

부의: 그건 제가 구술하고 저의 아우가 집필한 것입니다. 그리고 원진택(阮振鐸)이 도왔구요.

주은래: 그러시다면 문학 면에서도 안 되겠습니까?

부의: 이것이 바로 봉건시대의 특징을 설명해주는 것입니다. 제가 어렸을 때는 놀기를 좋아해 공부를 하지 않았습니다. 선생님도 감히 상관하지 못했습니다. 커서는 선생님이 오히려 학생의 말을 들어야 할 지경이 됐습니다. 『사서(四書)』, 『오경(五經)』을 배울 때는 읽기만 하고 강의를 듣지 않았습니다. 강의해 주어도 머리에 들어오지 않았습니다. 제가 6살부터 17살까지 읽었지만 수준이 안 됩니다. 영문은 3년간 배웠으나 다 잊어버리고 간단한 말만 할 수 있습니다. 물리나 화학은 다 배우지 않았습니다.

주은래: 일본어는 아십니까?

부의: 모릅니다. 부걸은 압니다.

주은래: 경공업 일은 섬세해서 더 힘들 것입니다. 좀 더 생각해 보십시오. 주로 뭔가 연구하는 쪽으로 생각해보세요.

부의: 이제는 당에서 적합하다고 생각하면 전 그리 하겠습니다.

주은래: 몸은 어떻습니까? 몸을 잘 챙겨야 합니다.

부의: 아직까지는 아무 병도 없습니다. 무순에 있을 때 검진을 받았었는데 치질 외에는 다 괜찮았습니다.

이때 주은래가 그 자리에 동석한 동소붕(童小鵬) 국무원 부 비서장 겸 총리 판공실 주임과 나청장(羅靑長) 총리 판공실 부주임 마정신(馬正信) 중공중앙 통전부 연락 위원회 주임 등 세 사람에게 병원을 알아보고 전면적으로 건강검진을 한 번 받도록 하라며 오래 사는 게 좋지 않느냐고 말했다.

부의: 물론입니다. 제가 이제 새 삶을 살게 됐는데 몇 년이라도 더 살면서 나라를 위해 좀 더 많은 일을 해야지요.

주은래: 좀 더 생각해보세요. 어디서 일하면 알 맞을지를요. 내가 보기에는 그래도 부서 연구소를 찾아보는 게 좋겠습니다. 공부도 하고 일도 하면서 자기 몸도 돌보면서 자연과 학도 좀 배울 수 있으니까요. 연구원에게 가르침을 받아도 됩니다. 그들이 다 젊은이들인데 배우실 수 있겠습니까? 그들에게 서로 돕자고 얘기할 수가 있습니다. 대신 당신은 그들에게 역사지식을 가르칠 수 있지요. 요즘 청년들은 대다수가 역사를 모릅니다. 연구소에 가면 정치생활이 있으니 학습과 토론에도 참가할 수 있습니다. 기숙사에서 지내는 것도 좋구요. 주말에 집으로 돌아가면 됩니다. 먼저 몇 년간 배우십시오. 그렇게 하시겠습니까? 그러면 기초를 더 단단히 닦을 수 있어 앞으로 발전하는데 이로울 것입니다.

부의: 좋습니다.

부의에게 알 맞는 일자리를 배치해 주기 위해 주은래는 노심초사하면서 심사숙고와 조사연구를 한 후 만나서 직접 의논했다. 그가 이 문제에 대해 생각할 때의 출발점은 먼저 10년에 걸친 부의의 사상 개조 성과를 공고히 하기 위함이었다. 그는 그 성과를 소중히 여겼으며 인민과 사회주의의 한 승리로 간주했다.

부의에게 알맞는 일자리를 배치해주기 위해 주은래는 부의의 건강상황에 대해 자세히 물었으며 그의 문화지식의 토대를 조사하고 그가 쓴 장편의 자서전을 읽고 연구했으며, 그의 취미와 애호에 대해 이해하고, 그의 역사적 신분과 당면한 처지에 대해 분석했다. 정말 빈틈없이 생각하고 고심했다.

처음에 북경시 민정국이 부의를 고궁박물관에 배치해 가벼운 노동에 참가시킬 것을 건의했다가 바로 주은래에 의해 부결됐다. 그는 그렇게 배치하는 것은 타당하지 않다면서 만약 부의가 고궁에서 일하게 되면 관광객들이 그를 둘러쌀 것이고 그러면 어떻게 일을 할 수 있겠냐며 뻔한 일이 아니냐고 말했다.

부의가 황제로 있을 때도 "여가 취미"는 있었다. 그는 일부 중의 서적들을 읽었으며 주익번(朱益藩) 선생의 중의중약 이론 관련 "어전 강의"를 들은 적도 있으며, 많은 종류의 중약과 양약의 실물을 고찰한 적도 있었다. 그리고 무순전범관리소에서도 전문 의학을 배웠으며 의무실에서 진단과 주사 놓기, 혈압 재기 침구 등 의무 실천 활동에도 참가했었다. 그래서 주은래가 그와 직업 배치에 대해 면담할 때 그는 의사가 되고 싶다는 의향을 밝힌 적도 있었다. 그러나 그것도 역시 바로 총리에 의해 부결됐다.

주은래: 당신이 의학서적을 적잖게 읽었지만 다른 사람의 병을 치료해주는 일은 하지 마세요. 잘 치료해 낫게 된다면 별 문제 없지만, 만약 치료가 잘 되지 않으면 쓸데없는 뒷말이 따르게 될 것이니 좋지 않습니다.

부의: 사실 의학서적을 그렇게 많이 읽은 것도 아닙니다. 주로 그때 몸이 별로 좋지 않았습니다. 만약 계속 옛날처럼 살았다면 제 목숨도 이미 없었을 것입니다.

주은래: 먼저 건강 검진부터 받으세요. 그리고 나서 연구소들과 연락을 취해 보면서 어디가 좋을지 알아봅시다. 3년 계획을 세우고 자연과학을 좀 배워보도록 하세요.

부의: 저는 수학은 전혀 못합니다. 더하기 빼기 곱하기 나누기도 제대로 할 줄 모릅니다.

주은래: 무순에 있을 때 자연과학과 관련해 알아볼 수 있었습니까? 생산지식은 아마도 더 모르겠군요.

부의: 낡은 사회가 저를 쓸모없는 물건으로 만들었습니다. 그저 가만히 앉아서 누릴 줄밖에 몰랐습니다.

주은래: 무순에 있을 때 농업 노동을 해봤습니까?

부의: 그저 화초에 물이나 주고 물건이나 옮기고 마늘 껍질을 벗겨봤습니다.

주은래: 농업생산에 참가한 적은 있습니까?

부의: 농업생산은 국민당 전범에게만 속했습니다. 만주국 전범들은 하지 않았습니다. 전기기계는 원래 만주국 전범들이 관리했었는데 후에는 그것도 국민당 전범에게 넘어갔습니다. 바쁠 때는 돼지 먹이를 주거나 주방 일을 도운 적이 있습니다.

주은래: 그럼 요리 할 줄은 아십니까?

부의: 요리도 할 줄 모릅니다.

주은래: 그러면 그릇을 닦는 수밖에 없겠군요.

부의: 그건 할 수 있습니다.

주은래: 당신의 기초가 어떤지 알지 못하니 가장 좋기는 쉬운 것부터 찾아서 배워보세요. 먼저 물리, 화학, 수학부터 배워보십시오.

동석한 동소붕이 한 마디 참견했다. 농업연구소에 가서 농업기계를 다뤄볼 수도 있습니다.

주은래: 농업기계는 비교적 간단하지만 해낼 수 있을지는 모릅니다. …… 농업 노동은 실

외에서 할 수 있어 좋다고 생각되면 그것도 괜찮구요. 주로 과학을 좀 배워야지요. 실험농장에서 일하는 것도 괜찮습니다.

부의: 제일 좋기는 간단한 일을 하는 것입니다. 무에서 유로, 쉬운데서 어려운 데로 점차 해나가겠습니다.

주은래: 3년 계획을 하십시오. …… 뭐든 재능을 배울 수 있으면 제일 좋습니다. 개조될 수 있느냐 없느냐는 문제에서 환경은 객관적인 존재입니다. 객관적 가능성과 주관적 능동성을 결부시켜야 합니다. 『모택동 선집(毛澤東選集)』을 몇 번 읽었습니까?

부의: 전 권을 다 보진 못했습니다. 그저 골라서 봤습니다.

주은래: 내가 돌아가 찾아보겠습니다. 집에 아마도 『모택동 선집』이 아직 두 부가 더 있을 것입니다. 한 부 보내 드릴께요. 당신이 배우겠다고 하시니 당연히 한 부 드려야지요.

부의: 저의 생명은 당의 것이고 인민의 것입니다. 저는 온 힘을 다해 일할 것입니다. 그래서 모 주석과 총리의 기대를 저버리지 않겠습니다. 꼭 저버리지 않을 것입니다.

현임 총리와 퇴위한 황제 사이의 마음을 터놓는 진실한 대화는 보편적인 내용이었지만 그 의의는 자못 깊어 가히 역사책에 기록될 만한 일이었다. 여기에는 상세한 서술도 없고 애써 과장하지도 않았다. 꾸밈 없이 수수하고 질박한 대화의 원시 기록을 보면서 독자들은 그 당시의 분위기며 대화하는 쌍방의 표정과 심리를 느낄 수 있을 것이다.

면담이 끝나자 주은래는 바로 평걸삼·동소붕 등과 국무원 여러 부의 연구소 상황에 대해 일일이 분석했으며, 마지막으로 부의를 중국 과학원 식물연구소 산하의 북경 식물원에 배치하기로 결정했다. 수도 서쪽 교외에 위치한 이 녹색 왕국은 공기가 맑고 환경이 그윽한 매우 아름다운 곳이었다.

배치가 결정되자 주은래는 중국 과학원 곽말약 원장에게 알리는 한편 또 평걸삼에게 그의 건의를 북경식물원에 전하게 했다. 그때 부의의 북경식물원 노동기한은 1년으로 하였으며, 원칙적으로 반나절만 일하고 반나절은 공부를 하도록 하기로 확정지었다. 그의 건강을 생각해 노동시간도 줄일 수 있도록 했다. 그리고 일요일을 휴식케 하고 자유로이 활동할 수 있게 했으며, 가능하면 2주에 한 번씩은 시내에 들어가 가족을 방문하거나 물건을 구입할 수 있도록 초치했다. 그가 생활적으로 어려움에 닥치면 곧바로 보조해주도록 했다.

1960년 2월 10일, 즉 음력 경자년 정월 14일 부의가 만 54세를 맞는 생일날, 중공 북경시위 통전부 요말사 부장이 부의 등 5명을 불러 모아놓고 새로운 직업 배치를 발표했다. 2월 24일, 부의는 김원에게 쓴 편지에서 그의 시각에 대해 기술했다.

> "시위 통전부 요 부장(그리고 통전부와 민정국의 몇몇 수장)이 정협 문화 클럽에서 두율명, 왕요무, 송희렴, 정정급 그리고 저를 불러 모아놓고 이야기를 나누면서 저희들 직업과 학습 노동에 대해 배치해 주었습니다. 저는 중국과학원 산하의 북경식물원[향산(香山)]에 배치되어 열대식물을 연구하게 됐습니다. 두율명 등 네 사람은 홍성(紅星)인민공사에 가서 일하게 됐습니다. 저희는 매일 반나절은 공부하고 반나절은 일을 합니다. 때론 북경 시내에 들어가 수장들의 보고를 듣기도 합니다. 정부가 여전히 저희들에게 생활 보조금을 내주곤 합니다. 요 부장께서 우리에게 간절한 당부와 격려를 해주었습니다."

16.
아이신쮀뤄 가족을
합치도록 하다

　　1960년 1월 26일, 부의가 잊지 못하는 날의 이야기부터 시작하기로 하자. 이날은 음력으로 기해년 섣달 28일, 하룻밤만 지나면 그믐이었다. 주은래가 이날을 택해 부의와 직업 배치에 대해 면담한 데는 물론 또 다른 생각이 있어서였다.

　　음력 설은 중국 민간에서 가장 성대한 명절이다. 이 명절이 되면 가족들이 무슨 일이 있어도 한 자리에 모여 떠들썩하게 설음식을 먹으며 아기자기하게 가족의 정을 나누곤 한다. 아이신쮀뤄 가족에게 있어서 부의가 특별사면 받아 북경에 돌아온 것은 물론 조상을 위로하고 역사에 기록할 만한 기쁜 일이었데. 그렇지만 그들이 마음껏 즐겁게 아무 걱정 없이 바로 앞에 닥친 음력설을 과연 쇨 수는 있는 것일까?

　　1959년 12월 9일, 부의가 무순에서 북경에 돌아오던 날 기차역에 나가 그를 맞이한 사람은 오직 넷째 아우 부임과 다섯째 누이동생 온형, 다섯째 매부 만가희(萬嘉熙), 그리고 부검(溥儉)과 부가(溥佳) 두 사촌 아우뿐이었다. 다른 누이동생과 매부들는 오지를 않았다. 너무 바쁜 탓이었을까? 아니면 정이 멀어져서일까? 물론 그런 이유에서는 아니었다.

　　부의가 작은 조정에서 "문을 닫고 황제노릇"을 할 때 순왕부(醇王府)의 공주들은 늘 입궁하여 "문안인사"를 하곤 했다. 부의는 그들과 함께 있을 때만 즐거워했다. 부의가 천진에 우공으로 있을 때도 아우와 누이들은 장원(張園)이나 정원(靜園)에 모여 책을 읽거나 오라버니를 동반해 거리에 나가 물건을 사거나 키스링(起士林. Kissling) 레스토랑에 가서 식사를 하거나 혹은 경마장에 가서 게임을 하거나 했다. 부의가 만주국 황제가 된 뒤 그의 둘째아우며, 둘째, 셋째, 넷째, 다섯째 누이동생들이 모두 그의 곁에 모여 있었으며, 누이들은 모두 그가 정해준 혼처대로 시집을 갔다. …… 그들 형제 사이의 관계는 참으로 보통이 아니었다.

언제부터인지 역사의 변화 속에서 부의는 한순간에 황제의 보좌에서 떨어져 감옥으로 들어가 모든 사람이 손가락질하는 인민의 공동의 적이 됐다. 공주들도 일시에 "금지옥엽"의 군주의 지위를 잃고 온갖 재난을 겪고나서 겨우 살아났다.

그러던 그들이 역사가 50년대 말까지 흐른 뒤에야 갑자기 서로 모일 수 있게 된 것이다. 그러나 시대적 장벽과 역사적 장벽, 정치적 장벽 때문에 공주들은 매우 조심스러워하지 않을 수 없었다.

부의는 길고도 외로운 궁생활을 거쳤으며 또 긴긴 세월동안 수감생활도 하였다. 특히 무순에 있을 때는 후반기에 아내에게 이혼을 당하는 충격까지 받았다. 그러니 그가 가족이 서로 모이는 따스함이 얼마나 그리웠을지 짐작할 수 있는 것이다. 숭내여관에서의 생활에 대해 기록할 때 그는 1960년 1월 3일, 김원에게 보낸 편지에는 정에 겨워 어쩔줄 모르는 내용들이 쓰여져 있었다.

> "…… 참관과 학습을 하는 외에 저의 누이동생들[일곱째 온환(韞歡)은 아직 만나지 못했습니다]과 형제 · 조카 등이 저를 찾아와 함께 식사를 하고 즐거운 모임을 갖곤 해서 매일 시간이 너무 빨리 흐르는 느낌입니다!"

그때 가족들은 감히 부의와 너무 가까이 지낼 수는 없었다. 일곱째 누이동생 온환은 아예 그를 만나지도 않았으며 이 큰오라버니를 모른 체했다. 부의가 출관해 적에게 항복하던 해 그녀는 겨우 10살이었으며, 그 뒤 한 번도 큰오라버니를 만난 적이 없었다. 다 커서도 귓가에 들리는 건 온통 온 국민이 큰오라버니를 욕하는 소리였다. 그는 "상감마마"도 아니고 더욱이 큰오라버니도 아니며 "간신배"였다. 다년간 온환은 더 이상 부의와 연락하고 소식을 통하고 싶지 않았다. 혹은 그가 이미 처참하게 죽었을 것이라고 생각했다. 후에 문득 "상감마마"였던 큰 오라버니가 특별사면을 받아 북경에 돌아왔다는 사실을 전하는 들었지만 그녀는 별로 흥분되지도 기쁘지도 않았다. 부의에 대한 원망과 분노가 일시에 버려지지가 않았던 것이다. 그래서 그녀는 학교 일이 바쁘다는 핑계를 대고 기차역에 마중을 나가지도 않았으며 그 후에는 보러 가지 않았다.

주은래는 아이신줴뤄 가족 내부에 잠재되어 있는 거리감을 민감하게 눈치챘다. 아이신줴뤄 가족이 서로 합칠 수 있도록 특별사면을 받은 중국의 마지막 황제가 천륜지락을 누릴 수 있도록 하기 위해 주은래가 친히 나서기로 했다. 그는 부의와 직업 배치에 대해 면담하는 기회를 택했으며 그 기회를 그믐 전날과 연계시켰다. 그의 정성은 가히 헤아릴 수 없을 정도였다.

이날 주은래는 부의의 일부 가족들을 초청했다. 그들은 부의의 칠숙이자 전국 인대대표이며 전국 정협위원인 재도, 부의의 넷째 아우인 북경시 서반교(西板橋) 초등학교 교장 부임(溥任), 부의의 둘째 누이동생인 가정주부 온화(韞和), 부의의 셋째 누이동생인 북경시 동성구(東城區) 정협위원 온영(韞穎), 부의의 다섯째 누이동생인 북경시 신가구(新街口) 식당 회계 온형(韞馨), 부의의 여섯째 누이동생인 가정주부 온오(韞娛), 부의의 일곱째 누이동생인 북경시 숭문구(崇文區) 정충묘(精忠廟) 초등학교 교도주임이며 구(區) 정협위원인 온환(韞歡)이다. 부의의 넷째 누이동생 온한(韞嫻)만 병환 때문에 참가하지 못했다.

총리의 초청을 받은 이들은 모두 부의와 동성인 직계 친족들이었다. 친형제자매간이니 편하게 얘기할 수가 있엇다. 만난 자리에서 주은래는 부의에게 특별히 설명했다. "그대 가정은 정말 대가족이군요. 오늘은 그대의 누이동생들만 청하고 매부들은 청하지 않았습니다. 시간이 촉박해서요. 음력설 후에는 제가 외출을 해야 해서요." 총리는 확실히 정무에 몹시 바쁜 와중에도 시간을 짜내 이번 만남을 주선했던 것이다. 명절이 지난 뒤 얼마 지나지 않아 그는 진의 등 지도자들과 함께 네팔과 캄보디아 · 베트남 · 몽골 등 아시아 국가들을 연이어 방문했다.

"당신은 누이가 참으로 많군요."

담화를 시작한 뒤 주은래가 부의에게 첫 질문을 했다.

"누이가 모두 여섯입니다. 둘째와 셋째 누이동생이 같은 엄마이고 넷째, 다섯째, 여섯째 일곱째 누이가 같은 엄마입니다."

부의가 대답했다.

접견 통지는 그날 오전에야 일일이 전하고 이어 차를 보내 전국 정협 강당으로 데려오니 먼저 온 사람도 있고 후에 온 사람도 있었다. 부의의 아우와 누이들 모두가 총리와는 처음 만나는지라 매우 조심스러워했다. 주은래는 그들과 각각 이야기를 나누기도 하고 농담도 하면서 분위기를 아주 조화롭게 리드했다.

모두들 자리에 앉은 지 한참이 지났지만 주은래는 계속 테이블 옆의 작은 소파에 앉아 있고 가운데 두드러진 위치에 놓인 큰 소파를 부의에게 양보하고는 습관이 됐다면서 모두들 구속 받지 말고 편히 앉으라고 말했다. 그러나 재도는 망설였다. 일시에 부의와 나란히 중간 큰 소파에 앉을 엄두가 나지 않은 모양이었다. 만약 집이었다면 있을 수도 없는 일이었다. 그러한 거동을 보고 주은래는 못본 체하지 않았으며 그렇다고 누구를 나무라지도 않았다. 그저 재도를 향해 유머러스하게 말했다. "당신은 저 사람의 숙부인데 왜 감히 곁에 나란히 앉지 못합니까? 아직도 상감마마가 두려운 것입니까? 상감마마가 앉지 않았으니 당신도 감히 앉지를 못하는 것입니까?" 그 말에 재도가 웃으면서 부의 곁에 앉았다.[103]

주은래와 부의가 한참동안 이야기를 나누고 있을 때 온화, 온형, 온오가 같이 들어섰다. 그들 모두 총리에게 인사를 하고나서 부의를 보고 "큰오라버니"하고 불렀다. 부의는 감개가 무량해서 저도 몰래 "오늘은 저뿐이 아니라 저의 가족들도 같이 왔군요!"라고 말했다. 원래 총리는 그의 초청자 리스트를 부의에게 미리 공개하지 않았던 것이다.

"여섯째는 어디서 일합니까?"

주은래가 온오에게 물었다.

"저는 집에서 그림을 그립니다. 그러나 잘 그리지는 못합니다. 정부가 저를 양성시켜 준 교육을 받게 해준 데 대해 감사드립니다. 저는 반드시 잘할 수 있도록 노력하겠습니다."

주은래는 온오가 아직 정식 직업이 없이 그저 임시로 안정문(安定門) 중국화 공장에서 서표 위의 그림을 그리고 있다는 사실을 알고 누구에게 그림을 배웠느냐고 물었다. 그녀가 일곱째 여동생과 함께 고궁 여의관(如意館)의 한 화가에게서 몇 년간 그림 그리기를 배웠다고 대답했다. 그러자 총리는 다음과 같이 평했다.

"여의관은 황제의 어용 화원으로서 화가들은 황제의 명령을 받들어 그림을 그려 궁중내의

---

103) 부의의 친인과 벗들이 시나리오 『마지막 황제』를 둘러싸고 좌담한 사건에 대한 보도를 참조. 「북경만보(北京晚報)」, 1982년 10월 24일자.

수요를 만족시키는 것이 목적이었으므로 그들의 작품에는 생기가 부족하지요. 그러나 화면이 우아하고 기술은 숙련됐으므로 연구할 가치는 있습니다. 민국시기에 여의관의 그림을 배우기를 원하고 또 그 관의 화가를 모실 수 있는 곳은 아마도 순왕부 자제들뿐이었을 것입니다. 현대적 중국화의 수준을 제고시키려면 지금도 여의관의 풍격을 참고로 삼아야 합니다. 장점은 취하고 단점을 버리면 되지 않나요? 이 분야에서도 인재가 필요합니다. 그러나 여의관의 화가들을 이제는 찾기 어려울 것입니다."

여기까지 말하고 총리는 그 자리에 동석한 인원들에게 온오의 직업문제를 기록해놓으라고 지시했다. 그로부터 얼마 지나지 않아 그녀는 북경 화원으로 초빙되었다.[104]

"여섯째는 어디서 일합니까?"

주은래가 이번에는 온형에게 눈길을 돌렸다. 부끄러움을 많이 타는 온형은 총리가 묻자 어떻게 대답했으면 좋을지 몰라 했다. 칠숙 재도가 그녀 대신 대답했다.

"저 아이는 줄곧 음식점에서 일해 왔습니다. 몇 년이 됐습니다. 원래는 접시를 날랐는데 이제는 장부를 관리하고 있습니다. 붉은 기도 몇 개나 탔습니다!"

재도의 설명을 들은 주은래는 온형을 칭찬했다.

"당신 같은 출신이 음식점에서 일하는 것도 꺼리지 않다니 참으로 쉽지 않은 일입니다."

그 일이 있은 뒤 온형은 그 당시 자신은 음식점에서 일하는 것이 그다지 좋지는 않았었는데 총리에게 칭찬을 받고나니 마음을 붙이고 더 열심히 일했다고 말했다.

"아직 40살 전이지요? 건강해 보입니다."

주은래가 또 온형에게 부드럽게 물었다.

"42살입니다."

온형이 대답했다.

온환이 제일 마지막에 도착했다. 총리가 그녀를 "김지견(金志堅) 선생님"이라고 부르자 초등학교에서 교도주임으로 있는 "공주마마"는 크게 격동되어 총리께 큰 경례를 올리려 했다. 그때 총리가 그녀의 손을 마주 잡았다.

이날 온환은 학교에서 일하고 있었는데, 오전 10시에 구(區) 정협으로부터 잠시 후에 누

---

104) 능빙(凌冰), 『아이신줴뤄─온환(愛新覺羅─韞歡)』, 영하(寧夏)인민출판사, 1984, 161~162쪽.

군가 찾아갈 것이니 자리를 비우지 말라는 전갈을 받았다. 11시경에 승용차 한 대가 왔고 교장이 그녀에게 차에 타라고 하면서 수장이 접견하려 한다고 알려주었다. 그 말에 온화는 당황했다. 방금 대청소를 하는 바람에 온몸이 먼지투성이였다. 그래서 집에 돌아가 옷이라도 갈아입고 가겠다고 했더니 기사가 시간이 없다고 말했다. 차에 오르니 기사가 그녀에게 알려주었다.

"오늘은 총리께서 당신네 일가를 접견하십니다. 총리께서는 이미 도착하셨습니다. 다른 사람들도 다 왔구요. 당신 한 사람만 아직입니다. 이곳을 찾기가 참 쉽지 않았습니다. 한참이나 헤매서야 겨우 찾았습니다. 이미 늦었습니다. 총리께서 당신들에게 점심식사까지 대접하신답니다!"

온환은 자신의 귀를 의심할 지경이었다. 총리를 만나자 더욱 격동되어 총리에게 하려고 미리 준비해뒀던 인사말도 잊어버렸다.

"저는 김온환입니다. 지금 막 학교에서 오는 길입니다. 늦었습니다……."

"휴가를 맡았습니까?"

주은래가 부드럽게 물었다.

"교장이 저에게 가보라고 했습니다."

온환은 순왕부화원을 떠나본 적이 없는 26세의 황실 공주였다. 그녀는 기백이 남다르고 대담한 여성이었다. 북경 해방을 앞두고 그녀는 봉건 가정의 속박을 떨치고 뛰쳐나와 넷째 오라버니 부임이 개설한 경업(競業)학교에서 일을 도왔다. 그러다가 뜻이 같은 여성 교육자와 함께 저축한 자금을 헐고 패물들을 팔아 "견지(堅志)여자직업학교"를 설립하고 자립을 원하는, 배움의 기회를 잃은 여학생들을 양성해냈다. 그러는 사이 그녀는 모택동 저서를 읽고 공산당원과 접촉하면서 봉건가정에서 철저히 벗어나 새로운 사회에 들어설 굳건한 의지를 굳혔다. 그래서 자신에게 "김지견(金志堅)"이라는 새로운 이름을 붙이기까지 했다. 그녀는 바로 자신의 소원을 가장 잘 나타낼 수 있는 이름을 갖고 신 중국 교육의 일터로 향했던 것이다. 총리가 그 이름을 불러준 것은 그녀에 대한 이해와 평가, 그리고 장려였다.

온환은 후에 그때의 장면을 이렇게 회고했다.

"칠숙과 넷째오라버니, 언니들이 모두 와 있었다. 그런데 유독 부의만 보이지 않았다. 순간 나는 화가 끓어올랐다. '그가 아직도 이전의 틀을 버리지 못했는가? 아직도 황제의 틀을 내려놓지 못하고 있는가? 총리께서 시간을 허비하며 그를 기다리게 하는가?' 그런데 그녀가 어찌 상상이나 했으랴? 28년 전 이 꼬마 누이 마음속에 남아 있던 25세의 영준한 청년 형상이 이제는 총리와 칠순 사이에 앉은 **빼빼** 마른 노인으로 변해버렸다는 사실을……. 그녀는 그 '낯선 사람'이 국무원이나 정협의 사람인 줄로만 알았다. 그러한 오해 속에는 정치적 장벽이라는 요소도 들어 있음이 분명했다."

현장에서 일어난 그러한 상황을 주은래는 또 민감하게 보았다. 그는 부의와 온환을 번갈아 보더니 유머러스하게 말했다. '참으로 용왕의 셋째 태자가 큰물을 지게 해 용신당을 물에 잠기게 한 것처럼 제 집사람끼리 서로 알아보지 못하는군요. 제가 당신네 두 남매를 서로 인사시켜 드리겠습니다.' 온환은 그제야 총리가 보는 앞에서 큰오라버니와 악수했다. 그러나 '큰오라버니'라고 부르지는 않았다. 그러한 세세한 구석까지 주은래의 눈을 벗어나지 못했다.

온환은 교육사업을 사랑했으며 업적도 좋아 전국의 걸출한 교육자 모임에도 참석했었다. 주은래는 그 모든 상황에 대해 잘 알고 있을 뿐 아니라, 그녀의 가정 생활형편이 넉넉지 않으며 아이까지 키워야 해 고생스럽게 산다는 것까지 알고 있었다. 그래서 그녀에게 말했다. "당신이 우수한 교원이라는 소문을 들었습니다. 그래도 건강에 주의해야 합니다. 일과 휴식을 적절히 결합해야 합니다."

"저는 별로 큰 성적을 이루지 못했습니다. 그저 애써 배울 뿐입니다."

라고 온환이 차분히 말했다.

"일곱째 공주가 겸허하고 신중하다는 소문은 들은 지 오랩니다. 정말 듣던 대로입니다."

주은래는 시원하게 웃더니 말을 계속했다.

"물론 겸허하고 신중한 것은 자만하는 것보다 낫습니다. 그러나 성적 앞에서 만족할 줄 몰라야 계속 발전할 수 있습니다."

주은래는 온환의 장점을 인정하고 나서 새로운 방면으로 말을 돌렸다. 그가 말했다.

"진보사상과 낙후사상 간의 투쟁은 사회 범위에만 있는 것이 아니라 한 가족 내부나 한 가정 내부에도 있습니다. 비록 한 가정의 구성원일지라도 경력과 환경이 똑같은 것은 아니므로 어떤 사람은 진보가 좀 빠를 수 있고 어떤 사람은 좀 더딜 수 있습니다. 이런 상황이 나타나면 어떻게 할까요? 낙후한 사람이 앞선 사람을 본받아야 합니다. 열심히 배워 빨리 따라 잡아야 합니다. 앞선 사람도 낙후한 사람을 돕는 것을 마땅히 해야 할 일로 삼고 귀찮게 여기지 말아야 하며 낙후한 사람을 꺼려하지 말아야 합니다. 꺼리는 것은 옳지 않습니다. 당신도 낙후하던 데서 시작해서 지금은 앞선 것이 아닙니까? 당신도 역시 앞선 사람의 도움을 받아 진보한 것이 아닙니까? 좀 앞섰다고 다른 사람을 꺼려서야 되겠습니까? 자신의 친형제자매마저 돕기를 거절할 것입니까?"

온환은 총리가 자신을 두고 하는 말이라는 것을 잘 알고 있었다. 큰 오라버니가 개조를 받는 동안 그 자신은 줄곧 연락 한 번 하지 않았으며, 큰오라버니가 특별사면을 받았다는 소식을 듣고도 기차역에 마중 나가지 않았으며, 아직까지 한 번도 보러 가지 않았다. 그것이 꺼리는 것이 아니고 뭐란 말인가? 실제로는 연루될까 두려웠고 진보하는 데 나쁜 영향을 줄까 꺼렸다. 그러다보니 남매끼리 만나서도 서로 알아보지 못하는 웃음거리를 만들어낸 것이다. 온환은 그때부터 큰오라버니에 대한 태도를 바꿨다.

분위기를 잘 리드하는 주은래가 말머리를 돌려 온환에게 물었다.

"아직도 그림을 그립니까?"

온환이 여전히 그림 그리기를 취미생활로 삼고 있다는 사실을 알고 총리는 연신 머리를 끄덕이며 잘하는 것이라며, 비록 시간이 없어 붓을 잡을 수 없더라도 자주 회화이론과 실천 발전에 유념하고 좋은 작품들을 보고 본 뜨면서 이론수준과 감상능력을 꾸준히 높여야 한다고 말했다. 총리는 또 앞으로 여섯째와 일곱째 두 자매의 그림을 볼 수 있기 바란다고 말했다.[105]

주은래는 부의와 직업 배치에 대해 의논하면서 짬을 내 온영과 이야기를 나누었다.

"당신이 셋째입니까?"

"네, 제가 셋째입니다."

"구(區)의 정협에서 일한다고 했지요?"

"동성구 정협에서 일합니다. 매일 출근해서 학습 통지를 발송하는 일을 맡았습니다."

"거기 위원이 얼마나 됩니까?"

---

105) 능빙(凌冰), 『아이신줴뤄—온환』, 앞의 책, 162~163쪽.

"3백여 명입니다."

"남자 위원이 얼마입니까? 여자 위원은요?"

온영은 그 숫자에 대해서는 정확히 기억하지 못했는지라 일시 대답을 못하고 어색해했다. 주은래가 금방 분위기를 바꿔 아주 편하게 온영에게 말했다.

"나는 전국 정협에 있고 당신은 구 정협에 있으니 우리는 동료입니다그려!"

그러자 분위기가 삽시에 활기를 띠기 시작했다.[106]

주은래는 또 화제를 온화에게 돌렸다. 그녀는 정부의 호소에 따라 몇 개월 전에야 비로소 사회에 발을 들여놨다. 그녀는 가두에 탁아소를 세우고 사회봉사를 시작했다. 총리는 그러한 상황을 알고 적극적인 평가를 해주었다.

"당신 남편은 어디서 일합니까?"

"우편국 기초건설처에서 토목 공정사로 일하고 있습니다."

"만주족입니까?"

"한족입니다."

"성씨는 어떻게 쓰십니까?"

"정(鄭)씨입니다."

"아참, 정효서(鄭孝胥) 집안사람이지요."

주은래는 기억이 났다. 온화의 남편 정광원(鄭廣元)은 본명이 정퇴애(鄭隤皚)인데 만주국 총리대신인 정효서의 손자이며, 상하이 세인트존스대학교(Saint John's University)를 졸업하고 영국 유학을 다녀온 엘리트였다.

"다섯째의 남편은 누구십니까?"

주은래가 이번에는 온형에게 물었다.

"성이 만(萬)씨입니다."

온형이 대답했다.

"만"씨라는 말에 주은래는 바로 생각이 났다. 다섯째의 남편 만가희는 북경 편역사(編譯社)에서 번역에 종사하고 있으며, 그의 아버지 만승식(萬繩栻)은 청나라에 충성하고 부의

---

106) 김예수(金蕊秀), 「당과 국가 지도자들이 우리 온 가족에 대한 배려(黨和國家領導人對我們全家的關懷)」, 「만남의 소중함은 서로 알아가는 것(相遇貴相知)」, 제2집, 요녕교육출판사, 1987, 280쪽.

에게 충성했으며 지방의 유명인사였다.

"아! 강서(江西)의 만씨 가문이겠군요. 장훈(張勛)의 비서장이었구요. 만씨 가문과 우리 주씨 가문은 이종사촌간이기도 합니다!"

주은래는 당과 국가의 지도자이지만 그 역시 일반 사람이었다. 아이신줴뤄 일가와 이야기를 나누는 그가 각별히 친절하게 느껴졌다. 그는 한 번은 노사(老舍)의 부인 호결청(胡絜靑)을 만났는데 한눈에 그가 만주족임을 알아보고 "당신은 만주족이지요?"라고 물었더니 과연 사실이더라고 말했다. 총리는 또 온형을 가리키며 농담조로 말했다.

"자네는 만주족 같지가 않구먼. 아마도 한족의 젖을 너무 많이 먹은 탓이겠군 그래."

그 말에 그 자리에 있던 사람들이 다 웃었다. 아무도 긴장하거나 구애받지를 않았고 아주 자연스레 총리를 한 집안 친척으로 생각하게 됐다.

점심식사 자리에서 주은래는 그 자리에 앉은 모든 아이신줴뤄 가족 성원에게 손수 요리를 권했다. 부의는 그런 장소에서는 제일 사양할 줄 모르는 사람이었다. 아무리 큰 인물이 참가한 연회일지라도 부의는 밥을 먹을 때면 언제나 유아독존 자세였다. 아마도 황제의 습관이어서 바꾸기 쉽지 않았던 것이 아닌가 싶었다. 총리는 그런 것에는 전혀 개의치 않았다. 그는 얘기를 주로 했으며 식사는 부차적인 것이었다. 주요 화제는 그 자리에 참가한 사람들의 "역대 조상"들이었다. 강희(康熙)에서 선통에 이르기까지 주은래는 마치 역사학자들처럼 유물론적 역사 관점으로 청나라 역대 황제의 공과를 과학적으로 평가했다. 그는 강희와 건륭시기에 중국은 기존의 판도가 대체적으로 확정됐다면서 그들은 중화민족에 공로가 있다고 말했다. 그리고 부의는 3살에 등극해 선통 황제가 됐으므로 스스로 책임질 수가 없었으며, 후에는 또 만주국 황제가 됐으므로 죄가 있다고 말했다. 그러나 이제는 인민들 속으로 돌아왔으니 잘됐다고 말했다.

이때 석상에서는 부의만 자유로이 음식을 집어 먹는 것 외에 다른 사람들은 모두 애를 받는 것 같았다. 이에 주은래는 웃으면서 순친왕부의 사람들은 가법의 구속을 너무 많이 받는다면서, 문안을 여쭈어야지, 절을 해야지, 너무 성가실 것 같다고 말했다. 그리고 그는 이제는 그 많은 예의범절들을 버리는 것이 좋겠다면서 누가 자기에게 절을 한다면 자기를 욕보이는 것으로 여길 것이라고 말했다. 총리는 모두가 가벼운 분위기 속에서 음식을 집는 것을 보자 앞에서 꺼낸 화제를 비러 자신의 견해를 피력해 나갔다. 그는 유명한 경극(京劇) 배우 담부영(譚富英)의 부인은 낡은 예의범절의 틀에 얽매이지 않는 사람이라면서 며느리로 살 때 명성이 자자했던 시아버지에게 맞서 문안을 여쭙지도 않았지만 그 시아버지는 아무런 대책도 없었다고 말했다. 그는 케케묵은 규범과 낡은 관습을 포함해 모든 낡은 것을 반대하려면 용기가 필요하다고 말했다.

이야기가 낡은 예교의 타파에 미치자 주은래는 탁문군(卓文君)의 이야기가 생각났다는 듯이 그에 대해 말하기 시작했다.

"임공(臨邛)의 부유한 상인 탁왕손(卓王孫)의 딸 탁문군은 과부로 살아가는 것이 달갑지 않아 문학가 사마상여(司馬相如)와 사랑에 빠져 몰래 도망갔지요. 그후 또 가난을 못이겨 다시 임공으로 돌아와 직접 술을 빚어 팔았답니다. 탁왕손은 이를 큰 수치로 여겨 하는 수 없이 딸의 혼인을 인정하고 재산을 나눠주어 그녀가 성도(成都)에 있는 시댁에 가 안거하도록 했습니다."

아이신줴뤄 가족들은 아무도 총리가 역사 이야기를 빌어 부의의 "진보"에 대해 칭찬하리라는 걸 생각지 못했다. 총리는 부의가 무순에서 쓴 장편 자서전을 보고 개조를 거친 황제가 "혁명정신으로 봉건에 선전포고를 내고", "집안 사정을 낱낱이 폭로할 수 있었다는 건 결코 쉬운 일이 아니다"고 칭찬했다. 총리는 또 이에 대해 부의의 가족들에게 말했다. "당신들은 견디기 어려울 수도 있습니다. 그러나 당신들은 그를 본받아야 합니다. 절대 그를 방해해서는 안 됩니다."[107]

주은래는 부의의 단점에 대해 이야기했을 뿐만 아니라 또 그의 장점도 강조했으며, 기타 가족성원의 장점을 짚어냈고 단점도 놓치지 않았다. 부의가 어느 한 개인 편지에서 말했듯이 "점심식사 때 총리께서는 또 저와 저의 가족들과 아주 많은 이야기를 나누었습니다. 저의 가족 모든 사람들에게 큰 교육을 주었다고 말할 수 있습니다." 이로써 아이신줴뤄 가족 내부의 사상 장벽을 근본적으로 무너뜨렸던 것이다.

주은래의 말은 아직 끝나지 않았다. 그는 또

만년의 재풍

---

107) 부의가 김원에게 보낸 편지, 1960년 2월 19일자.

그 자리에 앉은 사람 모두가 존경하고 우러르는 인물에 대해 말했다. 그가 바로 원 순친왕부의 가장인 재풍이었다. 중국을 3년이나 통치한 청나라 말기의 이 감국(監國) 섭정왕에 대해 총리는 역사 유물주의적으로 공정하고 전면적으로 평가했다. 자희태후(慈禧太后)는 "수렴청정"을 위해 3살짜리 아이 부의를 선택해 광서(光緒) 황제의 뒤를 이어 왕위에 오르게 했다. 그리고 정치에 관심이 없는 27세의 재풍을 감국 섭정왕의 높은 직에 올려놓았다. 그러니 그 시기의 역사는 재풍이 책임질 일이 아니다. 재풍은 집정 기간 청나라에 충성했으며 최대의 노력을 기울였다. 그러나 중국의 봉건 통치제도의 막 내림은 막지를 못했다. 이는 역사발전의 결과로서 어느 한 개인의 잘못은 아니었다. 총리는 재풍이 신해혁명 중에서 취한 태도에 대해 긍정했다. 그 기간 재풍은 감국 섭정왕의 직무를 사임하고 무력으로 혁명에 저항하는 것을 반대했으며, 또 선통 황제가 왕위를 물려주는 것도 반대했다. 이러한 태도는 시대의 흐름과 인민의 바람에 따른 것으로서 객관적으로 혁명에 유리한 것이었다. 재풍이 민국 이후 전 왕조에 대해 충성심을 지키는 유신들이 청 왕조를 복벽하기 위한 활동에 한 번도 참여하지 않은 데 대해 총리는 참으로 보기 드문 일이라고 말했다. 정치가로서 조국의 분열을 반대하는 애국자로서 일본과 만주국의 통치하에 처한 재풍은 일본인의 권유에 굴복하지 않았으며, 부의가 동북에 가 꼭두각시 황제가 되는 것을 반대하고 정치적으로 "만주국"과 선을 그었다. 이는 그의 민족 절개, 정치적 담략과 식견, 패기를 보여주는 것으로서 이는 그의 만년의 제일 큰 성공이었다. 총리는 부의를 향해 말했다.

"원래는 당신의 아버님을 뵙고 싶었는데 그가 몸이 편찮다기에 만나지 못했습니다. 그리고 그가 세상을 떠났지요. 당신이 동북에 가는 것을 그는 반대했으며 찬성하지 않았습니다."

정치적 방면에 대한 평가에서 벗어나 총리는 또 예의와 문화 방면으로 화제를 돌렸다.

"그는 재풍이 민국시대에 이르기까지 여전히 왕부 내에서 번거로운 청나라 낡은 예의범절을 실행해왔지만, 신 중국이 창립되자 바로 봉건 예절을 폐지했다면서 이로부터 그는 사상이 개화됐으며 역사의 흐름에 따라 발전하고 있다는 것을 알 수 있습니다."

고 말했다. 총리는 계속 말을 이어갔다.

"재풍은 희귀한 만주어 문학의 전문가이자 국학의 기초도 아주 두터웠으며, 또 청나라 말기 민국 초기에서 일본 만주국 시대에 이르기까지 역사의 살아 있는 증인이기도 하며, 또 천문학에 대해서도 연구한 바가 아주 깊었습니다. 그는 역사 문헌 연구 분야에 기여할 수도 있고, 자연과학 분야에서도 성과를 창조할 수 있었지요. 신 중국이 창립된 후 만약 그가 반신불수가 되지 않았다면, 그에게 일정한 직업을 배치해줄 생각이었습니다."

라고 총리가 말했다. 총리는 또 재풍에 대해 아주 잘 알고 있는 사실을 이야기했다.

"재풍은 과학을 배우면서도 의약과학은 전혀 존중하지 않았다면서 운명은 믿지만 중의학이나 서양 의학은 믿지 않았기에 병에 걸려도 치료하지 않고 약이 있어도 먹지 않아 결국 큰 낭패를 보았다. 원래는 치료할 수 있거나 병세가 나아질 수도 있었으나 급격히 악화되어 1951년 2월 3일에 세상을 떠나고 말았습니다. 68세까지밖에 살지 못했으니 너무나 안타깝습니다."

라고 총리가 말했다.[108] 재풍의 아들딸들은 총리의 이 같은 말을 듣고 나서 어찌 이에 감동하지 않고 마음이 설레지 않았겠는가!

오찬이 끝나갈 무렵은 벌써 오후 두 시가 넘었다. 주은래는 마지막으로 단합문제에 대해 이야기해 그 자리에 앉은 사람들에게 깊은 인상을 남겼다.

주은래는 먼저 민족의 단합문제에 대해서 이야기했다. "그는 민족은 최종 동화될 것이므로 만주족과 한족으로 갈리지 않을 것이라며, 그러나 이는 후세의 일입니다. 그리고 지금은 민족평등을 실현해 여러 민족이 공동으로 발전해야 하고, 만주족과 한족은 더 잘 단합해야 합니다."

총리는 부의를 향해 말했다.

"당신은 배움에 노력해 성적을 거두어야 합니다. 이는 당신 개인에게 이로울 뿐 아니라 인민에 기여할 수 있고 만주족에게도 이롭습니다. 지금까지 배운 것으로는 아직 부족합니다. 배움에 더 노력해야 합니다."

그리고 총리는 또 모두를 향해 "청나라의 팔기제도는 후에 부패해버려, 실제로 스스로를 약화시켰다면서 청나라를 망하게 하고 만주족의 부흥을 후퇴시켰다"고 말했다.[109]

주은래는 또 가정의 단합 문제에 대해 이야기했다. 그는 부의를 가리키며 그 자리에 앉은 아이신줴뤄 가족 성원에게 그대들 가족 구성원들이 그를 도와야 한다고 말했다. 그는 한 가정에도 좌파, 중립, 우파가 있다면서 우리 형제 셋이 각각 좌파, 중립, 우파라고 말했

108) 능빙, 『아이신줴뤄-재풍』, 문화예술출판사, 1988, 260~262쪽.

109) 『주은래 통일전선 문선(周恩來統一戰線文選)』, 인민출판사, 1984, 403쪽.

다섯째 누이동생 온형의 자택에서 부의가 가족들과 함께 사진을 찍었다.

다. 그리고 앞으로 발전하기 위해 노력하면서 낙후한 사람을 도와야 한다고 덧붙였다. 그는 또 가족이 모이면 옛날이야기를 하기 좋아한다며, 예를 들어 옛날에 봤던 연극에 대해서 이야기할 수도 있는데, 실제로 지금의 프로그램이 그때의 연극보다 훨씬 보기가 좋다고 말했다. 그리고 그림 그리기도 지금은 명가들이 서로 합작도 하지만 옛날에는 어디 될 말이었는가? 어느 한 획을 바꿔도 안 되었다. 여기까지 이야기하던 총리는 특별히 어비암(于非闇, 1888~1959)과 진반정(陳半丁, 1876~1970)을 예를 들어 이야기했다. 두 사람 모두 유명한 중국화 화가였으며, 생전에 모두 북경 중국화원 부원장직을 맡았었다. 총리는 그들이 옛날에는 서로 합작할 수 없었지만, 50년대에 들어서 합작해 대작을 그릴 수 있었다면서, 오직 이런 사회에서야만 이런 일이 나타날 수 있으며, 낡은 사회는 인간을 귀신으로 변하게 하지만, 새 사회는 귀신도 인간으로 바꿀 수 있으며, 상황은 다 변하는 것이라고 말했다. 주은래는 발전 변화하는 관점으로 아이신줴뤄 가족의 성원들을 교육했으며, 그들에게 부의를 바르게 대할 것을 요구했다.

주은래는 오후에 또 회의에 참가해야 했다. 그래서 비서가 옆에서 거듭 귀띔을 하고 나서야 그는 비로소 자리에서 일어나 미안해하면서 자리를 떴다. 나가기 전에 그는 또 "등영초(鄧穎超) 동지가 몸이 불편해 오늘 오지 못했는데 후에 여러분을 집으로 초대하겠습니다. 저는 먼저 가봐야겠습니다. 그대들 형제가 한자리에 모이기 쉽지 않으니 계속 더 이야기를 나누십시오!"라고 말했다.

총리가 떠난 뒤에도 부의 형제들은 여전히 행복 속에서 헤어나지 못했다. 온환은 처음에 눈에 거슬렸던 마르고 야윈 노인을 끝내 "큰오라버니"라고 다정하게 불러주었다. 그 자리에 있던 사람들은 부의의 두 눈가에 맑은 이슬이 맺히는 걸 보았다. 모두들 설레는 마음을 가라앉힐 수가 없었던 것이다.

17.
세계를 향해 나아가는
정원사

    1960년 2월 10일, 북경시위 통전부 요말사(廖沫沙) 부장이 부의, 두율명, 왕요무, 송희
렴, 정정급 등 다섯 명을 만나 직업 배치에 대해 선포한 뒤, 서빙 중앙통전부 부부장 겸 전
국 정협 비서장, 장집일(張執一) 전국 정협 부비서장, 소역자(邵力子) 전국 정협 상무위원
겸 연락위원회 주임위원, 연의농(連以農) 전국 정협 비서처 부처장, 하영철(夏英喆) 북경
시위 통전부 부부장 공인빈(龔引斌) 연락위원회 부주임 등이 전국 정협 기관 식당에서 부
의 등 다섯 명을 위해 송별연을 베풀었다. 하루 이틀 뒤에 부의와 두율명 등이 각각 자신의
일터로 향했다. 어느 한 통의 편지에서 부의는 그때의 활동에 대해 상세히 서술했다. 편지
속의 글귀들에서 부의의 기쁨에 들뜬 심정을 읽을 수 있다.

    "2월 14일, 민정국의 은(殷)[조옥(兆玉)] 동지가 저와 함께 과학연구원 식물원[중국 과학
    원 북경식물원임]에 가서 숙사며 식당이며 온실 등 여러 곳을 둘러봤습니다. 시[위] 통전부
    요[말사] 부장과 민정국 판공청 왕욱동(王旭東) 주임도 잇달아 식물원에 와 우리와 함께 참
    관했으며 식물원 판공실 주임 해빈(奚斌) 동지와 이야기를 나누었습니다.
    2월16일 은[조옥] 동지가 저를 중국 과학원 북경식물원에 데려다 주고 일할 수 있게 했습

니다. 이는 제가 특별사면을 받은 뒤 처음 위대한 조국의 사회주의 건설에 참가하는 것이며 노동에 참가한 첫날입니다. 저는 노동인민과 함께 학습하고 함께 노동하고 함께 생활하고 함께 일합니다. 이 날은 제 평생에서 제일 영광스럽고 즐거운 날이었으며 저의 행복한 생활의 시작이기도 합니다. 저는 [북경식물원]의 유덕준(俞德浚) 주임과 해빈 판공실 주임을 만났습니다.

18일, 해빈 주임과 유덕준 주임이 전체 식물원 여러 팀 동지들이 참석한 좌담회를 소집하고 저를 여러 팀장에게 인사시키고 서로 이야기를 나누게 했습니다. 조직에서 저를 온실에 배치해 일하게 했습니다. 우리 팀장은 오응상(吳應祥) 동지와 손가군(孫可群) 동지입니다. 오후에 오응상 동지가 저를 온실로 불러 온실팀 전체 동지들과 인사를 나누고 얘기를 나눴습니다.

19일 오전, 제가 온실로 일하러 나가니 팀장과 팀원들이 인내성 있게 저의 학습과 업무를 도왔습니다. 이에 저는 너무 감동했습니다. 오후에는 정치 학습과 업무 학습이 있었습니다. 정부가 저에게 『모택동 선집』을 사주었습니다. 업무 면에서는 오 팀장이 저에게 책 세 권을 사주었습니다. 한 권은 자연과학총서 『식물학 기초지식』이고 한 권은 유덕준 주임이 편찬한 『식물원 업무수첩』이며, 또 한 권은 『화북지역에서 흔히 볼 수 있는 관상용 식물』입니다. 지금은 오후 5시, 학습시간입니다. 소장에게 보낼 편지를 다 썼습니다. 지금 바로 붙이러 가렵니다. 저의 편지를 보시고 나면 반드시 기뻐하실 것이라 생각합니다."[110]

첫 일자리를 얻은 부의는 기쁨과 설렘으로 가득 찼다. 그로 말하면 새로운 생활이 시작된 것이기 때문이다. 신하들이 떠받들고 노복들이 시중을 드는 분위기 속에서 반평생을 살아온 인물이 이제 드디어 자신의 두 손으로 남을 위해 일을 할 수 있게 된 것이다!

식물원에서 부의는 일반 원예 노동자의 모습이었다. 매월 생활 보조금으로 위안화 60원씩 받았는데, 그때 한 숙련공 노동자의 월급에 해당했다. 종업원 식당에서 식사하고 독신 숙사에서 살면서 노동할 때는 소속된 팀의 팀장의 지도를 받았으며 경험 있는 스승한테서 기술을 학습했다. 이 모든 것은 일반 노동자들과 다를 바 없었다."

그러나 부의에게는 특별한 배려가 있었다는 사실은 부정할 수 없다. 예를 들어 상급기관

---

110) 부의가 김원에게 보낸 편지 참고. 1960년 2월 19일.

에서 특별히 많이 관심을 둔다든가……. 이
는 일반인은 누릴 수 없는 것들이었다.

부의가 북경식물원에서(1960년에 촬영)

곽말약(郭沫若) 중국 과학원 원장, 장경
부(張勁夫) 과학원 당위서기 겸 부원장은
이제 막 산하 부문에 배치받은 원예 견습공
에게 아주 관심을 두었다. 그들은 친히 부
의의 업무 배치와 생활상황에 대해 물었으
며 시간이 날 때면 식물원으로 그를 보러
오기도 했다.

북경시 민정국은 부의가 공민이 된 후 그
에 대한 접대를 맡은 첫 정부 부서로서 줄
곧 이 새로운 북경 시민에 관심을 기울였
다. 왕욱동, 은조옥 등 민정국 간부들은 팽
진 시장의 지시를 갖고 자주 식물원으로 찾아와 부의와 마음을 터놓고 이야기했으며 무슨
어려움이 없는지 묻곤 했다. 때론 팽진 시장이 직접 식물원 주임 사무실로 전화를 걸어 이
새 시민의 사상과 활동에 대해 가급적 자세히 알고자 했다.

사각재(謝覺哉) 최고인민법원 원장, 장정승(張鼎丞) 최고 인민검찰원 검찰장은 부의를
전범에서 공민으로 개조한 정치기관의 대표로서 계속 부의에 관심을 갖고 그를 보러 식물
원으로 찾아와 개조 성과가 꾸준히 진보하기를 바랐다. 1960년 4월 상순 열린 제2기 전국
인민대표대회 제2차회의에서 사각재는 부의를 성공적으로 개조한 문제에 대해 주제 발언
까지 했다. 발언을 통해 부의가 환골탈퇴했다며 사지를 부지런히 놀리지도 않고, 세상 물
정도 전혀 모르던 데서 이제는 "식물원의 사업일꾼"이 됐으며 부의 스스로 말했듯이 "조국
이 나에게 새로운 생명을 준 것"이라고 말했다.

제2기 전국인민대표대회 상무위원회 주덕(朱德) 위원장, 부작의 수리전력부 부장 등 국
가 지도자들이 북경식물원에 꽃구경을 오는 기회를 타 반드시 부의를 접견하곤 했으며 그
와 친절히 이야기를 나누곤 했다.

공민이 된 부의는 국내 각계의 관심을 받았을 뿐 아니라 전 세계가 주목하는 인물이 됐
다. 그가 숭내여관에 묵을 때부터 다양한 피부색의 방문자들이 몰려들어 그를 겹겹이 에워

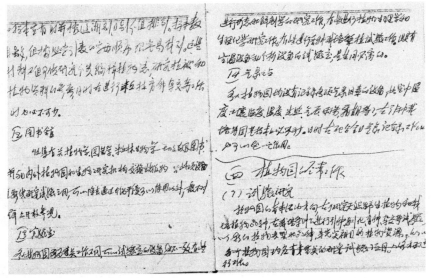

1960년 여름, 부의가 식물원에서 재배지식을 학습할 때의 필기.

싸곤 했다. 그중에는 러시아 철학가, 우크라이나 여류 작가, 헝가리와 멕시코 등의 기자가 있는가 하면 칠레 등 라틴 아메리카 국가의 법률 종사자, 그리고 영국, 미국, 일본 등 나라의 작가와 기자들도 있었다.

누가 공민인 부의를 사회에 소개해 각계의 관심을 불러일으켰을까? 또 누가 개조된 중국의 마지막 황제를 세계로 떠밀어 내어 깊은 생각에 잠긴 그에게 눈길을 끌게 했을까? 그것은 다름아닌 모택동과 주은래임이 틀림없다!

모택동과 주은래의 목표는 물론 부의가 그저 일반 공민과 원예 노동자 역할을 잘하도록 하는 데만 그치지 않았다. 그가 더 큰 역할을 할 수 있기를 바랐다. 그저께는 부의를 황제의 보좌에서 끌어내리고 어제는 또 그를 감옥에서 석방시켰으며, 오늘은 그에게 사회로 나아가고 세계를 향해 나아가게 했다. 이 모든 것이 역사의 새로운 과제였다. 모택동과 주은래의 지혜는 시대의 합리적인 요구에 맞춰 부의의 구체적인 현실적 조건에서 출발해 그에게 실제 역할을 발휘할 수 있는 많은 기회를 마련해 줌으로써 부의의 개조 성과를 공고히 했을 뿐 아니라, 부의에게 보답할 수 있는 방도를 강구해줘 그의 사상을 더욱 분발시켰던 것이다.

1960년 5월 9일, 모택동이 이라크와 이란, 키프로스 외빈들을 접견할 때 여러 나라 인민이 제국주의와 꼭두각시 정권을 반대한 투쟁 형세와 경험으로부터 통일 전선과 단결 문제에 대해 이야기했다. 모택동은 그 자리에 있는 통역 마견(馬堅) 선생을 가리키며 저 사람은 마호메트를 신앙하지만 사회주의를 반대하지 않는다며 우리 둘은 서로 싸우지 않는다고 말했다. 오늘 저 사람이 없으면 우리 회의는 열 수 없으며 우리는 저 사람을 떠날 수 없다고 말했다. 여기서 모택동은 아주 심각한 이치에 대해 얘기했는데 마침 부의의 사례를 들어 중국 혁명의 이러한 기본 경험을 설명했다.

"다양한 부류의 사람이 있는데 그들이 모두 공산당은 아닙니다. 우리는 지금 6억 5천만 인구가 살고 있는데 그중에서 공산당은 다만 1천 3백만 명뿐입니다. 공산당의 임무는 바로 6억 5천만 인구를 단합시키는 것입니다. 무너진 계급도 우리는 개조시켜야 합니다. 예를 들어 지주계급이나 기타 착취계급이 그렇습니다. 그리고 해방전쟁에서 우리에 의해 포로가 된 국민당 장군들도 개조해야 합니다. 일부는 이미 특별사면됐는데 그중에는 황제도 한 명 있습니다. 그는 북경에 있으며 이름은 부의라고 합니다. 그는 세 살부터 여섯 살까지 전 중국을 통치했으며 우리를 통치했었는데 그후에 전복됐습니다. 그는 지금 크게 진보했습니다. 이미 특별사면을 받아 더 이상 전쟁 범죄자가 아니며 이미 자유를 되찾았습니다. 그는 올해 겨우 53세입니다. 그는 그 자신이 이제는 진짜로 해방됐으며 자유를 찾았다고 말합니다. 그는 지금 북경식물원에서 일하고 있습니다. 만약 여러분이 관심이 있으시다면 단체로 그를 찾아가 이야기를 나눌 수도 있습니다. 그는 이런 사람입니다. 우리도 그를 죽이지 않고 잘 개조시켰습니다. 그는 일할 수 있는 능력도 있습니다. 다만 더 이상 국왕이 될 수가 없을 뿐입니다. 제국주의를 이기려면 광범위한 통일전선이 필요하며 단합할 수 있는 모든 역량을 단합해야 합니다. 다만 그 속에 적은 포함되지 않을 뿐입니다. 이것은 우리 경험입니다."

모택동은 외빈들에게 중국의 경험을 설명할 때 부의를 국제 우호인사들에게 추천했다. 이렇게 추천한 것은 같은 시기에 한 번만이 아니었다. 보름 뒤에 또 라틴아메리카 손님들이 모택동의 건의에 따라 특별히 북경식물원을 방문해 중국의 마지막 황제를 만났다. 부의는 그 일을 일기에 써넣었다.[111]

---

111) 부의의 일기 참고. 1960년 5월 26일 직접 쓴 원고.

"오전에는 변호사·작가·의사·화가·4현 악기 악사인 칠레인 1명, 아르헨티나인 1명, 페루인 3명이 식물원으로 나를 방문하러 왔다(왕욱동 주임, 은[조옥] 비서, 계[빈] 주임이 자리를 같이 했다). 주이복(周而復)이 수행했으며 대외 문화 연락 위원회가 소개했다.

그들은 나의 학습과 개조 과정에 대해 큰 관심을 보였다.

우리 지도자 모[택동] 주석이 라틴아메리카 벗들을 접견할 때 부의를 만나러 가도 된다고 말했다.

라틴아메리카 벗들은 우리정부의 개조정책과 나의 개조과정에 대해 아주 큰 관심을 가졌다. 그래서 나를 방문해 특별히 나의 학습과 개조 경과에 대해 중점 질문했다."

오전에 모택동이 추천한 라틴아메리카 벗들을 접대하고 난 부의는 오후에 또 주은래에게 불리어 인민대회당으로 갔다. 거기서 영국 전 총참모장이며 육군 원수인 몽고메리를 환영하는 성대한 국가 차원의 연회가 열리게 되었다. 몽고메리는 제2차 세계대전 때 가장 이름난 연합군 군사위원장 중의 한 사람이었다. 그는 1960년 5월 24일부터 28일까지 처음으로 중국을 방문했으며 모택동과 주은래, 진의를 만났다. 그때 주은래와 진의가 네팔과 캄보디아·베트남에 대한 방문을 막 마치고 곧 있게 될 몽골 방문을 앞두고 있었다. 이번에 몽고메리를 위해 베푼 연회는 몽골 방문 전날 밤에 있었다. 총리가 특별히 초청한 손님 중에는 부의 외에 홍성(紅星)인민공사에서 노동 중인 두율명도 있었다. 이는 분명 그들 둘다 각기 다른 측면에서 제2차 세계대전과 관련이 있기 때문이었다.

연회가 시작되자 주은래는 손님들에게 그 자리에 참석한 인사들을 일일이 소개했다. 부의의 일기에 따르면 부총리 진의 원수, 부총리 하룡(賀龍) 원수, 부총리 나서경 대장, 습중훈 부총리, 국방부 부부장 초경광(肖勁光) 해군 대장, 중앙 감찰위원회 부서기 초화(肖華) 상장, 제연명(齊燕銘) 국무원 부 비서장, 부작의 수리전력부 부장, 이덕전(李德全) 위생부 부장, 심안빙(沈雁氷) 문화부 부장, 장한부(章漢夫) 외교부 상무 부부장, 장계약(張奚若) 대외 문화 연락 위원회 주임, 하연(夏衍) 문화부 부부장 그리고 진기우(陳其尤) 중국 치공당 주석, 애국 교육가로서의 중국 이슬람교 이맘(imam, 이슬람교의 예배 인도자. 원래 아랍어로 지도자, 모범이라는 뜻) 달포생(達浦生), 유명 민주인사 장사소, 문학가 서사여, 역사학가 후외려(侯外廬), 음악가 곽난영(郭蘭英) 등이 자리를 같이 했다. 주은래가 부의를 가리키며 몽고메리에게 "이 분이 바로 중국 청조의 선통 황제"라고 소개하자 부의가 의외로 큰 소리로 "오늘날 영광스러운 중화인민공화국 공민 부의"라고 대답했다. 총리와 그 자리에 있던 사람들이 다 같이 뜨거운 박수를 보냈다.

부의가 몽고메리 원수 앞에서 자신의 공민 신분을 강조한 데는 이유가 있었다. 1939년 2월 24일 "강덕 황제" 부의의 재가를 거쳐 "만주국이 공산국제협정에 참가하는 것에 대한 협정서"가 발표됐다. 만주국은 그로부터 "일·독·이 방공협정"에 가입했으며 자신을 히틀러 파시스트 전쟁에 묶어 놨다. 이는 물론 상전인 일본의 명령을 수행한 것이지만 그래도 수치스러운 일이었다. 오늘 부의는 명성이 자자한 반파시스트 사령관 몽고메리 원수 옆에 서자 반동 진영 내에서 "자그마한 심부름꾼" 노릇을 했던 자신이 얼마나 부끄럽게 느껴졌는지 모른 것이다. 그때는 정말로 역사를 다 잊어버리고 단지 오늘날의 모습만으로 원수를 동반할 수 있기를 바라는 부의의 심정을 사람들은 이해할 수 있었다.

두율명의 심정은 부의와는 조금 달랐다. 몽고메리와 두율명은 같은 역사시기 같은 전선의 전우였으며 반 파시스트 기치 아래 함께 인류를 위해 기여했으므로 공동 언어가 있었다.

"당신의 백만 군대는 어디 갔습니까?"

제2차 세계대전 기간 아프리카 작전구역 지중해 전장 지휘관이었던 몽고메리가 그때 중국 작전구역 중국·미얀마 전장 지휘관이었던 두율명에게 물었다.

"모두 저 분에게 드렸습니다."

두율명이 맞은편에 앉은 진의를 가리키며 유머러스한 말로 대답했다.

"당신은 그렇게 대범하지 않았습니다. 우리가 한 입 한 입씩 먹어치운 것이지요."

진의가 머리를 절레절레 흔들며 얼굴에 미소를 띠며 한 마디 했다.

"그래도 절반은 줬습니다. 절반은 국민당이 스스로에게 패한 것이니까요."

두율명은 국민당 대륙 정권의 훼멸에 대해 확실히 그런 견해를 갖고 있었다. 절반은 공산당의 정확함과 강대함이 인민의 지지를 받았기 때문이고, 다른 절반은 국민당의 반동과 부패로 인해 민심을 잃고 군심도 잃었기 때문이라고……. 두율명 본인이 바로 뼈에 사무치는 고통을 겪은 바 있다.

"병사가 한 사람도 남지 않았습니까?"

몽고메리가 정색을 하며 물었다. 아마도 그는 중국에서 일어난 꽤 가치가 있는 전쟁 사례에 대해 연구할 의향이 있었던 건지도 몰랐다.

"나 혼자만 남았습니다."

두율명이 익살맞으면서도 실사구시적으로 대답했다.

"당신도 역시 사회주의에 들어오지 않았습니까!"

주은래가 이렇게 한 마디 끼어드는 바람에 그 자리에 있던 사람들이 모두 웃었다.

두율명은 수하의 백만대군에 이어 사상 속의 백만대군까지 모두 진의 원수에게 바쳤고, 부의는 자신의 금란전 황제의 보좌와 머릿속의 "대청제국"까지 전부 주은래 총리에게 바쳤다. 그들 모두 존경을 받을 만한 애국자로 되었다.

1960년 10월 29일, 부의의 일기를 보면 내외에서 주목하는 이 인물이 국무원 외사판공실 요승지(廖承志)의 초청을 받고 국제 클럽에서 열린 에드가 스노우 환송 파티에 참석했던 기록이 있다.

미국의 유명한 기자인 스노우는 1936년 위험을 무릅쓰고 섬감녕(陝甘寧) 변방지역을 취재하고 『서행만필(西行漫記)』이라는 책을 써 전 세계에 중국혁명에 대해 진실하게 보도했으며, 그로 인해 모택동의 벗이 됐다. 중화인민공화국이 창립된 후 스노우는 1960년 6~10월과 1964년, 그리고 1970년 세 차례에 걸쳐 중국을 방문했으며, 방문 때마다 모택동과 주은래를 만나 회담했다. 그로 인해 그는 중미 양국 관계의 "봄을 알리는 제비"로 불리기까지 했다. 1962년 1월 30일 열린 중앙 업무 확대회의에서 모택동은 친절하면서도 솔직한 어투로 스노우에 대해 이야기했다.

그는 중국에 오고 싶다고 자주 말했습니다. 그래서 1960년에 오라고 했습니다. 저는 그와 한 차례 담화한 적이 있습니다. 제가 말했습니다. "정치와 군사, 그리고 계급투쟁에 있어서 우리에게는 경험과 방침·정책·방법이 있다는 것을 알고 있겠지요? 그러나 사회주의 건설은 예전에는 해본 적이 없어 경험도 없습니다. 그러면 벌써 11년간이나 건설해오지 않았느냐고 물을 것입니다. 그렇습니다. 11년이나 건설해왔지요. 그러나 아직 지식이 결핍하고 경험이 부족합니다. 이제 지식과 경험을 조금씩 쌓기 시작했을 뿐 아직 멀었습니다." 스노우가 저에게 중국 건설의 장기적 계획에 대해 이야기해 달라고 했습니다. 제가 "잘 모르겠습니다"라고 말했더니 그는 "당신은 얘기를 너무 조심스럽게 합니다"라고 말했습니다. 그래서 제가 "조심스러운 것이 아니라 저는 정말 모르겠습니다. 경험이 없으니까요"라고 말했습니다. 동지들, 정말로 모르는 것입니다. 우리는 확실히 경험이 부족하며 확실히 아직 장기적인 계획이 없습니다. 1960년은 우리가 많은 난관에 부딪쳤던 시기입니다. 1961년, 제가 몽고

부의가 미국의 유명한 기자 스노우의 취재를 받고 있다.

메리와 이야기를 나눌 때도 상기와 같은 의견을 이야기한 적이 있습니다. 그는 "이제 50년이 지나면 당신들은 대단하게 변해있을 것입니다"라고 말했습니다. 그의 말은 이제 50년 뒤면 우리가 장대해질 것이고, 또 다른 사람들을 "침략"할 것이며, 그러나 50년 내에는 그러지 않을 것이라는 뜻입니다. 그는 자신의 이러한 견해를 1960년에 그가 중국에 왔을 때 저에게 말한 적이 있습니다. 그때 제가 말했습니다. "우리는 마르크스-레닌주의자들입니다. 우리, 나라는 사회주의 국가이지 자본주의 국가가 아닙니다. 그러니 백 년, 만 년이 지나도 우리는 다른 사람을 침략하지 않을 것입니다. 강대한 사회주의 경제를 건설하려면 중국에서 50년으로는 부족합니다. 백 년 혹은 그보다 더 많은 시간이 필요할 수도 있습니다."[112]

"아, 폐하께서 납시셨습니까. 제가 절을 올려야겠습니다."
스노우는 이미 모택동에게서 부의의 최근 상황에 대해 들었으므로 미소를 머금고 조금은 서툰 한어로 장난을 걸어왔다.
"역사 속의 유죄한 황제는 이미 죽었습니다. 지금 당신 앞에 서 있는 사람은 공민 부의입니다……."
"건강은 어떠십니까?"
스노우가 물었다.
"낡은 사회에서 저는 부패하고 타락한 생활을 하느라 몸이 아주 안 좋았습니다. 1~2리

---

112) 『모택동 저작 선독(毛澤東著作選讀)』, 하권, 인민출판사 1986, 827쪽.

만 걸어도 숨이 가빠 헐떡거렸지요. 지금은 매일 걷거나 노동을 해도 힘든 줄 모른답니다. 정말 갈수록 젊어지는 것 같습니다!"

라고 부의는 자랑스레 대답했다.

"저의 기억에 당신은 일본인에 의해 강제로 동북으로 보내졌습니다."

스노우가 드디어 지난 일을 꺼냈다.

"일본 군국주의는 청나라 황제였던 저라는 봉건 잔여 세력에 관심을 갖고 저들의 이용대상으로 삼고자 했습니다. 그리고 저 역시 일본의 힘을 빌어 청나라를 복벽하려 했습니다. 만주국은 바로 이러한 음모로 결탁된 산물이었습니다. 제가 조국을 배신한 탓에 왜놈들의 흉악한 기를 부추겨 줬으며, 그 결과 중화민족은 1천만 명이 넘는 동포가 희생되고, 5백억 달러가 넘는 재부가 손실됐으며, 중국 역사에서 전례 없는 재난을 빚어냈습니다. 그처럼 큰 죄를 저질렀는데도 당과 정부는 저를 죽이지 않고 새로운 사람이 되도록 교육하고 개조했습니다. 이 역시 역사적으로 선례가 없는 장거입니다."

스노우는 크게 기뻐하며 또 화제를 역사에서 현실로 돌렸다.

"지금 당신은 어느 부문에서 일하고 있습니까?"

"북경식물원에 있습니다."

"식물을 좋아하십니까?"

"거기서 벌써 반 년이나 지냈습니다. 여러 가지 화초에 큰 흥미가 생겼습니다."

초대회 주빈인 스노우는 미소를 머금고 여러 테이블을 돌며 술을 권하러 갔다. 이때 부드러운 이미지에 외모가 단정한 외국인 노부인이 다가와 아주 유창한 한어로 부의에게 인사를 건넸다. 그녀 역시 모택동의 벗인 미국의 유명한 기자이며 진보 작가인 안나 루이스 스트롱 여사였다. 1946년 8월 모택동은 연안에서 그녀를 접견할 때 당면한 국제와 국내 정세에 대해 얘기하면서 "모든 반동파는 다 종이호랑이"라는 유명한 논점을 제기한 바 있다. 중화인민공화국 창립 전과 후 그녀는 6차례 중국을 방문했다. 1958년 72세 때 마지막으로 중국에 온 그녀는 그때부터 북경에 장기 거주하면서 통신을 보내는 형식으로 전 세계에 중국 상황을 소개했다. 그 베테랑 기자가 이번에는 중국의 마지막 황제가 왔다는 소식을 듣게 된 것이다. 그녀가 이 절호의 취재 기회를 어찌 놓칠 리 있겠는가? 한편 부의는 찾아온 이가 스트롱이라는 사실을 알게 되자 저도 몰래 마음속으로부터 존경심과 부러움이 우러나 둘은 흥미진진하게 이야기를 나누었다.

"바로 당신이 연안에서 우리 모 주석을 만나 당시 세계에서 이름난 중요한 담화를 했었지요?"

"그렇습니다. 저는 모 주석을 자주 만납니다. 이번에 저는 여섯 번째로 중국에 왔습니다. 저는 중국 내의 많은 곳을 유람했습니다."

"그러시다면 오늘 중국인민이 우뚝 선 것도 보셨겠군요. 중국공산당과 모 주석께서 중국인민을 인솔해 수십 년간 혁명투쟁을 거쳐 제국주의와 봉건주의·관료 자본주의를 뒤엎었고 번영하고 부강하며 행복한 신 중국을 창건했습니다."

"저는 우뚝 선 중국인민을 봤을 뿐만 아니라 강대한 중국을 봤습니다. 중국은 세계 평화를 수호하고 전쟁을 제지하는 데 지극히 큰 역할을 했습니다."

부의는 그날 일기에다 파티에서 그의 활동과 견문에 대해 상세히 기록했다. 그는 또 이렇게 썼다.

"나는 또 미국 작가 스노우가 지금은 미국으로 돌아가지 않고 유럽으로 가려 한다고 들었다. 그는 미국은 물가가 너무 높아 미국에서 생활하기가 어렵다고 말했다. 스트롱 여사는 이번에 중국에 와서 2년이나 살고 있다면서 미국으로 돌아가고 싶지 않다고 말했다. 그녀는 미국에 돌아갔다가 다시 중국으로 오려면 미국에서 출국증을 내주지 않을 것이라고 말했다.

일본의 평화 수호 인사인 사이온지 긴가츠(西園寺公一)도 나에게로 다가와 말을 건넸다. 나는 미 제국주의는 중일 양국 인민의 가장 흉악한 적이라고 말했다. 나는 일본 인민이 평화와 민주·독립을 위하고 제국주의를 반대한 투쟁을 동정한다면서 그러나 일본은 아직도 반동통치 아래 있으며, 이케다(池田) 반동 내각이 중국과 일본의 우호적인 관계를 방해하고 있어 나는 이를 반대한다.

사이온지는 일본 반동파는 필경은 소수라며 일본의 광범위한 인민은 힘이 있다고 말했다. 그는 평화와 민주를 위해, 그리고 식민주의를 반대하기 위해 우리 중일 양국 인민은 같은 길 위에 서야 한다고 말했다. 나는 아주 맞는 말이라고 말했다. 사이온지는 후에 다른 사람들과 만나 이야기 하려고 갔다."

모택동의 소개로 많은 외국 손님들이 식물원을 찾아왔고 주은래의 청첩장도 끊임없이 부의에게 날아들었다. 그러했음에도 중국이 막 1960년대에 접어들었을 무렵, 부의에게

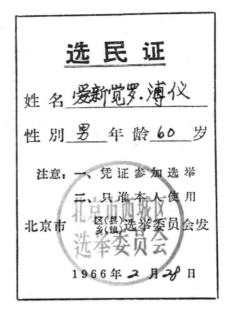

1960년 부의의 유권자 증명서   1966년 부의의 유권자 증명서

일어난 많은 일들은 아마도 오늘날 젊은이들은 이해하기 어려울 것이다. 그래서 항상 아주 작은 일들임에도 국가 총리에게 폐를 끼칠 수밖에 없었다.

1960년 10월, 그때 부의의 일터인 향산(香山) 인민공사에서 인민대표 선거가 시작됐다. 부의는 이런 선거를 전혀 접촉해본 적도 없고 더욱이 자신에게 선거 유권자 자격이 있는지 없는지 알지도 못했으므로 북경식물원의 지도자들에게 물어보았다. 부의는 출옥한 지 얼마 되지 않아 외부의 상황에 대해 알지 못한다 치더라도 다년간 기층 행정지도 업무담당자가 이처럼 쉽게 판단할 수 있는 일을 난제로 간주한다는 건 안 될 말이었다. 그러나 "좌경이 되더라도 우경은 되지 말자"주의 시대인데다, 황제였던 복잡한 경력까지 지닌 특별한 직원을 대하게 된 그들은 이성적인 판단을 잃었던 모양이다. 아무도 부의가 선거 유권자가 될 수 있는지에 대해 명확히 말하지 못했다. 그로 인해 부의는 또 걱정이 되었다. 그는 또 초조와 불안 속에서 지내게 됐다.

식물원 지도자들이 즉시 중국 과학원 지도부에 묻고 지도부 지도자들이 또 국무원에 물었다. 이렇게 한 급 한 급씩 묻으면서 국가 총리에게까지 문제가 반영되었다. 주은래는 그 즉시 사업인원에게 전화를 걸어 각 기관에 회답했다. 부의는 특별사면 뒤 공민이 되었는데 어찌 공민권이 없을 수 있겠는가? 선거권이 있으면 피선거권도 있는 법, 구태여 말할 필요가 없는 일이다. 얼마 지나지 않아 부의는 남신촌(南辛村) 담벽에 나붙은 선거 유권자 명단에서 기쁘게도 자기 이름을 발견했다.

그 후 그는 책에서 1960년 11월 26일 공민의 자격으로 투표에 참가하던 순간의 기쁜 마음을 서술했다. 그에게는 그 유권자 증명서가 자신이 본 적 있는 어떠한 보물보다도 귀중하게 느껴졌다. 유권자 증명서는 그를 "세계에서 제일 부유한 사람"으로 만들었다. 1963년 4월 14일, 부의는 또 한 번 유권자 증명서를 높이 들고 북경 서성구(西城區) 풍성(豊盛) 선거소에서 투표에 참가했으며, 1966년 4월 3일, 부의는 세 번째로 남초장(南草場) 초등학교에 설치된 선거소 투표함 속에 자신의 장엄하고 신성한 한 표를 넣었다.

1961년 2월, 1년 기한이 차 부의는 아쉽게도 정든 식물원을 떠나게 됐다. 그는 떠나는 것이 못내 아쉬웠다. 그래서 책임자에게 매주에 한 번씩 식물원에 돌아와 하루이틀씩 자고 가겠다는 그의 요구를 허락받고서야 그는 비로소 즐거운 마음으로 새로운 일터로 옮겨갔다. 그는 또 『1년간 북경식물원에서 나의 노동 단련과 몇 가지 관점의 초보적 실천』이라는 제목으로 1년간의 식물원 생활을 종합했다. 부의는 서두에 이렇게 썼다.

> "1년간의 식물원 생활을 회고해 보면 학습이나 업무 모두 진보를 가져왔으며 수확을 거두었다. 물론 결함도 적지 않다. 지금 종합해보면 앞으로의 사상개조에 유익할 것이다.
> 식물원에 오기 전에 주 총리께서 제일 처음으로 특별사면된 인원들을 친절히 접견하고 우리를 진지하게 고무 격려해 주었으며, 우리에게 민족 입장(애국주의 관점)·집단적 관점·군중적 관점·노동의 관점 등 네 가지 관점을 확고하게 확립할 것을 요구했다. 이제 나는 자신이 상기 관점에 대한 초보적 실천을 거쳤음을 발견하고 너무 기쁘게 생각한다. 나는 식물원은 내가 상기의 관점을 수립하고 확립할 수 있도록 가장 좋은 환경을 마련해주었다고 생각한다……."

북경식물원에서 부의는 그저 한 명의 평범한 정원사일 뿐이었다. 너무 평범해 선거유권자가 될 수 있는지 없는지까지 물어봐야 했다. 그러나 모택동과 주은래의 소개로 그는 "중국 경험"의 선명한 예증이 되어 세계를 향해 나아갔다.

18.
요람 속의 저서

부의는 360일 낮과 밤을 북경식물원에 바치는 한편 온실의 화초, 향산의 오솔길을 영원히 자신의 아늑한 추억 속에 간직했다. 부의는 식물원에서 세상을 장식하는 꽃 재배 기술을 배웠으며, 더욱이 세계에 내놓을 불후의 저작 한 부를 출판했다. 그것이 바로 출판하자 모르는 사람이 없을 만큼 널리 퍼진『나의 전반생(我的前半生)』이다.

『나의 전반생』이란 도서는 1957~1958년 부의가 무순전범관리소에서 쓴 장편 자서전을 토대로 했다. 그때는 1954년에 시작된, 전범들의 자백 단계가 막 끝나갈 무렵이었다. 관리소 지도자들이 수감중인 전범들에게 "나의 전반생"이라는 제목으로 사람마다 자서전 한 편씩 쓰도록 요구했다. 실제로는 전범들에게 죄를 인정한 뒤 이를 토대로 자신의 전반생을 종합하도록 한 것이다. 이러한 종합은 개조를 거쳐 거둔 사상성과를 공고히 하는데 이로울 뿐만 아니라, 글로 쓰여져 세상에 나오게 되면 자연히 여러 곳에서 연구 자료로 쓸 수가 있었다. 부의는 경력이 특별한 데다 진심으로 개조 교육을 받았으며 솔직하고 확연해 믿음이 갔으므로 관리소 지도자들은 자연히 그의 종합서에 특별히 관심을 갖고 있었고 큰 기대를 걸었었다.

그때 쓴 45만 자에 이르는 원고는 비록 3살에 등극한 역사며, 1957년에 이르기까지 일생 동안의 중요한 활동들이 다 포함됐지만 문장을 쓸 때 심사숙고하지도 않았고 문장 구조에 대해 정성들여 구상하지도 않았으며, 또 확인 절차도 거치지 않았으므로 아직 많이 부족한 부분이 많았다. 부의가 후에 말했듯이 "이 자료는 그냥 자서전식으로 자신에 대해 검사해본 것이기에인 책이라 할 수 없다"고 했다.[113] 무순전범관리소의 당시 환경과 분위기로 볼 때 부걸이 말한 것과 같은 상황이 나타났던 것은 이상한 일이 아니다. 그 원고의 "머리말"에서 부의는 창작 동기에 대해 이렇게 말했다.

"내가 쓴 이 책은 바로 가장 더럽고 낯을 들 수 없는 나의 전반생의 추악한 경력이 주요 내용이다. 내가 글로 써내기로 결심한 주요한 이유는 '아무리 못난 며느리일지라도 언젠가는 시부모를 뵈어야 한다'는 소극적인 심정에서 쓴 것이지, 그러나 '어차피 버린 몸인데 될 대로 되라'는 자포자기적 심리에서는 아니다. 사람을 울지도 웃지도 못하게 하는 "매직거울"—좀 더 정확히 말하면 "요술거울"로 그때 나의 그 추악한 본 모습을 적나라하게 조국 인민 앞에 비춰 보이는 것으로서 조국 인민 앞에 머리 숙여 죄를 인정하고 뉘우치는 나의 성의를 보여 주기 위해서다. 그리고 또 나의 전반생 50년간의 모든 진실한 사람과 진실한 사건을 스스로 밝히고 비교적 계통적으로 사람들 앞에 드러내 보이기 위해서다. 그래서 내가 실제로 체험한 새 사회와 낡은 사회에 대한 대비를 통해 과거의 반동 봉건전제제도는 얼마나 인민을 해치고 인민을 기만하는 물건이었는지를 보여줄 것이며, 봉건 통치자들을 위해 봉사하는 '공가점(孔家店)'학설과 극히 미신적인 숙명론 그리고 전문적으로 인민을 마비시키고 미혹시키는 종교 등은 또 얼마나 음험하고 악랄하게 사람을 해치는 독 묻은 칼인지를 보여줄 것이며, 제국주의와 자본주의 제도, 그리고 봉건 통치계급은 또 어떻게 서로 결탁해 인류의 행복을 부셔버리고 인류사회가 앞으로 발전하는 것을 방해했는지를 보여줄 것이다. 이외에도 이처럼 생동적인 새것과 낡은 것 간의 대비를 통해 우리 조국의 현재 새 사회제도가 얼마나 우월한 것인지, 또 광범위한 인민의 금후의 무궁한 행복한 생활과 어떠한 밀접한 연관이 있는지, 그리고 형형색색의 악마들을—물론 제일 먼저 나부터 그 무리에 속한다— 어떻게 마르크스주의의 위대한 과학적 진리로써 새 사람으로 개조되었는지에 대한 사실적 경과를 보여줄 수 있을 것이다."

---

113) 부걸, 「나의 전반생」, 「인민일보」 1984년 12월 15일자.

비록 이는 자아 폭로의 성질을 띤 부의의 원고로서 처음으로 범죄자가 자백한 자료의 일부분으로 쓰여진 것이었다. 그러나 부의도 그 원고를 발표하려는 생각은 했었다. "특히 1959년에 생각지도 못했던 특별사면까지 받게 되자 나의 전반생을 세상에 널리 알리고 싶은 소망이 더 강렬해졌다."[114] 누가 부의에게 자아 반성 문자 자료를 저서로 수정해서 세상에 공개할 결심을 내릴 수 있도록 격려했을까? 바로 주은래였다.

부의는 석방되어 북경에 돌아온 닷새째 되던 날 두율명 등 10명과 함께 주은래의 접견을 받았다. 총리는 부의와 이야기를 나누면서 그가 회고록을 많이 쓰길 희망했다. 이에 부의는 무순에서 쓴 장편 자서전을 떠올리게 되었으며 이어 그 일을 총리에게 보고했다.

"어디서 썼다구요?"

주은래가 크게 중시해 하며 캐물었다.

"무순전범관리소에서입니다."

부의가 대답했다.

"관리소는 무순시 어느 구, 어느 거리에 있습니까?"

그 자리에 있던 한 수장도 무척 관심을 보였다.

"그건 확실히 모르겠습니다."

부의는 비록 관리소에서 10년이나 있었지만, 소속된 거리나 관할구에 대해 상세히 알 필요가 없었다. 규정에 따라 통신 주소도 거리나 관할구 번지수가 필요 없이 그저 "요녕성 무순성(城) 관리소"라고만 쓰면 되었다. 그러니 그는 확실한 건 모를 수밖에 없었다.

"이미 탈고했습니까?"

주은래가 또 다시 물었다.

"아직은 그저 초고라고밖에 할 수 없습니다. 이미 두 차례나 수정을 거쳤지만 아직은 정리가 다 되지 않았습니다."

부의가 대답했다.

부의가 그리 말하는 데는 이유가 있었다. 그는 몇 권에 이르는 두터운 친필 원고 중에서 첫 한 권만 수정을 거쳤으며 연속해서 두 번이나 수정하며 내용을 보충하기도 하고 삭제하기도 하니 원고지가 난잡했으므로 정서를 해야 했던 것이다. 나머지 몇 권에 이르는 친필

---

114) 발표되지 않은 부의의 원고 참고.

원고들도 수정을 해야 했다. 이런 상황을 감안해 부의는 12월 29일 무순전범관리소 김원 부소장에게 편지를 썼다. 그와 총리가 이야기를 나눈 상황에 대해 설명하는 외에 자신의 생각도 알렸다. 총리께서 그 원고를 크게 중시하시어 근일 가져다 열람하실 수 있도록 미리 사람을 시켜 잘 정서하거나 아예 인쇄해내 총리와 중앙의 기타 지도자들이 보시도록 편의를 제공해주길 바랍니다…….

그런데 그 편지를 띄우기 전에, 심지어 부의가 무순을 떠나기 전, 혹은 자서전 원고의 유인본에 대해 수정하고 있을 때 무순전범관리소에서 공안부에 올린 다른 몇 부의 유인본이 벌써 공안부와 중앙 통전부, 전국 정협 지도 동지들의 높은 중시를 불러일으켰으며, 게다가 중앙 통전부 서빙 부부장의 지시에 따라 또 4호 글자체로 16절지에 3권에 나뉘어 "미정고"의 명의로 400부가 활자로 인쇄됐다는 사실을 부의가 어찌 알았을 것인가! 부의가 주은래에게 자서전 원고에 대해 보고할 때 "미정고"는 이미 인쇄 제작 중이었다. 얼마 뒤 3권으로 된 흰 표지의 『나의 전반생』(미정고)이 총리와 기타 많은 중앙 책임자들 앞에 놓여졌다. 한편 국무원의 지시에 따라 군중출판사에서도 부의의 그 자서전 원고를 "내부 발행 의견 수렴"용으로 한해 출판했다. 그것이 바로 1960년 1월 책으로 선보인 이른바 "회색 표지본"이다.

정무에 몹시 바쁜 주은래는 다망한 와중에도 틈을 내 1960년 1월 26일 부의와 그 가족들을 접견할 때, 당시 그 방대한 3권에 이르는 "미정고"를 이미 두 권째 읽는 중이었다. 총리는 담화중에 그 원고에 대해 여러 차례나 언급했다. 말 속에는 칭찬과 긍정으로 가득 찼다. 그는 그 원고가 중요한 가치가 있다고 주장하는 한편 부족한 점에 대해서도 지적하면서 원고 수정 임무를 부의에게 맡겼다.

직업 배치에 대해 면담할 때 동소붕이 "농업기계를 다루는 것"을 생각해보면 어떨지를 제기했다. 주은래는 그것도 적합하지 않다고 말했다. 그때 그가 문득 뭔가 발견한 듯이 부의에게 머리를 돌리더니 "면담"의 범위를 벗어난 것 같은 문제를 제기했다.

주은래: 당신 기억력은 어떻습니까?
부의: 기억력은 좋지 않습니다.
주은래: 당신이 쓴 그 자료에서 그런 걸 생각해 내다니 쉽지 않은 일입니다.
부의: 그건 다른 사람이 도와준 것입니다.

주은래: 당신 기억력은 괜찮습니다. 그런데 한 가지 당신이 결혼할 때 여원홍(黎元洪)을 여전히 총통이라고 했는데 그건 좀 맞지 않는 것 같습니다.

부의: 아닙니다. 그건 서세창(徐世昌) 얘기입니다.

주은래: 당신은 어느 해에 결혼했습니까?

부의: 1922년입니다.

주은래: 그때는 서세창도 총통이 아니었습니다. 그 부분이 잘못 됐습니다.

부의: 그건 그저 원고일 뿐입니다. 수정해야 합니다.

부의는 스스로 기억력이 좋지 않다고 하고 총리는 기억력이 괜찮다고 했다. 그 일에 대해 이미 몇 해 전에 사람들은 변론한 적이 있다. 1954년 장사소가 부의의 셋째 누이동생인 온영을 도와 모 주석에게 편지를 보낼 때 그는 편지에 "부의는 기억력이 좋아 사람의 이름을 아주 똑똑히 기억하고 있으며 아주 총명하다"는 한 마디를 보충해 넣었다. 온영은 그 말에 찬성하지 않으며 반드시 지우라고 했다. 그는 아주 재미있는 사례를 하나 예로 들었다.

"30년대 제가 일본에 있을 때 부의에게 편지를 쓴 적이 있습니다. 편지에서 '바나나와 고구마를 같이 먹으면 안 되며 독이 있다'고 그에게 알려주었습니다. 그후 그가 저에게 편지를 써 보냈는데 '사람들이 말하기를, 바나나와 고구마를 같이 먹으면 독이 있다'고 알려주었습니다. 이는 그가 기억력이 좋지 않다는 것을 말해줍니다."

이번에 부의의 기억력에 대해 얘기한 것은 그의 자서전 원고에서 부의가 혼인할 때 당시의 국내 정치 배경에 대해 언급했기 때문이었다. 역사 사실을 보면 여원홍은 1916년 6월 원세개의 뒤를 이어 중화민국 총통이 되어 1917년 7월 장훈이 복벽을 주장할 때 난을 피해 직위에서 물러나고 풍국장(馮國璋)이 대리 총통직을 맡았다. 1918년 10월에서 1922년 6월까지 서세창이 총통이었다. 1922년 6월 직계군벌(直系軍閥)과 봉계군벌(奉系軍閥) 사이에 있었던 직봉(直奉)전쟁 후에 여원홍은 다시 총통에 복직해 1923년 10월에 이르러 조곤(曹錕)에게 직위를 물려주었다. 부의가 혼인한 날은 1922년 12월 1일이니 그때 중화민국 총통은 확실히 여원홍이었다. 그는 사람을 시켜 입궁해 축하까지 했다. 주은래와 부의의 대화를 보면 두 사람의 기억이 다 정확하지 않음을 알 수 있다. 물론 여기서 중요한 문제

의견 수렴을 위해 1960년 1월 내부 인쇄 발행한 부의의 『나의 전반생』(미정고), 이른바 "회색표지"본.

는 역사 사실에 대한 세부적인 부분이 아니라 총리가 부의의 기억력으로부터 그가 쓴 자서전 원고의 가치를 발견했다는 점이다. 역시 이번 대화에서 총리는 부의의 "나의 전반생"이라는 제목으로 쓴 그 자서전 원고가 "괜찮다"고 인정하기 시작했으며 이어진 대화를 통해 자신의 견해를 계통적으로 상세히 논술했다.

주은래: 당신이 쓴 원고가 40여 만 자에 이르는데 바빠서 아직 다 읽지 못했습니다. 음력설이 지나면 난 외출해야 하니 지금 당신과 먼저 얘기해보려 합니다. 당신이 쓴 글은 낡은 사회에 선전포고를 하고 철저히 폭로했습니다. 이는 쉽지 않은 일입니다. 마지막 황제가 이처럼 폭로하기는 쉽지 않습니다. 차르와 윌리엄의 회고록에서는 모두 스스로를 치켜세웠으며 영국의 웨일즈 친왕도 자신을 치켜세웠습니다. 역사적으로 아직 이런 예는 없습니다. 당신은 새로운 기원을 창조했습니다.

총리는 사상 개조의 각도에서 부의가 쓴 자서전 원고를 평가했다. 그는 부의는 세계에서 유일하게 개조 교육를 받은 군주라면서 부의가 쓴 글이 바로 확실한 증거라고 주장했다.

총리는 부의의 개조를 인정해주었는데, 그 자리에서 격려해준 반면에 "토대가 튼튼하지 않다"고 귀띔도 해주었다. 총리는 부의가 1950년 7월에 인도되어 귀국해서부터 지금까지 겨우 10년, 1945년 8월 포로가 되어 소련에 수감된 때부터 계산해도 14~15년이라고 말했다. "게다가 처음 몇 해, 당신은 개조하는데 전념하지 않았습니다. 그것도 역시 아주 자연스러운 일이며 이상할 것이 없었습니다. 어찌 갑자기 믿을 수 있겠습니까? 당신의 칠숙은 이제는 인민대표가 됐습니다." 총리는 여기서 말을 끊고 재도에게 머리를 돌리더니 "당신에게 정협위원이 되라고 할 때 당신은 우리를 믿었습니까?"라고 물었다. 총리는 부의가 "나의 전반생"이란 자서전 원고를 쓴 데 대해 "진정으로 자신의 문제에 대해 인식한 것은 그 뒤 몇 년의 일"이라고 논했다. 대화는 계속됐다.

주은래: 당신은 그 글을 쓰는 데 시간이 얼마 걸렸습니까?

부의: 1년 넘게 걸렸습니다.

주은래: 이는 당신이 그 뒤 몇 년간 진보했다는 것을 설명합니다. 그러나 아직 공고하다고 할 수 없습니다.

영국·독일·러시아 등 국가의 황제나 친왕과 비교해 부의는 중국의 마지막 황제로서 자신의 회고록을 통해 자신을 치켜세우지 않았으며 오히려 자신을 폭로했다. 이런 점에서 주은래는 그가 "새로운 기원을 창조했다"고 칭찬했다. 그 같은 칭찬은 전혀 지나친 것이 아니었다. 부의는 소련에서 수감생활을 하는 기간과 도쿄 국제 군사재판에서 재판을 받을 때도 감히 인정하지 못했던 일부 죄행을 "나의 전반생"이라는 자서전 원고를 통해서 밝혔다. 이로부터 그는 개조과정에서 마지막 몇 년은 실제로 진보했음을 설명해 주었다.

주은래: 당신이 쓴 글은 가치가 있습니다. 미정고이므로 4호 글자체로 인쇄해 당신에게 한 부 드릴테니 다시 고쳐보시오. 좀 더 완벽하게 고쳐 보시오. 그건 낡은 사회를 반영한 거울과 같은 것입니다. 낡은 사회는 끝났고 당신도 새로운 사람으로 바뀌었습니다.

총리는 주위를 둘러보고 나서 말을 이었다. 당신들은 저 사람을 책망하지 마세요. 그 책만 잘 수정하고 나면 입지를 굳힐 수 있습니다. 후세 사람들도 마지막 황제가 공산당에 의해 잘 개조됐다고 말할 것입니다. 그러니 설명할 수 있게 된 것입니다. 그러나 다른 황제들은 설명할 수 없습니다.

부의: 저의 생명은 당과 인민의 것입니다. 저는 모든 노력을 다할 것입니다. 그래서 모 주석과 총리의 기대에 어긋나지 않게 할 것입니다. 꼭 기대를 저버리지 않도록 하겠습니다.

주은래는 "나의 전반생" 자서전 원고 발표에 대해 견해를 발표했다. 바로 오늘날 세계에 널리 알려진 『나의 전반생』이란 도서의 제일 훌륭한 머리말이다. 비록 그 견해를 책머리에 적어 넣지는 않았지만 도서는 확실히 그때의 담화를 거쳐 세상에 나오게 된 것이다. 그것은 주은래가 중앙 지도자로서 제일 먼저 나서서 "나의 전반생" 자서전 원고의 가치를 인정해 주었기 때문이다. "반 우파", "반 우경"운동이 자주 일어나고 극 '좌'정책이 실행되고 있던 시대에 그 초석을 까는 작업은 주 총리만이 할 수 있었으며, 다른 사람은 아무도 대체할 수가 없었다. 그리고 또 주은래가 그 자서전 원고가 아직 "비교적 완벽한 것"이 아니라고 객관적으로 지적하고 수정을 잘해 "입지를 굳힐 수 있도록" 할 것을 제기했다. 이로서 훗날 공개 출판될 『나의 전반생』을 위해 명확한 질적 기준을 규정해 놓아 그 도서가 베스트셀러가 될 수 있도록 했다.

이번 담화가 끝난 뒤 얼마 지나지 않아 부의는 흰색 표지 오른쪽 위쪽에 "미정고"라고 밝힌 3권으로 된 "나의 전반생" 자서전 원고를 받았다. 그가 내용을 보니 원래 무순에 있을 때 유인본에 대해 수정을 거친 부분이 들어 있지 않았으므로 그는 1960년 2월 19일 김원에게 편지를 띄워 그와 의논했다.

"또 의논드릴 일이 있습니다. 지금 『나의 전반생』이라는 3권으로 된 도서를 통전부에서 저에게 보내왔습니다. 그런데 3권으로 된 책에 제가 무순에 있을 때 제일 마지막으로 수정한 부분의 내용이 들어 있지 않습니다. 제일 마지막에 수정 보충한 부분의 내용을 보충하는 것이 마땅하지 않겠습니까? 그렇지 않으면 보충할 필요가 없겠습니까? 만약 보충하는 것이 낫다면 수정 부분에 대해 소(所)에서 새롭게 보충 인쇄해야 합니까? 혹은 저에게 부쳐 주시면 제가 다시 베껴서 보충할까요? 대체 어떻게 하는 것이 적합할지 소장님께서 시간이 나실 때 편지를 띄워 그 문제를 해결할 수 있도록 해주십시오."

그 자서전 원고는 부의 자신도 만족스럽게 생각하지 않았다. 그는 이미 수정한 내용을 보충해넣고 또 주은래의 지시에 따라 더 수정할 수 있기를 바랐다. 얼마 뒤 상·하 두 권으로 된 회색 표지 견본도 부의에게 전해졌다. 본문의 앞에 인쇄해 붙인 것은 중앙 통전부와 공안부 지도자들의 심열을 거쳐 1959년 12월 28일 비준받은 『출판 설명』이었다.

"이 도서는 만주국 전범이며 만주국 '황제'였던 아이신줴뤄 부의가 복역기간에 쓴 반성 기록이다. 부의는 그 '참회록'에서 그와 그의 봉건 잔당들이 수십 년간 제국주의와 결탁하고 조국을 배신하고 인민을 해친 심각한 죄행에 대해 스스로 폭로했다. 그가 이 도서에서 언급한 역사 사실에 대해서는 아직 확인을 거치지 않았다. 그가 제기한 논점도 타당하지 않거나 잘못된 곳도 많다. 우리는 일부 틀린 글자와 문장부호만 고쳤을 뿐 문장의 내용에 대해서는 일률적으로 수정하지 않고 완전히 원고 그대로 인쇄해 내부 참고자료로 삼고자 한다."

흰색 표지의 "미정고"나 회색 표지의 "내부판"이나 목적은 다 부의에게 자신의 저서를 수정할 수 있는 준비를 시키기 위해서였다. 그 동안 주은래는 여러 차례나 여러 장소에서 부의의 자서전 원고 수정에 대한 자신의 구체적 의견을 제기했다. 그 의견의 기본정신은 부의의 부담을 덜어주기 위한 것이었다. 주은래는 "책 속에 자아비판 내용이 너무 많다. 그 일들은 다 지난 일들이다"라고 말했다.[115] 그는 또 한 가지 사건을 쓴 다음 긴 편폭의 반성문이 뒤따라야 할 필요는 없다며 역사사실에 따라 쓰면 된다고 말한 바 있다.[116] 그때 정치적 바탕이 짙고 부의의 신분이 복잡해 세인이 주목하는 상황에서 만약 주은래가 친히 그의 부담을 덜어주지 않았다면, 그가 어찌 홀가분한 마음으로 이 세상을 놀라게 한 책을 써낼 수 있었을까?

---

115) 엽조부(葉祖孚), 「중일 우호사업에 주력하는 사람-부걸 선생 인터뷰(致力于中日友好事業的人—訪溥傑先生)」, 「북경정협보(北京政協報)」 1985년 2월 3일자.

116) 왕세민(王世敏), 「부걸의 근황(溥傑近況)」, 「홍콩대공보(大公報)」, 1983년 3월 31자.

19.
"집안일"을 처리해주라

　1960년대 들어 첫 번째 따스하고 화창한 5월, 소나무, 측백나무가 푸르고 꽃이 붉게 피는 계절이었다. 세계에서 저명한 인물 두 분-주은래와 등영초(鄧穎超)가 자신의 집에서 부의와 그 가족들인 칠숙 재도, 둘째 누이동생 온화와 매부 정광원(鄭廣元), 셋째 누이동생 온영과 매부 윤기(潤麒), 다섯째 누이동생 온형과 매부 만가희, 넷째 아우 부임과 제수 장모영(張茂瑩), 여섯째 누이동생 온오와 매부 왕애란(王愛蘭), 일곱째 누이동생 온환을 뜨겁게 초대했다. 다만 넷째 누이동생 온한(韞嫻)은 병환으로 참가하지 못하고 넷째 매부 조기번(趙琪璠)은 그 당시 홀로 대만에 살고 있었으며 일곱째 매부 교홍지(喬洪志)는 불행하게도 한 달 전에 병으로 세상을 떠났다.

　이날 접견은 계획한 지 오래였다. 1월 26일 접견이 끝나갈 때 주은래가 말한 바 있다. 시간이 촉박해 부의와 그 형제들만 초대했을 뿐 그 제수와 매부들은 초대하지 못했으며 또 등영초도 병으로 참가하지 못했다면서 "이후 꼭 여러분을 집으로 초대할 것"이라고 말했었다. 총리가 그 약속을 지킨 것이다.

　그런데 총리가 단도직입적으로 한 일본 여성의 이름을 제기할 줄은 아무도 예상치 못했다. 물론 그 이름은 그 자리에 있던 사람들 모두가 잘 알고 있는 이름이었으며 역시 그들의 가족 구성원 중 한 사람이었다. 총리는 부걸의 부인 사가 히로가 그에게 편지를 써 중국에

돌아와 정착할 것을 신청하면서 남편이 특별사면된 후 북경에 모이기 바랐다고 말했다.[117]

"나와 등영초 동지가 이번에 당신들을 집으로 초대한 것은 주로 사가 히로 여사의 귀국 정착 문제에 대한 여러분의 의견을 듣고 싶어서입니다. 당신들은 부걸의 가족이니까요!"라고 주은래가 말하자. 모두들 침묵했다.

속담에 "청렴한 관리도 집안 일은 처리하기 어려워한다"고 했다. 그런데 주은래는 오히려 아이신줴뤄 가족의 그러한 "집안 일"을 처리해주려고 나선 것이다.

16년 전 부걸 부부는 이산가족이 됐다. 그건 시대의 비극이었다. 그때부터 지금까지 그들은 서로 떨어져 한 해 한 해를 보냈다. 그러던 그들이 이제 한데 모이게 됐으니 이는 시대의 즐거운 일이라 모두가 기뻐만 할 일인데 처리하기 어려운 "집안 일"이라니 어인 말인가? 그러나 그처럼 간단한 문제가 아니었다. 그 사이에 여러 가지 슬프거나 혹은 기쁜 이야기들이 잇달아 발생한 것을 아마도 사람들은 잘 알고 있을 것이다. 그런데 부의가 그 서로 끔찍히 사랑하는 이산 부부가 한데 합치는 것을 결사 반대한 데 대해 많은 사람들은 놀랍게 생각할 것이다. 그러나 이야기를 듣고 나면 쉽게 이해가 될 것이다.

1937년 4월 3일, 만주국 강덕 황제의 어제(御弟)인 부걸이 일본 화족 사가 시츠가츠(嵯峨實勝) 후작의 장녀 사가 히로와 일본 도쿄 구단(九段) 군인회관에서 성대한 혼례식을 치렀다. 전 일본 관동군 사령관 혼죠 시게루(本莊繁) 대장과 전 일본 육군 대신 미나미지로(南次郎)대장의 중매로 이루어졌으며, 혼례식 비용마저도 관동군이 지불한 그 혼인이 물론 일반 혼인일 리가 없었다. 일본 군국주의자들은 그 결합을 이용해 "일만 친선"을 떠벌이고자 했으며, 또 "황제 아우의 아들"이 보위를 잇는다는 내용을 담은 "제위 계승법"까지

1937년 4월 3일, 부걸과 사가 히로의 혼례식 기념 사진.

117) 능빙, 「아이신줴뤄 온환」. 영하인민출판사, 1984, 166~169쪽.

제정해 부걸과 사가 히로의 혼혈아 후대가 부의의 황위를 이을 수 있도록 했다. 이른바 "정략 혼인"은 바로 이러한 큰 음모의 뜻을 담고 있었다. "대청 황위"의 "종족계통"과 목숨이 달린 자신의 처지와 관련된 일인지라 부의는 그때 그 일을 크게 경계했으며 상응하는 방비책도 세워두었다. 그 당시 형제 사이는 겉으로는 예의를 지키는 것처럼 보였지만 암암리에 서로 의심하고 시기하면서 가족 간의 정도 식어갔다. 그러나 관동군의 명령에 따라야 하는 꼭두각시 황제인 부의에게는 간섭과 반대할 수 있는 아무런 능력도 없었다. 그를 크게 화나게 했던 것은 부걸과 사가 히로가 결혼 후 부부 정이 아주 깊었다는 것이었다.

만주족 복장을 한 사가 히로.

무순에서 개조교육을 받던 때 주은래가 혜생의 편지를 그 아버지에게 전한 뒤로 부걸과 사가 히로는 또 다시 빈번한 서신왕래를 유지했다. 사가 히로는 일본어로 쓴 한 통 한 통의 편지에서 남편에 대한 사무치는 그리움을 표현했으며 남편을 보러 중국에 가게 해달라고 거듭 요구했다. 부부의 정을 보면 이는 전적으로 이해할 수 있는 일이었다. 그러나 일본에 사는 히로 부인과 중국에서 개조를 받고 있는 부걸이 정치적 입장이 일치하고 사상 수준이 동등할 리가 없었다.

사가 히로는 1959년 8월 31일 부걸에게 쓴 편지에서 그녀가 그때 이미 종사 중에 있고 또 계속해나갈 사업에 대해 이야기했다. 그 사업이란 즉 전 만주국 일본인 고급 관리를 위주로 하고, 기시 노부스케(岸信介)정부 일부 인사가 참여하며, 또 일부 신문사의 협조로 발기한 청원 사인운동이었다. 그 목적은 중국정부에 만주국 전쟁 범죄자 석방을 요구하는 것이며, 그로써 그들도 "인정과 인간의 사랑을 아는 사람"이라는 것을 알리기 위한 것이었다. 사가 히로는 편지에 이렇게 썼다.

"나는 이 사인과 청원서를 가지고 중국에 가 주은래 총리에게 감사인사를 드리고 무순에

가 당신을 면회할 생각입니다. 그래서 전 일본 국민의 소원을 하루 빨리 알릴 것입니다. 당신 생각은 어떠합니까? 당신이 허락한다면 저는 바로 주은래 총리에게 편지를 쓸 생각입니다."

부걸은 아내의 행동에 찬성하지 않았다. 그는 답신에서 도움을 주는 자세로 자신의 의견을 진실하게 밝혔다.

"당신이 그렇게 하는 것은 지금 나의 입장, 관점과 너무 많이 다르다고 봅니다. 지금 내 심정을 헤아려주었으면 합니다. 당신도 알다시피 나의 전반생은 죄악의 과정이었습니다. 내가 조국과 조국 인민에게 가져다준 재난은 만 번 죽어도 보상할 수 없는 것입니다. 이는 근본적인 문제입니다. 그래서 나는 당신이 무엇보다 먼저 이 점에 대해 정확히 인식하기 바랍니다.

우리가 저지른 죄악으로 유사 이래 있어본 적이 없는 재앙을 당한 중국인민이 14년간 내목숨을 살려주었을 뿐 아니라, 더없이 관대한 자세와 인도주의 정신으로 나를 일관되게 따뜻이 대우해주었으며, 더욱이 나에게 밝은 앞날을 제시해주었습니다. '원수에게 은덕을 베풀고' '병을 치료해 사람을 살리는' 이러한 바다와 같은 관용은 고금중에 있어본 적이 없습니다. 한 번 생각해보십시오. 만약 이런 새로운 사회제도가 아니었다면 나 같은 이런 엄중한 전쟁 범죄자가 목숨이 백 개라도 살아남기 어려웠을 것이라는 것은 너무도 명백한 일입니다. 당신도 피해자—중국인민의 입장에 서서 나의 죄악에 대해서 곰곰이 생각해 보시길 바랍니다. 1천 여 만의 조국 인민이 우리 때문에 사랑하는 부모와 아내, 형제자매를 잃었습니다. 이들 피해자들은 영원히 피 맺힌 원한을 잊지 못할 것입니다. 만약 당신이 이러한 입장에서 생각해본다면 나를 죽이지 않은 것만으로도 너무나도 큰 관용이라는 것을 알게 될 것이며 따라서 너무 감사하게 생각할 것입니다. 하물며 나에게 밝은 앞날까지 제시해주었지 않습니까? 그러므로 무슨 서명운동을 벌이는 것은 나에게 아무런 이득이 안 될 뿐 아니라 오히려 나의 죄악만 더 커지게 할 뿐입니다. 당신이 더 멀리 내다보는 안목으로 우리의 밝은 앞날을 생각하고 조국 인민에 감사하는 마음으로 밝은 앞날이 오기를 기다리기 바랍니다. 이제부터 우리 둘은 발걸음을 일치시켜야 하고 생각이 같아야 합니다."

부걸은 그 편지를 3천 자는 족히 될 만큼 길게 썼다. 그는 다각도로 사인운동을 해서는 안 된다는 이치를 거듭해서 논증했다. 그는 또 예를 들어 입원한 전염병환자가 병이 다 나아 더 이상 병을 전파하지 않게 되면 의사는 당연히 퇴원하는 것을 허락할 것이지만, 만약 병이 채 낫지 않았다면 의사는 절대 퇴원을 허락할 수 없다면서 환자의 아내가 아무리 강력히 요구해도 소용없다고 말했다. 부걸은 "사인 운동 자체가 본질적으로 말하면 중국인민과 대립되는 입장"이라고 주장했다. 그래서 그는 아내가 그러한 목적으로 중국에 오는 것은 반대한다고 명확히 밝혔다. 그러나 그는 아내가 조국과 새 사회에 대해 바로 알고자 하는 소원을 갖고 중국에 오는 것은 찬성한다고 밝혔다. 유감스럽게도 그때는 우편 왕래가 잘 이루어지지 않아 중일 양국 사이의 편지는 국제적십자회를 거쳐야만 했다. 사가 히로는 부걸의 그 편지를 받아보지 못한 채 성급하게 그 일을 한층 더 깊이 전개시켰다. 물론 이는 객관적으로 볼 때 이시바시 단잔(石橋湛山) 일본 전임 수상과 마츠무라 겐조(松村謙三) 일본 자유민주당 고문 겸 참의원의장이 잇달아 중국을 방문한 것과 관련이 있었다. 주은래는 그들을 접견하고 일본과 중국 관계를 개선하는 것에 대한 유명한 "정치 3원칙"을 제기했다.[118] 사가 히로는 1959년 10월 14일 부걸에게 보낸 편지에 이렇게 썼다.

"며칠 전 이시바시 단장이 중국을 방문할 때 그에게 위탁해 주 총리와 이덕전(李德全) 여사에게 편지를 전하게 했습니다. 그리고 나는 무순에 가 당신을 만나고 싶다고 이야기했습니다. 편지에서 나는 건국 10주년 국경을 경축한다고 밝히고 무순에 있는 일본인과 중국인을 석방할 것을 청원했습니다. 지금 많은 일본인들이 이러한 소원을 안고 석방운동을 펼치고 있습니다. 그들이 나에게 보내온 편지도 아주 많습니다. 이번에 마쓰무라 겐소우 선생이 중국을 방문할 때 나는 다시 한 번 청원할 생각입니다. 일본 매체에서는 중국인 전범들을 대사면했다고 보도했습니다. 홍콩에서 온 편지에서는 현지 매체에 대사면 리스트를 발표했다고 썼습니다. 그러나 나는 똑똑히 알 수가 없습니다. 이모토다치(伊本立) 선생이 나에게 보낸 편지에서 '곧 석방된다'는 것을 확신할 수 있다고 밝혔습니다. 그러나 이 역시 똑똑히 알 수가 없습니다."

통화(通化)의 대율자(大栗子)에서 헤어진 뒤로 부걸은 한 번도 아내와 딸을 만나지 못했

---

118) "정치 3원칙" 이란 즉, 일본정부는 더 이상 중국을 적대시하는 언론을 발표하지 말 것, "두 개의 중국"을 만들려는 음모에 참여하지 말 것, 양국 민간의 정상적인 관계 발전을 저해하지 말 것. 이는 일본 기시 노부스케 정부가 무역협정을 일방적으로 파기한 뒤 주은래가 중일 우호의 염원에서 출발해 제기한 것이었다.

다. 그러나 사면이 높은 담에 둘러싸인 감옥으로 첩첩히 막혀 있었지만, 먼 거리도 그의 그리움만은 막을 수 없었다. 그들 부부는 서로 깊이 사랑하고 있었으므로 세월의 흐름에도 씻기지 않는 서로에 대한 이해가 있었다. 일시 심각한 사상 모순은 있겠지만 쌍방은 오직 의논하고 서로 돕는 자세로 극복하는 수밖에 없었다. 이는 필연적인 것이다.

　부걸이 부부의 정을 잊을 수 없는 것처럼 부의는 "정략 혼인"에 대해 내내 잊지 못했다. 무순에 이른 뒤 부의는 둘째 아우에게 사가 히로를 완전히 잊고 영원히 그녀에 대해 거론하지 말 것을 공개적으로 요구했다. 그러나 부걸은 여전히 처자식을 그리워했다. 몇 번은 우울하게 지내다 병이 들기까지 했지만, 부의는 동정은커녕 오히려 반감을 나타내기까지 했다. 하룡과 섭영진(聶榮臻) 두 원수가 그들 형제 둘을 접견하는 자리에서 부의는 둘째 아우가 아내와 결별을 선고하기를 희망하며 수장들에게 이혼을 도와달라고 청을 들었다. 그러나 부걸은 진심으로 그리운 마음을 드러냈다. 게다가 두 원수의 의견은 부의를 더욱 실망시켰다. 그들은 부걸에게 나라 사이 원수는 당신들이 부부가 되는데 아무 영향도 미칠 수 없다면서 사가 히로는 언제든 돌아올 것이니 부걸도 스스로 아내를 데려와야 하지 않겠냐고 말했다. 그들 부부가 통신하게 되자 부의는 또 반대하는 태도를 보였다. 그러나 원수들의 접견이 있은 뒤로 부걸은 마음속에 요량이 생겨 자신의 주장을 감히 견지할 수 있게 됐다. 그러나 사가 히로의 『떠돌이 왕비(流浪王妃)』에 중국인민을 자극하는 대목이 들어 있듯이 그녀의 편지에도 신 중국에 어울리지 않는 내용이 들어 있었다. 그것이 이번에 또 부의에게 들켜버린 것이다.

"네가 히로와 계속 내왕하는 것은 민족 입장 문제이다!"

부의가 굳은 표정으로 정색해서 말했다.

"통신하는 것도 관리소에서 허락한 일입니다!"

부걸이 불복했다.

"너희들 상황은 특별해. 일본인의 음모야! 그러니 반드시 태도를 명확히 해야 해. 관계를 딱 끊어."

"전 아직 내키지 않습니다⋯⋯."

1959년 12월 8일, 부의가 무순전범관리소를 떠나기 전 마지막 밤. 관리소 소장은 특별히 부걸을 부의에게 오게 해 두 형제가 헤어지기 전에 조금이라도 더 같이 있으면서 마음을 터놓고 이야기를 나누게 했다. 이미 특별사면을 받은 형은 개조를 계속해야 하는 아우에게 정중하게 당부했다. 그는 내일이면 무순을 떠나게 된다. 유일하게 마음이 놓이지 않는 일이 있는데 말하지 않을 수 없었다. 그것은 바로 아우의 혼인 문제였다. 그는 여전히 둘째 아우가 정치적인 견지에서 쾌도난마식으로 사가 히로와의 모든 관계를 끊어버리고 후에 석방되어 북경에 돌아오면 다시 재혼 문제를 생각할 것을 희망했다. 이에 대해 부걸은 정면으로 대답하는 것을 회피했다. 물론 그는 받아들일 수가 없었다.

부의는 특별사면 뒤에도 부걸과 사가 히로의 관계에 대해 자신의 견해를 고집했다. 1960년 1월 26일, 주은래가 그들을 접견한 자리에서도 그는 그 일을 계속 마음에 담아주고 "부걸이 일본인과 결혼한 것은 음모"라고 말했다. 그는 그렇게 하는 것이 "정치적인 견지에서" 처신하는 줄로 알았던 모양이다. 그러나 그는 고정불변의 안목으로 정치를 보면 필연코 편견에 빠질 것이라는데 대해 아직 알지 못하는 게 분명했다.

주은래는 부걸과 사가 히로의 혼인 관계에 대해 자신의 견해가 있었다. 1959년 봄, 전범을 특별사면한다는 소식이 아직 발표되기도 전에 오학문(吳學文)이 일본의 저명한 평화인사 사이온지 긴가즈(西園寺公一) 선생의 친분으로 일본을 방문하는 기간에 주은래를 대표해 에비스(惠比壽) 판사처에서 사가 히로를 접견했으며 그녀에게 남편 곁으로 돌아가고 싶지 않으냐고 물었다. 사가 히로는 그때부터 초조하게 중국으로 건너 갈 날만 눈이 빠지게 기다렸다고 회고했다. 짐은 이미 다 싸놓고 언제든 도쿄를 떠날 수 있게 준비하고 기다렸다.[119]

부걸이 석방된 뒤 중국에 와 남편과 한데 모여 북경에 정착할 것을 요구하는 사가 히로의 청원서도 바로 주은래의 손에 전달됐다. 중국 총리는 "부걸 군"과 8년을 함께 살면서 두 딸을 낳았으며 또 16년이나 고생하며 기다려온 일본 여성이 남편과 한데 모이겠다는 절박한 요구를 한 것은 인정상으로나 도리상으로나 모두 합리적인 것으로서 마땅히 만족시켜주어야 한다고 주장했다.

얼마 뒤 부의가 특별사면으로 풀려났다는 소식이 전 세계 특히 일본에 널리 퍼지는 것을 아무도 막을 수는 없었다. 부걸의 특별사면도 멀지 않을 것임이 분명했다. 이런 상황에서 주은래는 사전 준비를 할 필요가 있다고 여겼다. 부걸과 사가 히로의 만남은 아직도 많은 어려움에 직면해 있었기 때문이었다. 첫째는 중일 양국이 아직 수교하지 않아 정치적인 소

---

119) 사가 히로, 『떠돌이 왕비』, 북경, 시월문예출판사, 1985, 167쪽.

통의 두절과 인원의 출입국 등 모든 것이 엄히 제한되어 있었다. 둘째, 부의와 아이신줴뤄 가족 기타 성원들이 사가 히로에 대한 경계심이 사라지지 않았다는 점이었다. 만약 전자가 반드시 정치적 외교적 경로를 거쳐 해결해야 할 문제라면, 후자는 타이름과 설득이 필요한 문제였다. 세심한 사상교육을 통해 그들 친족들 사이에 존재하는 생각의 장벽을 제거해야 만 했다. 그래서 주은래와 등영초(鄧穎超)는 부의와 그 가족들을 집으로 초대했던 것이다.

부의는 마음속으로 사가 히로가 북경에 돌아오는 것이 내키지는 않았지만 그는 아무 말 도 하지 않고 잠자코 있었다. 온화. 온영. 온형은 만주국 시대에 늘 사가 히로와 함께 있었 으며, 특히 온영은 일본 유학 기간에 올케와 왕래가 더욱 빈번했다. 후에 통화로 도주했을 때 그들은 생사를 같이 하고 어려움을 같이 극복했으므로 그 감정 또한 일반 친척들이 비 할 바가 아니었다. 그러나 정치적 풍파를 겪은 황실 형제자매들은 항상 더 많은 생각을 하 게 된다. 노동자와 농민 대중들에 비해 출신 차이가 너무 큰 것도, 주변 동지들에 비해 경 력이 복잡한 것도 신경 쓰이는 일인데, 이제 만약 일본인과 연관되기까지 하면 말 한 마디 잘못해도 또 다른 소용돌이가 휘몰아칠까 두려웠다. 게다가 총리의 태도도 아직 명확하지 않았으며 큰오라버니 부의가 결사반대까지 하니 입을 열기가 난처했다.

"모두들 구속받지 마십시오. 이 일에 대해서는 어떤 견해가 있어도 다 허용됩니다. 몇 마 디씩이라도 생각나는 대로 이야기하세요. 원래 생각해본 적이 없더라도 지금부터 생각해 보시면 되니까요."

주은래는 모두가 주저하는 것을 보고 마음의 부담을 극력 덜어주기 위해 미소를 띠고 이 렇게 말했다.

"사가 히로는 일본 화족이며 천황의 친척입니다!"

"그들이 30년대 일으킨 침략전쟁으로 인해 중국인민은 8백여 만 명이나 죽거나 다쳤고 군대는 약 4백만이나 희생됐습니다. 그리고 또 우리나라에 5백여 억 달러에 이르는 재산 손해까지 입혔습니다. 너무 잔혹합니다."

"그들에게 서신 왕래를 할 수 있게 하고 사가 히로의 방문을 허용할 수는 있습니다. 그러 나 지금 중일 양국은 서로 적대국이니 그녀가 북경에 장기적으로 거주하도록 대우해줄 수 는 없습니다. 의외의 일이 일어나는 것은 예방해야 합니다."

"……"

그 자리에 있던 사람들이 드디어 제각기 견해를 발표하기 시작했다. 비록 모두가 피동적이고 관점도 모호했으며 어떤 말은 마음속 말이 아니고 또 어떤 내용은 만주국 황궁의 흔적도 띠고 있지만 경향은 분명했다. 즉 가장 좋기는 사가 히로가 귀국해 정착하지 않도록 해야 한다는 것이었다. 그들은 큰오라버니의 소원에도 부합되고 또 국제적 시비도 피할 수 있으니 그러면 될 것이 아닌가 하고 생각했다.

온환은 다른 사람들과 다른 의견을 내놓았다. 그녀는 부걸과 사가 히로의 혼인 관계가 계속 존재하는 한 둘째 올케가 와서 한데 모이고 북경에 정착하는 것을 허용해야 한다고 주장했다.

온환의 의견을 듣고난 주은래는 웃었다. 그는 모두에게 그 의견에 대해 논의해 보라고 했다. 그 자리에 있던 사람들은 대뜸 총리의 태도를 알아차리고 너도나도 "입장을 바꿔" 찬성한다고 밝혔다. 기실 그들 중 어느 누가 오빠와 올케가 한데 합치기를 바라지 않겠는가? 총리는 그 기회를 빌어 도리를 설명해나갔다. 그가 말했다. 모두들 이 문제에 대해 여러 가지 의문과 우려가 있는 것을 이해할 수 있다. 중일 양국 간에 전쟁이 있었고 일본이 침략자라는 것은 확실한 역사적 사실이다. 그러나 양국 인민의 측면에서 보면 줄곧 우호적이었다. 부걸과 사가 히로가 결혼한 지 수십 년이다. 사가 히로가 오겠다고 하면 우리는 거절하기가 어렵다. 그녀가 온다면 중일 양국 인민 사이의 우호 교류를 전개하는 데도 이로울 것이 아닌가! 우리는 대국으로서 대국다운 품격이 있어야 한다. 그녀가 오는 것을 환영할 뿐 아니라 오게 되면 잘 대해줘야 한다. 그대들과는 가까운 친척 간이며 그녀는 그대들의 둘째 올케이고 부의의 제수이며 재도의 조카며느리가 아닌가? 그대들 모두 그녀를 가깝게 대해야 한다. 그녀는 외국인인 동시에 중국인이기도 하다. 이전부터 중국 국적을 취득하지 않았는가. 더구나 그대들 가족이니 멀리 하면 안 된다![120]

주은래의 일장 연설에 모두들 탄복했다. 다만 부의만이 그래도 좀 이상한 눈치였으며 별로 기뻐하지 않았다. 그 미세한 부분 역시 총리의 눈을 벗어나지 못했다.

---

120) 능빙, 『아이신줴뤄 온환』, 영하인민출판사, 1984.

20.
전문요원이 되다

식물들의 가지를 손질하는 꺾꽂이, 울긋불긋 천태만상의 관상 식물을 기르는 온실에 이르기까지 부의는 늙은 정예사를 따라 기예를 익히는 데 흠뻑 빠져 있었다.

식물원에 배치를 받아 노동하면서 부의는 여기서의 직위가 임시직이라는 것을 전혀 모르고 있었다. 두율명과 송희렴 등 전 국민당 장군들은 홍성(紅星)인민공사에 배치 받아 노동했다. 그들도 역시 후반생을 북경시 교외에서 지내게 될 줄로 알았다. 비록 어떤 사람은 "앞으로 변화가 있을 것"이라고 추측하기도 했지만, 그들은 고작 시내 모 공원에서 대문지기를 하거나 마당이나 쓰는 일이라도 시켜주기만 바랐다. 그것만으로도 보살핌을 받는 것이라고 여겼다. 그들은 남은 인생에 인민에게 기여할 수 있는 것은 오로지 남은 체력뿐이라고 생각했다. 부의는 자신만의 생각이 있었다. 그는 대청제국을 얻었지만 한 번도 제대로 느껴보지 못하고 구름과 연기처럼 흩어져버렸다. 그는 또 "만주제국"이라는 허위적인 보좌를 얻었었지만, 자기 인생에 치욕만 남겨 놓았다. 이제 그는 또 녹색왕국을 얻었다. 여기에는 순수하고 깨끗하며 청신한 공기가 있고 넓고 자유로운 천지가 있다. 그는 그만 이런 분위기에 취해버렸고, 만족스러워 했다.

그러나 주은래는 만족해하지 않았다. 낡은 중국의 "황제"에게 새 사회에서 알맞는 직업을 배치해주기 위해 주은래는 지혜를 짜고 또 짜면서 하나 하나 새로운 방안을 설계해냈다. 이 같은 사실은 1960년 1월 26일 "면담" 자리에서 모든 대화내용을 통해 증명됐다.

그 당시 "면담" 자리에서 부의는 우려하는 눈치가 역력했다. 주은래가 그에게 지식기초와 기능 등의 상황에 대해 물었을 때 그는 수학, 물리, 화학은 "아는 게 하나도 없고", 영어는 몇 마디 할 줄 알았는데 "그것마저 잊어버렸으며", 공업노동을 하려 해도 "700도 근시안"이고, 농업노동은 할 줄 아는 게 없으며, 주방 일을 하려 해도 요리도 할 줄 모른다고 회고했다. 부의는 한없이 후회되고 한스럽다고 말했다. "낡은 사회가 저를 쓸모없는 폐물로 만들어놨습니다. 그저 가만히 앉아서 먹고 즐길 줄밖에 몰랐습니다." 그는 정부의 관대함과 정부의 개조에 감사한다며 은혜를 갚고자 하는 마음은 절박하나 아무런 능력도 없으니 어찌 나라와 인민을 위해 기여할 수 있겠느냐고 말했다.

"면담"시 주은래는 부의에게 과학문화를 접촉할 수도 있고 힘들지 않은 체력노동도 할 수 있으며 비교적 충실한 사회정치 생활도 할 수 있는 환경을 마련해주고자 한다고 했다. 그래서 그는 식물원을 선택했던 것이다. 그리고 부의에게 "3년 계획"을 세우고 "수학, 물리, 화학을 처음부터 배울 것"을 요구했다. 이로부터 총리가 부의에게 한 가지 기능을 더 배워 그로써 사회를 위해 봉사할 수 있기를 바라고 있었다는 사실을 알 수 있었다. 그러나 총리 역시 반 백이 넘는 사람에게 예전의 경력을 완전히 떨쳐버리고 새롭게 식물을 연구하라는 것은 어쨌든 이상적인 배치일 리 없다는 생각을 하지 않았을 리 없었다.

주은래는 또 계속하여 이러한 문제에 대해 생각했다. 북경식물원과 홍성인민공사를 과도적인 일자리로 삼아 부의와 두율명 등에게 한동안 일하도록 하는 것도 그다지 나쁘지는 않을 것이라고 생각했다. 그런데 그 시기를 좀 길게 잡아야 할지 아니면 좀 짧게 잡아야 할지? 그들의 최종 귀숙지는 어디로 정해야 할지? 부의나 두율명이나 아무도 상상하지 못했을 것이다. 세계적으로 이름난 공산당 지도자이며 업무가 그처럼 다양한 중국의 총리이며, 박식하며 온화한 주은래가 여전히 그들의 앞날을 위해 이상적인 방안을 고안하느라 애태우고 있었다는 사실을 말이다……

주은래가 "면담" 중에 부의는 기억력이 좋다는 사실을 발견했다는 점에 주의할 필요가 있다. 이는 물론 그 자서전의 원고를 두고 하는 말이지만 부의처럼 나라와 민족, 그리고 전반 사회와 관계되는 중요한 경력이 있는 인물에게 있어서 그 같은 전기를 써낼 수 있다는 것이 얼마나 진귀한 일인가를 그는 알고 있었던 것이다. 그 자서전은 세세대대로 후대에게 물려줄 수 있는 기초적인 진실한 역사이다. 총리는 "기억력"이라는 말을 거듭 강조하면서 부의와 회고록에 대해, 회고록이 후세의 교육적 역할에 대해 이야기했다. 이 모든 것은 그의 깊고도 넓은 사상 속에 이미 깊이 박혀 있었기에 역사적 검증을 거쳐 전적으로 정확하다는 것이 확인할 수 있는 조치가 잉태 중이었음을 설명해주는 것이었다.

20년 뒤 부걸이 중앙연극대학 등 관계 부문이 참여한 드라마 "마지막 황제(末代皇帝)" 기획 좌담회에서도 그 역사적 사실에 대해 언급했다. 그는 아주 격동된 심정으로 부의에 대한 모택동과 주은래의 배려를 회고했다.

"총리께서는 부의의 사상 진보에 대해 아주 관심을 두셨으며, 늘 그에게 당의 정책에 대해 설명해 주셨습니다. 총리께서는 부의에게 어떤 일을 하기를 원하냐고 물으셨고, 부의는 의사가 되고 싶다고 대답했습니다. 총리께서는 의사가 되는 것은 당신에게 적합하지 않다면서 역사 문헌 분야에 기여하는 것이 좋겠다고 말씀하셨습니다. 부의는 총리의 말씀에 따라 안착하고 역사 문헌 사업에 종사했습니다.[121]

부걸의 회억은 주은래와 부의가 직업 배치를 두고 면담한 대화내용과 맞물렸다.

나뭇가지에 눈꽃이 쌓이고 길바닥에 얼음이 얼기 시작했다. 1960년 11월 28일자 신문에 제2차 특별사면 인원 리스트가 발표됐다. 부걸의 석방이 아이신줴뤄 가족에게는 또 하나의 특별한 희소식이 됐으며, 이는 또 부걸이 새로운 생활을 시작하는 기점이 됐다.

부걸도 북경에 막 돌아왔을 때는 부의와 마찬가지로 다섯째 누이동생 온형의 집에서 지냈다. 주은래는 그 사실을 알고 나서 바로 북경시 민정국에 전화를 걸어 부걸이 이제 막 출옥한데다 나이도 많아 생활하고 공부하고 참관하려면 누이네 집에서 지내는 것이 불편할 것이라며 하루 빨리 그에게 처소를 배치해주라고 지시했다. 그래서 부걸도 숭내(崇內)여관으로 옮겨 함께 석방된 범한걸(范漢杰) 전 국민당 동북 "중국 공산당 토

부걸이 특별사면으로 풀려나 북경에 돌아온 것을 부의가 축하해주고 있다.

---

121) 「드라마 "마지막 황제" 곧 촬영」이라는 보도기사 참고, 「북경석간(北京晚報)」, 1982년 10월 24일자.

벌 총사령부" 중장 부사령관 겸 금주 지휘소 주임·나역융(羅歷戎) 전 국민당 제3군 중장 군장·이이광(李以劻) 전 국민당 제5군 중장 부군장 겸 독립제5사 사장·심취(沈醉) 전 국민당 국방부 기밀국 운남소 소장(少將) 소장(所長)·동익삼(董益三) 전 국민당 제15수정구 사령부 제2처 소장 처장 등과 함께 지내게 했다.

　얼마 뒤, 부의와 부걸은 주은래가 그들 형제를 접견할 것이라는 소식을 각각 전해들었다. 부걸은 총리를 뵌 적이 없으므로 긴장해서 경험이 있는 형에게 물었다. 부의는 웃으며 "내가 처음에 총리를 뵐 때도 마음이 너처럼 긴장됐었는데 총리를 만나뵙고 나니까 오히려 평정되더라. 총리께서는 겸손하고 온화하여 쉽게 가까워질 수 있는 분이셔. 아무에게나 다 그래. 자신도 모르는 사이에 가족이나 친척 사이처럼 편하고 행복한 느낌이 들게 하는 분이셔. 너도 이제 만나뵈면 느낄 수 있을거야."라고 말했다. 12월 하순 어느날 부의는 북경식물원에서 통지를 받고 바로 숭내여관으로 달려가 부걸과 함께 접견을 대기하고 있었다.

　저녁 7시경, 국무원의 "홍기패(紅旗牌)"를 단 승용차가 부의와 부걸 두 형제를 중남해에 있는 주은래의 집으로 데려갔다. 응접실에서 복무원들이 미소지으며 차도 따라주고 담배도 권하며 그들에게 조금만 기다리라면서 총리가 외국 손님들을 접견 중이라고 말했다. 얼마 지나지 않아 총리가 성큼성큼 걸어들어 오며 "오래 기다리게 해서 미안합니다! 황실 두 형제분의 방문을 환영합니다. 건강은 어떻습니까?"하고 인사했다. 주은래의 인사말에 그들은 마음이 따뜻해져옴을 느꼈다.

　"총리께서 늘 관심을 주셔서 감사합니다. 총리와 등(영초) 누님도 안녕하셨습니까?"

부의, 부걸이 가족들과 함께.

꽃이 피는 화창한 5월에 한 번 와본 곳인지라 부의는 모든 것이 낯익었으므로 아주 자연스레 인사를 건넸다.

"총리님, 안녕하십니까?"

부걸의 건강은 그다지 좋은 편은 아니었다.

"당신은 기관지도 안 좋은데다 요즘은 좋은 담배 사기도 어려우니 담배를 적게 피우시지요."

주은래가 부드럽게 말했다. 그는 부의의 건강을 염려하고 있었다.

"앞으로는 반드시 적게 피우겠습니다. 다년간 키워온 나쁜 습관인지라 고치기가 쉽지 않습니다!"

부의가 서둘러 채 꺼지지 않은 담배꽁초를 재털이 안에 비벼 껐다.

주은래는 역시 "특별사면"을 화제로 이야기를 끌어냈다.

"이른바 특별사면이란 사람을 사면하는 것이지 죄를 사면하는 것은 아닙니다."

총리는 부의와 부걸 두 형제에게 자신의 관점을 아주 솔직하게 이야기했다. 그리고 나서 또 부의에게

"부의 선생, 청조 말기에 황제가 된 것은 당신의 잘못이 아닙니다. 그런데 선생은 일본인의 보호를 받으며 천진으로 도주해 장춘에서 '만주국 황제'가 됐는데 그때 소행에 대해서는 스스로도 잘 알고 있으므로 당연히 모든 책임을 져야 합니다."

하고 말했다.

"그렇지요. 그럼요. 총리의 말씀이 지당하십니다."

부의는 전적으로 수긍했다.

"그리고 정부는 지금 부의 선생에게 청조의 후대로 대하고 있는 것이지 '만주국 황제'로 대하는 것이 아닙니다. 당신들은 잘 알 것입니다. 그 양자의 이해관계는 아주 많이 다르다는 것을요."

여기까지 말하고 나서 주은래는 또 다른 방면으로 화제를 돌렸다.

주은래가 이번에 부의와 부걸을 접견한 것은 주로 부걸이 특별사면 후의 직업 배치 문제에 대해 본인과 면담하기 위해서였다. 이번 면담은 년초 부의의 직업 배치 문제로 면담했을 때와는 상황이 다르다는 것을 알 수 있었다. 만약 그때는 조사연구에 치중했다면 이번에는 벌써 거의 성숙된 의견을 준비해두고 있었던 것이다.

"당신은 앞으로 어떤 직업을 원합니까?"

단도직입적으로 묻는 말에 부걸은 많이 불안해했다. 그걸 본 총리가 그를 위안했다.

"긴장할 것 없습니다. 잘 생각해보세요."

"저는 자신의 힘으로 생활하는 노동자가 되고 싶습니다. 공장이나 농촌이나 다 갈 수 있습니다."

부걸의 대답은 감사하는 마음을 전하기 위한 것이었지 실제로 스스로 원하는 직업이 뭔지는 말하지 않았다.

"그건 나도 알고 있습니다. 당신의 솔직한 마음을 알고 싶습니다."

라고 총리가 웃으면서 말했다.

"그냥 네가 제일 하고 싶은 일이 무엇인지 말씀 드려. 좀 더 명확하게 말이야."

비록 부의도 방금 전에 총리가 이번 접견을 마련한 의도를 알게 됐지만, 필경 그는 한 번 겪은 일인지라 아우가 정면으로 질문에 대답하지 못하는 것을 보고 마음이 급히 곁에서 한마디 끼어들었던 것이다.

"제가 평생 제일 좋아하는 일은 문예 방면의 일입니다."

부걸이 한참 동안 곰곰이 생각해보더니 용기를 내 총리에게 말했다.

이는 진정한 부걸의 진심이었다. 그는 여러 차례 일본 유학을 다녀왔으며 이를 전후해서 십 수 년 간 군사학을 공부했다. 졸업 후 만주국 금위보병단 중위 소대장(僞滿禁衛步兵團中尉排長)에서 시작해 만주국 금위 보병단 상위 중대장(僞滿禁衛步兵團和上尉連長) · 만주국 일본 도쿄 주재 대사관 무관실 근무(僞滿駐日本東京大使館武官室勤務) · 만주국 육군 군관학교 예과 견습대 소령 중대장(僞滿陸軍軍官學校預科生徒隊少校連長) · 만주국 육군 군관학교 예과 견습대 중령 대장(僞滿陸軍軍官學校預科生徒隊少校連長) · 만주국 황제 시종 무관실 무관(僞滿皇帝侍從武官室武官) 등 군직을 맡았었다. 그러나 종군은 그에게 있어서 거역할 수가 없어 대충 때우고 넘어가기 위한 정치적 판단이었뿐 문학만이 그가 진심으로 좋아하는 일이었다. 일찍이 청조 황궁에서 황제의 "공부친구"를 할 때 그는 독서와 문장 능력이 부의보다 나았으며, 평생 대량의 시와 사(詞)를 써내 상당한 필력을 보여주었다. 무순에 수감 중일 때도 부걸은 여생을 문학을 연구하며 보내고 싶다고 여러 차례나 밝힌 바 있었다. 그때 그는 재능을 살려 내부에서 스스로 즐길 수 있는 시나리오를 쓰기도 했다. 그중에는 현대의 "암흑 속에서 광명으로(從黑暗走向光明)", "침략자의 실패(侵略者

的失敗)"가 있는가 하면, 고대의 "소하가 달빛 아래서 한신을 쫓다(蕭何月下追韓信)" 등도 있었다. 그는 또 자신이 창작한 재담도 공연했으며, 자신이 창작한 시와 사를 높은 소리로 읊기도 했다. 이제 그는 드디어 국가 총리에게 자신의 소원을 말할 수 있게 된 것이다.

"역시 자신의 능력으로 감당할 수 있는 일을 하는 게 좋겠습니다!"

주은래는 부걸의 의견을 듣고나서 머리를 끄덕였다.

"당신은 식물원에서 일한 지 반 년이 넘었지요? 감회가 어떻습니까?"

주은래는 또 부의에게 물었다.

"저는 식물원이 좋습니다."

부의가 자신의 마음을 솔직하게 밝혔다. 그는 식물원에서 지낸 몇 개월간이 태어나서 제일 만족스러운 나날들로 느껴졌다. 그래서 그는 쉴 새 없이 말했다. 향산 기슭의 고즈넉한

부의가 친필로 작성한 "북경식물원 노동총화"의 한 쪽.

환경도 좋고 녹색 왕국의 풍부한 삶도 그립다면서 노동자들에 대해서도 알게 되었으며 지식도 배우면서 매일매일 뜻 깊게 느껴진다고 말했다.

"보아하니 당신 생활이 괜찮은 모양입니다. 매달 60원씩 보조금은 모자라지요? 정말 모자란다면 보조금을 더 신청할 수도 있습니다."

주은래는 흡족한 기색으로 부의가 하는 매 한 마디 말에 귀를 기울였다. 그리고 나서 그의 발전을 칭찬해주었다.

"보아하니 처음에는 가벼운 체력 노동부터 시작해 사회에 대해 알아가고 시대에 적응하는 것이 그래도 좋은 점이 있는 것 같습니다. 그러나 과도하는 단계가 너무 길면 안 됩니다. 이후에 역사 문헌 연구 분야로 방향을 돌려야 합니다."

원래 주은래는 특별사면 인원 직업 배치 관련 총체적 방안을 이미 마련해 놓은 상태였으며, 그에 대한 정보도 점차 드러내 보이기 시작한 것이다. 즉 노동기간은 1년으로 하고 그 후부터는 역사문헌자료를 쓰고 정리하며 연구와 편집 등 업무로 방향을 돌린다는 방안이었다. 이 같은 소식은 1961년 음력설 전날 밤에 중공 북경시위 통전부와 북경시 민정국이 두 차례에 걸쳐 특별사면을 받은 재북경 인원들을 위해 마련한 성대한 연회에서 처음으로 흘러나왔다.

정월 초나흗날, 중공중앙 통전부는 또 연회를 베풀어 북경에 체류하는 특별사면 인원들을 초대했다. 이유한(李維漢) 부장, 서빙(徐冰) 부부장, 설자정(薛子正) 부부장, 그리고 동소붕 국무원 부비서장 겸 총리 사무실 주임 등 지도자들이 연회에 참석했다. 바로 그날 연회에서 주은래의 지시에 따라 이유한 부장이 즉석에서 부의와 두율명 등 7명의 제1차 특별사면 인원 직업배치에 대해 발표했다. 이들 모두를 전국 정협 역사문헌자료연구위원회 전문요원으로 임명하며 대우는 노동기간 일인당 매달 생활 보조금 60원씩 발급하던 기준을 일인당 매달 월급 100원으로 올려주기로 결정했다.

그 같은 발표 내용을 들은 부의는 너무 감격해서 즉석에서 일어나 발언했다. 그는

"당과 정부는 나라 경제가 어려운 시기에도 그에게 만족스러운 배치와 국가 17급 간부보다도 더 월등한 대우를 해주었는데, 이는 전혀 예상치 못했던 일이라면서 진심으로 감사한다."

고 말했다. 그가 말을 마치자 서빙이 진심 어린 투로 말을 받았다.

"당신들은 과거에는 누리고 사는 데 습관이 됐습니다. 지금은 물론 당신들에게 예전과

1960년 5.1 노동절 축제 관람대 위에서 기념사진을 찍었다. 왼쪽에서부터 차례로 왕요무 · 양백도 · 송희렴 · 부의 · 주진강 · 정정급(사진은 두율명이 찍었음.)

같이 생활하도록 할 수는 없습니다. 그러나 당신들에게 일반인처럼 살게 할 수도 없습니다. 그래서 당신들이 신 중국에서 중등 이상 수준의 생활을 할 수 있도록 할 것입니다. 만약 특별한 필요가 생기면 요구를 제기할 수도 있습니다. 임시로 보조해주는 것도 생각해볼 수 있으니까요."[122]

이튿날, 부의와 두율명 등 7명은 전국 정협이 소집한 역사문헌자료 업무 좌담회에 참석했다. 이는 부의가 처음으로 역사문헌자료 업무회의에 참석했던 것이다. 중앙역사문헌관 관원들도 함께 좌담에 참석했다. 주은래와 진의가 친히 회의장에 광림하여 모든 참석자들과 대면했다. 총리는 모두들 역사문헌 자료 업무를 잘 수행해 직접 듣고 보고 겪은 역사적 사실로써 인민을 교육하고 후대들을 교육하라고 격려해주었다.

그리고 또 하루 간격을 두고 주은래는 중남해 서화청(西花廳)에서 제2차로 특별사면되어 북경에 체류 중인 인원들을 단독 접견했다. 1년 기간 예정으로 노동의 일터로 나갈 부걸과 요요상(廖耀湘) 등에게 주은래는 부담을 내려놓고 성심성의로 인민에게 이로운 일들을 하라고 격려해주었다. 그는 여러 사람들 앞에서 특별사면을 받은 전 국민당과 만주국 고급군정 인원들에게 역사문헌자료 업무에 종사하도록 할 구상에 대해 설명했다. 그는 노인들에게는 회고록을 쓸 것을 호소하고 있다면서, 예전에는 다 후세 사람들이 앞 세대 사람들

---

122) 심취, 『황제가 특별사면 받은 뒤—부의와 함께 했던 날들을 회고하다(皇帝特赦以后─回憶與溥儀在一起的時候)』, 홍콩, 『신만보 (新晚報)』, 1981년 3월 9일자.

을 위해 역사를 썼지만, 지금은 현 시대 사람에게 쓰게 할 것이며 일부 직접 겪은 사람에게 스스로 자신에 대해 쓰게 할 것이라고 말했다. 자신의 경력에 대해 사실대로 써내기만 하면 역사를 쓰는데 귀중한 자료를 제공할 수 있다며 이것이 바로 인민과 조국에 이로운 일을 하는 것이라고 말했다.

접견이 있은 지 얼마 지나지 않아 부걸은 북경시 민정국의 근무 소개서를 갖고 경산(景山) 공원 원림 관리처에 와 도착 신고를 했다. 이 예년의 왕작 후계자는 일반 원림 노동자 신분으로 새로운 삶을 시작했던 것이다.

1961년 3월초, 부의와 두율명, 왕요무, 송희렴, 양백도, 정정급, 주진강 등 7명은 함께 전국 정협 역사문헌자료 연구위원회 전문요원 사무실로 옮겼다.

부의는 전문요원이 되었다. 그러나 그는 일자리를 바꿔야 할 마지막 시각에 생각끝에 자그마한 조건을 제기했다. 식물원을 떠나는 것이 아쉽다는 것이었다. 총리가 웃으면서 그러면 식물원을 친정으로 여기고 매주 친정 나들이를 하면 된다면서 하루이틀씩 가서 자도 된다고 말했다. 부의는 그 말을 농담으로 여기지 않았다. 그는 그 말을 장엄한 결정으로 생각했다. 그의 일기에는 매주 식물원에 다녀온 기록들이 적혀 있다.

21.
함께 설을 쇠라

　부의와 부걸 형제가 1961년 음력설을 잊을 수 없는 것은 주은래가 그들을 위해 정말 많이 애써줬기 때문이다. 두 사람의 직업문제로 면담하고 구체적으로 배치까지 해주었을 뿐 아니라 그들의 가정문제도 함께 걱정해주었다. 게다가 이런 걱정은 그저 일반적인 관심이 아니라 구체적인 행동으로 이어졌다. 이에 대한 부걸의 감회가 제일 컸다. 8개월 전 그가 무순에 수감 중일 때 총리는 부의 등 북경에 있는 친척들을 접견했고 그와 사가 히로가 합칠 수 있도록 여건을 마련해주었으며, 특별사면 뒤에도 총리는 또 아주 많은 일을 해줬다.

　부걸이 석방되어 고향에 돌아왔을 때는 마침 부의가 북경에 돌아온 지 만 1년이 막 돼가는 때였다. 이틀 뒤 그는 도쿄에서 온 전보를 받았다. 아내가 그의 석방을 축하한다는 내용이었다. 이어 사가 히로는 또 유창한 일본어로 정이 넘치는 긴 편지를 보냈다. 부걸은 또 바다 건너의 소식에 마음의 평정을 이룰 수가 없었다. 바로 그때 부의가 또 그에게 "딱 자르라"는 압력을 가했던 것이다. 그는 "한데 합치는 것"은 꿈일 뿐 이루기가 어렵다는 것을 느꼈다. 그래서 그때 수용 부서인 북경시 민정국에 자신의 생각을 보고했다. 며칠 뒤 부걸은 중앙 통전부 설가정 부부장의 접견을 받게 된 기회에 면전에서 또 아내의 귀국 문제를 해결해줄 것을 간곡히 요구했다. 부의도 그 자리에 있었는데 두 형제는 하마터면 논쟁을 벌일 뻔했다. 부의는 사가 히로가 여전히 정치적 임무를 안고 있기에 믿을 수 없다면서, 그녀와 부걸의 관계를 단순 혼인 가정 관계로 볼 수만은 없다고 주장했고, 부걸은 아내의 사상 각오가 우리 수준에는 미칠 수 없지만 그러나 개조할 수 있고 제고시킬 수 있다면서 정치적으로 보조를 맞춘다면 혼인과 가정을 계속 유지할 수 있다고 주장했다. 두 형제가 어느 한 쪽도 굽힐 생각을 않고 버티고 있는 게 분명했다.

주은래는 빠른 시일 내에 중남해 가택에서 부의와 부걸 형제를 접견할 수 있도록 주선했다. 비록 접견 주제는 부걸이 특별사면 뒤의 직업 배치와 부의가 식물원 노동을 마친 뒤 갈 곳에 대해 의논하는 것이었지만 부걸의 가정이 한데 모이는 문제에 대해 언급하지 않을 리 없다.

주은래는 먼저 부걸의 의견을 물었다. 그에게 아내가 돌아와 한데 모이기를 원하느냐고 물었다. 부걸은 자신의 생각을 대담하게 털어놓았다. 그는 꿈에도 한데 모일 수 있는 그날을 갈망한다면서 아내의 사상이 낙후한 문제에서는 그가 온 힘을 다해 도울 것이라고 말했다. 총리는 부걸이 『떠돌이 왕비』라는 책을 가리키는 줄 알고 그의 견해를 좀 더 깊이 얘기해보라고 했다. 부걸은 그가 부탁을 받고 아내의 저서를 위해 머리말을 썼다면서 책이 출판된 뒤 무순에도 보내왔다고 말했다. 그는 그중의 일부 관점은 올바르지 않으며 일부 동북민주연합군 관련 줄거리도 편파적이었다면서 이미 그녀에게 편지를 보내 수정하도록 했다고 말했다.

주은래는 사상 설득을 할 때 워낙 자신의 견해를 남에게 강압적으로 주입하지 않는 타입이었다. 부의가 사상적으로 납득하지 않는다는 걸 번연히 알면서도 자신의 견해에 대해 얘기하기를 바랐다. 총리는 부의가 여전히 40년대의 안목으로 사가 히로를 생각하고 있다는 사실을 알게 된 뒤에도 부의를 전면적으로 부정하지 않고 먼저 부의 사상 중에서 적극적인 요소를 긍정해주었다. 그는 일본 군벌이 그 혼인을 하게 한 것, 그리고 『떠돌이 왕비』라는 책에 중국인민이 받아들이기 어려운 내용이 일부 들어 있는 것 등은 다 사실이라며 그로 인해 걱정하는 부의의 마음은 이해할 수 있다고 말했다. 그러나 그는 역사는 제자리에 멈춰 서 있는 것이 아니며, 사람도 변할 수 있다면서 당신들 형제도 개조됐는데 사가 히로인들 더 훌륭하게 변하지 말라는 법이 있는가하고 말했다.

주은래는 또 사가 히로의 진보적인 면도 봐야 한다면서 그녀가 중일 양국의 우호 관계와 문화 교류를 추진하기 위해 노력해오지 않았느냐고 말했다. 총리는 사가 히로가 무순전범 관리소에 적지 않은 편지를 보냈는데 그 중 몇 통을 본 적이 있다고 말했다. 사가 히로는 편지에서 남편에게 그녀가 재단법인을 신청하고 일본의 이시바시 단잔(石橋湛山) 전 총리 등 유명인사들과 연계를 취하게 됐다면서 이 모든 것은 중일문화교류를 전개하기 위한 노력이라고 알려주었다. 여기서 몇 단락 소개토록 한다. 총리의 이야기가 근거가 있는 말이었음을 설명할 수 있을 것이다.

"법인 설립문제와 관련해 이미 문부성(교육부에 해당)에 신청했습니다. 정부가 크게 환영한다는 입장을 밝혔습니다. 이는 일본정부의 책임이라면서 저에게 잘 처리하라고 당부했습니다. 저는 일본에서 공부하는 유학생 접수 방법에 대해 직접 주 총리에게 보고하고 총리의 의견을 직접 듣고 싶습니다. 전 총리 이시바시 선생께서 최근 중국을 방문할 예정입니다. 그는 인간애를 위해서라도 중일 양 국가 간의 우호관계를 수립해야 한다고 말씀하셨습니다. …… 정부의 태도가 어떠하든 대다수 국민들은 확실히 반성하고 있으며 중일 우호를 진심으로 바라고 있습니다. 중일 양 국민은 다 동양인이고 또 같은 문자를 쓰고 있습니다. 양국 관계는 가장 친밀해야 합니다. 그런데 아직까지도 국교가 회복되지 않고 있습니다. 일본 국민은 이러한 현황에 대단히 유감스럽게 생각하고 있습니다. 당신의 의견은 어떠한지 저에게 말씀해주세요."[123]

일중 문화 교류를 목적으로 한 법인이 이미 설립됐습니다. 저는 자신의 후반생을 혜생의 유지를 받들어 일중 양국의 우호관계를 위해 정성을 기울일 것입니다. 현재 상황을 보면 일중 우호관계를 진심으로 바라는 국민이 아주 많습니다. 그러나 기시 노부스케(岸信介)가 정권을 장악한 상황에서는 안 될 일입니다. 저는 이삼일 내에 이시바시 단잔 선생을 만나 뵐 예정입니다. 저는 일중 우호관계를 위해 노력하고 있습니다. 저는 하루가 천추같은 심정으로 당신과 만날 날을 기다리면서 좋은 소식이 전해지기를 진심으로 기도합니다. 저 대신 형님께 문안 전해주세요.[124]

재단법인 경영이 순조롭게 잘 돼가고 있습니다. 지금 제가 특히 기쁘게 생각하는 것은 저

---

123) 사가 히로가 부걸에게 보낸 편지, 1959년 8월 31일자.

124) 사가 히로가 부걸에게 보낸 편지, 1959년 10월 14일자.

의 후반생을 중일 문화교류를 위해 힘을 보탤 수 있을 것 같다는 사실입니다. 최근 한동안 저는 글을 써달라는 청탁도 받고 텔레비전 프로그램 관련 업무에도 참여하고 있어 특별히 바쁘게 지냅니다. 지금 일본국민들은 중국에 크게 반성하는 한편 또 아주 그리워하고 있습니다. 그들은 하루 빨리 국교를 회복하기를 바랍니다. 기자들 사이에서 2~3년 내에 일본에 "중국풍"이 일 것이라고 의논하는 말을 들었습니다. 얼마나 기쁜 일입니까! 저는 그때가 오면 자신도 어떤 역할이든 할 수 있었으면 좋겠습니다. 저는 하루 빨리 중국에 갈 수 있기를 바랍니다. 그런데 아직 중국 측의 허락을 받지 못하고 있습니다. 경제적인 면에서는 전혀 걱정할 것이 없습니다.[125]

사가 히로가 중국에 와 정착하는 문제에 대해 주은래는 많고도 많은 일을 했다. 그가 그리 한 이유는 상기의 인용 문장을 통해서도 조금은 알 수 있다. 총리는 부걸에게 아내에게 회답 편지를 써야지 않겠냐면서 계속 비평만 하지 말라고 말했다. 그는 당신이 지금은 평민이니 그녀가 평민의 아내로써 북경에 오길 원한다면 당신이 그녀를 환영하며 중국정부도 그녀를 환영한다고 편지를 쓰라고 했다. 이 같은 총리의 말에 부걸은 기쁨을 금치 못했지만 부의는 여전히 별로 기뻐하지 않았다.

주은래는 그로써 문제가 해결됐다고 여기지 않았다. 그는 계속해서 문제 해결을 위해 힘썼다.

"나는 주은래입니다. 당신에게 한 가지 의뢰할 일이 있습니다."

귀에 익은 친절한 회안 말투가 전화선을 타고 중남해의 높고 붉은 담밖으로 흘러나왔다.

"부걸의 가정문제에 대해 좀 신경을 써주세요. 관건은 부의의 편견을 제거하는 것입니다. 사가 히로에게 귀국해 정착하도록 초청한다는 내용의 편지를 띄우세요."

전화를 받은 사람은 중국공산당 북경시 위원회 통전부 요말사 부장이었다.

"입춘" 전날 요말사는 총리의 명을 받고 부의와 북경에 거주하는 그의 친척들을 또 한 번 불러 모아 생각을 통일시키는 한편 행동도 통일시키는 것에 대한 좌담회를 열었다. 이번 좌담은 아주 성과적이었다. 즉각 사가 히로가 귀국해 정착하도록 초청하는 편지를 쓰기로 의견을 모았다. 편지는 두 통을 쓰기로 했다. 한 통은 부의 등 전 가족 구성원의 명의로 만

---

125) 사가 히로가 부걸에게 보낸 편지, 1960년 2월 3일자.

가희가 집필하고 모두가 의논해서 쓰기로 했는데, 주로 가족 상황에 대해 설명하고 사가 히로와 딸 호생이 하루 빨리 돌아오기를 기대한다는 내용을 적기로 했다. 다른 한 통은 부걸 개인의 명의로 쓰기로 했다. 그것은 부부 사이의 정이니 어떻게 쓰든 다른 사람들이 관여할 바가 아니었다.

부걸과 윤기는 좌담 중에 이러한 우려하는 마음을 드러냈다. 즉 일본 천황의 친척인 사가 히로는 어려서부터 풍족한 환경에서 호강하며 살아왔다. 그러나 중국은 경제가 어려운 시기에 처해 있어 생활면에서 그녀를 제대로 보살피지 못하게 된다면 어떻게 하느냐는 것이었다. 요말사는 이에 대해 정부에서 생각해둔 바가 있다면서 그녀가 일본 화족의 우월한 생활을 포기하고 중국에 와 평민의 아내가 되길 원하고 있는 한 우리도 푸대접할 수 없지 않겠냐고 말했다. 부장은 말머리를 돌리더니 생활문제는 해결하기 어렵지 않은데 관건은 사상문제라고 본다고 말했다. 그는 사가 히로가 돌아오게 되면 환영해줘야 할 뿐 아니라, 진심으로 관심을 두고 따스하게 대하면서 도와줘야 한다고 말했다.

좌담회가 있은 뒤 만가희는 바삐 움직였다. 그는 먼저 모두들의 뜻에 따라 둘째 아주머니에게 보낼 편지 원고를 썼다. 그리고 그 원고를 가지고 여러 형제들의 집을 다니며 구체적인 의견을 수렴한 뒤 마지막에 모두의 뜻을 담은 그 편지를 유창한 일본어로 완성했다. 부걸도 며칠씩 책상을 마주하고 앉아 마음을 가다듬으며 편지를 써내려 갔다. 생각은 어느덧 아득한 하늘가로 날아갔다. 도쿄에서의 혼례식에서부터 통화에서의 악몽에 이르기까지, 사랑하는 딸 혜생이 태어나서부터 아마기(天城) 계곡의 처참한 총소리에 이르기까지, 30년대 장춘에서 50년대 무순에 이르기까지, 기시 노부스케의 일본에서 모택동의 북경에 이르기까지…… 거쳐 온 세월들을 풍부한 감정을 담아낸 눈물겨운 사랑의 글을 써냈다.

주은래와 등영초가 재차 부의와 그 친척들을 초대했다. 날짜는 가족들이 한데 모이는 중국 전통 명절로서 음력 신축년의 그믐날이었다. 이번에 아이신쥐뤄 가족은 더 커졌다. 지난 두 차례 때에 비해 막 특별사면된 부걸과 병이 완쾌된 넷째 누이동생 온한이 가세한 것이다. 총리와 부인이 함께 부의의 형제들과 칠숙 등 친척들을 모두 초대해 만두를 먹으며 그믐날 밤을 보낸 것이다. 그야말로 지극 정성이었다.

유명한 삐뤄춴(碧羅春) 차의 청신한 향이 거실 안을 그득 채운 가운데 주은래와 등영초 부부가 주인으로서 서빙 중공중앙 통전부 부부장, 동소붕 국무원 부비서장 겸 총리 사무실 주임, 총리 사무실의 나청장, 서명 두 부주임과 함께 얼굴에 희색을 띠고 손님들을 접대했다. 그들이 부의와 그의 모든 친척들에게 차를 따르고 담배를 권하는데 모두들 따스함을 느끼고 있었다.

주은래는 그 자리에 참석한 매 사람과 이야기를 주고받았다. 그는 그들의 이름과 직업에 대해 낱낱이 알고 있었다. 아름답고 조화로운 분위기에 아이신줴뤄 가족 구성원들은 마치 집에 돌아온 것 같은 느낌이 들었다. 총리는 그대들 가정이 참으로 크다면서 지난해 두 차례 초대했었는데 그때는 부걸이 무순에 있었고 넷째 누이 온한은 병환 중이었지만 오늘은 드디어 모두가 다 모였다면서 참으로 쉽지 않다고 말했다. 총리는 기뻐하면서 오늘은 그대들을 초대해 가족이 한 자리에 모여 만두를 먹으며 설을 쇠게 됐다고 말했다. 그는 예로부터 팔로군은 하나의 전통을 이어오고 있는데 평민 백성과 함께 설 쇠기를 좋아하는 것이라면서 그 혁명의 전통을 우리는 반드시 이어가야 하며 절대 인민을 이탈해서는 안 된다고 말했다. 총리의 음력설 일정은 바로 그렇게 배치했던 것이다. 그믐날 오전에는 전국의 영웅들과 노동모범자들을 위문하고 정월 초하룻날에는 여러 전선에서 일하는 인민대표에게 설 인사를 하는 것이다. 총리는 또 아주 자연스레 화제를 그가 초대한 손님들에게로 돌렸다. "물론, 그대들 아이신줴뤄 가족은 청조 황족으로서 과거에는 인민을 통치했습니다. 부의는 황제가 아닙니까! 여기는 원래 그대들의 집이었습니다!"

주은래의 마지막 한 마디 말에는 한 단락의 역사 이야기가 깃들어있다. 반세기 전 부의가 입궁해 황제가 되자 그의 탄생지-십찰해(什剎海) 순친왕부는 "잠룡저(潛龍邸, 용이 몸 담고 있던 저택)"로서 관례에 따라 반드시 비워둬야 했다. 융유(隆裕) 황태후가 중남해 자광각 일대에서 대규모 토목 공사를 일으켜 재풍 일가를 위해 새로운 섭정왕부를 짓기로 결정했다. 서화청이 바로 그해 건설키로 한 새 왕부의 일부이다. 그로부터 얼마 지나지 않아 신해혁명이 일어나는 바람에 건설이 중단됐다.

주은래는 또 청조 말기 궁중 투쟁의 역사적 사실에 대해 이야기했다. 그는 청조 말기에 훈련 금위군 대신과 군자대신 직을 맡았던 재도에게 말했다.

"당신은 그때 어린아이였으니 어찌 원세개와 싸워 이길 수 있었겠습니까?"

총리의 그 말은 그때의 중요한 역사적 사실을 집약한 것이었다. 그때 원세개는 소참(小站)에서 연병할 때부터 구축해온 강대한 북양군벌(北洋軍閥) 세력에 의지해 청 왕조의 운명을 꽉 틀어쥐고 있었다. 그러나 재도는 비록 높은 직위에 있고 막강한 군대를 가지고 있었지만 너무 젊었다. 겨우 20여 세였던 그는 실전 경험과 정치적 경험이 다 부족했으므로 원세개의 상대가 아니었으며 조정을 위기에서 구해낼 수 있는 힘은 더더욱 없었다.

주은래가 말머리를 돌리더니 계속 말을 이어나갔다. 그는 오늘날 그대들은 더 이상 황제도, 왕공귀족(王爺)도, 군주(郡主, 친왕의 딸)나 액부(額駙, 황실 종친이나 귀족의 사위)가 아니라 이제는 인민 중의 한 사람이 됐다고 말했다. 이는 역사 흐름의 변화에 따른 것이며 발전한 것이다. 그대들 중 어떤 사람들은 아주 큰 성과를 거두기도 했다. 그리고 그는 "나와 영초 동지는 앞으로도 계속 아이신쥐뤄 가족의 기쁜 소식을 들을 수 있기를 바란다"고 덧붙였다.

이때 주은래는 또 처음 접견 자리에 참가한 온한을 향해 그녀에게 가정생활 등 상황에 대해 물었다.

"남편은 해방을 앞두고 대륙을 떠났기에 저 홀로 남아 두 아이와 함께 살아갑니다."

온한이 대답했다.

"어느 직장에 다닙니까?"

총리가 물었다.

"저는 몇 년간 임시직으로 고궁 박물관에서 명조와 청조 때의 기록을 정리하는 일을 했습니다. 그 일은 이미 마무리되어 지금은 할 일이 없습니다."

그 말에 주은래는 그 자리에 있던 사업인원들을 향해 지시했다.

"이분에게 알 맞는 일자리를 배치해 드려야겠습니다."

그로부터 얼마 뒤 북경시 민정국은 온한을 소수민족 취업을 특별 우대하는 플라스틱공장에 배치했다. 그때부터 그녀는 국가의 정식 종업원이 됐다.

이야기를 나누고 있는 동안 등영초가 총리에게 귀띔했다.

"식사를 해야죠! 모두들 시장하실텐데!"

그 말에 총리가 "그럽시다! 부인께서 잘 말했습니다. 식사들 합시다!"고 말했다.

식탁 위에는 흰 밀가루로 만든 만두며, 자줏빛 찹쌀밥, 오리고기찜, 그리고 몇 가지 반찬이 차려져 있었다. 부의와 그의 친척들이 식탁에 둘러앉았다. 남녀 주인이 성심성의껏 손님들에게 요리를 권했다. 주은래는 특히 쌀밥을 가리키며 부의에게 말했다.

"이건 회안 고향 사람이 가져온 싱싱한 자줏빛 찹쌀로 지은 밥입니다. "폐하"의 입맛에 맞으십니까?"

총리는 알맞는 말 몇 마디로 분위기를 조절하는데 아주 능했다. 총리는 또 우스운 이야기를 하나 했다. 북방인이 남방인을 초대해 만두를 먹게 됐다. 남방인은 뒤에 또 요리가 나오는 줄로 알고 만두를 배불리 먹지 않고 기다렸다가 결국 배를 곯으며 돌아갔다는 이야기였다. 총리가 웃으면서

"오늘은 만두뿐이고 뒤에 더 나올 요리가 없다는 것을 알려드립니다."

라고 말해 그 자리에 있던 사람들 모두가 배를 끌어안고 웃었다. 이어 총리는 또 몇 가지 설 쇠는 이야기를 하면서 여러 지역의 풍속까지 곁들여가며 이야기해 모두가 즐거운 시간을 보냈다.

청나라 황실 수랏간의 만두 맛에 적응이 된 부의였지만 민간 만두에 더 흥미를 느끼는지 아무 말도 없이 맛있게 먹기만 했다. 그러는 그의 모습을 본 주은래는 크게 기뻐하며 웃었다. 그리고 그는 또 모두에게 말했다.

"그대들 형제는 각자 다른 일을 하고 있어 평소에 바빠서 한 번 모이기도 쉽지 않을 것입니다. 오늘은 다 내 손님이니 편하게 많이들 드세요."

이어 총리는 지금은 어려운 시기여서 여러분의 생활수준이 떨어졌다면서 이에 대해 정확하게 인식하기 바란다고 말했다. 그는 어려움은 일시적인 것이라며 이 시기를 넘기고 나면 살기가 편해질 것이라고 말했다.

주은래는 다른 식탁에 앉은 손님들에게 다가가 음식을 많이 먹으라고 권하면서 부의의 셋째 매부인 곽포라 윤기(郭布羅 潤麒)를 한눈에 알아보고 이야기를 나누기 시작했다.

"윤기 선생은 무슨 일을 하십니까?"

총리가 물었다.

"저는 조립공입니다."

윤기가 대답했다.

"몇 급 조립공입니까?"

그 자리에 함께 참석한 서빙 중앙 통전부 부부장 겸 전국정협 비서장이 끼어들어 한 마디 물었다.

"견습공입니다."

반백이 넘은 윤기 선생에게 이러한 직업 배치는 타당치 않은 게 분명했다. 주은래는

"그렇게 많은 나이에 정교한 일을 해야 하는데 잘 보입니까?"

라고 더 캐물었다.

"돋보기를 걸면 볼 수 있습니다."

그 일을 총리는 마음에 담아두었다. 얼마 뒤 조직에서는 일본어에 정통한 윤기 선생의 특기를 살려 그를 북경 편역사로 전근시켜 일본어 번역 일을 하도록 했다.

경제가 어려운 시대였으므로 사람들의 식사량이 아주 컸다. 두 식탁 위의 만두를 모두 먹어치웠다. 주인이 손님들에게 배불리 먹었냐고 물었다. 모두들 배불리 먹었다고 대답했다. 그러나 총리는 일부는 배불리 먹지 못했을 줄을 알고 미안해하는 기색으로 모두들에게 솔직하게 말했다.

"오늘 식사가 모자랐을 것입니다. 많이 준비하지 못하고 이만큼밖에 준비하지 못했습니다. 지금 음식을 더 요구해도 더 이상은 없습니다."

그 말에 이어 등영초가 말했다.

"오늘 집안 살림 밑천을 다 꺼내놓았습니다. 죽을 쑬 때 넣는 설탕은 사람 수에 따라 공급받는 것입니다."

원래 총리네 집도 일반 가정과 마찬가지로 먹을 것이 더 많은 것이 아니었다! 그 일은 부의 형제를 놀라게 했으며 그 자리에 있는 모든 사람들이 그로 인해 큰 교육을 받았다.

25년 뒤 부의의 셋째 누이동생 온영이 그때 총리네 집에서 설을 쇠던 정경을 글로 써냈는데 당시의 상황에 대해 전면적으로 실증했다. 그녀는 이렇게 썼다.

"그날은 1961년 2월 14일이었고, 장소는 중남해 서화청이었다. 접견을 받은 사람들로는 재도·부의·부걸·정광원(鄭廣元)과 김흔여(金欣如)·곽포라 윤기와 김예수(金蕊秀)·김온한·만가희와 김온형·김우지(金友之)와 장무영(張茂瑩)·왕애란(王愛蘭)과 김온오·김온환 등이었다. 그날은 마침 음력 섣달 스무아흐레였다. 주 총리께서는 '그대들을 초대한 건 같이 설을 쇠기 위해서입니다'라고 말씀하셨다. 오후 5시가 넘어 총리와 등 언니가 우리와 함께 작은 식당에서 그믐밤 저녁식사를 했다. 두 상을 차렸는데 총리와 부인이 재도와 우리 형제자매와 함께 한 상에 앉고 다른 한 상에는 중앙 통전부 서빙 동지와 시위 통전부 요말사 동지, 그리고 북경시 민정국 국장 및 곽포라 윤기 등이 같이 앉았다. 식탁 위에는 만두와 많은 요리들이 푸짐히 차려져 있었다. 푹 찐 오리고기도 한 접시 상에 올라 있었는데 총리께서는 식탁에 둘러앉은 모든 사람들에게 오리고기를 집어주느라 분주하면서도 정작 그 자신은 음식을 얼마 드시지 않았다. 마지막에 디저트로 찹쌀죽이 올라왔다. 그 찹쌀은 다른 사람이 총리와 부인에게 선물한 것이라 했다. 식사 도중에 등 언니는 끊임없이 여럿에게 음식을 권했다. 그녀는 저쪽 상에 남자 손님들이 많은 것을 보고 "그쪽 상에는 젊은이가 많아 식사량이 많을 테니 내가 좀 지원할게요"라고 말하면서 이쪽 상에서 넉넉한 음식과 만두를 저쪽 상으로 옮겨 놓아주었다. 식사를 하는 내내 총리네 집에서 설을 쇠고 있다는 행복감과 따스함을 느꼈다. 이는 평생 잊을 수 없을 것이다.[126]

"만약 사가 히로와 넷째 누이의 남편도 오늘 왔다면 그거야말로 당신 가족의 대단함이라고 할 수 있을 겁니다!"

식사가 끝나갈 무렵에야 주은래는 그 화제를 꺼냈다. 이는 분명 부결과 온한의 기분을 배려해서였을 것이다. 총리가 말했다. 사가 히로의 귀국 정착문제에 대해서는 지난해 5월에 이미 거론됐었으며 얼마 전에 부의와 부결 두 형제와도 얘기한 바 있다. 요말사 동지도 그대들의 의견을 수렴했으며 부의 선생의 인식이 제고됐다고 들었다. 그대들 견해가 아주 일치한 것 같다. 한 가지 소식을 알려줄 수 있다. 관련 당국이 사가 히로의 중국 정착을 공식 비준했다. 아마도 얼마 지나지 않아 그녀는 돌아올 수 있을 것이다. 사가 히로는 적이 아니다. 모두가 그녀를 남이라고 여기지 말고 가족으로 대해주기 바란다. 그녀는 우리 중국의 아이신줴뤄 집안의 며느리가 아닌가! 사회제도가 다른 나라에서 오는 그녀이기에 우리 사회에 대해 당장은 이해하지 못할 수 있다. 그러니 모두들 인내심 있게 그녀의 발전을 도와야 한다. 절대 성급해하지 말며 부담스럽게 생각하지 말고 그녀와 많이 접촉해야 한다. 부의 남매는 총리의 말 한 마디 한 마디에 귀를 기울였으며 일일이 대답했다.

주은래가 특별히 가족이 한데 모여 함께 즐겁게 설을 쇠는 특별한 분위기를 만든 것은 부의를 더 잘 설득하기 위해서였다. 부의가 정략 결혼이라는 역사의 그늘에서 완전히 벗어날 수 있게 해 아이신줴뤄 가족의 대단합을 추진하고자 함이었다.

"사람은 변할 수 있습니다! 우리가 사가 히로를 데려온 다음 어찌 될지는 두 가지 가능성이 있습니다. 하나는 부결과 잘 사는 것입니다. 그렇게 된다면 잘된 일입니다. 다른 하나는 서로에게 실망할 수 있는데 그렇다면 그녀는 언제든 다시 돌아갈 수 있습니다. 부의 선생,

---

126) 김예수, 「당과 국가 지도자들이 우리 온 가족에 대한 배려(黨和國家領導人對我們全家的關懷」, 『만남의 소중함은 서로 알아가는 것(相遇貴相知)』, 제2집. 요녕교육출판사, 1987, 281~282쪽.

우리 한 번 해봅시다. 어떻습니까?"

주은래는 전적으로 의논하는 말투로 부의에게 말했다. 얼마나 사리가 밝은 인민의 총리인가!

"감동입니다! 찬성입니다!"

"일본"이라는 두 글자만 들어도 극히 민감하던 부의가 드디어 진심으로 깊이 탄복해 마지않았다.

주은래가 찻잔을 들며 모두에게 유명한 삐뤄춴의 향기로운 맛을 맛보는 걸 잊지 말라고 귀띔했다. 그리고 나서 아주 진지하게 말을 이었다. 우리는 부걸의 일본 아내가 여기 와서 정착하는 걸 환영해야 할 뿐 아니라, 그녀가 정정당당하게 올 수 있도록 해야 한다. 오늘 특히 그대들을 청한 것도 역시 그대들의 명분으로 사가 히로를 공식 초청함이 어떨지 의논하기 위해서이다. 이 일과 관련해 이미 요말사와 얘기했는데 그대들도 꼭 찬성할 것이라 생각한다. 그렇지 않은가? 이에 만가희가 대답했다. 그는 요 부장의 뜻에 따라 이미 편지를 썼고 부걸도 편지 한 통을 써놓았다면서 큰 형님이 한 번 보고나서 요 부장에게 올려 심열을 받도록 할 생각이라고 말했다. 그 말에 총리가 잘됐다면서 그러면 이제는 "상감 마마"께서 "가(可)"자를 그려줄지 봐야겠다고 말했다. 부의는 얼굴이 붉어졌다. 그는 자신의 눈앞에 서 있는 이 분이 얼마나 사람의 마음을 잘 이해해주는 훌륭한 총리라는 것을 새삼 인식하면서 속으로 감탄해 마지않았다!

부의가 전정 후통에 위치한 다섯째 누이네 집에 돌아왔을 때는 벌써 밤 8시가 넘었다. 그런데 뜻밖에 요말사와 북경시 민정국 사무실 왕욱동 주임이 또 뒤따라 왔다. 그들은 주은래의 명을 받고 "요긴한 말"을 몇 마디 전하러 온 것이다. 무슨 말일까? 총리께서 꼭 부의에게 알려주라고 했다면서 사가 히로의 귀국 정착문제에 대해 진실한 속마음을 밝혀야 한다며 통하지 않으면 의견을 보류하는 것도 허용한다고 전하라고 말했다는 것이었다. 원래 낮에 사가 히로의 귀국문제에 대해 태도를 표할 때만도 분명 "장군을 부른" 형국이 나타났었으므로, 총리는 그가 부득이한 상황에서 마음에 없는 말을 했을까봐 걱정이 됐던 것이다. 부의는 인간세상의 진정과 존중함을 느꼈다. "그 무엇도 이보다 더 고귀할 수는 없다!"고 생각했다. 그는 요 부장에게 총리께 안심하라고 전해달라면서 그는 가족들이 사가 히로를 초청한 연명 편지에 제일 첫 번째로 서명할 것이라고 말했다.

22.
귀로

햇빛과 싱그러운 꽃들로 가득한 1961년 5월이었다.

「마지막 황제의 일본인 제수가 그 어머니와 딸과 함께 일본에서 북경으로 돌아와 남편과 합치다」라는 눈에 띄는 뉴스 제목이 홍콩 여러 신문에 보도되었다. 보도 내용은 이러했다.

"전 '만주국 황제' 부의의 제수이자 부걸의 일본인 아내인 아이신쮀뤄 히로(본명은 사가 히로)가 어제 낮 어머니와 딸이 함께 도쿄에서 영국 항공편으로 홍콩에 도착, 오늘 기차로 광주(廣州)로 이동해 남편과 만나 함께 북경으로 돌아올 예정이다.

그녀는 아주 겸허해 보였다. 말할 때도 늘 겸손함을 잃지 않았으며 조심스러운 미소를 띠고 있었으며 어조도 부드러웠다. 그녀는 잔잔한 검은 꽃이 수놓인 은빛 비단 치파오를 입었는데 겉에는 역시 비단으로 된 짧은 외투를 걸쳤다.

아이신쮀뤄 히로는 남편이 그녀와 갈라져 지내는 동안 줄곧 그녀에게 편지를 보냈다고 말했다. 그녀는 그가 광주에서 그녀가 돌아오기를 기다리고 있으리라고 믿는다고 말했다. 그 말을 하면서 그녀는 웃었다. 이때 그녀의 웃음에는 조심스러움보다는 분명 마음속에서 우러나오는 달콤함이 묻어나 있었다."

이날은 5월 13일, 그때는 중·일 양국이 수교 전이어서 도쿄에서는 중국으로 오는 비자를 발급받을 수 없었다. 사가 히로 일행은 홍콩에서 입국 수속을 밟기 위해 이리로 날아온 것이다. 그날 그들은 구룽(九龍)에서 차를 타고 나호(羅湖)교를 통해 입국해 곧장 광주로 향했다. 사가 히로의 일행에는 사가 히로의 어머니 사가 히사코, 여동생 마치다 모토코(町田干子)와 둘째 딸 호생 외에 일본인 친구 미야시타 메이지(宮下明治)도 있었다. 나가노 현(長野縣) 이다(飯田) 시에서 약방을 경영하는 그는 만주국 시대에 청동릉(淸東陵) 수비대 수비대원이었다. 청조 황족과 모종의 역사적 관계가 있었던 옛 부하로서 그는 부걸을 만나고 싶어했다. 열차가 곧 광주 역에 들어서게 된다. 사가 히로는 그때의 심정을 다음과 같이 회고했다.

"남편은 반드시 북경에서 광주로 우리를 마중하러 나왔을 것이다. 이제 십여 분 뒤면 우린 다시 만나게 된다. 한달음에 남편의 품에 뛰어들지 못하는 것이 한스러웠다. 그러나 그 기나긴 이별했던 세월을 거치며 나는 뭐라 형언할 수 없는 두려움을 느꼈다. 그 두 가지 감정이 한꺼번에 몰려와 나는 한시도 마음을 가라앉힐 수가 없었다. 나는 무릎 위에 놓인 혜생의 유골함을 꼭 끌어안았다. 그리고 남편을 만나면 제일 첫 마디에 무슨 말을 해야 할지 마음속으로 쉴새 없이 생각했다."[127]

그건 생이별 뒤의 재회였으며 세상이 기억하는 결말이었다. 광주역에서의 만남과 애군(愛群) 빌딩에서의 아름다운 밤이 얼마나 감동적이었을지에 대해 장황하게 늘어놓지 않아도 독자들은 가히 상상할 수 있을 것이다.

그러나 문제는 그렇게 간단하지 않았다. 얼핏 보기엔 부의가 마음으로 이미 이해를 했고 중국 정부가 비준하기만 하면 부걸과 사가 히로가 한 데 합칠 수 있을 것만 같았다. 그러나 외부에서 미처 알지 못한 일이 일어났다. 주은래는 이를 해결하기 위해 계속해서 수없이 생각했고 섬세하게 구체적으로 여러 가지 일들을 조치했다. 그는 정말 많은 심혈을 기울였다. 그 때문에 부걸은 여러 해 동안 그 존경스러운 위인만 떠올리면 눈물을 흘리곤 했다.

사가 히로의 귀국을 초청하는 내용을 담은 두 통의 편지가 요말사의 구구절절 꼼꼼한 검

---

127) 『떠돌이 왕비』, 북경, 시월문예출판사, 1985, 170쪽.

토를 거쳐 바다를 건너갔을 무렵 부의가 먼저 주은래의 칭찬을 받았다. 그건 정월 초닷새에 열린 역사문헌자료 업무 좌담회에서였다. 총리는 부의를 만나 아주 만족해하며 말했다.

"이번 일은 그대가 참 잘했습니다. 그대는 이미 새로운 사람으로 개조됐으니 새로운 사상과 관념을 가지는 것이 마땅합니다. 더 발전하게 된 걸 축하합니다!"

정월 초엿샛날 총리는 제2차 특별사면 인원들을 단독 접견하는 자리에서 부걸을 칭찬했다. 그는 "요말사 동지가 나에게 말했습니다. 그대가 사가 히로에게 보내는 편지를 아주 잘 썼다는군요. 꼭 돌아올 것입니다. 그리고 돌아온 뒤에도 새로운 환경에 꼭 잘 적응할 것입니다. 당신이 이를 아주 잘 증명해주고 있지 않습니까?" 하고 말했다.

일주일 뒤, 즉 2월의 마지막날 주은래는 중국을 방문한 야마모토 유이치(山本熊一)를 단장으로 한 일본 경제 우호 대표단을 접견했다. 총리는 이야기 중에 또 사가 히로의 귀국문제에 대해 거론했다. 그는 이렇게 말했다.

"중일 양국은 전쟁을 거친 뒤 새로운 요소가 나타났습니다. 적잖은 일본인이 중국에서 일본으로 돌아갔고 또 적잖은 일본인이 중국에 남았습니다. 전쟁은 원래 서로를 대립하게 만들지만 서로간의 접촉과 이해를 늘려주기도 합니다. 여러분도 아시다시피 5천여 명의 일본인 여성이 중국인과 결혼했습니다. 이는 역사적으로 드문 일입니다. 양국은 이제 친척관계가 됐습니다. 전쟁은 불행을 가져다준 한편 새로운 요소도 가져다주었습니다. 물론 내왕과 혼인은 양국 인민의 우호관계를 추진하기 위한 것이지 내정을 간섭하고 적대적 선전을 위한 것이 아닙니다. 예를 들어 중국에 있던 전범의 절대다수가 일본으로 돌아갔습니다. 그들 중 대다수는 돌아가서 활동하는 모습이 아주 훌륭합니다. 그러나 중국을 적대시하는 개별적인 존재도 있습니다. 그는 중국에서 죄를 지었으나 그 후 중국에서 표현하는 모습이 좋았습니다. 그러나 석방되어 돌아간 뒤 일본 인민에 불리한 선전을 했으며, 파시즘사상을 선전해 그대들을 번거롭게 하고 있습니다. 석방되어 돌아간 이들 대다수가 좋은 사람들입니다. 나쁜 사람은 개별적입니다. 과거에 일본 군벌이 사가 히로를 이용해 만주국 황제의 아우인 부걸과 결혼하게 했습니까. 그들의 의도는 만주를 완전히 식민지화하려는 것이었습니다. 이제 부의의 아우가 석방되었고 그의 아내가 돌아오기를 원하고 있습니다. 그녀는 자신이 중국인이라고 생각하고 있습니다. 그래서 우리는 그녀를 돌아오게 할 생각입니다. 시대가 바뀌었

습니다. 사람도 교육을 통해 바뀔 수 있습니다. 그런 사람이 대다수입니다.[128]

그때 국제 무역 촉진회 회장직을 맡았던 야마모토 유이치 선생은 도쿄에 돌아가자마자 사가 히로에게 그녀의 중국 정착을 환영한다는 주은래의 뜻을 전했다. 이에 사가 히로는 크게 고무됐으며 기뻐했다.

얼마 뒤 사가 히로는 또 도쿄의 자택에서 노신(魯迅)의 부인 허광평(許廣平) 여사를 만났다. 그녀는 일본에 가 노신 기념행사에 참가한 기회에 사가 히로에게 아주 의미 있는 주은래의 선물—"한 쌍의 새가 벚꽃나무 위에 내려 앉은" 조개껍질을 붙여 만든 세공그림을 전했다. 허광평은 그녀가 떠날 무렵 총리가 친히 그녀에게 전화해 불렀다고 말했다. 그리고 그녀에게 도쿄에 가면 사가 히로를 만나 중국의 변화와 성과를 설명하고 부걸이 특별사면으로 풀려난 뒤의 상황에 대해 설명해주길 바랐다. 총리는 또 특별히 허광평에게 사가 히로를 초청한다는 말을 전해 줄 것을 부탁했다. 그는 "히로 부인에게 전해주세요. 나 본인은 빠른 시일 내에 북경에서 그녀를 만날 수 있기를 바라고 있으며 더욱이는 부걸의 집에서 그녀가 손수 만든 일본음식을 먹어볼 수 있기를 바란다구요"라고 강조했다. 이같은 사실을 전해들은 사가 히로는 눈물이 샘솟듯 했다. 그녀는 두 손으로 세공그림을 받아들고 북경을 향해 큰절을 했다.[129]

막 4월에 들어서자마자 중일우호협회 회장 요승지(廖承志)는 또 초청을 받고 일본을 방문했다. 주은래는 그에게 떠나기 전에 부걸을 만나보고 또 해야 할 일이 무엇인지를 직접 얘기해보라고 했다. 총리는 요공(廖公)에게 일본에서 오랜 벗들 몇 명을 찾아 사가 히로 부모에 대한 설명과 설득 작업을 펴 부걸 부부가 순조롭게 한데 합칠 수 있도록 추진하라고 당부했다.

요승지는 총리의 당부에 따라 경산(景山)공원에서 노동 중인 부걸을 만났다. 부걸은 특별히 새 옷으로 갈아입고 사진관에 가서 3촌짜리 사진을 찍었으며 또 북경의 과일설탕절임 등 아내가 좋아하는 특산물을 사다가 요공에게 전해줄 것을 부탁했다. 물론 말 한 마디보다 더 귀중한 선물은 없었다. "요공께서 히로에게 전해주십시오. 제가 기다리고 있다구

---

128) 『주은래 외교 문선(周恩來外交文選)』, 중앙문헌출판사, 1990, 305~306쪽.

129) 戴明久, 『중국 마지막 황제(皇弟) 부걸(中國末代皇弟溥傑)』, 춘풍(春風)문예출판사, 1987, 213쪽. 모화관

사가 히로가 도쿄에서 친정 식구들과 함께 찍은 사진.

요. 머리도 수염도 하얗게 셀 때까지 기다릴 것이라고요. 그리고 애써주신 주 총리의 정성을 그녀가 저버리지 말기를 바란다고 전해주세요. 그녀가 빨리 돌아오길 바란다고요."

얼마 뒤 주은래는 또 경산으로 차를 보내 부걸을 어느 한 호텔로 데려오게 했다. 원래 총리는 그곳에서 일본인 친구인 사이온지 긴가즈(西園寺公一)와 그의 아내 유키에(雪江), 장남 카즈아키(一晃)와 차남 아키히로(彬弘)를 접견 중이었는데 부걸에게 배석하라고 부른 것이다.

사이온지 긴가즈는 화족 가문에서 태어났는데 사이온지 긴모치(西園寺公望) 공작은 그의 조부이다. 사이온지 긴모치는 부의가 선통황제로 등극하기 전과 후에 두 번이나 일본 내각 총리대신직을 맡았으며 메이지(明治)·다이쇼(大正)·쇼와(昭和) 3대 정부를 보필한 원로이다. 그 장손 긴가즈 선생은 영국 옥스포드 대학을 졸업하고 독일·이탈리아·미국 등 나라를 두루 돌아다니며 민주사상의 영향을 많이 받은 한편 파시즘 세력의 창궐함도 직접 보았다. 그래서 그는 스스로 작위와 가업의 계승권을 포기하고 군국주의와 침략을 반대하는 길을 걷기 시작했던 인물이었다. 사이온지 긴가즈는 침략을 질책했으며 중국인민을 동정하고 지지해 우리의 오랜 친구가 됐다. 그는 1958년 봄 비엔나 세계 평화 이사회 서기처 서기의 신분으로 온 가족을 이끌고 북경에 와 정착했다. 그 몇 해 동안 기시 노부스케(岸信介) 내각과 이케다 하야토(池田勇人) 내각이 반동적인 대 중국 정책을 추진해왔지만 긴가즈 선생은 중·일 양국 국교의 정상화를 위해, 양국의 문화교류와 민간무역을 위해 있는 힘써왔다. 주은래는 그를 "민간대사"라고 칭찬했으며 그와 두터운 우정을 쌓았다.

사이온지 가문과 사가 가문은 친척이었으므로 주은래는 부걸에게도 배석하라고 했던 것이다.

"오랜 벗 사이니까 또 한 가지 당신 부부에게 도움을 청할 일이 있습니다."

주은래는 어리둥절해하는 부걸을 바라보고 나서 흥미진진하게 긴가즈 선생과 유키에 부인에게 말했다.

"부걸은 석방된 지 벌써 4개월이 넘었는데 그 부인 사가 히로는 아직까지도 일본에 살고 있습니다. 얼마나 유감스러운 일입니까. 이미 중국인의 며느리가 된 이상 계속 친정에서만 지내서야 되겠습니까. 두 분께서 그녀가 하루 빨리 시댁에 돌아올 수 있게 좀 도와주세요."

그때 중일 관계와 관련한 크고 작은 문제에 있어서 주은래는 언제나 이 "민간대사"를 잊지 않고 있었다. 그해 이시바시 단잔(石橋湛山)과 마쓰무라 겐소우(松村謙三)의 중국 방문 요구를 제기했을 때도 총리는 먼저 요승지에게 지시해 사이온지의 의견을 듣고나서 초청할 결정을 내렸었다. 그 결과는 아주 성공적이었다. 이번에도 총리가 사가 히로의 귀국문제를 그에게 부탁한 것은 다소 염려되는 면이가 있었기 때문이었다.

"올 음력설을 쇠고 나서 부의는 형제자매들과 연명으로 사가 히로에게 편지를 썼고, 부걸도 별도로 아내에게 편지를 써 그녀가 돌아오기를 초청했습니다. 그녀도 원래는 돌아오기를 원한다고 의사를 밝혔었는데 아직까지도 돌아오지 않고 있습니다. 아마도 어떤 어려움이 있는 것 같습니다. 그녀 본인에게 문제가 있는 것이 아닐 수도 있습니다. 긴가즈 선생과 유키에 부인께서 관계 소통을 해주시기 바랍니다. 두 집안은 친척 사이니까 이야기가 잘 통할 수 있지 않겠습니까?"

주은래의 판단은 적중했다. 바다 건너편에서는 한 차례 또 한 차례의 질풍노도와 같은 격렬한 투쟁의 시련을 겪는 중이었다. 그 시련은 총리가 야마모토 유이치(山本熊一)에게 말한 적이 있는 그런 상황에서 비롯된 것이었다. 석방되어 일본으로 돌아간 일본 전범들이 또 중국을 적대시하는 편에 선 것이었다. 그들은 "일본 인민에게 불리한 사상을 선전했으며" 여러 경로를 통해 다양한 형식으로 사가 집안에 압력을 가하며 사가 히로가 중국에 와 부걸과 한 데 합치는 것을 방해했다. 그들 중 일부는 전쟁 전부터 사가 집안과 아는 사이였고, 일부는 무순에서 부걸을 만난 적이 있으므로 그들의 활동은 일정한 영향을 일으켰다. 사가 시즈가츠(嵯峨實勝) 후작은 딸에게 이렇게 말한 적이 있다. 너와 호생이 집이 있어도 돌아갈 수 없이 외롭게 살아가게 된 건 다 이 아비의 잘못이다. 그러나 오늘 이 아비가 너에게 한 마디 당부를 더 해야겠다. 이제 더 이상 중국으로 돌아가려는 생각은 말거라. 중일 양국은 전쟁으로 원수 사이가 돼 너무 깊은 원한을 쌓았다. "얼음이 석 자 두께로 얼어붙는 건 하루이틀 추위 때문이 아니거늘" 그 얼음이 녹으려면 또 몇 년 몇 개월이 걸리겠느냐? 네가 가게 되면 부걸 군은 환영해줄 수 있지만 현지 정부와 백성들, 특히 전쟁의 피해를 입은 백성들이 널 환영해줄 수 있겠느냐? 게다가 후작 세가인 우리가 조상의 영예에 먹칠을 할 수는 없지 않느냐? 그리고 후작은 또 딸에게 절대 너무 상심하지 말라고 설득했다. 또 부모가 이제는 늙어 기력이 쇠해 딸들이 곁에 있어주면서 무슨 일이 생기거나 하면 보살핌이 필요하다고 말했다.

그 말은 사가 히로에게는 잔인함에 가까웠지만 그녀는 믿지 않을 수가 없었다. 그녀와 부걸의 혼인에는 행복한 신혼생활이 있었고 힘든 세월도 있었다. 전쟁 전의 정략혼인에서 전쟁 후 무소식에 이르기까지, 그리고 바다를 사이 두고 서로 바라만 봐야 했던 세월들, 아직도 미련하고 힘들게 참고 기다려야만 한단 말인가? 그러나 그녀에게 공산당과 신 중국은 확실히 아직까지도 미지수였다! 이는 이미 겹겹이 어두운 그림자가 드리운 그녀와 남편의 혼인관계에 또 한층 새로운 그림자가 덮인 격이었다. 그녀가 양국 문화 교류에 주력해오고 있는 법인사업도 역시 항상 이로 인해 곤혹을 겪고 있지 않은가 말이다. 그는 마음이 쓰라렸다.

바로 그때 야마모토 유이치가 왔고 이어 "한 쌍의 새가 벚꽃 나무 위에 내려앉은" 세공그림이 전해졌으며, 중국정부 총리의 구두로 된 초청과 남편의 "날인 없는" 맹세문이 동시에 전달됐던 것이다. 그리고 사가 시츠카츠의 걱정을 가셔준 것은 사이온지 긴가즈의 두 통의 편지였다……. 주은래의 다각도 설득이 효험을 본 것이었다!

사가 히로는 또 부걸의 그 기나긴 편지를 꺼냈다. 이는 아마도 백 번째로 눈물을 머금고 그 편지를 읽는 것이리라.

> "그대의 귀국 문제에서 이제는 아무런 장애도 없습니다. 그대의 귀국을 위한 모든 준비를 이미 끝냈습니다. 중국정부는 그대가 귀국할 때 만약 친척이 그대와 함께 오기를 원한다면 그들도 함께 데리고 올 수 있도록 했습니다. 몇이 오든 다 괜찮다고 했습니다."[130]

---

130) 『마지막 황제(皇弟)의 쇼와 풍운록(末代皇弟溥傑昭和風雲錄)』, (일) 후나기 시게루(船木繁) 작, 전헌빈(戰憲斌)

사가 히로는 더 이상 걱정할 필요가 없었다. 그녀는 아버지 사가 시즈가츠의 충분한 이해를 얻었으며 더욱이 어머니 사가 히사코와 여 동생 마치다 모토코 등의 단호한 지지를 얻었다. 그래서 5월 중순 들어 첫날 조금도 주저하지 않고 귀로에 올랐던 것이다.

사가 히로 일행이 벚꽃의 고향을 떠나 난초의 고향으로 날아가고 있을 무렵 항공편 정보를 알리는 전보가 이미 주은래의 사무 책상 위에 놓였다. 그 일로 총리는 친히 부걸과 전화 통화를 해 그에게 친척 한 분을 더 데리고 항공편이 홍콩에 이르기 전에 광주에 당도해 맞이하도록 했다. 총리는 히로 부인과 아이를 만나게 되면 그를 대신해 문안을 전하는 한편 주은래가 아주 기쁜 마음으로 그들을 환영한다고 전해달라고 말했다. 그 말을 듣자 수화기를 손에 쥔 부걸은 더는 치밀어 오르는 감정을 억제하지 못하고 "총리님"하고 부르면서 흐느껴 울기 시작했다……

주은래는 그 즉시 전국 정협에 통지해 부걸의 양성(羊城, 광주의 별칭)행을 위한 구체적 사항을 조치했다. 부걸이 다섯째 매부 만가희와 함께 광주 기차역을 나설 때, 광동성 관계부서 동지가 중앙의 지시를 받고 이미 그곳에서 기다리고 있었다. 이어 그들 둘을 광주 애군(愛群) 빌딩의 미리 예약해둔 방으로 데려다 주었다.

부걸과 사가 히로 등 7명은 남부 도시 양성에 머무는 동안 옛 사원과 박물관·공원·황화강 72열사 능원 등 명승고적을 참관했다. 5월 17일 북경 기차역 플랫폼에 드디어 그들의 모습이 나타났다. 아우와 누이들이 일일이 손을 내밀어 그들을 환영했다. 그런데 맏이인 부의는 오지 않았다.

마중을 나간 이들 중에는 북경시 민정국 간부들도 있었다. 그들은 자동차 몇 대를 파견해 부걸과 사가 히로 일행, 그리고 마중 나간 친척들을 직접 인민극장 바로 옆에 위치한 호국사(護國寺) 52번지 울 안으로 데려갔다.

그곳은 전형적인 북경 사합원(四合院)이었다. 돌계단을 2, 3개 올라 붉은색 페인트칠을 한 대문으로 들어가 복도를 한 구간 걸어지나 먼저 이원(耳院)에 들어섰다. 그리고 계속 원형문을 넘자 남북 원채와 동서 사랑채를 합쳐 총 17개의 방에 둘러싸여 이루어진 사각형 뜰이 있었다. 아주 뚜렷한 중국 특색의 사합원이었다.

이 사합원은 순친왕부 부동산 중의 하나로서 재풍은 유서에다 이 집을 부걸의 명의로 해

역. 중국 탁월(卓越)출판공사. 1990. 165쪽.

놓았다. 부걸이 수감 중일 때 부동산은 정부가 대신 관리해주었는데 북경 리놀륨 공장에서 임대해 썼다. 부걸이 특별사면을 받은 뒤 정부는 바로 대신 보관했던 임대료 전액을 되돌려 주었다. 한편 주은래는 직접 관련당국에 전화해 리놀륨 공장이 기한 내에 집을 비우도록 명했으며 정부가 책임지고 보수공사를 해주도록 했다.

부걸이 남하해 아내를 마중하러 가기 며칠 전에도 여기 와 봤었는데 그때까지도 이곳은 구석구석 잡동사니들을 가득 쌓아둔 공장이었다. 그래서 속으로 조바심이 났었다. 그런데 이제 열흘 남짓밖에 지나지 않았는데 눈앞에서 일어난 변화에 대해 부의는 도저히 상상이 가지를 않았다. 그는 놀라 눈이 휘둥그레져서 모든 것을 둘러봤다. 리놀륨 공장은 온데간데없고 방마다 새롭게 보수가 돼 있었다. 사합원과 주택의 원래 양식을 보존하면서 내부 인테리어는 서양식으로 돼 있었다. 시몬스 침대에 예쁜 화장대가 갖춰져 있었으며 침실·서재·거실·주방·식당·창고, 그리고 가정부의 방까지 모두 질서정연하게 정리돼 있었다. 솥·그릇·바가지·대야까지, 심지어 울 안에 빨래를 널 건조대와 청소용 도구 등까지 모두 완전히 갖춰져 있었다.

자동차 대오를 인솔해 온 민정국의 한 여 간부는 아주 겸손하게 부걸과 사가 히로의 의견을 물었다. 그녀는 그들이 주 총리의 지시에 따라 주택을 보수하고 꾸미고 청소를 했는데 원칙은 풍격을 살리면서 생활에 편리토록 하는 것이었다고 말했다. 그는 다만 집 주인과 미리 의논하지 못했다면서 맞지 않은 점이 있으면 다시 꾸미겠다고 말했다.

부걸은 후에야 그 내막을 조금씩 알게 되었다. 주은래는 사가 히로가 곧 중국으로 오게 된다는 소식을 듣자 부걸 일가의 생활 배치라는 긴급 임무를 시 민정국에 맡겼던 것이다. 총리는 가옥 준비작업은 반드시 섬세하고 빨리 진행해야 한다며 사가 히로가 도착하기 전에 준비를 끝내야 한다고 말했다. 그는 그녀가 북경에 돌아오

부걸과 호생이 광주에서. 부녀간의 다정한 모습.

半生自夢尼难活,却渡连川竟有
边.愁喜抱持犹夢寐,瀛湄儿女
得団圓.一家话到心头语:大地春
来望外天.香远蓁薑繇始尽,相将
赎振羯余年.
曾冒滔天愆,唯期一蜿莱,昔年诚
昨死,蔬后伎今生.志合真偕老,
同心更契盟:春晖苏寸草,图
报是吾情.
十六年春连在羊城示喜及嫣的见志偶成二律
溥杰　一九六一年国庆节

부걸이 처자식과 "양의 도시" 광주에서 재회한
뒤 느낀 바를 글로 표현했다.

는 날 남편과 함께 정상적인 가정생활을 할 수 있도록 보장할 것을 강조했다. 총리는 또 부걸 부부가 살면서 필요한 생활 용품에도 일일이 신경 썼다. 그는 또 사가 히로는 일본인이어서 중국에 오게 되면 생활적으로 적응하지 못할 수 있으니 서양 요리를 할 줄 아는 가정부를 고용하는 것도 생각해볼 것을 특별 지시했다.[131] 그후 사가 히로도 가옥을 보수하고 방을 꾸민 사실을 자신의 회고록에 보충해 넣었다. 그녀는 "이 모든 것은 주 총리께서 직접 조치한 것"이라고 썼다. 그녀는 계속해서 이렇게 썼다.

중국 가정에는 개인적인 용도로 놓은 전화가 아주 적었다. 그러나 우리 집에는 전화를 놓아 주셨다. 그리고 우리 일상생활을 돌봐줄 여성도 한 명 파견해 주었다. 그래서 생활적으로 아무런 불편한 점이 없었다. 오직 한 가지 부족한 점이 있다면 집 울안에 나무가 한 그루도 없었다는 것이었다. 그저 십자형으로 닦은 자갈길만 있었을 뿐이다.[132]

부걸과 사가 히로 일행이 북경에 돌아왔을 때 주은래는 산동(山東)과 안휘(安徽) 등 성을 시찰 중이었다. 떠나기 전에 그는 가옥 보수와 방 인테리어를 하도록 조치했을 뿐 아니라, 사가 히로가 혹 만족하지 않을 만한 점이 있을 수도 있다는 점을 감안해 특별히 시 민정국에 전화해 히로 부인에게 만약 어떤 생각이나 요구가 있으면 반드시 제시하라고 하면서 최대한 만족시켜 드리도록 노력할 것이라는 말을 꼭 전하게 했다. 부걸과 사가 히로, 그리고 양가 친척들은 그저 감동할 뿐, 더 이상 무슨 요구를 제기할 수가 없었다. 그 후 부걸 부부는 직접 나서 나무와 꽃을 심어 사합원을 녹음이 우거진 작은 꽃밭으로 꾸몄다. 그들은 어

---

131) 戴明久, 『떠돌이왕비』, 북경 시월문예출판사, 1985, 174쪽. 『중국의 마지막 황제(皇弟) 부걸(中國末代皇弟溥傑)』, 춘풍(春風)문예출판사, 1987, 241쪽.

132) 戴明久, 『떠돌이왕비』. 앞의 책. 174쪽.

느 날 총리가 바쁜 중에 시간을 내 왕림해 안주인 겸 요리사 사가 히로가 정성 들여 준비한 일본 음식을 직접 맛볼 수 있기를 바랐다. 끝없는 감회에 젖은 이국 여성 사가 히로는 무엇으로 중국 총리의 태산 같은 은혜에 보답해야 할지를 몰랐다. 그러나 주은래가 그 어떤 보답을 바랐을 리는 만부당했던 것이다.

23.
해당화나무 아래서

북경 기차역에 마중을 나가지 않았다 하여 주은래 앞에서 밝힌 부의의 태도가 바뀐 것은 아니었다. 단 하룻만에 그는 전국 정협 기관에서 사가 히로 일행의 가족애로 가득찬 방문을 받았다. 일본에서 온 친척들은 유명하고 진귀한 사탕이며 찻잎, 일본 인형 등의 선물을 가져왔다. 부의는 아주 기쁘게 선물을 받았다. 그날 밤 부의는 또 직접 가족 구성원들을 거느리고 취안쥐더(全聚德) 북경오리 구이집에서 제수와 그녀를 수행한 일본 친척과 손님들을 초대했다. 비록 후작 부인 사가 히사코는 여전히 부의를 "폐하"라고 불렀지만 부의는 스스로 잘 조절하며 그저 완곡하게 약간의 설명만 했을 뿐이었다. 나흘 뒤 부의는 또 개인 명분으로 식당에서 사가 히로 일행을 초대했다. 부의의 변화에 사가 히로는 거대한 시대적 차이를 느꼈다. 그녀는 남편에게 자신의 느낌을 이야기한 적이 있다. 그녀는 아주버님이 지금은 몸도 나고 식사량도 정말 크며 예전처럼 그렇게 신경질적이지도 않다면서 아마도 평생 처음 두려움 속에서 생활하지 않게 된 것이 원인인 것 같다고 말했다. 사가 히로의 추론에 일리가 없는 것은 아니지만 그녀가 모르고 있는 사실이 있다. 그것은 부의가 바뀔 수 있었던 데는 총리가 결정적인 역할을 했다는 사실이다.

주은래는 외지에서 시찰하고 돌아오자마자 비서를 시켜 부걸에게 전화해 사가 히로 일행이 무사히 북경에 도착한 것을 축하했다. 그때 중앙에서 마침 농업문제에 대해 의논하는 회의가 열리고 있어 총리는 당분간 시간을 낼 수가 없었다. 그러나 그는 꼭 멀리서 온 손님들을 만나볼 것이라고 밝혔다.

5월 24일, 신백순(申伯純) 전국 정협 부비서장 겸 역사문헌자료 연구위원회 부주임 위원이 기관의 식당에서 연회를 베풀어 부의 가족 구성원들을 모두 초대해 사가 히로 일행을 위해 환영회를 열어주었다. 식사를 마치고나서 강당에서 진강[秦腔, 섬서(陝西)성과 그 인근 성(省)에서 유행하는 지방 전통극] 명작 "원문에서 아들의 목을 치려 하다(轅門斬子)"를 관람했다. 두 주일 뒤 요승지 국무원 외사 사무실 제1부주임 겸 화교 사무 위원회 주임이 또 신교(新僑) 호텔에서 성대한 환영연회를 베풀었다. 중앙 통전부 서빙 부부장과 장집일(張執一) 부부장, 요말사 북경시위 통전부 부장 등이 연회에 참석했다. 부의도 초대를 받고 참석했다. 연회 참가자 중에는 또 중국 연극가 협회 조우(曹禺) 부주석도 있었다. 연회 참가자들은 연회가 끝난 뒤 그의 연극 명작 "뇌우(雷雨)"를 감상했으며 그 인민 예술가의 찬란한 성과를 이구동성으로 찬양했다.

사가 히로를 대하는 부의의 태도가 조금은 바뀌었다. 그러나 그렇다 하여 가슴에 맺힌 응어리가 모두 사라진 것은 아니다. 주은래는 거처지 문제에서 이미 그 점을 발견했다. 총리는 부의가 홀홀단신으로 지내니 생활면에서 불편함이 많을 것이라 짐작했다. 게다가 호

가족 구성원들이 호국사 52번지 부걸의 집 울 안에 모두 모였다.

국사 사합원에는 방도 적지 않으니 형제가 함께 지낸다면 서로 돌봐줄 수도 있어 좋을 것이라고 생각했었다. 그런데 총리가 부의의 생각을 물었을 때 그만 거절당하고 말았다. 여러 해 동안 일본 군벌의 손아귀에서 놀아났던 꼭두각시 황제인지라 이제 와서 비록 주은래의 설득을 거쳐 사가 히로가 중국에 와 정착하는 것까지는 더 이상 반대할 수 없었지만, 일본 인사들과 왕래하는 것만은 여전히 내키지 않아 고집스레 반대로 일관했던 것이다. 설령 그 상대가 아우의 아내일지라도 예외는 아니었다. 이는 개인 사이에 존재하는 편견이 아니라, 근본적인 사상방법 문제라는 점을 알게 됐다.

"당시의 배경 하에서 중일 양국 관계의 현황과 발전 전망을 도대체 어떻게 봐야 할까? 부의는 특별사면을 받은 뒤 여러 분야의 일본 인사들을 만날 기회가 많았다. 그가 이처럼 많은 업무에 나선다면 더 큰 영향을 일으킬 수도 있을 것이다. 그렇기 때문에 그는 올바른 견해를 가져야 마땅하다!"

이렇게 생각을 정리한 주 총리는 1961년 6월 10일의 접견과 오찬회 등의 활동을 마음 먹고 마련했던 것이다.

따스한 오전 햇빛이 잎과 가지가 무성한 해당화나무를 비추고 있었다. 주은래는 서화청 밖 둥근 백옥석 테이블 위에 다과와 사탕을 푸짐히 차려놓고 부걸과 사가 히로·사가 히사코·마치다 모토코·호생·미야시타 메이지 등의 손님을 맞이했다. 총리가 재치 있게 말했다. "우리 여기 둘러 앉는 게 어떨까요? 한 자리에 둥글게 모여 앉는 것은 길함을 바라는 의미가 있으니까요! 그대들 온 집안이 즐겁게 영원히 단합되기를 기원합니다!"[133]

"듣자니 사가 히사코 부인과 미야시타 메이지 선생은 모레면 되돌아가신다구요. 원래는 더 후에 그대들과 만날 생각이었는데 그래서 앞당길 수밖에 없었습니다."

주은래는 원래 6월 12일 중앙 업무회의가 끝난 뒤에 이번 접견을 배치할 예정이었으나, 사가 히사코 등의 비자가 기한이 차서 계속 머무를 수가 없게 됐으므로 총리는 회의기간에 시간을 짜내 그들을 접견했던 것이다.

주은래는 부걸과 사가 히로가 북경에서 한데 합치게 된 데 대해 진심으로 기쁘게 생각한다면서 그러나 제일 기뻐할 사람은 부걸이라고 말했다. 그는 얼마 전까지도 부걸은 아내가 돌아오지 못할까봐 걱정했었는데 이제는 벌써 현실로 되었다고 말했다. 부걸은 그가 광주

133) 戴明久, 「중국 마지막 황제(皇弟) 부걸」, 앞의 책, 244쪽.

기차역에서 처음 아내를 본 순간 말도 할 수 없고 걸음도 걸을 수 없었으며 숨도 쉴 수 없을 정도로 기뻤다고 말했다. 그 말에 총리는 매우 이해한다는 표정으로 크게 웃으면서 인지상정이 아니겠냐며 사람의 감정이 제일 풍부하고 또 제일 소중하다고 말했다. 총리는 만약 그 자신이 그 상황이었다면 눈물에 콧물에 범벅이 됐을지도 모른다고 말했다. 총리는 말하면서 손수 감귤을 하나 집어들고 껍질을 벗기고는 아주 예의 있게 사가 히사코의 손에 쥐어주며 노인에 대한 감사의 뜻을 전했다. 그녀가 직접 딸을 데리고 와 가족이 한데 합치게 했으니 실로 탄복한다고 말하면서……. 총리는 친척 간에는 갈수록 가까이 지내야 하고, 나라 간에는 더욱 화목해야 한다며 화목해야 양자 모두에게 이로울 것이 아니겠느냐고 말했다. 이때 사가 히로가 다가와 총리에게 찻물을 따랐다. 총리는 경극 "평귀가 요에서 아내와 이별하다(平貴別窯)" 속의 이야기를 인용해 그녀에게 말했다. "왕보채는 한요에서 18년이나 고절을 지켰고" 그대도 부걸을 16년이나 기다렸다며 그대들 운명은 같다고 말했다. 그러나 설평귀는 훗날 황제가 된 뒤 근본을 잊었지만 부걸은 그러지 않을 것이라며 그는 이미 중화인민공화국 공민이 됐다고 말했다. 깊은 뜻이 담긴 친절하고 감동적인 말에 손님들 속에서는 이따금씩 웃음소리가 터져 나왔다. 손님들은 모두 홀가분함과 편안함을 느꼈다.

주은래는 사가 히로의 귀국 사실을 둘러 싸고 많은 이야기를 했다. 그는 히로 부인은 일본인이지만 중국인과 결혼했으니 이제는 중국인이라며 그대가 중국인이 되어 중국의 사회 활동에 참가하게 된 것을 환영한다고 말했다. 총리는 또 자신이 그처럼 많이 설득했지만 히로 부인은 더 생각해 봐도 된다며 1년, 3년, 5년, 10년간 얼마나 긴 시간 동안이라도 좋으니 그리 하는 것이 옳은지 생각해 보라고 말했다. 그러다 적절하지 않다고 생각되면 언제든 돌아가도 좋다고 말했다. 그리고 일본에 돌아가 비교해 보고 나서 중국에 사는 것이 좋다고 생각되면 다시 돌아올 수도 있다면서, 가고 오는 것은 자유라고 말했다. 그리고 그건 내가 보장할 것이고, 서명도 해줄 수 있다고 했다. 그러나 그대는 나에게 서명해달라는 요구를 제의하지 않을 것이라고 웃으면서 말했다.[134]

주은래는 사가 히로가 중국인이 되기를 원하고 중일 양국의 우호적인 관계 추진과 국교 회복을 위해 노력해온 것을 칭찬하면서 이에 대해 환영한다고 밝혔다. 한편 또 그녀의 책

---

134) 『주은래 선집(周恩來選集)』 하권. 인민출판사, 1984, 320쪽.

『떠돌이 왕비』의 결점에 대해서도 엄숙히 지적했다. 그는 책 속의 일부 줄거리가 사실과 어긋난다면서 수정을 거치지 않으면 중국에서 출판할 수 없다고 말했다. 총리는 부드러운 눈길로 사가 히로를 바라보며 말을 이었다. 그는 히로 부인에게 마음 놓으라면서 우리는 그대를 싫어하지 않을 것이라고 말했다. 그는 또 히사코 부인과 미야시타 선생은 귀국한 뒤 일본의 벗들에게 히로 부인은 미움을 받지 않을 것이라고 전해 주기 바란다고 말했다.

부걸의 장녀 혜생.

주은래의 진실함과 솔직함에 그 자리에 있던 모든 이들이 감동했다. 사가 히사코가 일어나서 총리에게 경례를 하려는 것을 총리가 막았다. 히사코 부인은 사가 히로가 중국에 올 수 있도록 도움을 준 총리에게 감사한다고 말했다. 그는 중국에 "천길 높이에 이르는 나무도 낙엽귀근(落葉歸根)"이라는 옛말이 있다며 내 딸의 남편이 중국에 있으니 딸의 집도 중국에 있다면서 중국이야말로 딸의 귀숙지라고 말했다. "딸은 마땅히 돌아와야 한다. 그래야 그도 완전히 시름을 놓는다. 그대와 같은 총리께서 관리하는 나라니까 내 딸이 중국에서 꼭 행복하게 생활할 수 있을 것이다"라고 말했다. 이에 총리가 대답했다. "그대가 양국 인민을 위해 좋은 일을 한 데 감사한다. 중국의 경극 '양문여장(楊門女將)'에서는 사노태군(佘老太君)이 군사를 통솔해 출정하는 이야기를 다루고 있다. 듣자하니 부인도 딸이 여럿 된다는데 부인께서도 중일 우호 사업의 통솔자가 되어 출정해 주기 바란다." 총리는 상황을 아주 잘 알고 있는 것이 분명했다. 히사코 부인은 딸 넷과 아들 하나를 두었는데 사가 히로가 맏이이고 그 외에 차례로 이케다 케이코(池田啓子)·후쿠나가 야스코(福永泰子)·마치다 모토코(町田幹子)가 있으며, 아들 코우겐(公元)이 막내였다.

화제는 또 "여장"에서 부걸과 사가 히로의 두 딸에게로 옮겨갔다. 큰 딸 혜생은 바로 제일 먼저 중국 총리에게 편지를 써 아버지를 찾아나선 17세 여자아이였다. 그녀는 20살 나던 해 이루지 못한 사랑 때문에 자살하는 바람에 아마기(天城) 계곡의 처참한 비극을 빚어냈다. 사건의 사유는 아주 간단했다. 그녀는 동창인 남자친구와 서로 사랑하고 있었는데 집안의 이해를 받지 못했던 것이다. 봉건적인 정통사상을 고집했던 어머니는 그녀가 청조 황실의 장녀인만큼 마땅히 중국에 돌아가 만주족 청년에게 시집가야 한다고 주장했다. 그로 인해 그녀는 너무 고통스러워했으며 결국 죽음의 길을 선택했던 것이다. 주은래는 그때 혜생이 그에게 편지를 쓴 것을 칭찬했다. 그는 사가 히로에게 "세상을 떠난 당신의 딸 혜생이 나에게 편지를 쓴 적이 있습니다. 그때 나는 그 아이가 아버지와 서신 내왕을 할 수 있도록 허락하기로 결정했습니다. 그 아이는 아주 용감한 청년이었습니다. 그 아이의 사진이 있다면 기념으로 한 장 간직하고 싶습니다"라고 말했다. 사가 히로는 바로 혜생의 사진을 확대해 총리에게 보내주겠다고 약속했다. 이야기는 또 작은딸 호생에게로 옮겨졌다. 주 아저씨를 존경하는 호생은 특별히 일본에서부터 미니 반도체 라디오를 선물로 가져왔다. 그리고 또 아저씨에게 아주 어려운 숙제를 하나 냈다. 그녀의 거류 문제를 놓고 며칠간 부걸 네 가정은 물론 온 가족 내부에서 큰 파문이 일었다. 부모는 그녀가 곁에 남아 같이 살 수 있기를 바랐다. 부의도 그녀가 조국에 남아 앞으로 북경에서 결혼하고 정착하기를 바라고 그녀를 설득했다. 그러나 호생은 자기 생각이 있었다. 그녀는 어려서부터 일본에서 자라 이미 그곳 생활에 습관이 되어 있었으며, 게다가 벌써 마음 맞는 남자친구까지 있었으므로 일본에 돌아가고 싶어 했다. 그러한 새로운 가정 모순이 또 총리 앞에 놓였다. 총리가 말했다. "호생이 돌아가기를 원하면 돌아갈 수 있다. 억지로 잡아두지 말라. 젊은이니까 변화가 많기 마련이다. 앞으로 오고 싶으면 언제든지 여권을 신청할 수 있다. 중국에 오지 않고 일본인과 결혼한다고 해도 안 될 이유는 없다. 당태종(唐太宗)은 공주를 서장의 왕에게 시집 보내 한족과 장족이 통혼하지 않았는가. 사가 집안에서 딸을 아이신줴뤄 집안에 시집 보냈는데 아이신줴뤄 집안의 딸이 일본인에게 시집 가는 것이 좋지 않을 것도 없지 않은가?" 총리는 역사와 민족, 정치 등 다각도로 이치를 설명해나갔으며 설득력이 컸다. 이어 그는 또 정이 가득 묻어나는 말투로 부걸 부부에게 말했다. "아이들의 일은 그들 스스로 결정하게 하세요. 혜생과 같은 비극이 더 이상은 일어나지 말아야죠!"라고 말하고 나서 총리는 또 호생을 가까이 불러 손을 꼭 잡고 친절히 말했다. "나는 네가 일본인과 결혼하는 것을 찬성한다. 그러나 이것만은 명심하거라. 이제 언니가 없으니 네가 부모의 유일한 아이다. 꼭 부모님들을 뵈러 자주 와야 한다. 난 네가 자주 와서 지내는 걸 허락한다." 그 시각 그 상황에서 호생의 눈에서는 벌써 눈물이 줄 끊어진 구슬처럼 흘러내렸다. 그녀는 총리를 향해 깊이 허리 숙여 경례를 했다. 그리고 진정 어린 목소리로 "저는 마음속으로 당신을 존경합니다!"라고 말했다.

24.
오찬 모임에서의 종횡담

해당화나무 아래는 여전히 꽃향기가 그윽했다. 중국 총리와 함께 있는 일본 손님들은 모두 시간이 흐르는 것을 잊고 있었다. 순식간에 약 세 시간이 흐른 것 같았다. 국산 자동차들이 꼬리를 물고 중남해 서문으로 들어섰다.

오전 11시 반, 오찬 모임에 초대 받은 재도와 부의 그리고 그의 아우와 누이 등 아이신줴뤄 가족 성원들이 함께 서화청에 이르렀다. 오찬 모임에 모습을 드러낸 이들로는 총리 신변 경호원인 동소붕(童小鵬)·나청장(羅靑長)·허명(許明) 등 이들 외에도 두 부류의 인사가 더 있었다. 한 부류는 중일 양국의 우호를 추진하기 위해 다년간 노력해온 영향력 있는 인물들로서, 예를 들면 사이온지 킨카즈(西園寺公一)와 그의 부인 유키에(雪江), 요승지(廖承志) 등이고, 다른 한 부류는 만주족 명인들로서 예를 들면 유명한 작가 노사와 유명 화가 호결청, 유명 경극 예술가 정연추(程硯秋)의 미망인 과소영(果素英) 등이었다.

오찬 모임에서는 풍성한 요리들이 테이블을 가득 채웠다. 사가 히로는 이렇게 회고했다. 진귀한 준치 요리가 상에 올랐는데 그 길이가 약 1자 5치에 이르렀다. 비늘은 잉어의 것과 같았는데 맛이 싱싱하고 감미로웠으며 먹는 법 또한 간편했다. 술과 소금, 파, 생강을 적당량씩 두고 쪄서 완성한 것이었다. 사가 히로는 요리 전문가여서 요리에 대해 연구하는 것을 즐겼다. 총리도 그녀와 말이 잘 통했다. 그는 젊었을 때 일본에서 유학했다며 도쿄(東

京)의 간다(神田)에 살았는데 새우튀김과 메밀국수·도라야(虎屋)의 양갱을 제일 즐겨 먹었다고 말했다.

사가 히사코(嵯峨尚子) 부인은 말할 때 목소리가 아주 낮았으므로 주은래는 특별히 그녀에게 자신과 가까운 곳에 앉기를 권하고 그녀에게 말했다. "부인께서는 단장님이십니다!" 그리고 나서 또 친히 부의와 부걸 등에게 좌석을 배치해주었다. 부의는 평생 술을 즐기지 않았다. 총리는 특별히 그에게 독한 마오타이(茅臺)주 한 잔을 내밀며 이번만은 마음껏 마시며 즐겨보라고 권했다.

주은래는 축사를 할 때 연설하는 말트로 말하지 않았다. 그러나 그의 말은 더욱 친절하게 느껴졌다. 그는 사가 히로에게 그녀가 돌아오는 문제에 대해 그녀 남편과 부의가 망설였다면서 그들은 현재 중국의 형편이 어렵고 일본보다 생활수준이 낮다는 것을 걱정했다고 말했다. 그는 또 2년간 자연재해로 인해 일부 어려움에 닥치게 됐다며 식량이 줄고 농산물을 원료로 하는 상품이 예전보다 줄어 물자 공급이 다소 딸리긴 하지만 큰 문제는 아니라면서, 그동안 노력을 통해 조금은 회복됐다고 말했다. 게다가 그녀가 이제 막 생활수준이 높은 일본에서 왔으므로 습관이 되지 않아 보살핌이 필요하겠지만, 앞으로 습관이 되어 다른 사람들과 같아지면 특별한 보살핌이 필요하지 않을 것이라고 말했다.

주은래는 풍성한 집안 잔치를 벌여 사가 히로 일행을 초대했다. 그 자체가 이례적이어서 특별한 보살핌을 준다는 의미를 담고 있었다. 당시는 국가가 어려운 시기에 처해 있었으므로 모택동 주은래 등 지도자들은 평소 소박하게 끼니를 때우고 있었으며, 총리가 시찰차 외출하게 되더라도 방문지에 이르면 먼저 규정부터 발표했다. 즉 육류를 먹지 않고, 기름진 음식을 먹지 않으며, 잡곡을 먹을 것이며, 규정 기준을 벗어나는 것을 절대 허락할 수 없다는 내용이었다. 한 번은 모 지역의 초대자가 총리의 식사에 기름에 튀긴 콩요리를 추가했다가 총리에게 꾸중을 들었다. 총리는 백성들이 한 달에 콩기름을 겨우 몇 냥밖에 먹지 못하는데 자신은 이렇게 기름에 튀긴 콩을 먹으려니 마음이 아프다고 말했다.

주은래는 언변이 청산유수와 같았다. 그는 사가 히로와 이야기를 끝내자, 또 사이온지 킨카즈를 향해 히로 부인은 일본 사가 후작의 후대이고, 사이온지 선생은 공작의 후대라면서 지금은 일본에서 귀족이 사라졌는데 이는 제2차 세계대전 후 미국인이 한 짓이라고 말했다. 그는 또 사이온지 선생은 그에 앞서 이미 스스로 귀족 신분을 포기했으며, 한 평민의 딸과 결혼했다고 말했다. 총리는 그 자리에 있는 유키에 여사를 가리키며 말을 이었다. "그들 스스로 생활수준이 낮은 중국에 오기를 원한 것은 평화를 위한 것이 아니겠습니까? 이는 참으로 탄복할 일입니다"라고 말했다.

사이온지 킨카즈도 회고록에서 인상 깊었던 당시의 오찬 모임에 대해 서술한 바 있다. 물론 그는 문제를 보는 데 있어서 그 나름대로의 시각을 가지고 있었다. 그는 이렇게 썼다.

"중국이 국내외적으로 많은 어려움을 겪고 있을 무렵 우리 일가는 주은래 선생 댁에 오찬 초대를 받았다. …… 때로는 우리 부부만 주 총리 댁으로 초대되기도 했다. 어느 하루는 일본의 꼭두각시 "만주국" 황제였던 아이신줴뤄 부의와 그의 아우 부걸도 자리를 같이 했다. 부걸의 부인 히로는 전에 후작이었던 사가 집안 출신이며, 사가 집안과 사이온지 집안은 먼 친척 사이였다. 나는 주 총리께서 우리의 이런 관계를 아시고 또 전쟁 전에 같은 환경에서 자란 나와 부의 형제가 벗이 될 수 있기를 바라는 마음에서 이런 배려를 했으리라고 생각한다. 나는 부의와는 왕래가 아주 적었지만 부걸과는 좋은 친구가 됐다. 그는 때론 우리 집에 놀러 오기도 했다. 지금 되돌아보면 그때 그들 두 형제는 무순전범관리소에서 갓 석방되어 북경에 친구가 없었다. 게다가 그러한 지난 경력까지 겹쳐 친구를 사귀기가 어려웠을 것이다. 주 총리께서는 이런 점을 감안해 그들과 우리 부부를 함께 초대한 것이리라고 나는 생각했다.[135]

부의·부걸과 사이온지 킨카즈는 확실히 그때부터 벗이 됐다. 부걸 부부와 사이온지 일가의 왕래는 더욱 밀접해졌다. 부걸은 그들 사이에 친밀함 외에도 비교적 말이 잘 통했다고 회고했다. "사이온지 선생은 때론 좀 까탈스러운 것 같았지만 같이 술을 마시노라면 말이 비교적 많았다." 물론 이는 훗날 이야기한 것이다.

주은래는 서사여(舒舍子)에게 눈길을 돌리더니 소개했다. "저 분이 바로 유명한 작가 노사(老舍) 선생이며 만주족의 훌륭한 인물입니다. 신해혁명 후 만약 자신이 만주족이라고 말하면 없신 여김을 당하고 미움을 당하게 되므로 만주족이라고 말하기를 꺼렸습니다. 그는 많은 유명한 작품을 써냈습니다. 예를 들어 『낙타상자(駱駝祥子)』·『용수구(龍須溝)』

---

135) 『붉은 귀족 춘추―사이온지 킨카즈의 회고록(紅色貴族春秋―西園寺公―回憶錄)』, 중국평화출판사, 1990, 206~207쪽.

등입니다. 노사의 부인도 이 자리에 계십니다." 호결청이 자리에서 일어나 여러분에게 인사하기를 기다렸다가 총리가 소개했다.

"그녀는 화가입니다. 중년에 이르러 그림을 그리기 시작해 제백석을 스승으로 모셨으며, 지금은 진반정·어비암 등 화가들과 합작해 거폭의 중국화를 그리고 있습니다."

호결청 옆에는 정연추의 부인이 앉았다. 주은래는 그녀를 여러 사람에게 인사를 시키고 나서 다음과 같이 설명했다. "정연추는 중국의 유명한 경극 배우이며 역시 만주족인입니다. 해방 후 그는 많이 노력했으며 중국 공산당에 가입시켜 달라고 요구했습니다. 1957년 나와 하룽 원수의 소개로 그는 입당했지만 아쉽게도 이듬해에 세상을 떠나고 말았습니다." 여기까지 말을 이어나가던 총리가 사가 히로에게 음반을 듣기 좋아하냐고 물었다. "아주 좋아한다"는 대답을 듣자 그는 말을 이었다. 그는 정연추의 음반 몇 장을 선물할 것이라며 그의 음반을 아주 좋아해 잠이 오지 않을 때면 듣곤 한다고 말했다. 그는 또 낡은 사회에서 그들은 연극쟁이로 불리 우며 미움을 받았지만 우리는 그들을 예술가라고 부르며 모든 사람이 평등하다고 말했다.

주은래는 신변의 모든 사람에 대해 잘 알고 있었으며, 또 신변에서 시작해 자신의 화제를 이끌어나갔다. "호생(嫭生)이 와서 중국인은 얼굴이 검다고 말했다는데 부의 선생과 부걸 선생은 얼굴이 확실히 예전보다 검어졌습니다. 몸도 튼튼해졌구요. 검은 것은 건강한 표현입니다. 어째 됐건 우리는 황인종이며 유색 인종으로 불리고 있습니다. 백인종으로 바뀔 수는 없는 것입니다." 이어 총리는 황족의 변화로부터 시작해 이야기를 이끌어갔다. 그가 말했다. 오늘 이 자리에 앉은 이들 중에는 옛날의 황제 황족이 있는데 지금은 모두 함께 생활하고 있다. 여기에는 한 가지 조건이 필요하다. 즉 모두가 평등해야 한다는 것이다. 재도는 베이러(貝勒, 청나라 때 황실의 세습 작위)였으며 광서제의 아우이자 선통제의 숙부였다. 부의 선생은 황제였다. "만주국"을 우리는 인정하지 않지만 선통 연호는 인정한다. 부걸은 황제의 아우이고 호생은 일본 귀족의 외조카이자 중국 황족의 딸이기도 하다. 부의와 부걸의 아우와 누이들도 옛날에는 모두 황족이었다. 그러나 지금은 바뀌었다. 부의 선생은 열대식물을 연구하고 있으며, 노동도 할 줄 알고 자발적으로 노동에 참가하며 노동에 취미를 갖고 있다. 부걸 선생은 경산(景山) 공원에서 원예에 대해 연구하고 있는데 반나절씩 일하며 가정을 보살피고 있다. 아우와 누이동생들의 상황은 모두들 잘 알고 있다. 셋째 누이동생은 동성구의 정협 위원인데 나는 전국 정협 주석이므로 이런 점에서 우리는 동료라고 할 수 있다. 다섯째 누이동생은 복무원으로 일했었는데 지금은 회계로 일하고 있다. 그녀는 전적으로 스스로 노력해 성과를 얻었으며, 이전에 우리는 모르고 있었다. 여섯째 누이동생은 화가인데 글씨를 아주 잘 쓰며 지금은 예술가이다. 일곱째 누이는 초등학교 교도주임이며 모범 사업자이다. 당신들이 거리에 나서면 누가 옛날의 황족이라는 것을 알아보겠는가? 매부들도 모두 변화가 크다. 이들 옛날의 황족·관료·귀족들이 오늘날 모두 노동자로 변했고 직원이나 교원이 되었다.

주은래는 황족의 변화에 대해 이야기했지만 결국은 근대중국의 변화에 대해 이야기했던 것이다. 특히 사회주의 신 중국이 중국사회에 가져다준 거대한 변화에 대해 이야기했다. 그는 다음과 같이 말했다. 중국의 낡은 사회는 등급이 삼엄하고 불평등했다. 청나라 때 우리와 같은 사람들이 부의를 만나려면 무릎을 꿇고 엎드려야 했으며 아예 만날 수조차 없었다. 신해혁명 후에 바뀌긴 했지만 별로 큰 변화는 없었다. 다만 청 정부의 압박을 무너뜨리고 소수 한족의 통치가 그를 대체했으며 압박이 더욱 심해졌다. 북양군벌은 해마다 전쟁을 일으켰고, 국민당의 통치 때도 전쟁이 끊이지 않았기에 백성들을 도탄에 빠뜨렸다. 오직 중국혁명이 승리하고 나서야 사회가 바뀌고 전 중국인민이 평등해졌다. 중국의 현재 사회제도는 중국인민 스스로 선택하고 스스로 분투하여 얻어낸 것이며, 외부의 힘에 의해 강압적으로 이루어진 것은 아니다. 우리는 그리 하는 것이 안심되고 기쁘다. 여러분은 한 번 생각해 보라. 세계 어느 나라에서 봉건제도가 무너지고 공화국이 건립된 뒤 이전의 황제가 여전히 살아남고 게다가 평등한 지위까지 얻을 수 있었는지? 예를 들어 영국의 찰스 1세 프랑스의 루이 16세·독일의 빌헬름 2세 이집트 왕실 등등……. 그들은 다 어디 갔는가? 한 번 비교해 볼 필요가 있다.

"세계 역사 이래 없었습니다."

부의가 크게 대답했다. 아주 객관적이면서도 권위적인 말이었다.

주은래가 열거한 인물들을 부의는 잘 알고 있었다. 영국 자산계급혁명이 승리한 후 스튜워트 왕조 국왕 찰스 1세(1600~1649)는 의회에 의해 처형당했다. 프랑스 국왕 루이 16세(1754~1793)는 폐위된 후 얼마 지나지 않아 처형당했다. 독일제국 황제와 프러시아 국왕 신분을 겸한 빌헬름 2세(1859~1941)는 1918년 11월 독일혁명이 일어난 뒤 네덜란드로 망명했다가 타향에서 객사했다. 이집트 혁명이 성공한 뒤 1952년 7월 26일 파루크 국왕을 폐위시켰으며 그는 핍박에 못이겨 폐위 당일 국외로 도주했다. 혁명을 맞은 이들 마지막 군주의 지위와 처지를 가히 부의와 비교할 수 있다. 그러나 그들의 최종 운명은 부의와 천양지차였다.

　이야기는 중국의 변화에서 또 중국과 세계의 미래로 이어졌다. 주은래의 이야기 예술이 바로 여기에 있었다. 그는 물질세계 운동법칙의 차원에 서서 설명해나가고 있었으며, 듣는 사람은 탄복하지 않을 수 없었다. 그는 말했다. "세계에는 흑인종·황인종·백인종과 갈색 인종이 있다. 어느 종에 속한 사람인가를 막론하고 모두 서로 평등해야 한다. 그러나 아직도 차별이 존재하며 여전히 종족에 대한 멸시가 존재한다. 다른 의미에서 말하면 제일 검은 사람이 제일 많이 압박받고 있는데, 제일 전도가 유망하고 제일 희망적이다. 아프리카에는 2억 명이 넘는 인구가 살고 있다. 그곳은 개발되지 않은 처녀지로서 자원이 아주 풍부하다. 지금은 경제발전이 유럽보다 뒤처져 있지만 후발 주자가 선발 주자를 추월하게 되듯이 앞으로는 따라 잡을 것이다. 세계에서 제일 일찍 개발된 곳은 유럽이다. 그러나 많은 자원이 거의 개발됐다. 개발을 제일 적게 한 곳은 아프리카이다. 아프리카에는 석탄·사철·석유, 그리고 진귀한 금속 등이 아주 풍부하다. 북아메리카의 캐나다도 적잖게 개발했고 미국의 석유 개발은 이르고 낭비 또한 크다. 아시아와 라틴아메리카는 반 정도 개발한 지역이다. 이들 미개발 지역이나 반 개발 지역은 민족이 독립해 외국이 간섭할 수 없으며 스스로 관리하게 돼 개발을 앞두고 있다. 그래서 후발주자가 선발주자를 추월한다고 하는 것이다. 그날이 오더라도 우리의 자세는 여전히 남을 평등하게 대하면서 유무상통할 것이다. 지역적으로 남과 북을 차별하지 않을 것이고 사람은 피부색에 따라 차별하지 않을 것이며 온 천하가 다 형제처럼 지낼 것이다. 그때가 되면 제국주의가 더 이상 존재하지 않을 것이며, 세계가 대동사회(옛날 전통 사상가들이 제시한 사람마다 평등하고 자유로운 이상사회)를 실현하게 될 것이다. 그러나 이런 사회는 21세기 후에야 볼 수 있게 될 것이다. 나는 볼 수 없을 것이다. 재도 선생도 아마 보지 못할 것이며 노사 선생은 나와 동갑이니 아마도 볼 수 없을 것이다. 그러나 젊은이들은 볼 수 있을 것이다. 우리 공산당의 목표는 세계를 아름답게 만들어 모두들 같이 살 수 있고 또 잘 살 수 있게 하는 것이다.

　현실에 대해 오늘과 내일에 대해 이야기하고 또 역사에 대해 어제와 그저께에 대해 이야기하면서 아주 자연스럽게 이야기를 전환해나갔다. 총리는 마치 역사학자인양 청조의 역사적 공과에 대해 객관적으로 평가했다. 그가 말했다. 청조는 중국의 마지막 왕조로서 아주 많은 나쁜 일을 했다. 그래서 멸망한 것이다. 그러나 그래도 세 가지 일은 아주 잘했다.

첫 번째는 중국의 여러 형제 민족을 서로 이어놓아 국토가 역대 조대보다 더 완정해졌으며, 900여 만km²의 중국 판도를 확정지었다. 두 번째는 청조가 장기적 통치를 위해 토지세를 낮춰 농민들에게 사회와 경제 회복기를 마련해주어 인구를 늘릴 수 있게 했다. 그래서 인구가 4억 명으로 늘어나 지금의 6억 5천만 명의 인구를 위한 토대를 마련했다. 세 번째는 청조가 만문(滿文)과 한문(漢文)을 동시에 채용해 두 가지 문화가 점차 융합되고 접근하도록 해 중국문화의 발전을 촉진시켰다. 강희제와 건륭제 시기에 한때 문화가 흥성한 기상을 보였었다. 강희제는 천문과 지리·수학에 대해 알았으며 학문이 아주 깊었다. 러시아 표트르 1세와 강희제는 같은 시대 사람이다. 러시아는 유럽에 위치해 수공업이 비교적 발달했으므로 그는 서유럽의 경험을 받아들여 공상업을 발전시켰다. 중국은 그때 봉건경제 통치가 비교적 안정적이어서 공상업이 발달하지 못했다. 그래서 강희제는 봉건문화 발전에만 주력했다. 왜 여기서 청조의 공과에 대해 평가하는가? 바로 만주족을 정확히 대하는 문제를 해결하기 위해서라고 총리는 첫머리에서 그 요지를 밝혔다. 그는 말했다. 청조가 한 나쁜 일에 대해서는 역사가 이미 결론을 내렸으므로 반복할 필요가 없다. 그러나 청조가 한 좋은 일에 대해서는 이야기할 필요가 있다. 한족은 대 민족으로서 많은 좋은 일을 했다. 이에 대해서는 더 이야기하지 않겠다. 이 사상은 나의 것이 아니라 모 주석이 여러 차례 말한 바가 있다. 내가 이런 말을 하는 것은 만주족과 결혼했다 해서 자괴감을 느낄 필요가 없다는 것을 설명하기 위해서다. 그러나 내가 청조가 한 좋은 일에 대해 칭찬했다고 하여 자만할 것도 없다.

만주족처럼 역사적으로 중요한 영향을 준 소수민족에 대해 정확한 정책이 있어야 한다. 이는 분명 국가적 대사이다. 주은래가 말했다. 만주족 통치계급이 관내(산해관 이남지역을 가리킴)에 들어와 중국을 약 3백 년간 통치하면서 여러 민족 인민에게 노예살이를 시켰다. 비록 한때 중국을 강성하게도 만들었지만 결국은 쇠락하고 말았다. 그 책임은 청조의 황제와 소수 귀족이 져야 하며 만주족 인민은 책임질 필요가 없다. 그들 역시 마찬가지로 재난을 겪었으니까. 손중산 선생이 신해혁명을 일으켜 청 정부를 무너뜨린 것은 잘한 일이다. 부의 선생은 그때 겨우 몇 살밖에 안 됐으니까 그 역시 책임질 일이 아니다. 재도 선생은 그때 대신이었으니 일부 책임은 져야 한다. "만주국"시대에 대해서는 부의와 부걸이 다 책임을 져야 한다. 물론 더 큰 책임은 일본 군국주의가 져야 한다. 부걸이 부의를 도와 써낸 그 자서전 원고에서 이러한 내용을 피로했다. 그 원고는 수정을 거쳐 다시 출판되어야 한다. 그 내용 중에 자아비판 내용이 너무 많이 들어 있는데 이미 지난 이야기이다. 신 중국이 창립된 지 이제 11년이 되었다. 중국인민이 청조의 잔혹한 통치와 압박에 대한 인상은 이미 희미해졌으며 기억하는 사람도 많지 않다. 그러나 그래도 역사는 사실대로 써야 한다. 청조가 멸망한 것은 좋은 사회가 아니었음을 설명한다. 이점은 역사가 이미 결론을 내렸다.

주은래는 청조 이래의 역사에 대해 종합하면서 당면하고 있는 문제는 만주족의 마땅한 지위를 회복하는 것이라고 주장했다. 그는 말했다. 신해혁명 후 북양군벌과 국민당 반동 정부가 만주족을 멸시했던 탓에 만주족은 자신이 만주족임을 감히 인정하지 못했다. 그래서 한족과 거의 같을만큼 동화되어 분간할 수 없게 됐다. 앞으로 민족은 다 서로 동화하게 된다. 이는 자연 발전의 결과이다. 그러나 기멸하지는 말아야 하며 강압하지 말아야 한다. 그래서 지금은 만주족을 회복해야 한다. 사실상 1949년 후부터 이미 그렇게 해오고 있다.

박학다식한 주은래는 다른 사람의 장점을 널리 받아들이고 자신의 관점을 남김없이 발휘해 사람을 탄복시켰다.

마지막으로 주은래는 중일 관계에 대해 말했다. 일본은 메이지유신(明治維新)을 거친 뒤 한층 발전했지만 후에 점차 군국주의로 발전했다. 갑오전쟁·9.18사변·노구교(盧溝橋)사변에다 "만주국"까지 보태 중국인민에게 막대한 상처를 주었다. 그러나 이는 반세기 남짓한 동안의 일이며 이미 지나간 일이다. 중일 양국 간의 약 2천 년 간의 경제문화교류와 비교하면 짧은 한 토막의 역사에 불과하다. 모 주석께서는 일본 군국주의가 중국을 침략한 것은 엄연히 나쁜 짓이지만, 그로 인해 중국인민을 각성시켰으며 우리를 단합하고 조직시켰다고 말했다.

주은래는 그 당시 국제정세에 비추어 반동세력이 통제하는 일본의 정치경향에 대해 분석하고 군국주의 부활 문제에 대해 추론했다. 그는 말했다. 군국주의가 부활하기만 하면 대외적으로 확장해 타인을 침략할 것이다. 일본은 동으로는 강대한 미국을, 서로는 강대한 소련을 대하고 있고 중국도 이제는 일본보다 약하지 않다. 그러면 그는 남으로 확장하는 수밖에 없다. 그러나 남쪽의 필리핀·인도네시아·오스트레일리아·베트남·말레이시아 등 나라는 대다수가 일본군에 점령당했던 적이 있으며, 또 다시 새로 독립한 국가들이어서 절대 자국이 재차 식민지국으로 전락하는 것을 원치 않을 것이다. 이러한 상황에서 일본은 대만(台灣)을 출로로 삼을 가능성이 있다. 대만은 2백만 인구가 일본어를 할 줄 안다. 지금 일본과 미국은 두 개의 중국을 만들려고 열중하고 있다. 먼저 대만과 중국 대륙을 갈라놓고 나서 장개석을 제거하고 대만을 일본에 합병시키려 한다. 전 중국 침략 일본군 총사령관이었다가 후에 장개석의 비밀 군사고문 역할을 했던 오카무라 야스지(岡村寧次, 1884~1966)가 바로 그 음모에 가담한 주요 인물이다. 그러나 장개석도 모르는 건 아니다. 장개석은 프랑스의 드골보다도 더 경각성이 높은 자이며 그에게는 일부 병력도 있다. 그리고 장개석은 또 나와 30여 년 동안 벗으로서 쌓아온 정이 있으며 세 차례의 합작 경력도 있다. 만약 그가 일본의 음모를 알지 못했다면 내가 그에게 알려줄 수도 있었다. 그래서 우리는 장개석을 대만에 남아 있도록 했다. 이 대목에서 총리는 미소를 짓고 미야시타 메이지를 바라보며 미야시타 선생은 귀국해서 오카무라 야스지를 만나게 되면 내가 했던 말을 그에게 전하라면서 그리고 그에게 일본 군국주의자들이 대만을 일본에 합병시키려고 꾀하고 있지만 그렇게는 되지 않을 것이며 반드시 실패하게 될 것이라고 말했다. "미야시타 선생, 당신이 직접 얻은 '1차 정보'를 귀국해서 얼마든지 얘기하시오. 가지고 있기만 할 필요가 없습니다."

주은래의 이야기는 언제나 사람을 끌어당기는 막강한 힘이 있다. 그 이야기 속에는 지식과 논리로 가득 차 있었으며 또한 정서가 다분히 포함되어 있었기 때문이다. 그는 말을 계속했다. 일본 천황의 애국심은 아마도 일본 내각 일부 인원들보다 높은 것 같다. 일본인에게 천황제가 필요한 것은 일본인 자체의 일이다. 중국은 일본의 내정에 간여할 마음이 없으며 일본의 땅을 한 치도 가질 마음이 없다. 우리는 일본 국민에게는 추호의 원한도 없다. 일본 국민도 침략전쟁에서 막대한 희생을 했으며 막중한 재난을 당했다. 그들 역시 군국주의의 피해자가 아닌가! 이점에 대해서는 일본의 유지인사들과 광범위한 국민들이 이미 인식하고 있다. 이러한 정서는 전후에 나온 일본 문학 예술 작품에서도 심각하게 반영되고 있다. 총리는 중일 양국 국민을 깊은 고난의 수렁 속에 빠뜨렸던 비통한 역사를 양 국민 모두가 영원히 잊지 말고 기억해야 한다고 말했다. 그는 그러나 반세기 남짓한 세월 동안의 양국 간에 있었던 모순은 잊어야 한다면서 앞으로 양국은 평화 공존하고 서로 친선을 도모하며 문화를 교류하고 서로 통상해야 한다면서, 이는 동아시아의 평화에 지극히 중요한 기여이며 세계 평화에도 큰 영향을 미칠 것이라고 말했다.

마지막으로 주은래는 황족(皇族)·화족(華族)이나 자산계급이나 노동 인민이나를 막론하고 무릇 중국과 우호적으로 지내기를 원한다면 우리도 그들과 우호적으로 지낼 것이라

1961년 6월 10일. 주은래가 중남해 서화청에서 부의 · 부걸 · 사가 히로 등과 기념 사진을 찍었다. 앞줄 오른 쪽부터 차례로 부걸 · 사가 히로 · 주은래 · 사가 히사코 · 재도 · 노사 · 부의.

고 말했다. 그는 또 일본 침략정부에 가담했던 자들일지라도 그들이 중일 양국의 우호를 찬성한다면 우린 역시 그들을 환영한다고 말했다. 예를 들어 일본 관동군 부참모장 겸 육군 항공본부 총무부장 직을 맡았던 엔도 사부로(遠藤三郎) 선생, 중국의 동북과 동남아 각국에서 일본군의 작전을 지휘했던 고급 장교인 츠지 마사노부(辻政信) 선생, 만주국 정부 경제고문 겸 만주 중공업 개발공사 총재직을 맡았던 다카사키 다쓰노스케(高碕達之助) 선생, 일본 우정대신과 정우회 총재직을 맡았던 구하라 후사노스케(久原房之助) 선생은 50년대 후부터 중국을 방문했으며, 양국의 우호에 이로운 활동을 하고 있어 우리의 환영을 받고 있다. 중국을 방문한 일본 벗들 중에는 좌익, 중립, 우익 등 여러 세력이 다 있다. 우리는 일본 벗들을 위해 대문을 활짝 열어놓았다. 우리는 공산당과 사회당을 환영할 뿐만 아니라 일본정부 정보업무에 종사하는 사람도 환영한다.

서화청의 오찬 모임은 오후 4시반 경에 끝났다. 손님들과 작별을 할 때 주은래는 사가 히사코에게 "히사코 부인, 일본에 돌아가 천황과 황태후를 만나게 되면 중국 총리가 그들에게 안부 인사를 드린다고 전해주세요"라고 말했다.

그 모든 것을 보고 들으며 부의는 마음속 깊이 큰 감동을 받았다. 그랬다. 자신도 끊임없이 흐르는 역사 속에 몸담고 있으면서 왜 발전의 관점에 대해 모르고 있었을까? 역사를 바르게 대하고 중일 양국의 우호관계 발전을 위해 양국 간 외교관계를 회복하기 위해 노력하는 것이야말로 자신이 해야 할 일인 것을……

25.
호남풍의 가정연회

1961년 6월 19일 서화청 오찬 모임이 있은 지 아흐레째 되는 날. 주은래는 문예업무좌담회와 극영화 창작회의에서 큰 영향을 미친 장편의 연설을 발표했다. 그중에는 다음과 같은 내용이 있었다.

"요즘 주양(周揚) 동지가 한 말 한 마디가 참으로 좋았습니다. 그는 통일전선 업무는 통전부에서 해야 할 뿐만 아니라, 선전부에서도 해야 한다고 말했습니다. 아주 맞는 말입니다. 원래 선전부는 대문을 활짝 열고 보다 많은 사람들을 널리 유치해야 합니다. 그런데 아직 당외 인사들은 중앙선전부에 오지 않고 있습니다. 아직도 문이 활짝 열리지 않았다는 것을 알수 있습니다. 통전 업무는 통전부의 일만이 아닙니다. 전 당의 일입니다. 문화부와 선전부가 그 일을 해야 할 뿐 아니라 조직부도 해야 하며 많은 부문에서 다 해야 합니다. 모 주석께서는 해마다 장행로(章行老)를 찾아 교육사업에 대해 이야기를 나누곤 했습니다. 나도 부의에 대한 동원을 계속해야겠습니다. 그를 석방한 이상 그에게 무슨 일이든 맡겨 그에게 역할을 발휘하게 해야 합니다. 마지막 황제를 개조하는 것도 역시 사회주의제도의 우월성이 아니겠습니까? 그렇지 않다면 왜 석방했겠습니까?"[136]

---

136) 『주은래 선집(周恩來選集)』, 하권, 인민출판사, 1984, 345쪽.

이 연설 내용은 사람들이 생각하는 그런 분공, 즉 모택동은 장사소를 찾아 교육에 대해 이야기하고 주은래는 부의를 찾아 직업에 대해 이야기하는 그런 분공이 아니었다. 통일전선 사업은 아주 중요한 전 당의 사업으로서 당과 국가의 최고 결책자들이 친히 관여했다는 뜻이다. 부의에 대해 총리는 더 많이 더 세심하게 생각했다. 그러나 모든 중대한 결책, 예를 들어 전범의 인도, 죽이지 않고 징역형에 언도하지 않은 것, 특별사면 등은 모두 주석이 결정한 것이다. 주석은 줄곧 부의의 개조에 대해 관심을 두어왔으며, 그의 변화와 사소한 발전에도 관심을 두어왔다. 주석은 1956년 2월 재도에게 가족들을 거느리고 무순에 가 부의를 면회할 것을 직접 건의했다. 이는 주석이 부의의 개조에 대한 보고 자료를 보고 그가 무순에서 학습을 잘하고 마르크스-레닌주의 서적들을 적잖게 읽었다는 사실을 알게 된 후 제기한 것이었다. 2개월 뒤 주석은 중앙정치국 확대회의에서 부의 등 전범에 대해 "사형에 처하지 않고" "살 길을 열어주는 것"에 관한 연설을 발표했다. 부의가 특별사면을 받은 뒤 모택동은 여전히 그의 취직과 학습·생활상황에 관심을 두어왔으며, 매번 낡은 계급과 낡은 사상 개조에 대해 언급할 때마다 부의를 예로 들어 얘기하는 것을 잊지 않았다. 얼마 길지 않은 시간 동안 주석은 이라크·이란·키프로스·칠레·아르헨티나·페루 등 많은 나라 외빈들에게 부의를 소개했으며, 그들에게 직접 만나 이야기 나눌 것을 건의했다. 바로 이번 총리의 연설이 있기 2개월 전, 주석은 쿠바 청년대표단을 접견하는 자리에서 손님들에게 부의에 대해 이야기하면서 그의 전기적 경력에 대해 설명하고 그의 성격 특징에 대해 분석했다. 예를 들면 그가 "죽는 것을 아주 무서워하고 담이 작다"고 말했다. 이는 부의가 소련에서 인도되어 귀국할 때 관련 자료를 자세히 연구하고 나서 얻어낸 결론임이 틀림없었다. 모택동은 그 이전에는 부의를 만난 적이 없었지만 그 전 황제에 대해서는 잘 알고 있었으며, 그가 언제나 "스스로 개조되기를 원한다고 밝혔다"면서 "그가 비교적 잘 개조됐다"고 생각한다고 말했다. 주석은 자신의 관점을 밝히면서 낡은 계급은 개조될 수 있으며 부의도 개조될 수 있다고 말했다.

부의에 대한 모택동의 인식과 태도는 장기간 혁명투쟁의 실천 경험에서 온 것이며, 민주혁명과 사회주의혁명의 혁명대상과 혁명목표에 대해 깊이 연구한 끝에 얻어진 것이었다.

1939년 12월, 모택동은『중국 혁명과 중국공산당(中國革命和中國共産黨)』이라는 제목의 글에서 이렇게 지적했다. "중국은 식민지, 반식민지, 반봉건 사회로서 혁명의 주요 대상은 제국주의와 봉건주의이며, 바로 제국주의 국가의 자산계급과 자국의 지주계급이지,

황제나 어느 반동분자 개인은 아니다."

1940년 2월 20일, 모택동은 연안헌정촉진회에서 연설을 통해 "신해혁명을 거쳐 황제를 제거"했다. 그러나 그를 대체한 원세개(袁世凱)·여원홍(黎元洪)·풍국장(馮國璋)·서세창(徐世昌) 등 총통들 역시 독재 황제와 별반 다를 바 없었다. 그 실질을 따져보면 청조·민국시기는 모두 다 "일당 독재"의 "식인정치"로서 "인민에게는 아무런 자유도 허용되지 않았던 것"이었다. 이로부터 "하나의 황제를 제거하는 것만으로는 아무 소용이 없다는 사실을 알 수 있다"라고 말했다.

1949년 9월 16일, 모택동은 『유심 역사관의 파산(唯心歷史觀的破産)』이란 주제로 글을 발표해 선통 황제를 핍박해 퇴위시킨 신해혁명에 대해 개관사정(蓋棺論定)적인 평가를 내렸다. 그는 이렇게 말했다. "신해혁명은 왜 성공하지 못했는가? 백성이 굶주리는 문제를 해결하지 못해서인가? 신해혁명은 다만 하나의 청조 정부만 무너뜨렸을 뿐, 제국주의와 봉건주의 압박과 착취를 뒤엎지 못했기 때문이다."

1957년 1월 27일 모택동은 성(省)·시(市)·자치구(自治區) 당위서기 회의에서 역사 회귀문제에 대해 언급하며 이렇게 말했다. "신해혁명이 바로 옛날로 되돌아간 셈입니다. 황제를 제거했는데 또 다른 황제가 생기고 군벌이 생겼습니다. 문제가 있어서 혁명을 하는데 혁명을 하고 나서 또 문제가 나타났습니다. 혁명을 철저히 하기 위해서는 다음과 같은 문제를 고려하지 않을 수 없습니다. 황제를 제거하고 나서 또 새로운 황제가 나타나는 것을 막아야 합니다. 이는 육체적으로 낡은 황제 한 사람을 소멸하는 문제가 아니라, 사상적 근원으로부터 황제를 양성할 수 있는 토양을 제거하는 것을 말합니다."

1958년 3월 22일 모택동은 성도(成都) 회의에서의 연설을 통해 왕희봉(王熙鳳)의 "내 한 몸을 던져서라도 감히 황제를 끌어내리는 정신"을 제창했으며, 추용(鄒容)이 18~19세 때에 『혁명군(革命軍)』이라는 글을 지어 "직접 황제를 욕한 기개"에 대해서 널리 선양했다. 이 모두가 봉건제도를 겨냥한 것이지, 어느 하나의 황제를 처단하기 위한 것이 아니라고 했다.

1962년 1월 30일, 모택동은 중앙 업무 확대회의에서 이렇게 말했다. "반동계급에 대해 독재정치를 펴는 것은 모든 반동계급 분자들을 모조리 소멸시켜버리려는 것이 아니라 그들을 개조하려는 것입니다. 타당한 방법으로 그들을 개조해 그들이 새로운 사람이 되게 하는 것입니다." 이는 아이신줴뤄 부의에 대해 사회주의 개조를 실행할 것이라는 명확한 이론 기초였던 것이다.

1964년 4월 24일, 모택동은 한 차례의 연설에서 범죄자를 개조한 경험을 종합하면서 "인간은 개조할 수 있습니다. 단 정책과 방법이 정확해야 합니다"라고 말했다.

1964년 6월 16일, 모택동은 중앙 업무회의에서 다음과 같은 사상—즉 만약 중앙에 수정주의가 나타났다면 여러 성에서는 모두 이겨내야 한다는 사상을 성위(省委)에 전달해야 한다고 말했다. 주석은 민국 초기 황제 복위의 역사적 유훈을 예로 들어 말을 이었다. "원세개는 처음에 황제로 자칭할 때 세력이 아주 컸습니다. 황제로 등극하자 처음에는 그에 맞서는 자가 운남의 채악(蔡鍔)뿐이었습니다. 그 후 호남 등지에서 호응하고 마지막에는 지지자가 원극정(袁克定) 한 사람만 남아 결국 무너지고 말았습니다. 장훈이 복위운동을 일으켰을 때도 사전회의 때는 아주 많은 사람이 황색 비단에 사인했지만 결국 믿을 바가 못됐습니다. 장훈이 북경에 이르러보니 모두가 마음을 바꿨던 것입니다". 주석이 이야기한 그 시기의 역사를 통해서도 황제는 이미 중국인민이 멸시하는 대상이 된 지 오래다는 사실을 알 수 있는 것이다. 이는 실제로 황제가 개조될 수 있었던 역사적 전제였다.

1964년 6월 23일 모택동은 칠레 언론인 대표단을 접견한 자리에서 "중국의 황제"에 대해 이야기한 적이 있는데, 그는 "국민당은 우리와 내전을 몇 년간이나 벌였습니다. 그 후 우리는 또 일본과 8년이나 싸웠습니다. 우리가 일본에 쳐들어간 것이 아니라 일본이 중국에 쳐들어왔던 것입니다. 더 멀리 얘기한다면 모두가 외국에서 중국에 쳐들어온 것입니다…… 중국인이 외국을 침략한 것은 고대에 있었습니다. 그건 중국의 황제가 그랬던 것입니다. 베트남과 조선을 친 적이 있고, 그후 일본이 조선을 강점하고 프랑스가 베트남을 점령했습니다. 1911년 우리는 청조 황제를 무너뜨리고 이어서 여러 군벌들 사이에서 혼전을 치렀습니다. 그때 중국에는 공산당이 아예 없었습니다……"라고 말했다. 이러한 주석의 말뜻은 중국인민은 평화를 사랑하며 오직 황제만 확장하는 것을 좋아했다는 의미하는 말이었다.

1964년 8월 29일 모택동은 네팔 교육대표단을 접견하는 자리에서 또 황제의 매국에 대해 언급했다. "제국주의가 우리나라를 정복한 적이 있다. 어떤 방법으로 정복했는가 하면 바로 중국정부가 외국인의 명령에 따르도록 했다. 청조 말기의 황제가 외국인의 명령에 따랐다. 손중산이 첫 공화국을 창립했지만 수개월 만에 무너졌다. 그 후 원세개가 황제가 됐지만 그 역시 외국인의 명령에 따랐다."

역사는 드디어 모택동과 부의가 만날 기회를 마련해주었다.

1962년 1월 31일, 음력으로는 신축년 섣달 스무엿새 날이었다. "신축조약"이 탄생됐던 60년 전의 신축년이 이제는 대청제국의 수치로서 역사의 한 페이지로 기록된 것은 세계가 다 아는 사실이다. 이제 60년 만에 맞은 신축년 한 해가 다 가고 있다. 바로 그해 음력설을 맞아 장사소·정잠(程潛)·구오(仇鰲)·왕계범(王季范) 등이 같은 날 아침에 청첩장을 받았다. 모택동이 그들과 한 잔 하고자 집으로 초대했던 것이다.

장사소는 호남 장사 태생으로서 청조 말기 『소보(蘇報)』를 주관하면서 황제를 욕한 적이 있다. 그는 민국 후 북양정부 교육총장직을 맡았으며, 부의가 천진에 있을 때 찾아가 만나기도 했다. 정잠은 호남 예릉(醴陵) 사람인데 청대 말엽에 수재(秀才)에 급제했으며, 동맹회에 가담한 후 손중산 선생을 따라 반청혁명에 몸담고 요직을 역임했다. 구오는 호남 율라(汨羅) 사람인데 청대 말기에 일본에서 유학하고 반청혁명에 뛰어 들어 동맹회 창시자의 한 사람이 됐으며, 또 신해혁명을 제일 처음 제창한 사람이기도 하다. 왕계범은 호남 상향(湘鄉) 사람인데 청대 말엽부터 줄곧 교육사업에 종사해왔으며, 혁명적 경향이 강했다. 그는 모택동과 대대로 쌓아온 교분이 있으며 또 먼 친척간이기도 했다. 그들 모두 주석과 한 고향 사람이며 청조 말기 혁명가 혹은 사회적으로 명망 있는 사람들이었다.

국산 자동차가 중남해에 들어섰고 장사소 등 네 사람을 속속 이년당(頤年堂) 앞으로 모셔져 왔다.

"오늘 여러 고향 분들을 모신 것은 손님 한 분을 초대하기 위해서입니다."

모택동은 의젓하고 대범했으며 유머러스하게 말했다.

"그 손님은 누구십니까?"

장사소는 저으기 의아했다.

"여러분도 다 아는 사람입니다. 오시면 알게 될 것입니다. 미리 귀띔을 해줄 수는 있습니다. 그는 여러분의 직속상관입니다."

모택동은 일부러 이름을 대지 않고 당시의 가정 연회에 신비로운 색채를 보탰다.

유소기 주석인가? 주덕 총사령인가? 아니면 주은래 총리인가? 장사소 등이 "직속 상관"이 대체 누굴까 궁금해하고 있을 때 키가 후리후리한 남자가 사업인원들의 안내를 받으며 이년당 넓은 홀에 들어섰다. 그는 사람들이 잘 아는 국가 지도자도 아니고, 신문에 얼굴이 자주 실리는 유명인사도 아니었으며, 약 50여 세 안팎이 되어 보였고 행동거지가 대범했다. 모택동도 그 사람을 처음 보는 게 틀림없었다. 그러나 마치 오랜 벗인 것처럼 앞으로 마중하러 나가며 악수하더니 그를 이끌어 자기 옆자리에 앉혔다. 그리고 초대를 받고 온 손님들을 둘러보더니 미소 지으며 짙은 고향 말투로 말했다.

"이 분은 선통황제가 아닙니까? 우리 모두 이 분의 신하들이었으니 우리의 직속상관이 아니고 무엇입니까?"

그제야 장사소 등은 문득 모든 것을 깨달았다는 표정들을 지었다. 바로 청조 마지막 황제인 부의가 눈앞에 앉아 있다는 사실을 알게 된 것이다.

모택동은 그 자리에 있는 네 노인을 가리키며 부의에게 일일이 소개했다. 부의는 아주 겸손한 자세로 매 사람을 소개할 때마다 일어서서 인사를 건넸다. 네 노인 모두 존경스러운 연장자인 이유에서였을 수도 있고, 혹은 청조 황제가 반청 유지인사들에게 사죄하는 뜻에서였을 수도 있다. 얼마나 흥미로운 일인가! 그들은 함께 새로운 시대에 들어섰던 것이다.

"체면 차릴 것 없습니다. 저 사람들은 다 나의 오랜 벗이어서 자주 놀러 오기에 손님이 아닙니다. 오직 당신만이 진정한 손님이지요!"

모택동이 부의에게 한 이 말은 주빈과 배석에 대해 상세히 설명한 셈이었다.

이년당 내 호남풍의 가정연회에서 부의는 귀빈자격으로 모택동과 한 상에 둘러앉아 함께 잔을 기울였다. 부의는 행운아였다. 그는 특별사면을 받은 전 국민당 전범과 만주국 전범·왕정위 정권 전범·위몽강 자치 정부 전범 중에서 유일하게 모택동의 접견을 받고 초대를 받은 인물이었던 것이다. 1976년 주석이 서거할 때까지 특별사면 된 사람 중 그 어느 누구도 이처럼 높은 예우를 받은 적이 없었다.

모택동은 정무에 너무 바빴다. 바로 당시 가정연회 전날도 그는 중앙 업무 확대회의(즉 유명한 "7천인 대회")에서 장편의 연설을 했다. 그 연설의 중심 내용은 민주집중제에 관한 문제였으며 계급 입장문제·객관적 세계에 대한 인식문제·국제 공산주의 운동문제, 그리고 전 당과 전 인민을 단합하는 것에 대한 문제도 언급했다. 마지막 문제에 대해 말하면서 주석은 "쉽게 사람을 잡아들이지 말며, 특히 경솔하게 사람을 죽이지 말 것"을 재차 강조했다. "인민의 머리 위에 올라 앉아 똥오줌을 싸는 극악무도한, 법과 기율을 심각하게 어긴 자에 대해서도 일부는 잡아 들여야 하겠고, 그중 일부는 죽이기도 해야 한다. 그러나 절대로 많이 잡아들이고 많이 죽이지 말아야 한다. 잡아도 되고 잡지 않아도 되는 자, 죽여도 되고 죽이지 않아도 되는 자는 반드시 잡지 말고 죽이지 않도록 해야 한다." 이는 주석의 일관적인 견해였다. 그가 이런 견해에 대해 논술할 때는 언제나 "선통 황제" 등의 예를 들곤 했으며, 사람을 납득시키는 효과를 거두었다. 유일하게 이번만은 부의의 예를 들지 않고 반한년(潘漢年)과 왕실미(王實味)를 예로 들었다. 전자에 대해서는 "CC파 인물로서 현재 감옥에 갇혀 있는데 우리는 그를 죽이지 않을 것"이라고 했고, 후자에 대해서는 "몰래 잠복해 들어온 국민당 스파이"라며 후에 처형당했다고 말했다. "그건 보안기관이 행군 중에 자체로 결정해 죽인 것으로서 중앙의 결정이 아니었다. 그 일에 대해 우리는 계속 비평하고 있으며 죽이지 말았어야 했다"[137]고 주장했다. 지금은 중앙이 그 두 사람을 위해 누명을 벗겨 주고 명예를 회복시켜 주었다.

그로부터 8개월이 지나 모택동은 1962년 9월 24일 중국공산당 중앙 제8기 10중전회를 주재하고 개막사 연설을 통해, 당 내에서 실수를 한 동지를 어떻게 대할 것이냐는 문제에 대해 이야기하면서 실수는 허용되며 잘못을 바로 잡는 것도 허용해야 한다고 강조했다. 그는 외국과 내통해 당을 배반하는 무리를 결집했다 하더라도 실사구시적으로 자백한다면 "우리는 환영할 것이며, 일자리도 마련해줄 것이다. 절대 그들을 모른 체 내버려두지 않을 것이며, 더욱이 목을 따는 방법은 취하지 않을 것이다"라고 했다. 주석은 계속하여 이렇게 말했다.

> "살생계는 범하지 말아야 합니다. 많은 반혁명분자도 다 죽이지 않았습니다. …… 선통 황제는 반혁명이 아닙니까? 그리고 왕요무(王耀武)·강택(康澤)·두율명(杜聿明)·양광(楊廣) 등 전범들을 포함해 많은 사람을 죽이지 않았습니다. 그들이 어느 정도 잘못을 뉘우치고 고치면 사면해줘야지요!"

이렇듯 모택동은 언제나 중요한인 장소에서 부의를 예로 들었는데 이는 다른 사람으로 대체할 수 없는 역할을 했다.

7천인 대회에서 연설을 한 뒤 열 몇 시간이 지나 모택동은 벌써 그 엄숙한 강단에서 가벼운 가정연회석 앞에 돌아와 있었다. 다른 분위기 속에서 다른 대상 앞에서 꼭 같이 위대한 업무를 실행하고 있었던 것이다.

---

137) 『모택동 저작 선독』 하권, 인민출판사, 1986, 835∼836쪽.

모택동의 가정연회에는 "제비집 연회"나 "상어지느러미 연회"와 같은 겉치레도 없었고 부의가 황제로 있으며 자주 보아왔던 "만주족과 한족 요리 일식"이나 사치스럽고 호화스럽기 짝이없는 "어연"도 없었다. 상 위에는 그저 호남풍의 고추와 여주·두시(豆豉) 등 반찬만 몇 접시 올라 있을 뿐이었다.

"호남 사람들은 고추를 제일 즐겨 먹습니다." "고추가 없으면 밥을 먹지 않는다"라고 할 정도입니다. 그래서 "모든 호남인들 몸에서는 매운 맛이 납니다." 모택동은 이렇게 말하면서 젓가락으로 풋고추와 여주볶음요리를 듬뿍 집어 부의 앞에 놓인 작은 접시에 담아주었다. 그러다 그가 이미 입에 넣고 먹고 있는 것을 보고 웃으며 물었다.

"맛이 어떻습니까? 괜찮지요?"

"아주 맛있습니다. 아주 맛있습니다."

부의의 코끝에는 벌써 땀방울이 송골송골 돋아나 있었다.

"보아하니 당신 북방인 몸에도 매운 맛이 있는 것 같습니다."

모택동은 유머스럽게 말하고 나서 구오와 정잠을 가리키며 계속 부의에게 말했다.

"저 사람들이 제일 매운 사람들입니다. 자기 본분을 성실하게 지키며 당신의 선량한 백성이 되지 않고 반역을 꾀했으니까요. 신해혁명을 일으켜 당신을 상감마마 자리에서 끌어내렸거든요."

모택동의 재치 있는 말에 그 자리에 있던 사람들 모두가 배를 끌어안고 웃었다. 그중에서도 부의가 제일 즐겁게 웃었다.

"당신은 아직 결혼하지 않았지요?"

모택동은 부의가 무순에 있을 때 그의 "복귀인(福貴人)"과 이혼했다는 사실을 알고 있었으므로 화제를 바꾸었다.

"아직입니다!"

부의가 대답했다.

"재혼할 수도 있지 않습니까!"

모택동이 말했다.

"그러나 당신의 혼인 문제는 신중해야 합니다. 등한시해서는 안 됩니다. 알맞는 사람을 찾아야 합니다. 후반생이 달린 일이니까요. 하나의 가정을 이루는 일입니다."

식사를 마친 뒤 모택동은 청해온 다섯 손님과 함께 기념사진을 찍었다. 그는 또 특별히 부의를 끌어다 자기 오른쪽에 세워놓고 "우리 둘이 사진 한 장 찍어야지요"라고 말했다. 이어 신화사 촬영기자가 두 사람을 위해 진귀한 기념사진 한 장을 찍어주었다. 그 뒤로 부의는 독신 기숙사에서 지내나 가정을 이루나 언제나 그 사진을 침대 옆 테이블 위에 올려놓고 보물처럼 소중히 간직했다. 그러다 "문화대혁명" 때에 부의는 홍위병들에게 압수당할까봐 정협기관에 바쳐 보존토록 했으나 그로부터 행방불명이 될 줄은 미처 생각지 못했다. 비록 모택동과 부의가 함께 찍은 사진이 소실됐지만 모택동이 부의에게 준 관심과 보살핌은 길이길이 남아 있을 것이다.

무릇 모택동 신변에서 일한 적이 있는 사람이라면 주석이 호남 풍의 가정연회를 베풀 때는 그에게 제일 즐거운 시간이라는 사실을 모르는 이가 없을 것이다. 그는 고향 사람을 만나 고향 말을 하고 고향 술을 마시고 고향 음식을 먹는 것이 삶의 한 가지 낙이라고 늘 말하곤 했다. 비록 부의는 그와 한 고향 사람은 아니지만 주석이 제일 즐거운 때에 초대한 손님이었다.[138]

---

138) 증유강(曾維綱), 「한 시대의 현명한 달인─구오(一代賢達仇鰲)」, 『만남의 소중함은 서로 알아가는 것(相遇貴相知)』, 제3집. 요녕교육출판사, 1989, 38쪽. 이숙현(李淑賢)이 구술하고, 왕경상(王慶祥)이 정리한 『부의와 나(溥儀和我)』를 참고할 것. 연변(延邊)교육출판사, 1984, 49~50쪽.

26.
새 가정을 이루다

　모택동은 부의의 접시 안에 음식을 집어 놓으면서 새 가정을 이룰 것을 제의했다. 이 얼마나 친절한 장면인가!

　중대한 역사적 변화를 겪은 특별사면 인원들 대다수가 출옥한 뒤 가정 문제에 부딪쳤다. 일부 가족의 식구들은 1949년 정권 교체시기에 몰래 대륙을 떠나기도 했고, 일부 아내는 남편이 "처형" 당했다는 헛소문을 들었거나, 오랜 시간 생사를 알 수 없어 개가하기도 하고, 또 일부는 여러 가지 사회적 압력에 못이겨 이혼하기도 했다……. 그런 특별사면 인원들은 출옥할 때 일반적으로 50세가 넘었거나 더 젊은 사람도 있었는데, 건강했으며 모두 하루 빨리 새 가정을 이룰 수 있기를 바랐다.

　인정이 많은 주은래는 그들의 소원을 제일 잘 이해하고 일찍부터 그 문제에 대해 생각했다. 1960년 1월 26일 주은래가 부의와 그 가족들을 접견하던 날, 총리는 제일 먼저 도착한 부의에게 두율명과 송희렴·왕요무 등의 상황에 대해 물었다.

　주은래: 당신은 그들과 함께 지내고 있으니 잘 알겠지요? 그들 상황은 어떠합니까?
　부의: 처음 그들을 만났을 때 모두가 지난 잘못에 대해 인식하고 있었으며 입장과 관점이 바뀐 것 같았습니다. 그러나 실제로 어떠한지는 시간이 짧아서 아직 잘 모르겠습니다.

주은래: 당신이 그들에게 영향을 주면 됩니다.

이때 총리가 접견 자리에 동석한 총리 판공실 동소붕 주임과 나청장 부주임, 그리고 중공중앙 통전부 연락위원회 마정신 주임 등을 향해 특별사면 받은 인원 중에 홍콩에 가족이 있는 사람은 없는지 물었다. 마정신이 왕요무의 가족이 그곳에 있다고 대답했다.

부의: 두율명은 가족들을 데려오겠다고 말한 적이 있습니다. 대만 측에서는 이미 허락을
받았는데 미국정부가 허락하지 않는다고 말했습니다.
주은래: 그 일만 보더라도 대체 누가 가정을 이산시켰는지 알 수 있습니다.

총리가 또 마정신에게 왕요무와 송희렴의 가족은 왜 돌아오지 않았느냐고 물었다. 마정신은 왕요무의 아내는 이미 개가했다고 대답했다. 그는 비록 왕요무가 아직까지도 별로 믿지 않고 있지만 소식은 믿을 만하다면서 그 소식은 전 국민당 총통부 참군이며 제1병단 부사령관 당생명(唐生明)의 부인이 제일 먼저 남편과 같은 직무이고 후에 함께 호남봉기에 참가한 이각(李覺)에게 전했고, 이각이 다시 송희렴에게 알려주었다고 말했다. 그리고 송희렴의 아내가 왜 돌아오지 않는지는 아직 확실치 않다고 대답했다. 총리는 또 왕요무의 아들이 홍콩에 있는지를 물었다. 마정신은 홍콩에서 온 편지에서 그 문제를 회피하고 있어 확실한 상황을 알 수가 없다고 대답했다.

주은래: 우리는 어떻게 하든 수소문해서 왕요무의 아들을 찾아야 합니다. 그리고 송희렴
을 도와 그의 부인의 행방에 대해서도 수소문해 상황을 알아봐야 합니다.

그때 두율명 등의 가정상황은 확실치 않았지만, 부의의 혼인경력은 아주 명확히 알려져 있었다. 네 명의 전처 중 두 명은 세상을 떠났고 두 명은 이혼하고 지금은 홀몸이 됐다. 그래서 주은래는 이야기 중에 제일 먼저 부의에게 재혼할 것을 건의했다. 가족들 앞에서 그는 아주 흥미로운 어투로 부의에게 말했다.
"당신은 결혼도 해야 합니다. 그 일은 칠숙이 주선해주셔야지 않겠습니까."
그 당시 제일 아이신줴뤄 대가족을 대표할 자격이 있는 족장이며, 부의 형제의 아버지

대혼 당시 곽포라 · 완용(郭布羅 · 婉容)　　　입궁 전 액이덕특 · 문수(額爾德特 · 文繡)

대에서 유일한 친척인 재도는 물론 그 일에 특별한 관심을 갖고 있었다. 그가 시원하게 웃으며 총리에게, 그리고 모두에게 아주 기쁜 표정으로 말했다.

"이번에는 그에게 혼인 자유를 줘야겠습니다."

부의의 재혼 문제에 대해 주은래는 재도에게 "주선"하라고 했고, 재도는 부의에게 "자유"를 주었다. 이는 사정을 잘 아는 사람들 사이의 더할 바 없는 묘한 대화였다. 그 속에는 풍부하고도 생생한 역사적 내용이 담겨져 있었다.

1920년대 초, 부의가 만 16세가 되자 청나라 황실 내무부(淸室內務府), 즉 부의가 퇴위한 뒤 민국이 제정한 청나라 황실(淸室)에 대한 우대 조례에 따라 자금성(紫禁城) 내에서 "문 닫고 황제 노릇"을 하던 때의 어용기관이 대혼을 준비하기 시작했다. 제1차 준비회의가 1921년 6월 1일 오후 재풍의 주재로 순왕부에서 열렸다. 재도가 황숙의 신분으로 참석했다. 황후 선발문제에서 재도는 황후 후보인 도경차도위(道輕車都尉) 영원(榮源)의 딸 완용을 황후에 책봉하기를 주장하는 궁내 단강(端康) 황귀비의 제안에 찬성하면서 부의의 당시 혼인에 강력한 영향을 미쳤다. 1922년 3월 15일 "작은 조정(小朝廷)" 내에 대혼식 준비처를 설립하고 재도가 책임자를 담당했다. 1922년 12월 4일, 대혼례를 마친 뒤 부의는

담옥령의 사진 위에 부의의 친필 필적 "내가 제
일 사랑하는 옥령"이라고 씌어 있다.

"상귀인" 담옥령.

논공행상을 위한 성지를 내렸다. 재도는 으뜸 공신으로서 황제가 친히 쓴 "복(福)"자 하나
와 편액 하나를 하사 받음과 아울러 "종인부(宗人府)에 일러 상응한 대우를 받도록" 명했다.

1931년 8월 25일, 숙비(淑妃) 문수(文繡)가 부의가 머무는 천진 정원(靜園)에서 도주해
법원에 이혼을 제기하고 부양비를 요구했다. 그로써 부의의 가정에 한 차례 심각한 위기가
닥쳤다. 그때 부의는 또 칠숙 재도가 생각나 "유지"를 내려 그를 북경에서 불러들여 문수
에게 깨우침을 주게 했다. 그렇게 재도는 또 한 번 중재자 실력을 발휘해 "조카 황제"의 이
혼사건을 해결했다.

1942년 8월 13일, 부의의 "상귀인(祥貴人)" 담옥령(譚玉齡)이 병으로 세상을 떠났다. 부

의가 제일 좋아했던 여인인 담옥령의 죽음은 부의에게 또 다른 감정의 공백을 만들어주었다. 비통과 그리움을 표하기 위해 부의는 고인을 "명현귀비(明賢貴妃)"로 추봉하고 "대청회전(大淸會典)"에 기록된 귀비 장례 격식에 따라 성대한 장례식을 치러주기로 결정했으며 재도를 장례 담당 대신으로 임명하고 즉시 북경에서 장춘으로 와 장례식을 주관하라고 명했다. 이는 재도가 또 한 번 부의의 혼인 감정생활에 관여한 특례이다.

주은래가 재도에게 부의의 재혼을 "주선"하라고 한 것은 그가 재도의 상기 역사에 대해 속속들이 꿰뚫고 있음을 설명해 주는 것이었다. 재도가 부의에게 "자유혼인"하라고 한 것은 부의가 역사와 다른 새로운 인연을 맺을 수 있기를 바란다는 뜻이었다.

그 후에도 주은래는 여러 차례 그 일에 대해 언급했다. 어느 한 번은 총리가 업무 시찰 차 부의와 일부 역사문헌 담당 요원들과 좌담하게 됐는데, 또 유머러스하게 부의에게 말했다.

"당신은 황제인데 황후가 없어서야 되겠습니까! 옛날에는 자유가 없었지만 이제는 마음껏 고를 수 있지 않습니까!"

1961년 그믐날, 부의 형제가 총리의 집에서 설을 쇨 때 총리는 만두를 먹으면서 또 부의에게 혼사에 대해 거론했다. 그는

"당신 혼자 돌봐주는 사람이 없으니 배우자를 찾아 가정을 이뤄야지 않겠습니까? 계속 홀로 지낼 수는 없지 않습니까?"

라고 말했다. 등영초도

"가정이 있어야지요. 돌봐줄 사람이 있어야지요!"

라고 말했다. 그때 부의는 그저 "네, 네" 하고 짧게 대답했지만 마음으로는 크게 감동했다. 부의는 벌써 많은 사람들이 그를 도와 배우자를 여럿 소개시켜 줬다면서 그러나 모두가 옛날 가정에서 태어나 사상이 낙후했다면서 마음에 들지 않았다고 말했다. 그는 또 그러나 사상이 진보한 사람은 그쪽에서 마음에 들어하지 않는다면서 가정을 이루기도 쉽지 않다고 말했다. 이에 총리는 적당한 사람을 찾아 살면서 서로 돌볼 수 있으면 된다고 하면서 황후나 후궁을 간택하듯 해서야 되겠냐고 말했다.

모택동과 주은래는 부의의 재혼문제에 관심을 두면서 그가 하루 빨리 다시 가정을 이루고 행복하게 살기를 바라는 한편 그가 자신의 혼인에 책임지기를 바랐다. 모택동은 부의에게 "신중하게 생각할 것"과 "대충 아무렇게 하지 말 것"을 요구했다. 주은래는 전국정협에 위탁해 부의를 도와 혼인문제를 잘 처리해 개조를 거친 부의의 새 사상과 새 면모를 보여

줄 것을 요구했다.

1961년 8월 28일 전 장춘 만주국 황궁 부의의 귀인이 자신의 회고록인『궁중생활』초고를 들고 북경에 왔다. 목적은 상황을 아는 사람을 찾아 역사적 사실을 확인해 역사문헌자료의 정확성을 보장하기 위해서였다. 그날 오전 그녀는 부의의 다섯째 누이 온형의 집을 방문했다. 마침 만가희와 마주쳤는데 다소 불안하던 마음이 그의 예의 바른 접대로 인해 안정을 찾았다.

"이번에 북경에 오신 것은 공무가 있어서겠지요?"

만가희가 물었다.

"이유한(李維漢) 부장께서 나에게 역사문헌자료를 쓰라고 당부하시기에 특별히 지난 경물을 둘러보러 왔습니다."

그녀가 답했다.

"개의치 않으신다면 저의 집에 묵으십시오."

"묵을 곳은 이미 정했습니다. 전문(前門) 근처에 있는 길림성(吉林省) 북경 주재 판사처에 묵고 있습니다."

"두루 둘러 볼 시간이 있겠습니까?"

"부의가 지금 어떻게 지내는지 모르겠습니다. 몸은 아직 괜찮은 겁니까? 홀로 지내면서 어려운 점이 많겠지요?"

"부의를 보러 가고 싶으십니까?"

"현재로서 먼저 그를 찾아가는 건 적절하지 않습니다."

"지금 남편과는 잘 지냅니까?"

"그럭저럭요."

"생활 형편은 좋은 편이겠지요?"

"다만 지난 일이 생각날 때면 마음이 언짢습니다."

"아직도 부의와 서신 왕래가 있습니까?"

"이혼한 후 그는 저에게 편지를 쓰지 않았습니다. 사실 벗으로서 정상적인 서신 왕래도 나쁠 건 없습니다. 저의 남편도 반대하지 않을 것입니다."

이때 그녀는 주은래가 부의·부걸·사가 히로 일행을 접견하고 찍은 기념사진을 발견했다. 그 순간 그녀의 눈길이 앞좌석 왼쪽에서 두 번째 위치에 있는 부의에게 멈췄다. 그리고 또 왼쪽 첫자리에 있는 여성을 가리키며 꽤 긴장한 기색으로 그 사람은 누구냐고 물었다. 만가희가 접견에 참가한 일본어 통역관이라고 대답하자 그녀는 그때서야 길게 숨을 내쉬는 것이었다.

"당신이 부의와 이혼한 것은 그가 석방되기 바로 전이었습니다. 참으로 불행한 일입니다. 히로는 부걸을 십수 년간이나 기다린 덕분에 지금은 끝내 한 데 모일 수 있게 되지 않았습니까."

"다 지난 일입니다."

만가희가 그들의 대화 내용을 부의에게 전하자 그의 마음에 큰 파문이 일어났다. 한 기록 자료에는 그때 정경에 대해 사실대로 기록되어 있다.

"부의는 그 소식을 전해 듣고 매우 설레는 눈치였다. 밤에 홀로 서성이며 깊은 생각에 잠겨 있었으며 번뇌에 쌓인 것 같았다. 그는 우리에게 물었다. 만약 찾아온다면 어찌 해야 하지? 그녀를 만나줘야 할지 말아야 할지? 그는 그녀에게 아직 감정이 있다는 것을 인정하면서 만나고 싶기도 하다고 말했다. 그러나 그러는 것이 좋지 않을 것 같다며 그녀의 지금 가정 관계에 영향을 줄 것이라고 말했다. 그는 조직의 의견에 따를 것이라며 우리가 그를 도와 그 문제를 정확히 처리해주기 바란다고 말했다."

전국 정협은 주은래의 부탁에 따라 부의를 도와 혼인문제를 잘 처리하겠다는 각도에서 출발해 이미 발생한 상황은 정책과 관계되는 일이라고 판단해 중앙 통전부 설자정(薛子正) 부부장에게 다음과 같이 요청했다. "부의의 옛 귀인이 북경에 왔는데 만가희를 통해 부의를 만나고 싶어 한다. 부의는 크게 설레며 우리에게 그녀를 만나도 되냐면서 정말 만나고 싶다고 말했다. 우리가 그에게 그것은 사적인 일이니 만나고 싶으면 만나도 된다고 했다. 그러나 그녀는 남편이 있는 사람이라는 점만은 주의하라고 답해줘도 되는가?" 이러한 요청에 대해 설 부부장은 즉시 "동의한다"고 비준했다. 그리고 첨부한 글 앞에 구체적 의견까지 보충했다. 즉 "나의 의견은, 부의가 (정협의 도움을 받아) 그녀를 접대하는 것을 동의한다. 앞으로 어찌해야 할지에 대해서는 다시 지시할 것이다. 부의는 재결합하지 않는 것이 좋을 것 같다고 말한 적이 있다."

1961년 9월초 전국 정협의 초대 연회에서 부의와 장춘 만주국 황궁에서의 옛 친구가 다

1962년 4월 30일 부의와 이숙현(李淑賢)의 혼례식이 전국 정협 문화클럽에서 거행된 가운데 혼례식에 참석한 아이신줴뤄 가족 성원들이 함께 기념사진을 찍었다.

시 만났다. 이는 그들이 1957년 초 고통스레 헤어진 뒤의 첫 만남이었다. 비록 모두 더없이 감개무량했지만 서로 만나니 자연스럽고 조화로우며 즐거워했다. 그 후 며칠간 그들은 또 육암(毓嵒)과 육첨(毓嶦) 등 지인들을 청해 함께 음식점에서 식사를 하고 향산공원과 북경 식물원 등지를 유람했다. 그들은 진정한 벗이었으며 또 역사문헌자료 분야의 동료이며 전우이기도 했다.

전국 정협은 부의를 도와 그 골치 아픈 감정문제를 타당하게 처리해주었다. 이는 그에 대한 보살핌이며 또 그에 대한 교육이기도 하며 사회주의 새로운 사람의 기준에 따라 그에게 요구한 것이었다.

바로 모택동의 호남 풍의 가정연회가 있은 지 얼마 지나지 않아 역사문헌자료 담당 요원 주진강(周振强)과 인민출판사 편집 사증희(沙曾熙)의 열정적인 주선으로 부의는 북경시 조양구(朝陽區) 관상(關廂)병원의 여 간호사 이숙현(李淑賢)을 알게 됐으며, 그로부터 4개월간 달콤한 연애를 즐겼다. 1962년 4월 30일, 그들은 남하연(南河沿) 정협 문화클럽강당에서 세인이 주목하는 혼례식을 올렸다. 200여 명의 각계 하객들 앞에서 또 칠숙 재도가 주례를 섰다. 특별히 바쁜 명절 기간이어서 주은래는 그 자리에 모습을 드러내지 못했지만, 동소붕 국무원 부비서장 겸 총리판공실 주임을 대표로 파견했으며, 그 이튿날 오후 친히 부의의 집을 방문해 축하해주었다. 잇달아 부의 부부에게 축하 인사와 함께 신혼 선물을 보내온 이들로는 곽말약 전국 정협 부주석과 포이한(包爾漢), 그리고 요말사 북경시위 통전부 부장 등이었다.

여기서 설명해야 할 것은 어떤 사람들은 부의와 이숙현의 혼인은 조직에서 나서서 독단적으로 배려한 것이라고 여기고 있는데, 이는 전적으로 오해이다. 모택동과 주은래는 관심을 갖고 신경 쓴 적은 있지만 월권행위는 없었다. 부의와 이숙현의 연애결혼은 일부 사람들이 상상하는 것과 같은 복잡한 배경이 없었으며 그야말로 지극히 평범한 일이었다.

모택동과 주은래가 부의의 재혼에 관심을 둔 것은 인도적인 각도에서 고려한 것이었다. 그들은 부의가 마음 편히 일하면서 후반생을 잘 보내는 것을 볼 수 있기를 희망했다. 그들은 또 전 국민당 장군들이 가정을 다시 이루는 문제도 마찬가지로 관심을 두었다. 1962년 3월초에 쓰여진 관련 업무 보고 중의 한 단락을 보면 그 문제를 충분히 설명할 수가 있다.

생활면에서 가정을 새롭게 이루는 것이 그들이 제일 처음 직면한 가장 두드러진 실제문제였다. 이제 그들은 모두 비교적 적절한 거처가 생겼다. 정정급은 재결합하고 송희렴은 새로 아내를 맞아들였으며, 양백도와 주진강 두 사람의 가족들도 이미 호구를 북경에 옮겨 거주할 수 있게 됐다. 부의는 마음에 드는 배우자를 물색 중이고, 두율명과 왕요무는 다 가족들이 귀국할 수 있도록 노력 중이다. 경험이 증명하다시피 그들을 도와 가정을 이루는 것은 그들이 마음을 안착할 수 있는 중요한 문제이다. 무릇 가정을 이루는 문제가 잘 해결된 이들은 좀 안정적인 것 같았으나 그 문제가 잘 해결되지 않은 이들은 마음이 안정적이지 않은 것 같았다. 그들의 생활을 돌보기 위해 매달 생활비로 100원을 주는 것 외에 글을 쓰면 원고료를 주고, 개별적으로 새로 가정을 이루고 의복과 기타 일용품을 구매하거나 의외의 지출로 인해 실제로 어려움이 있을 경우에는 별도로 보조해주었다. 특별 공급도 과(科)급 간부보다 조금 높은 기준(매달 육류 5백그램)에 따랐다. 이런 보살핌을 통해 일부 생활상의 어려움을 해결해주었으며, 그들이 당에 감사하는 마음도 자연히 커졌다.

보고에서 언급된 몇 명은 모두 제1진 특별사면 인원으로서 전국 정협에 남아 역사문헌 자료 담당요원으로 있는 이들이었다. 그들은 조직의 여러 도움을 받아 가정을 회복했거나 새로 이루었다. 정정급은 본처 풍리연(馮莉娟)과 1958년 생활 압력을 못이겨 이혼했다가 1961년 4월에 재결합했다. 송희렴은 1962년초 새로 결혼했는데, 부인 역음선(易吟先)

곽말약 포이한이 정협 강당에서 신랑 신부를 접견했다.

은 송희렴이 신강(新疆)에 군대를 주둔시키고 있을 때부터 알고 지내던 옛 지인으로서, 마음이 착하고 성정이 부드러우며 남편을 빈틈없이 보살펴줬다. 양백도의 부인 나계지(羅啓芝)는 원래 호남 지강현(芷江縣) 사람인데, 현모양처였다. 그녀는 남편이 수감 중이던 세월 동안 바느질을 해 자녀를 키워냈다. 1963년 북경으로 이주해 남편과 합쳤다. 주진강의 부인 누아준(樓亞雋)은 나계지와 거의 같은 때 절강(浙江) 항주(杭州) 고향에서 북경으로 이주했다. 그녀도 바느질 여공이었다. 두율명의 부인 조수청(曹秀淸)은 해방 바로 전 두 아들과 두 딸을 데리고 대만에 건너갔다. 1958년 장개석의 파견을 받고 사위 양진녕을 대만에 돌아와 일할 수 있도록 설득하기 위해 미국에 간 기회에 미국에 남아 장기 거주했다. 그러다 1963년 6월에야 여러 곳을 거쳐 북경에 와 남편과 한데 합쳤다. 왕요무의 본처는 홍콩을 거쳐 미주로 옮겨가 서인도 군도인 푸에르토리코에 정착했었다. 왕요무는 아내가 귀국할 수 있도록 노력하던 중 그녀가 개가했다는 사실을 알게 됐으며, 1965년 9월에 북경 제82중학교 교원인 오백륜(吳伯倫)과 다시 결혼했다.

이어 제2, 3차로 특별사면으로 풀려나 북경에 남은 인원들도 한 사람 한 사람씩 가정을 이루었다. 1961년 5월 부걸과 사가 히로가 다시 한데 합쳤다. 1962년 추석 전 국민당 제15수정구 사령부 제2처 처장 동익삼(董益三) 소장(少將)이 북경 제66중학교 직원 송백란(宋伯蘭)과 부부가 됐다. 1963년 3월 원 국민당 제5군 중장 부군장 겸 독립 제5사 사장 이이광(李以劻)은 홍콩에 돌아온 본 부인 구문승(邱文升)과 북경에서 한데 모였다. 1964년 3월 1일, 북경 화평가(和平街) 38번지 기숙사 청사 4층 모 실에서 전 국민당 천진시 두건

시(杜建時) 시장이 여류 화가 이염숙
(李念淑)과 조촐한 혼례식을 치렀다.
1965년 8월 1일, 원 국민당 기밀국 운
남소(站) 소장(站長)이었던 심취(沈
醉) 소장(少將)은 본처가 남편이 처형
당했다는 헛소문을 듣고 개가하는 바
람에 창교공사(廠橋公社) 병원 간호
사 두설결(杜雪潔)과 연애 결혼했다.

신혼인 부의 부부가 천안문 앞 금수교(金水橋) 위에서.

1965년 8월 8일 원 국민당 제9병단 중장 사령 요요상은 북경 여자 제2중학교 교원 장영육
(張瀛毓)과 결혼했다. 보인(輔仁)대학을 졸업한 장 여사는 수학도 가르칠 수 있고 영어도
가르칠 수 있었다. 특히 요요상이 병환에 있을 때 정성들여 간호해 남편이 더없는 따스함
을 느끼게 했다.

부의와 그의 동료들은 만년에 천륜지락을 누리면서 모두들 한시도 주은래를 잊지 못했
다. 바로 그가 그들을 위해 가정문제를 해결해주었으며 제일 먼저 세 가지 원칙을 제기했
던 사람이었기 때문이었다. 그 원칙인 즉 첫째, 가족이 해외에 있을 경우 그들을 도와 연락
을 취해 한 데 합칠 수 있도록 애쓸 것, 둘째, 가족이 국내에 있을 경우 모든 편의를 도모해
두 곳에 헤어져 생활하는 문제를 해결해주고 이미 이혼했으나 재결합이 가능한 이는 다시
재결합할 수 있도록 주선해줄 것, 셋째, 재결합 조건이 허락되지 않거나 배우자가 사망했
을 경우, 배우자를 물색해 새로운 가정을 이룰 수 있도록 도와줄 것. 바로 이 세 가지 원칙
덕분에 부의 등 특별사면 인원들이 빨리 가정을 이루고 직업을 찾아 건전하고 즐거운 생활
을 할 수 있게 되었던 것이다.

27.
인간세상에서
발생한 신화

　북경식물원에서 전국 정협에 들어가고, 온실의 정원사에서 역사 문헌연구 요원이 되었으며, 향산 아래에서 백탑사 옆에까지 갈 수 있었던 부의가 1960년 초봄에서 1963년 늦겨울에 이르기까지 이루었던 최대의 성공은 바로 자신의 저서『나의 전반생』을 완성한 것이었다. 부의의 새로운 삶의 상징인 이 거창한 저서는 아직 요람 속에 있을 때부터 주은래의 관심과 지도를 받았을 뿐 아니라 모택동과 기타 중앙 지도자의 배려와 도움을 받았다.

　1963년 11월 15일, 이날은 전국인민대표대회 제2기 제4차 회의가 열리기 전날이었다. 1천여 명의 인민대표가 모두 북경에 모였다. 중국 국민경제 상황이 호전되고 있는 가운데 그들은 1964년 국민경제 발전의 총체적 방침을 연구하고 확정짓기 위해 모였던 것이다. 정무에 몹시 바쁜 모택동이지만 바쁜 가운데 시간을 내 알바니아의 아라니트 체라 총검찰장 일행을 접견했다. 접견 중에 사법업무에 대해 언급하면서 주석은 중국의 실정과 결부시켜 두 가지 경험을 강조했다. 그는 반혁명분자와 탐오 낭비하던 자를 대처할 때는 단순히 행정적인 수단과 법률 수단만으로는 부족하다며, 그들이 대중을 제일 두려워하므로 상하로 협공한다면 빠져나가지 못할 것이라고 말했다. 주석은 또 우리는 범죄자를 잡아들이고 죽이는 수단에 주로 의거하는 것이 아니라, 비평, 교육, 개조에 의거한다고 말했다. 그는 무산계급 독재 하에서 사람은 개조될 수 있다고 말했다. 그리고 나서 주석은 부의의 예를 들었다.

> **모택동**: 우리는 황제까지 거의 개조해놨습니다.
>
> **체라**: 들은 적이 있습니다. 이름이 부의라더군요.
>
> **모택동**: 나는 이곳에서 그를 만난 적이 있습니다. 그는 지금 50여 세가 됐고 취직도 했으며 새롭게 결혼도 했답니다.
>
> **체라**: 그가 책도 한 권 썼다고 들었습니다. 『나의 전반생』이라구요.
>
> **모택동**: 그 책은 아직 공개적으로 발행하지는 않았습니다. 그 책이 그리 잘 된 글이 아니라고 여겨서입니다. 그는 책에서 자신을 너무 나쁜 사람으로 썼습니다. 마치 모든 책임은 자신이 져야 하는 것처럼 말입니다. 사실 그건 일종의 사회제도 아래서 발생한 상황이라 해야 맞습니다. 그런 낡은사회 제도 하에서 그런 황제가 생겨난 것은 당연한 이치입니다. 그러나 그런 사람이지만 우리는 계속 지켜봐야 할 것입니다.

모택동은 부의의 역사를 정시하고 공정하게 평가한 한편 또 부의의 앞날에 대해서도 정시하고 객관적으로 대했다. 주석이 이에 앞서 본 『나의 전반생』은 무순에서 쓴 장편 자서전을 3권으로 인쇄 제작한 미정고였으므로, 주석은 "그다지 잘 된 글이 아니다"라고 말했던 것이다. 그는 부의에게 역사 유물주의 관점에 따라 특정된 역사환경 아래의 진실한 부의에 대해 쓸 것을 요구했다. 그의 의견은 사실 주은래의 의견과 약속이나 한 듯이 일치했다. 그리고 호남 음식으로 마련한 가정 연회석상에서 부의에게 직접 알려주었다. 그는 그 원고를 이미 봤다면서 "반성"을 너무 많이 한 것 같아 절반까지 보고나니 계속 보고 싶은 마음이 없어졌다고 말했다. 주석은 부의에게 책 내용을 잘 고쳐보라고 격려했다. 그는 이미 공민이 된 이상 이제는 나라의 주인이라면서 계속 반성하는 어투로만 쓸 것이 아니라, 역사적 사실을 객관적이고 진실하게 꼼꼼히 써내야 한다고 말했다.

기타 중앙의 지도자들도 부의의 책에 관심을 갖고 정무에 바쁜 와중에도 시간을 내 열심히 읽고 적절한 의견을 제시했다. 펑진 전국정협 제1부주석 겸 베이징시 시장도 역시 원고를 본 뒤 회고록을 장편의 반성문으로 쓴 것에 대해서는 동의하지 않는다고 말했다. 그는 "부의는 황제였지만 이미 개조되지 않았습니까? 그는 『나의 전반생』이라는 책을 썼습니다. 나는 그 앞 절반을 봤습니다. 반성하는 내용이 너무 많더군요. 선통황제 시절에는 어린 이집에 다녀야 할 어린 아이였는데 무슨 죄가 있겠습니까? 레닌도 말했습니다. 하느님도 젊은이가 잘못을 저지르는 것은 허용한다구요. 하물며 어린 아이였던 그였기에……. 그때 는 아무것도 모르고 황제가 된 것이니 더 이상 얘기할 것은 없고, 후에 동북에 가서 만주국 황제가 돼서부터가 문제입니다…….”

절묘한 것은 모택동과 주은래, 팽진은 모두 원고의 앞 절반만 봤으며 모두 부의가 “반성 하는 내용을 너무 많이 썼다”고 비평했다. 우연의 일치라고 하기에는 너무 비슷했던 것이 니, 영웅들의 시각은 다 같다는 것일까…….

모택동과 주은래 등 중앙의 지도자들은 부의가 글을 써 자신을 폭로하고 낡은 사회에 선 전포고할 것을 지지했으며, 그에게 큰 격려를 해주었다. 한편 그에게 역사를 존중하고 실 사구시할 것을 엄중히 요구했다. 이는 마르크스주의 자세였다. 그렇게 『나의 전반생』의 어 렵고도 대대적인 수정작업이 1960년대 첫 봄을 맞으며 시작됐다.

군중출판사가 전문 인원을 파견해 부의와 함께 수정 방안을 거듭 의논했다. 처음에 그들 은 원고를 바탕으로 내용을 줄이거나 보충해 조정하는 방법으로 수정할까 하고 생각했었 다. 그러나 모택동, 주은래 등 중앙 지도자의 요구에 부합되지 않을 것 같아 원고의 원래 틀에서 벗어나 새롭게 구성하기로 결정했다. 그때 부의는 식물원 기숙사에서 지내면서 매 일 인근에 있는 향산 호텔에서 출판사 인원들과 수정 방안을 의논했다. 그 즈음에 출판사 는 또 16~17명 인원을 조직해 관련 자료 수집을 도왔는데 모은 자료의 무게가 1톤에 달했 다. 국가기록보관소가 제공한, 부의가 천진의 장원과 정원에서 “우공”으로 지낼 때 기록만 약 $10m^2$ 면적의 방을 가득 채웠다.[139] 그밖에도 부의의 친척과 친구들이 보존한 광서와 선 통 두 조대의 자료와 문물이 있었다. 그들은 그때 당시 환관의 수장이었던 장겸화(張謙和) 를 찾아냈으며, 또 부의가 천진에 있을 때 영문 통역이었던 찰존기(察存耆)를 찾아내 역사 관계자로 삼았다. 부의의 친척과 옛 친구들이 진귀하고도 생생한 자료를 제공해주었다. 부의를 개조해 기적을 창조한 감옥인 무순전범관리소도 그 작업에 큰 기여를 했다. 그 곳 에는 만주국 전범과 일본 전범의 자백자료와 조사 자료들이 대량으로 보존되어 있었다. 그 자료들을 잘 활용하기 위해 많은 인력을 동원해 수십 가지에 이르는 테마 연대기를 편찬했

---

139) 呂耀光, 『나의 전반생』, “편찬에 사용한 자료 1톤”이라는 글을 참조. 『北京晩報』, 1984년 8월 27일자.

는데, 글자 수가 무려 백만 여 자가 넘었다. 감성적인 인식을 키우기 위해 1960년 7월 18일부터 출판사는 인원을 파견해 2개월 반 동안 부의가 살았던 곳들을 한 바퀴 돌며 현지답사를 진행했다.

제1차 수정본과 제2차 수정본은 1962년 내에 잇달아 인쇄에 교부해 각계의 의견을 널리 수렴했다. 전국 정협 강당에서 소집된 『나의 전반생』 원고 좌담회 "발언 요록"의 통계만 보더라도 참가자 리스트에 이름이 오른 이들 중에 북경대학 부교장 겸 역사학부 주임인 전백찬(翦伯贊) 교수, 중국 과학원 철학 사회 과학부 위원이며 역사 연구소 제2부소장인 후외려(侯外廬) 교수, 『역사연구』 잡지사 여주(黎澍) 주필, 중국 근대사 전문가 유대년(劉大年), 북경대학 역사학부 소순정(邵循正) 교수, 북경시 문화국 국장 겸 몽골 역사 전문가 옹독건(翁獨健), 중국인민대학 역사학부 교수이며 중국 혁명 역사 전문가 하간지(何干之), 국무원 부비서장이며 중앙 역사 문헌관 관장인 양동순(楊東蓴) 교수, 신백순(申伯純) 전국 정협 부비서장 겸 역사문헌자료 연구위원회 부주임 위원, 중화서국(書局) 총편집장 이간(李侃) 등 이름난 학자들이 포함됐다. 그들은 『나의 전반생』 도서 관련 배경과 역사적 사실, 관점, 각도, 상세하게 쓸 부분과 간략하게 쓸 부분, 취할 부분과 버릴 부분 등에 대해 구체적이고도 소중한 의견을 제기했다. 그밖에 전 국민당정부 서북 행영 주임 겸 신강성(新疆省) 주석이었고 유명한 봉기인원이었으며 그때 당시 전국인대상무위원 겸 전국정협 상무위원이었던 장치중(張治中), 전 국민당정부 화북 "토벌총사령부" 총사령관 겸 차하얼성(察哈爾省) 정부 주석이었고 유명한 봉기장군이었으며 그때 당시 수리전력부 부장이었던 부작의(傅作義), 제2차 세계대전 뒤 극동국제군사재판 재판관으로 나섰던 중국 유명한 법학가 매여오(梅汝璈), 『화상보(華商報)』 주필이었던 중국공산당 북경시 위원회 통전부 부장 요말사, 북경시 부시장이었던 유명한 명사 역사 전문가 오함(吳晗), 유명한 만주족 문학가이며 그때 당시 중국 문련(문학 예술계 연합회)과 중국 작가협회 부주석인 노사(老舍) 등도 적극적으로 서면 의견을 써주었다. 특히 노사 선생이 부의를 위해 원고를 수정해준 일과 관련해 문단과 민간에서 많은 아름다운 이야기들이 널리 전해지고 있다.

민족출판사의 한 편집자가 자신이 1958년 봄, 등시서구(燈市西口) 풍부후통(豐富胡同) 노사의 집에 가서 원고 청탁을 하면서 들은 사실을 글로 쓴 적이 있다. 경쾌한 분위 속에서 노사는 한 가지 사실에 대해 이야기했다. 외부인은 들을 기회가 없는 알려지지 않은 비밀임이 틀림없다. 바로 얼마 전에 두 명의 유명인사가 "붉은 감나무 집(丹柿小院)"(노사가 자신의 집에 붙인 이름)을 찾아왔다. 한 사람은 청조 말기 군자대신(軍咨大臣, 청조 말기 군사 직관 명칭)이었던 베이러인데 만주족 상류층 인물이었으며, 그때 당시 전국 인대대표 겸 전국정협위원인 재도였다. 다른 한 사람은 노사의 오랜 벗이며 중매인으로서 그때 당시 중국과학원 언어연구소 소장인 유명한 언어학자 나상배(羅常培)였다. 그들이 노사를 찾아온 것은 함께 모택동을 알현하고 부의를 석방시키는 문제에 대해 의논하기 위해서였다. 세 사람 다 전국인대대표이니까 그 일에 대해 의논할 명분도 있었다. 그런데 뜻밖에 노사는 한 마디로 거절했다. 그는 이렇게 말했다. "모 주석께서 부의를 죽이지 않은 것만도 이미 관용을 베푼 것입니다. 부의는 과거에 그렇게 많은 나쁜 짓을 했습니다. 나는 인민대표인만큼 인민을 대표해 대변해야 합니다. 만주족만 대표해 만주족 편에만 설 수는 없습니다. 기인들도 부의가 한 짓들로 인해 얼굴이 깎일 대로 깎였습니다. 나는 갈 수 없습니다. 갈 면목이 없습니다!" 노사는 사사로운 우정 때문에 원칙을 버리지 않았으며 더욱이 협애한 민족주의 때문에 인민대표의 직책을 벗어나지 않았다. 이는 그가 부의를 대하는 신중하면서도 명확한 자세였다.[140]

1960년 5월 26일, 주은래가 인민대회당에서 영국의 몽고메리 장군을 위해 주연을 베풀었다. 그 자리에 부의와 노사도 함께 초대 받아 배석했는데 그건 그 두 사람의 첫 만남이었다. 꼬박 1년 뒤 역시 주은래의 초청을 받고 서화청에서 사가 히로 일행을 환영하는 연회에서 부의와 노사가 다시 만날 수 있었다. 부의와 노사는 그로부터 잘 아는 친구 사이가 됐다. 노사는 이렇게 말한 적이 있다. 한 사람은 임금이고 다른 한 사람은 가난뱅이인데 서로 만날 수 있으니 참으로 세상이 많이 변했다! 바로 주은래가 그런 계기를 마련해 노사에게 부의를 위해 원고를 다듬어 역사자료로 남길 수 있었던 것이다.

1962년 늦가을에서 초겨울로 접어든 때 누적이(樓適夷)가 붉은 감나무집 마당을 가로질러 노사 선생의 서재를 방문했다.

"선생은 최근 무엇을 쓰고 계십니까?"

손님이 물었다.

"나는 요새 노복 노릇을 하고 있습니다. 우리 황제를 위해 원고를 다듬는 중입니다!"

주인의 대답에서는 유머와 재치가 묻어났다.

---

140) 『민족단결(民族團結)』, 1987년 제1기 참조.

北京晚報 1984.9.15

老舍为《我的前半生》改稿纪实

群众出版社总编辑于浩成在《新文学史料》1984年第3期发表《老舍先生为〈我的前半生〉改稿一事纪实》，文章说：

我清楚地记得出版社编辑部曾将《我的前半生》初稿送请老舍先生审阅提意见，特别是在语言文字方面提出宝贵意见。在出版社书籍档案中还保存了两份材料，可以大体上说明一些情况。

一份材料的题目是《老舍谈"我的前半生"》，是李文达手写的一份谈话记录，谈话时间是1962年11月26日。记录中记载老舍在《前半生》的封皮里写了

全书甚长，似可略删节。应以溥仪为中心，不宜太多地描绘别人而忘掉中心。

以及其它意见。另一份是铅印的材料《各方审阅〈我的前半生〉书稿的意见》，是群众出版社编辑部1962年12月6日印发的。其中有一段是老舍先生审阅书稿后的意见：

老舍是从文字和写法上提出意见的。他在书上做了文字修改（平均每页均有所批改），凡错、别、漏字及有问题的句子大部分作了改正或批上记号，并且指出可以删掉的地方。……

他最后说，"这部书总的印象是很好的。看了之后，认识了很多人，都是原先想不到的，原来那些人是这种样子。很有教育意义，溥仪这个人的变化，真是了不起，真是不容易。"

溥仪这部自传的成书和出版包括了许许多多人的辛勤劳动，其中也有老舍先生的一份功劳。这件事情给《我的前半生》增加了光彩，而且也给文坛，特别是我国满族文学史增添了一段佳话，因为老舍先生和作者溥仪都是满族人。

宇摘

1984년 9월 15일 "북경석간(北京晚報)" 신문에 "노사의 『나의 전반생』수정 실화"라는 기사가 보도됐다.

그런 상황을 잘 아는 이들은 노사가 매우 바쁨에도 불구하고 새 사람으로 개조된 부의를 위해 흔쾌히 "노복"노릇을 하면서 며칠간 시간을 내 원고를 읽고 문자와 창작방법에 대해 훌륭한 의견을 많이 제기해 주었다고 말했다.

같은 해 11월 26일, 노사는 자택을 방문한 출판사 직원들 앞에서 자신의 의견을 말하고 또 의견과 수정 문구를 써넣은 인쇄본 원고를 넘겨주었다. 흰 표지를 펼치자 노사가 쓴 반듯한 글씨가 가득했다. 그의 주요 의견은 이러했다. "내용이 너무 기니까 일부 삭제해 줄여도 될 것 같다. 부의를 중심으로 해야 하는데 다른 사람에 대한 내용이 너무 많아 중점을 더 두드러지게 하는 데 불리하다. 문자가 유창하지 않으나 모조리 그 대신 다듬어 줄 수가 없다─그것은 많은 시간이 필요하니까 (그러나 일부는 수정했으며 별도로 표기를 해두었다). 매끈하지 않은 구절이 너무 많으므로 잘 다듬어 수정하기 바란다. 내용 중에 중복되는 부분이 매우 많으니 적당히 삭제해도 된다."

같은 해 12월 6일, 출판사는 "『나의 전반생』 원고를 심열한 뒤 여러 방면의 의견"을 인쇄해 발표했다. 그 내용 중에 노사의 의견이 아주 상세히 기록되어 있었다. 본문에서는 그 중 몇 단락만 옮겨 적는다.

노사는 문자와 창작 방법에 대한 의견을 제기했다. 그는 책에다 수정 내용을 적어놓았다

(평균 매 쪽마다 다 수정해놓았다). 무릇 틀렸거나 빠뜨린 글자, 그리고 문제가 있는 구절은 대부분 수정했거나 표기를 해놓았으며 삭제해도 될 부분도 밝혀놓았다.

그는 하권의 표지에 이렇게 썼다. "마지막 두세 장절에서는 마치 모든 문제를 해결하려는 듯 크게 깨달았다는 뜻을 나타내려 했는데 그러면 믿음성이 없다. 차라리 도리는 적게 쓰고 작은 세 절을 통해 큰 변화를 보듯이 구체적인 깨달음에 대해 쓰는 것이 훨씬 낫다. 예를 들어 원래는 몸이 약했으나 노동을 하기 시작한 뒤로 만두 30개를 먹을 수 있게 됐다던가, 원래는 이기적이었으나 후에는 어느 사람을 도와 어떤 일을 해주었다던가……. 책에서는 자신이 얼마 우둔하고 얼마나 유아독존적인지에 대해 적나라하게 폭로했다. 그러나 써내려갈 수록 내용은 별로 없고 텅 빈 도리만 설명해나가고 있어 별로 설득력이 없다."

마지막에 그는 이렇게 썼다. "이 책에 대한 총체적인 인상은 아주 좋다. 보고 나서 많은 사람을 알게 됐다. 모두가 이전에는 생각지 못했던 사람들이다. 원래 그들은 그런 모습이었던 것이다. 교육적 의미가 자못 크다. 부의의 변화가 참으로 대단하고 참으로 어렵게 얻은 것이다."

노사의 수정을 거치고 출판사의 많은 관계자들의 노력을 거쳐 부의의 저서는 보다 영광스럽고 우수한 작품이 되어 1964년 3월에 세상에 나올 수 있었다.[141]

북경에서 수정을 거친 판본과 무순에서 작성한 초고를 비교해보면 수정을 거친 부의의 저서는 모택동과 주은래가 인정했을 정도로 가치가 높았다. 그들이 비평했던 결점들을 하나하나 수정했음을 한눈에 알아볼 수 있었다. 원래 초고에서는 일생의 경력에 대한 단순한 반성과 죄를 뉘우치고 참회하는 내용이었으나 수정을 거친 뒤에는 황제에서 공민이 되기까지의 생생한 변화과정을 보여주었으며, 개조정책의 성공에 대한 것이 이 책의 주제가 되어 더욱 돋보이게 했다. 또 원래 초고에서는 배경과 역사사실에 대해 언급할 때, 전부다 기억에 의거했거나 전해들은 소문에 근거하여 썼으나, 수정 과정에서 대량의 역사 자료에 대한 확인과 고증을 통한 정정 작업을 거치는 바람에 쓸데가 없는 내용은 삭제됐고, 중요한 경력의 세부적인 내용을 보충해 바탕을 마련했다. 그리고 원래 초고에서는 1957년까지만 쓰고 부의의 개조 생애에서 특별히 중요한 마지막 연대와 인생의 새 기점인 특별사면을 받

---

141) 노사가 부의의 저서를 수정해준 상황과 관련해서 우호성(于浩成)이 쓴 글 『노사 선생의 "나의 전반생』 중 「수정 실화」를 참고할 것. 『신문학 역사자료(新文學史料)』, 1984년 제3기.

은 뒤의 내용은 미처 써넣지 못했었으나 수정을 거치면서 보충해 넣어 보다 완전한 전기의 주인공으로서의 형상을 독자들에게 보여주었다. 게다가 서술이 더욱 생동적이고 문장이 더욱 세련되어 책이 나오자 총리가 말했듯이 부의는 "드디어 임무를 완성한 셈이 되었다."

만약 모택동과 주은래의 제의와 지지가 없었다면 『나의 전반생』이란 명작이 그 많은 독자들에게 선보일 수는 없었을 것이다. 50~60년대를 살았던 사람들은 무슨 말인지 쉽게 이해할 수 있을 정도가 되었던 것이다. 여전히 "좌"적인 사상으로 충만되어 있던 그때 자칫 "봉건 제왕을 위해 전기를 남기는 것"으로 비난받을 수 있는 그 출판 프로젝트를 어느 누가 감히 공개적으로 제기할 수 있었겠는가 말이다. 또한 어느 누가 감히 국가 출판사의 편집인원을 오랜 시간 동안 그 작업에 동원시킬 수 있었겠는가 말이다. 또 어느 누구의 원고가 세 차례나 "미완성고"인 채 활자로 인쇄돼 여러 분야 전문가들로부터 널리 의견을 수렴할 수 있는 기회를 얻을 수 있었겠는가? 그리고 수정 중인 개인의 저서를 위해 어느 누가 국가 기록보관소의 문을 열어 한 번도 개봉해 정리한 적이 없는 묵은 역사자료에 손을 댈 수 있었겠는가 말이다. 이러한 것들은 말할 필요도 없이 자명한 일이었다.

절박한 사회적 수요를 만족시키기 위해 『나의 전반생』이 출판되기 전에 먼저 전국 정협 역사문헌자료 연구위원회의 비정기 내부 간행물인 『역사문헌자료선집』에 그 중 몇 개 장절

부의의 저작 『나의 전반생』이 출판됐다.

을 선택하여 게재했다. 1962년 5월에 출판된 그 간행물 제26집에 먼저 "복위의 형형색색"이라는 글이 게재됐다. 모택동은 그 회고문을 통해 부의가 장훈의 복벽운동에 참가한 자초지종을 알게 됐다. 그 뒤 그는 전국 정협 관련 지도자에게 부의에게 원고료를 얼마나 지불했느냐고 물으면서 그 사람은 황제였으니 글을 쓰면 원고료를 높이 줘야 한다고까지 말했다. 5개월 뒤『역사문헌자료선집』제29집에 부의의 "나는 어떻게 만주국 '집정왕'이 됐는가"라는 글이 게재됐다. 그리고 또 한 해 뒤,『역사문헌자료선집』제39집에 부의의 "나는 세 번째로 황제가 됐다"라는 글이 게재됐다. 그때는 책 출판까지 4개월만 남겨둔 무렵이었다.

1964년 3월 거작『나의 전반생』이 봄 햇살이 북국에 처음 비쳐든 계절에 세상에 모습을 드러냈다. 아니나다를까 예상했던 대로 곧바로 국제사회로부터 탄성을 불러 일으켰다. 한 영국의 학자는 이렇게 썼다. "이 책은 얻기 어려운 소중한 역사 자료이다. 이 책은 최초의 중국 군주 자서전이다. 그 군주의 일생은 아이신쥐뤄의 봉건왕조에서 시작해 모택동의 공산주의에 이른다. 인류 역사의 국왕과 황제 중에서 아무도 그와 같이 변화 많은 경력을 지닌 이는 없었다."[142]

사람들이 논평했다시피 부의의 경력은 세계에서 유일했다. 그 자체가 가장 특이한 역사이며 가장 감동적인 이야기였다. 그 경력을 진실하게 재현한 부의의 자서전은 현 시대의 정계나 군계에서 자취를 감춘 대통령이나 장군들이 쓴 회고록과는 명확하게 구별된다. 만약 후자가 일부 내막을 폭로해 일부의 역사적 사실을 분명히 밝혔다면, 전자는 모르는 이 없는 전 황제의 변화를 재현해 하늘의 용이 어떻게 인간세상으로 돌아왔는지에 대해 설명했다. 그렇게 무수히 많은 독자들에게 마치 우주인이 달에 상륙한 사실처럼 믿어지지 않지만, 분명한 사실인 "신화" 같은 이야기를 증명해 보였던 것이다.

모택동과 주은래는 예리한 안목과 탁월한 견해로서 부의 경력의 신화를 제일 먼저 발견해냈으며 무순에서 쓰여진 거칠기 그지없는 자서전의 초고를 보고 그 원고가 차르 황제나 윌리엄 웰즈 친왕 등 이들의 회고록과 구별된다는 사실을 꿰뚫어보았다. 그래서 부의에게 가장 강력한 지지를 보내 그 저서의 출판을 성사시키기에 이르렀던 것이다. 그와 같은 상

---

142) 「중국의 마지막 황제(中國的末代皇帝)」,『동방과 아프리카 연구학원 공보』, 런던, 1965. 또 다른 외국 전문가는 이렇게 말했다. "그는 한 권의 진정한 책을 창작했다. 그가 겪은 이야기는 다년간 중국에서 나타난 제일 흥미로운 한 부의 저서임에 틀림없다." 헨리 마이카레브, 「황제에서 공민이 되기까지-아이신쥐뤄 부의 자서전」, 『중국계간(中國季刊)』, 1966, 제27기.

황을 사실 유지인사들은 이미 관찰해왔었다. 한 중국계 해외 학자는 이렇게 평가했다. "만약 부의가 북경 정권하에 있지 않았다면, 그의 저서는 아마도 영원히 세상에 태어나지 못했을 것이다. 중국에서는 황제가 스스로 자신의 역사를 쓴 선례가 없기 때문이다."[143] 그러나 모택동은 새로 출판된 그 도서를 보고나서 칭찬하는 한편 더 높은 요구를 제기했다. 그는 제8장의 "동북인민의 재난과 원한"이라는 장절에서 일본이 매년 중국 동북지역에서 3백만 톤에 이르는 식량을 약탈해갔다는 내용을 보고 그 숫자에 의문을 표했다. 그는 그때 당시 동북의 식량 생산량으로 미루어볼 때 그 숫자는 불가능하다고 여겼다. 그 일이 있

영문판 『나의 전반생』.

은 뒤 주석과 총리, 그리고 기타 중앙 지도자들은 그 책을 절반까지 보다가 그만두지 않고 전권을 끝까지 읽어보았다.

『나의 전반생』이 출판되자마자 국내외에서 전례 없는 인기를 끌었다. 영문판과 독일어판도 잇따라 선보였다. 이어 홍콩에서 출판되고, 일본, 미국, 헝가리, 이탈리아에서도 번역 출판됐다.

---

143) 張士尼, 「『나의 전반생』에 대한 평가(〈我的前半生〉評價),」 『아시아 연구 · 서평(亞洲硏究 · 書評)』, 1985. 8.

28.
복건청(福建廳)에서
신강청(新疆廳)까지

　모택동이 아라니트 체라 알바니아 총검찰장을 접견하기로 한 5일 전이었다. 하늘은 높고 맑았으며 날씨는 시원하고 상쾌했다. 늦가을에 접어든 북경은 여전히 아름다웠다.

　오후 3시 전국 정협의 역사문헌 전문요원들은 약정대로 모두 가족들과 함께 기관에 모였다. 그들은 두율명과 그의 아내 조수청(曹秀淸), 부걸과 그의 아내 사가 히로, 이이광(李以劻)과 그의 아내 구문승(邱文升), 주진강과 그의 아내 누아준(樓亞儁), 양백도와 그의 아내 나계지, 나역융(羅歷戎)과 그의 아내 손총진(孫叢珍), 정정급과 그의 아내 풍리견, 송희렴과 그의 아내 역음선(易吟先), 동익삼(董益三)과 그의 아내 송백란(宋伯蘭), 그리고 그때 당시 아직 가정을 이루지 않은 왕요무, 요요상, 범한걸(范漢杰), 두건시(杜建時), 심취 등이었다. 유일하게 부의와 그의 아내 이숙현만이 늦도록 모습을 드러내지 않아 다들 마음을 조이는 중이었다.

　전문요원들은 며칠 전에 이미 주은래가 보낸 초대장을 받았었다. 총리가 장엄한 인민대회당에서 그들을 접견하고 앞서 네 차례에 걸쳐 특별사면으로 풀려나 북경에 남은 인원과 그 가족들을 초대했던 것이다. 초대장을 받은 사람들은 서로 연락하느라 분주했다. 그중에서도 가족들이 제일 기뻐했다. 그녀들은 이전부터 총리를 만나고 싶어 했었다. 그 위대한 인물이 그들의 은인이었으며 그들 부부끼리 한 데 합치게 했거나 새롭게 행복한 가정을 이룰 수 있게 도왔기 때문이었다.

접견 예정시간이 임박했다. 이미 대기하고 있던 사람들은 큰 버스에 올라 먼저 제4차로 특별사면을 받은 인원들이 단체로 묵고 있는 숭내 여관으로 향했다. 강택(康澤) 전 국민당 제15 수정구 중장 사령, 가육지(賈毓芝) 전 국민당 제43군 소장 부군장 겸 박격포사 사장, 이익지(李益智) 전 국민당 제8병단 제55군 제74사 중장 사장 등 5명을 데리고 가기 위해서다. 그들은 1963년 4월 9일 석방됐으며 단체로 참관하고 학습하면서 일자리를 배치 받고자 기다리는 중이었다.

3시반 경 버스가 인민대회당 앞에 멈춰 섰다. 모두들 부의 부부를 걱정하고 있을 때 검은 색 승용차 한 대가 달려오더니 버스 옆에 멈춰 섰다. 차에서 내리는 한 쌍의 남녀는 부의와 이숙현이었다. 이날은 1963년 11월 10일이었는데 오전에 갑자기 외국 손님이 방문했으므로 부의는 기관 강당 접대실에서 브라질 손님과 이야기를 나누고 있었다. 점심시간이 지났는데도 외국 손님은 계속 질문을 멈추지 않아 초조하게 기다려야만 했던 것이다.

부의 부부는 버스에서 내린 사람들과 함께 계단을 걸어 올라갔다. 널찍하고 확 트인 인민대회당에 들어서서 복건청으로 안내됐다. 거기에는 중앙통전부 서빙(徐冰) 부부장, 장집일(張執一) 부부장, 평걸삼(平杰三) 부부장, 국무원 총리 판공실 동소붕 주임과 나청장 부주임, 북경시위 통전부 요말사 부장, 그리고 수리전력부 부작의 부장과 그의 부인, 장치중 전국인대상무위원 겸 전국정협 상무위원과 그의 부인, 노신 선생의 부인이며 전국인대상무위원, 전국 정협 상무위원 겸 여성조 조장인 허광평(許廣平) 여사, 전국 정협 상무위원 겸 국방위원회 위원인 증택생(曾澤生) 국민당 봉기장교, 중국 국민당 혁명위원회 중앙위원회 후경여(候鏡如) 상무위원, 전국 정협위원이며 황포군관학교를 졸업한 황옹(黃雍) 등이 이미 기다리고 있었다.

4시 정각 주은래가 진의의 수행 하에 희색을 만면에 띠며 성큼성큼 대청으로 걸어들어 왔다. 총리는 제일 먼저 두율명의 부인 조수청을 발견하고 한걸음 다가가 그녀와 악수하면서 친절하게 말을 건넸다. "당신이 미국에서 돌아와 정착한 것을 환영합니다! 몇 개월간 지내보니 어떻게 지낼 만 합니까? 어려운 점이 있으며 나에게 얘기하세요!" 그 말에 조수청은 "귀국해 보니 너무 좋습니다. 총리의 관심에 감사합니다"라고 대답했다. 총리는 머리를 들어 부의를 보자마자 한 손을 내밀어 부의의 손을 잡고는 그의 건강과 생활 정황에 대해 묻고 나서 "축하합니다. 단란한 가정을 이뤘군요"라고 친절하게 말했다. 그리고 또 자애로운 눈길을 이숙현에게 돌리고 그녀를 가리키며 부의에게 "그대는 우리 항주 처녀에게 장가를 들었군요……"라고 유머 있게 말했다. 주은래의 낙관적인 정서가 그 자리에 있는 모든 사람들을 감화시켰다. 부의가 입을 오므리며 가볍게 웃었고 이숙현은 수줍어하며 웃었으며 총리도 시원스레 웃었다.

가볍고 즐거운 분위기 속에서 주은래가 머리를 끄덕여 보이며 사람들에게 자리에 앉으라고 권했다. 이어 접견이 시작됐다.

진의가 먼저 인삿말을 했다. 시원시원하고 솔직한 것이 장군의 풍채가 역력했다. 그는 직접 본론을 이야기했다. "여러분이 정협에서 일하는 열성이 아주 높고 책임감이 강하며 아주 잘한다고 들었습니다. 그리고 대다수는 가정을 이루고 정착해 의지할 곳이 있게 됐으니 참 잘됐습니다. 보아하니 여러분은 모두 60세가 된 듯이 보이는데 당과 국가에서는 여러분께 관심이 큽니다. 국가에서는 여러분이 신 중국에서 행복한 만년을 보낼 수 있게 해주겠다고 결심했습니다. 총리께서는 여러분을 항상 마음에 두고 계십니다. 그래서 특별히 이리로 모셔와 만나서 이야기를 나누고자 한 것입니다. 총리께서는 또 저에게 전화해 참가하라고 통지해 주었습니다. 정협 부주석인 저 역시 여러분에게 책임을 느끼고 아주 기꺼이 이번 모임에 참가해 여러분과 만나길 원했습니다."

이어 주은래가 열정으로 충만되어 연설했다. 그때 당시 총리는 몹시 바삐 보내고 있었다. 일주일 뒤에 열리는 제2회 전국인민대표대회 준비로 바빴으며, 국제적 환경을 봐도 중국과 구소련 사이 논전이 백열화 되는 단계에 처한 때였다. 그런 상황에서 몇 시간이나 내 그 접견 자리를 마련한 것은 실로 쉽지 않은 일이었다.

접견을 마련한 이유에 대해 주은래는 이렇게 말했다. "최근 2년간 국제와 국내 사무가 비교적 많아 여러분과 만날 기회가 없었습니다. 이제 제4진 특별사면 인원의 집중 참관과 학습도 거의 끝나가고 있어 몇 사람은 북경을 떠나 고향으로 돌아가게 됩니다. 그래서 이런 기회를 마련해 만나서 이야기를 나누고자 한 것입니다.[144]

통일전선 정책은 주은래의 중점 의제였다. 그는 고금의 이야기와 널리 자료를 인용하며 연설을 이어나갔다. 그는 서태후에서 장개석에 이르기까지 사례를 들어가며 중국공산당의 통일전선 정책은 역사적 경험과 교훈을 바탕으로 제기한 것으로서 민족과 인민에게 이

---

144) 복건청에서 있은 접견상황은 부의와 동익삼의 일기에 의거했고, 또 양백도와 심취 등의 회고글을 참고했다.

로우며 깊은 정치적 의의가 있다고 설명했다.

주은래는 이어서 말했다. "서태후, 원세개, 장개석은 모두 포용력이 없다. 원세개는 서태후보다는 조금 낫고, 장개석은 또 원세개보다는 도량이 좀 더 크다. 그러나 그들은 본질적으로 다 사람을 포용할 줄 모른다. 그것은 계급성에 의해 결정된 것이다. 서태후는 전적으로 봉건적이고, 원세개는 봉건 위주이면서 일정한 매판적인 성질도 띤다. 장개석도 역시 봉건적이지만 주로 매판적이다. 그들 각자가 대표하는 계급은 모두 극소수인의 이익을 반영하고 있었기에 공평무사할 수 없었기에 서로 시기하고 배척해 단합되고 우호적일 수 없었다"고 했다. 이어서 이를 증명하고자 총리는 두 가지 역사적 정치 암살사건을 예로 들었다. 한 가지 사건은 1912년 1월 14일에 일어났는데, 장개석이 의형인 호군도독(滬軍都督, 상해군정부 도독) 진기미(陳其美)의 뜻을 받들어 매수한 자객 왕죽경(王竹卿)과 같이 광복회(光復會) 지도자 도성장(陶成章)을 살해한 사건이었고, 다른 한 사건은 1913년 3월 20일, 혁명당 위원 송교인(宋敎仁)이 원세개의 사주를 받은 하수인에게 저격당해 사망한 사건이었다.

주은래는 정기로 가득찬 이글이글한 눈빛으로 그 자리에 있는 사람들을 둘러보고 나서 오른팔을 내저으며 공산당이 포용력이 있는 것은 그가 대표하는 무산계급이 대공무사하기 때문이라고 말을 이었다. 총리는 친절하고도 겸손한 말투로 그 자리에 있는 특별사면 받은 지 오래거나 얼마 되지 않은 사람들에게 말했다. "예전에 우리는 서로 대립되는 사이였으나 한 동안의 "감시"생활(전범으로 옥중에서 개조생활을 해온 것을 가리킴)을 거쳐 과거에 대해 인식하고 바뀌어 이제는 통일을 이루었다. 대립에서 통일로 바뀌었으니 우리 모두가 똑같아졌다"고 했다.

여기까지 말하고 나서 주은래는 갑자기 오른팔을 획 내젓더니 힘있게 말했다. "먼저 자신을 부정해야 합니다. 나 역시 봉건가정에서 태어나 무산계급에 항복했습니다. 그대들도 마찬가지입니다. 먼저 자신을 부정해야 합니다. 말을 했으면 말한 대로 해야 합니다. 그대들도 할 얘기가 있으면 얼마든지 터놓고 말하세요. 나에게 직접 편지를 써도 되고 혹은 진의 동지에게 편지를 써도 됩니다." 총리는 강택[康澤, 자는 조민(兆民)]에게 눈길을 멈추고 존경하는 어투로 그에게 말했다. "강조민 씨, 대만에서는 늙은 장씨(장개석을 가리킴)와 젊은 장씨(장개석의 아들 장경국을 가리킴), 그리고 진성(陳城)은 다 그대를 반대합니다. 우리도 물론 그대를 반대합니다. 그러나 대만은 그대를 포용할 수 없지만 우리는 포용할 수 있습니다. 비록 인민들이 의견이 있고 당 내에서도 일부 반대하는 사람이 있었지만 우리는 그들을 설득했습니다. 참으로 쉽지 않은 일이었습니다. 모 주석의 위망 덕입니다. 모 주석께서는 말한 대로 해야 한다며 그래서 그대를 석방한 것입니다.”

1956년 봄, 모택동은 중앙정치국 확대회의에서 말한 바 있었다. “선통황제, 강택과 같은 사람”들은 “죽이지 않고” “먹을 것을 내주는 정책”을 적용해 “그들에게 스스로 잘못을 고치고 새 출발할 수 있는 기회를 줘야 한다”고 했다. 주은래가 말한 “말한 대로 한다는 것”은 바로 그때 모택동이 한 말을 가리킨 것이다.

강택은 제4차 특별사면 인원 중에서 제일 유명한 인사였다. 주은래는 국민당 군계와 특무기관 내에서 그의 정치적 지위에 대해 잘 알고 있을 뿐 아니라, 국민당 내 큰 인물들 중에서 그가 실제 처한 상황에 대해서도 잘 알고 있었다. 총리가 특별히 그에게 그런 말을 한 사실로부터 그가 이번 접견에서 중점 대상 중의 한 사람이라는 것을 알 수 있었다.

주은래가 말을 마치기 바쁘게 진의가 말을 이었다. “이 자리에서 여러분에게 묻겠습니다. 대만에서 유언비어를 퍼뜨려 여러분이 아직 진정한 자유를 얻지 못했다고들 떠들어대고 있습니다. 여러분은 진정으로 자유로워진 것이 아닙니까? 아무 걱정 말고 총리와 저에게 솔직하게 말씀해 주세요. 무릇 여러분이 자유롭지 못하다고 느껴지는 점이 있다면 반드시 실제적인 조치를 취해 여러분이 충분한 자유를 얻을 수 있도록 보장할 것입니다.” 부총리의 말에 대청 내에서는 의론이 분분했다. 대만의 소문을 날조하는 행위를 맹비난하는 사람이 있는가 하면, 자신의 일과 생활, 사회활동 등 면의 실례를 들어 자신이 자유롭다는 사실을 설명하는 사람도 있었다. 그 자리에 있던 사람들 모두가 아무도 그들의 일상생활과 사회활동을 간섭한 적이 없다며, 자신의 모든 일은 스스로 자유롭게 처리할 수 있다고 진심으로 말했다.

진의가 문제를 제기하고 그 자리에 모인 사람들의 논의가 있은 뒤 주은래는 “자유”에 대한 자신의 이해에 대해 이론적으로 설명했다. 그는 진 부총리가 “자유”라는 말을 제기했는데 여기에는 일정한 개념이 있다고 말했다. 즉 “만약에 입장문제가 비교적 쉽게 볼 수 있는 문제라면, 자유문제는 인식범주에 속하는 문제로서 사물에 대해 일치하는 인식을 얻은 뒤에야 비로소 느낄 수 있는 것이다. 그래서 비교적 어렵다. 모두들 이에 대해 정확히 이해해야 할 것이다. 한 사람이 자유를 느낄 수 있느냐 없느냐는 그의 세계관에 의해 결정된다. 매 사람마다 먼저 객관세계에 대해 인식해야 한다. 세상의 모든 사물과 모든 일은 다 객관적 발전법칙에 따라 움직인다. 사람들은 사물의 객관적 존재와 그 발전법칙에 대해 인식하고 자신의 사상과 행동을 그 객관적 법칙에 적응시키고 그 법칙을 잘 이용할 수 있게 됐을 때야만 비로소 자유로운 사람이 될 수 있다. 그렇게 되려면 세계관 개조에서부터 착수해 모든 사람이 자연을 인식하고 자연에 적응하며 나아가서 자연을 개조해야 한다. 오직 그렇게 돼야만 필연적 왕국에서 자유의 왕국으로 넘어갈 수 있다. 우리 모든 사람이 그 과업을 완수해야 한다. 그러지 않으면 객관적 형세에 적응할 수가 없어 일거수일투족, 사처에서 모순을 느끼게 된다. 그러니 어찌 자유를 느낄 수 있겠는가? 진 부총리가 그 문제를 제기한 것은 너무 적시적이다. 모두들 생각을 많이 하기 바란다. 될 수 있는 한 마르크스-레닌주의 이론을 학습해 근원적으로 그 문제를 해결할 수 있기 바란다."

이상의 말은 심오하고 추상적인 이론문제이기도 했지만 풍부하고 다채로운 실천문제이기도 했다. 주은래와 진의의 철학적인 연설내용이 비록 엄숙하기는 했지만, 현장의 분위기는 명랑하고 홀가분한 정경이었다. 총리와 부총리는 서로 번갈아가며 이야기하다가 가끔씩 접견 받은 사람들과 몇 마디씩 이야기를 주고받기도 했다.

특별사면 인원에 대한 기대에 이야기가 미치자 진의는 생각하는 바를 있는 대로 숨김없이 시원스럽게 말했다. "여러분은 모두 건강을 잘 챙겨야 합니다. 인민을 위해서 무슨 일이든 할 수 있어도 좋고 할 수 없더라도 괜찮습니다." 이때 주은래가 한 마디 말참견했다. "자신의 경력을 글로 써서 자료를 만드는 것도 기여하는 것입니다." 총리는 또 말했다. "모 주석께서는 말씀하신 대로 실행했습니다. 그대들도 말씀하신 대로 행하셔야 합니다. 앞으로도 많은 사람이 특별사면으로 석방될 것입니다. 여러분은 학습을 잘해 그들의 본보기가 돼주셔야 합니다. 당과 정부는 적당한 시기에 그대들 중 일부를 정치활동에 참가시키는 문제에 대해 고민하는 중입니다."

주은래의 말은 부의를 포함한 특별사면 인원의 큰 관심을 불러일으켰으며 그들의 마음을 사로잡았다. 풍부한 이론과 형상적인 설명, 그리고 유머러스한 언어 표현은 부의, 두율명, 강택 등 이들에게 마음이 탁 트이는 것 같은 느낌을 주었다. 그들은 총리께서 말씀하시는 "정치활동에 참여시킬 것"이라는 말의 뜻을 물론 잘 알고 있다. 역사상에서 특별 고급 직무를 담당했던 이들은 절대 말년에 관운이 다시 찾아들기를 바라지는 않았다. 그러나 그들은 신 중국의 배려와 새 사회의 따사로움을 간절히 원하고 있었다. 필경 그들은 이제 새로운 환경에 처해졌으며 그 환경에서 남은 인생을 살아야 했다!

연설을 끝낼 무렵 주은래는 내년 봄 꽃 필 무렵이 되면 북경에 있는 모든 특별사면 인원들에게 가족과 함께 조국의 동남과 서북을 유람시키고 참관시켜줄 것이라고 선포했다. 그는 또 특별사면 인원들이 너무 긴장하거나 피곤해하지 않도록 잘 배치할 것을 중앙 통전부와 전국 정협 지도자들에게 재삼 당부했다. 그때 진의가 말했다. "여러분이 신 중국의 사회주의 건설규모와 새로운 사회상에 대해 더 잘 알 수 있게 하기 위해 총리께서는 여러분에게 내년 봄 꽃 필 무렵 가족들과 함께 조국의 여러 곳을 돌며 건설 항목을 참관하고 명승고적을 유람할 수 있도록 배려했습니다. 얼마 전에 제가 여러 나라의 주중 사절들을 동반하고 안휘(安徽)성의 황산을 유람했었습니다. 기이한 산봉우리와 계곡, 푸른 송백들로 가득찬 참으로 경치가 아름다운 곳이었습니다. 외국 손님들은 모두들 유럽에는 그처럼 좋은 곳이 없다고 칭찬들이 자자했습니다. 나는 여러분이 기회를 놓치지 말고 꼭 가서 보시라고 권하고 싶습니다." 참관과 유람에 대한 결정은 특별사면 인원들의 큰 흥미를 자아냈다. 황제였던 부의는 특히 흥분을 금치 못했다. 강남에도 가본 적이 없고 서북에도 가본 적이 없는 그인지라 그 같은 인생의 부족했던 점을 꼭 채우고 싶었다.

진의의 연설이 끝나자 장치중과 부작의도 즉석에서 발언했다. 접견이 끝나고 주은래는 참가자들에게 함께 사진을 찍자고 건의했다. 아울러 사업인원이 저녁 만찬은 신강청에다 준비했다고 통지했다. 그때는 약 저녁 6시 반경이었다.

복건청을 나서자 주은래는 부의 부부에게 함께 가자고 불렀다. 그리고는 이숙현에게 관심 어린 어조로 건강과 가정상황에 대해 물었다.

"부친은 어떤 일을 하십니까?"

"아버지는 원래 상해의 중국은행에서 일하셨습니다."

"부모님들은 지금 어떠하십니까?"

"두 분 다 안 계십니다. 어머니가 돌아가실 때는 제가 아직 철이 없을 때였고요. 아버지가 돌아가실 때도 저는 겨우 14살이었습니다."

"오! 그래요"

총리는 동정 어린 눈빛으로 머리를 끄덕였다.

주은래는 또 이숙현에게 공부는 몇 년이나 했고 지금 하는 일은 무엇인가 물었다. 조양구의 한 병원에서 간호사로 일한다는 말을 듣자 총리는 미소 지으며 "훌륭합니다! 의무일꾼이군요"라고 말하며 "본 분야의 전문지식을 많이 쌓아 맡은바 직무를 잘 수행하라"고 격

1963년 11월 10일, 주은래와 진의 등이 인민대회당 복건청에서 북경에 있는 제4차 특별사면으로 풀려난 인원과 그 가족들을 접견하고 기념사진을 찍었다.

려해주었다. 인민 총리의 은혜로운 가르침을 받는 이숙현의 눈가에는 어느덧 감동의 눈물이 반짝였다…….

신강청 내에는 불빛이 대낮처럼 밝게 밝혀져 있었다. 총 40여 명이 5개의 둥근 테이블에 둘러 앉았다. 주은래를 비롯한 지도자들이 테이블마다 돌며 술을 권했다. 즐거운 분위기로 가득했다.

좌석을 정하고 앉을 때 주은래는 부의 부부를 자신의 곁에 앉혔다. 진의도 한 쪽에 앉았다. 연회석상에서 총리가 부의에게 "그대는 아직 젊었으니 부지런히 많이 배우십시오"라고 격려해주었다. 그는 또 부의 부인이 서먹해하며 음식을 별로 먹지 않는 것을 발견하고 그녀에게 "우리 남방 음식을 좀 맛보세요"라고 말하면서 접시에서 "사자머리(獅子頭)" 완자 요리를 집어 이숙현 앞에 놓인 작은 접시에 놓아주었다. 그리고 그녀가 그걸 집어 먹을 때까지 지켜봤다.

총리는 또 같은 테이블에 앉은 두율명 부인에게 열정적이고도 진심 어린 어조로 말했다. "등영초 동지가 대신 안부 전해달라고 했습니다." 조수청 여사는 예의 있게 일어서 감사의 뜻을 전했다. 이어 화제는 그녀의 남편에게로 옮겨졌다. 주은래는 두율명의『역사문헌자료선집(文史資料選輯)』제21집에 발표한「회해전역의 시말(淮海戰役始末)」이라는 글에 대해 치하했다. 그해 해방군 측 전투지휘관이었던 진의는 그 문장에 더 큰 흥미를 느꼈다. 그가 그해 국민당 측의 전투 지휘관이었던 두율명에게 말했다. "그대가 쓴 글을 나는 여러 번 읽었습니다. 예전에 우리는 그저 해방군 측 상황에 대해서만 알고 있었고 그대들 상황에 대해서는 별로 알지 못했습니다. 그대가 쓴 글을 보고나서야 그대들이 그때 당시 왜 그렇게 포치했는지를 완전히 알게 됐습니다. 회해전역은 해방전쟁에서 최대 규모의 전역이었습니다. 쌍방의 병력이 총 100여만이나 동원됐으니 중국역사에서 보

주은래가 부의 부부와 함께 복건청을 나와 신강청으로 걸어가면서 친절하게 이야기를 나누고 있다.

기 드문 전역이었습니다. 그 전역의 승리는 중국의 해방시간을 단축시켰습니다. 최고 지휘관이었던 그대가 쓴 그 글은 중국 전쟁역사에서 중요한 문헌일 뿐 아니라, 중국역사에서도 중요한 문헌입니다. 특히 귀중한 것은 그대가 직접 그 전역에 대해 기록해 회해전역 연구에서 가장 귀중한 자료가 될 수 있도록 한 것입니다."

주은래와 진의가 그 한 편의 문장에 대한 평가는 두율명 본인을 고무시켰을 뿐만 아니라, 그 자리에 앉은 전문 요원들 모두가 감동을 받았다. 지도자들은 그들이 써내는 역사문헌자료에 대해 그토록 크게 중시하고 있었던 것이다! 부의는 특히 감회가 깊었다. 자신이 편찬한 원고가 인쇄 중인데 두 분 총리의 말을 듣고 나니 자신은 나라의 공짜 밥을 먹고 있는 것이 아니라 자신도 가치를 창조할 수 있다는 사실을 깨닫게 됐던 것이다.

연회석상에서의 화제는 또 국민당에 대한 정확한 인식문제로 바뀌었다. 주은래는 대혁명이 실패한 뒤 국민당이 반동의 길에 들어선 것이라며, 그러나 초창기와 동정북벌(東征北伐)의 가슴 벅찬 시대에는 그래도 진보적이고 혁명적이었다고 말했다. 그는 또 국민당의 전신인 "동맹회(同盟會)"에 대해 이야기를 이어갔다. 총리는 마치 문득 뭔가 생각난 듯이 그 자리에 앉은 전 국민당 장군들에게 물었다. "동맹회 전신은 무슨 회였던가요?" 한 테이블에 앉은 사람들은 순간 생각이 떠오르지 않아 잠자코 있는데 다른 테이블에 앉은 동익삼이 "흥중회(興中會)"라고 대답했다. 총리는 국민당 전기의 혁명업적에 대해 충분히 인정

역사 문헌 전문 요원들인 주진강, 왕
요무, 부의, 양백도가 함께 있다.

부의가 『모택동 선집』을 읽고 있다.
1964년 찍음.

해 주었다.

동익삼은 원래 국민당 고급 특무기관에서 전자통신기술 업무에 종사했었다. 그가 그때 당시 자신과 아내의 심리를 일기에 기록했는데 총리의 초대를 받고 그 자리에 참석한 사람들의 심정을 아주 잘 반영해 주고 있었다.

"그런 장소에 나와 그녀는 처음 참가했다. 그녀는 나의 품행에 대해 잘 알지 못했다. 그 예사롭지 않은 장면에 대해 말한다면 나는 사전에 당시 접견의 중점에 대해 예측해 봤다. 자신에 대한 알맞은 인식과 배치를 해보고 제일 눈에 띄지 않는 자리를 찾아 겸손한 자세로 앉았다. 자연색의 옷차림새를 하고 청결함과 소박함을 강조했다. 사람들이 서로 술을 권하며 즐거운 분위기를 만들어갈 때도 나는 침묵과 차분함을 잃지 않았으며 스스로 냉정한 두뇌를 유지하려고 애썼다. 꼭 필요할 경우를 제외하고는 함부로 발언하지 않기로 마음 먹었었다 (예를 들어 주 총리께서 "동맹회"가 예전에는 무슨 회였는지에 대해 연거푸 물었을 때 대답하는 사람이 아무도 없었다. 그래서 내가 "흥중회"라고 대답해 총리가 계속 말씀하실 수 있게 도왔다). 특히 그런 때 일부러 자신을 드러내지 않도록 주의하면서 겸손과 조심성을 한순간도 잊지 않으려고 노력했다. 그렇게 하는 것이 맞다고 생각했다."

주은래는 부의와 두율명에 대해 잘 알고 있었으며, 동익삼 등 같은 테이블과 한 테이블 건너 저쪽 테이블에 앉은 벗들에 대해서도 잘 알고 있었다. 그는 아무런 구애도 없이 자유롭고 흥미진진하게 이야기를 해나갔다. 그의 말과 행동은 그 자리에 모인 사람들을 감화시켰으며, 그들의 정신적 부담을 해소시켜 주었다. 흥미로운 것은 그때 진의가 술만 들이키며 말을 별로 하지 않는 것을 발견한 그가 "당신더러 술을 적게 마시라고 했건만 왜 여전히 그렇게 마셔대는 거요!"라고 농담조로 말하자 진의가 연신 "오늘은 기쁩니다! 너무 기쁘다구요!"라고 말했다. 그 바람에 연회석상의 분위기는 한층 더 활기를 띠게 되었다.

밤 9시경 연회가 끝나고 부의 부부는 집에 돌아왔지만 흥분된 가슴이 가라앉지 않아 잠

부의가 쓴 글의 원고 "중국인의 자랑(中國人的驕傲)".

전국정협 제3기 제3차회의에서 부의가 쓴 발언문 초고.

을 이룰 수가 없었다. 특히 어렸을 때 모성애가 부족했던 이숙현은 더욱이 이루 다 말할 수 없는 감동에 마음이 설렜다…….

　이튿날 오후 전문요원들이 사무실에서 좌담을 갖고 두 분 총리의 연설을 함께 회고하면서 느낀 바를 이야기했다. 부의와 두율명이 잇달아 발언했고, 모두들 그들 둘의 진실한 마음을 이야기했으며 생생하고 감동적이라고 평가했다. 이어 송희렴이 발언을 통해 "나와 나의 아내는 너무 격동돼 새벽 한 시가 넘어서도 잠을 이룰 수가 없었습니다. 오늘 또 출근할 일을 생각해 한 사람이 수면제 두 알씩 먹고 나서야 겨우 잠들 수 있었습니다"라고 말했다.

　사람들은 흔히 "끝없이 넓다"는 단어로 넓은 바다를 형용한다. 사실 바다는 끝이 있다. 진정 끝없이 넓은 것은 주은래의 가슴 속이었다…….

29.
한정협 위원의 진심

전국정협 강당 제4 회의실 내에서는 부의를 비롯한 역사문헌자료 요원들이 주은래와 진의가 1963년 11월 10일 접견 현장에서 선포한 결정에 따라 가족들과 함께 유람과 참관 관련 여정과 구체사항에 대해 열띤 토론을 벌이고 있었다. 회의에 참가한 지도인사들로는 중앙통전부의 서빙·장집일 두 부부장과 전국 정협의 신백순·신지초·매공빈 세 부비서장이었다.

이날은 1964년 두 번째 달의 마지막 날이었다.

회의에서는 제1차 여행 참관은 주은래 총리와 진의 부총리의 말대로 상반기 따스하고 꽃 피는 계절로 정하고 3월 10일 출발하기로 결정했다. 먼저 장강 남북의 강소(江蘇), 절강(浙江), 안휘(安徽), 강서(江西), 호남(湖南), 호북(湖北) 등 6개 성과 상해시를 돌아 5·1절 전에 북경에 돌아와 경축행사에 참가하기로 했다. 제2차 여행 참관은 하반기 시원한 가을바람이 여름 더위를 몰아내는 황금빛 가을로 정하고 황하 상하의 연안, 서안, 낙양과 정주 등지에 이르며 10월 1일 건국기념일 전에 북경에 돌아와 건국기념축전에 참가할 예정이었다. 여행에 필요한 비용과 관련해 교통비와 숙박비는 국가에서 지급하며 식사비용은 스스로 일인당 하루에 0.5위안씩 내고 국가에서 1위안씩 보조해 주며 그 외에 요원 일인당 200원씩 용돈을 발급한다고 지도 인사들이 말했다.

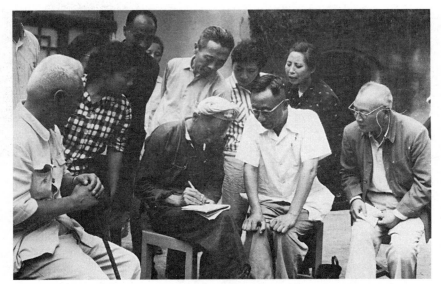

부의가 연안에서 모택동의 옛 집을 참관했을 때 현지 농민들이 기념 사인을 부탁하는 모습.

강남과 서북지방은 부의에게 있어서 처음 가는 지역이었다. 그는 너무나 기뻤다. 남방여행을 마치고 돌아와 그는 "난생 처음 강남을 여행하다"라는 글을 썼다. 그리고 서북여행을 마치고 돌아와서는 또 "하남(河南)과 섬서(陝西)를 참관한 느낌"이라는 글을 써 잇달아 중앙인민라디오방송국의 대만을 상대로 한 라디오 프로에서 방송했는데 반응이 아주 좋았다. 부의는 또 여러 차례나 참관 유람을 주제로 전문요원 좌담회에서 체험과 느낌을 이야기했으며, 또 북경식물원 등 기관의 초청을 받고 연설을 해 외지에서 보고 듣고 느낀 바를 이야기했다.

여기서 다음과 같은 사실에 대해 얘기해야겠다. 1964년 5월 7일 전문요원들이 남방 유람을 마치고 돌아온 지 얼마 지나지 않아 정정급과 양백도가 주은래에게 바치는 서면 보고를 작성해 참관 소감을 보고하고 고마운 마음을 전하자고 제의했다. 부의는 그 제의에 크게 찬성했으며 부걸이 위탁을 받고 보고서를 작성하는 기간 동안 부의는 많은 건의를 적극적으로 했다.

인민대회당 복건청에서 주은래는 또 적당한 시기에 전문요원들 중 일부가 "정치활동에 참가할 수 있도록" 배려하는 것에 대해 "당과 정부가 고려 중"이라고 말한 바 있었는데, 1년이 지난 뒤 그때 했던 말을 실행에 옮겼다.

1964년 11월 18일 늦가을을 맞아 맑고 아름다운 북경에서 이날 부의는 전국정협비서처에서 보낸 통지문을 받았다. 그 위에는 이렇게 쓰여져 있었다.

아이신줴뤄 부의 위원께:
중국인민정치협상회의 제3기 전국위원회 상무위원회 제44차 회의는 그대를 중국인민정치협상회의 제4기 전국위원으로 천거하기로 결정했습니다. 이에 특별히 통지하는 바입니다.

"선통 황제"가 정협위원이 됐다는 소문은 삽시간에 퍼져나갔다. 그 며칠 부의는 너무나 기쁜 나머지 잠을 이루지 못했다. 그것은 자신의 직무가 높아져

부의가 팔로군 판사처 옛터를 참관하고 난 뒤 쓴 감상문 원고.

서가 아니라 자신의 발전을 보았고 정부와 인민의 믿음을 느꼈기 때문이다. 그와 함께 정협위원으로 추천된 이들로는 두율명, 송희렴, 범한걸, 요요상, 왕요무 등이었다. 그들 모두는 격동을 금치 못했다. 부의와 두율명 등은 주은래에게 편지를 써 당과 정부에 감사하는 마음을 전하면서 살아가는 동안 신 중국 건설사업을 위해, 대만이 조국으로 복귀하는 민족 통일의 대업을 위해 온 힘을 다할 것을 다짐했다.

1964년 12월 20일, 부의는 전국정협위원의 신분으로 주은래가 직접 주재한 중국인민정치협상회의 제4기 전국위원회 제1차 회의에 참가하는 영광을 누렸다. 그는 또 12월 30일 오전 전체대회에서 발언까지 했다. 그는 발언을 통해 중국공산당이 전쟁범죄자들을 새로운 사람으로 개조한 위대한 정책에 대해 이야기했다. 1960년 3, 4월에 전국정협 제3기 제2차 회의가 열린 뒤로 부의는 여러 차례 "특별 초청인사"의 자격으로 회의에 참석했다. 그런데 이날 그는 회의 열석자에서 참가자로 자격이 바뀌었다.

주은래가 제일 먼저 전문요원들에게 가족 동반 유람과 참관을 시켜줄 생각을 했고, 역시

주은래가 제일 먼저 특별사면으로 풀려난 구 중국의 군정 인원들의 정치적 대우를 높여줄 생각을 했으며, 아울러 그중 대표적인 인물을 국가의 정치생활 속으로 점차 끌어 들였다. 만약 이 같은 배려가 비교적 특수성을 띤 사회 군체, 혹은 역사적으로 부의처럼 비교적 영향이 큰 사회계층에 속한 사람들을 상대로 국가 총리가 정책적으로 감안하고 배려한 것이었다면, 부의를 더욱 감동시킨 것은 총리가 사상적으로 그에게 준 빈틈없는 배려와 보살핌이다.

주은래가 부의에게 거는 기대는 아주 컸다. 그는 부의가 특별사면 받은 인원들의 모범이 되길 바랐으며 그때까지 수감중인 모든 전쟁 범죄자들이 따라 배울 본보기가 되길 바랐다. 부의와 두율명 등이 막 특별사면을 받았을 당시 총리는 서화청에서 그들을 접견한 자리에서 "그대들은 모범을 보여야 할 분들이기에 시련을 이겨낼 수 있어야 하며 다른 사람들에게 좋은 인상을 주어야 합니다"라고 말한 적이 있다. 총리는 제1차로 특별사면을 받은 인원은 개조의 본보기가 돼야 한다고 주장했다. 그는 이들이 새로운 환경을 만나 사상이 퇴보할까봐 제일 걱정이었다. 그래서 "그대들은 특별사면을 받았으나 과거에 저지른 역사적 죄악은 여전히 객관적으로 존재하며 그건 변함이 없습니다. 특별사면으로 풀려났다 하여 없었던 일이 되는 것은 아닙니다. 그러나 사람의 사상과 행위는 바뀔 수 있습니다. 사람은 용서하되 죄는 용서할 수 없습니다. 여러분은 이 말을 거울삼아 계속 꾸준히 자신을 개조해나가야 합니다"라고 타일렀다.[145] 총리는 또 제1차 특별사면으로 풀려난 인원 중에서 부의가

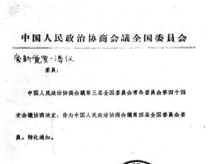

통지 서한: 1964년 11월 18일, 부의가 전국 정협 위원으로 추천됐다.

---

145) 양백도의 글 「주은래 총리, 진의 부총리의 제2, 3차 접견을 회고하며」를 참고할 것. 양 선생이 본 도서 저자에게 준 원고에서 발췌함.

발전이 제일 빠르다고 인정해 주고 나서 많은 사람들에게 영향을 줄 수 있기에 더 모범이 돼야 한다고 말했다.[146] 이 점을 고려해 총리는 부의에 대한 요구가 제일 높고 제일 엄격했다. 그의 발전에 대해 꾸준히 긍정하는 한 편 또 "그 뒤 몇 년간 발전했지만 아직 공고하다고 할 수 없다.", "아직도 배움이 부족하니 배움에 더 노력하라"고 아주 날카롭게 주의를 주곤 했다.[147]

1962년 12월 20일부터 1963년 1월 11일까지, 부의는 북경에서 열린 전국 역사 문헌 자료 업무 회의에 참석했다.

주은래의 배려 · 격려와 요구에 대해 부의는 아주 잘 이해했으며 매우 감사하게 생각했다. 1960년 1월 27일 총리가 처음으로 부의와 그 가족들을 접견한 이튿날 부의는 그때 당시 단체 기숙사였던 숭내여관에 돌아오자마자 흥분된 심정으로 두율명 등에게 말했다. "총리께서 다망하신 가운데 시간을 내 우리를 불러 접견하셨습니다. 감격스럽기 그지없습니다. 나는 죄가 큽니다. 그리고 인민을 위해서 아무런 기여도 하지 못했습니다. 그런데도 당은 나를 이처럼 배려해주었습니다. 총리께서는 나에게 무슨 일을 하고 싶으냐고 물으셨고, 또 나더러 건강 검진을 받으라 하셨습니다. 내 생명은 전적으로 당이 준 것입니다. 나는 당의 은혜를 어떻게 갚아야 할까요?"[148] 이는 부의의 진실한 마음이었다. 그후 부의는 무순전범관리소의 김원 부소장에게 보낸 몇 통의 편지 내용 중에서도, 북경식물원 생활이 곧 끝나갈 무렵 부의가 쓴 사상 내용 중에서도, 헤아릴 수 없이 많이 열린 전문 요원 좌담회와 토론회에서 한 부의의 즉석 발언 내용 중에서도, 연속적으로 몇 기나 참가하여 정협 회의에서 부의가 열석 대표 혹은 참가 대표 자격으로 한 연설 내용 중에서도 이러한 진실한 마음을 읽을 수가 있었다.

부의는 또 자신의 일기에도 여러 차례나 주은래가 접견할 때의 어록들을 공손히 적어두고 거기서 힘을 얻고 자신을 채찍질했음을 기록했다. 1965년 3월 17일 무순전범관리소의

---

146) 1960년 1월 26일 주은래와 부의 및 그 가족들 간의 대화 요지에 근거함.

147) 위의 글.

148) 관련 자료의 기록에 근거함.

溥仪专员：

你：来信和参观总结已收到。从你的参观总结里，可以看出你通过参观又有了很大的提高，对于祖国在建設上所取得的伟大成就有了进一步的認識，我们对你的进步感到高兴。我们相信你的話：一定注意身体健康，特别是思想健康，一定不断的自我改造，永远跟着党走，听毛主席的話全心全意为人民服务，在祖国六亿五千万人民中，争取做一个永不生锈的螺丝釘。希望你永远要記住这些話言，並且要做到。

将所表現在檀顺市工作，你如果给他写信，可寄到管理所来，並台轉给他。

我们下次再去北京時，一定去看你。祝你
思想，身体双健康。

金　　源
李福生
一九六四十，十三

1964년 10월 13일, 김원과 이복생이 부의에게 보낸 편지 내용.

심덕순(沈德純) 전국 정협 역사 문헌 위원회 부주임(가운데), 장술공(張述孔) 역사 문헌 판공실 부주임(좌)이 부의를 보러 왔다.

김원 부소장과 공안부 양평(梁平)이 같이 병원으로 부의를 보러 와 "그대는 수감 중인 전범들이 따라 배워야 할 본보기가 돼야 합니다"라고 그를 격려해주었다. 그 말을 듣고 부의는 크게 감동했으며 막 특별사면으로 풀려났을 때 총리가 "그대는 본보기가 되는 역할을 해야합니다"라고 자신을 격려해주던 말이 떠올라 일기에 장편의 소감을 적어놓았다. 그러한 글이 부의의 일기 중 여러 곳에서 찾아볼 수 있다. 그런 글들을 통해 1964년 후 부의의 사상 깊은 곳에서 발생한 많은 변화를 볼 수 있으며, 또 그런 변화에 맞춰 총리가 대량의 적시적이고 효과적인 작업을 했음을 엿볼 수 있는 것이다.

"주 총리께서는 나의 개조와 발전에 대해 크게 관심을 가져주셨다. 신(申)[백순(伯純)] 어르신께 일러 나에게 자만하지 말고 (저술도 하고 외국 손님도 만나는 등의 성과를 거뒀다 하여) 득의양양하지 말라는 말을 전하게 했다. 그리고 사회주의관과 인민을 위해 봉사하는 관문을 잘 넘길 것을 당부했다. …… 참으로 부모보다도 더 가깝게 느껴진다.

1965년 4월 14일

일에서 일정한 성적을 거뒀다고 해도 절대 자만하면 안 된다. 모 주석께서는 당원들에게 이렇게 말한 바 있다. "마음을 비우면 진보하고 자만하면 퇴보한다." 당원에게도 그러할진대 하물며 출신도 역사도 완전 착취자에 반동 통치자인데다, 또 인민에게 하늘에 사무치는 죄를 저지른 나는 더 말해 무엇하겠는가! 당의 위대한 개조정책을 거쳐 나는 비로소 어두운 죄악의 수렁에서 헤어 나올 수 있었다. 자그마한 성적이라도 거두었다면 조국과 인민을 위해 봉사하는 것이니 당연히 해야 할 일을 했을 뿐이 아니겠는가. 자만하는 마음이 생겨서야 어찌 되겠는가? 하물며 나는 아직 일에서는 아무런 성적도 거두지 못했거늘……

1965년 4월 14일

나에게 자만하는 마음이 생기게 한 주요 요소에는 다음과 같은 몇 가지가 있다. 첫째, 10년간 개조를 거쳐 이미 죄를 뉘우쳤고 과거의 제국주의 숭배(崇親帝國主義) 사상과 봉건사상을 뼈저리게 증오하고 있다. 이 두 가지를 모두 해결했으니 기타의 큰 죄악적 사상은 가지고 있지 않다고 여긴다. 둘째, 봉기를 일으켰던 민주 인사 중 개조를 거치지 않은 이들은 자신처럼 개조를 거친 이들보다 못하다고 여긴다. 셋째, 『나의 전반생』을 써 봉건적이고 제국주의적인 죄악을 폭로했다. 넷째, 외국 손님들을 자주 만나 당의 개조정책을 선전하고 있다. 다섯째, 정협위원이 되어 당과 정부의 믿음을 얻게 됐다. 이러한 여러 요소에 비추어 보며 스스로 잘 개조됐다고 여겨 점차 자만하는 정서가 생기게 된 것이다. 따라서 개조와 발전을 저해했으며 게다가 자만은 곧 낡은 사회의 개인주의가 다시 싹 트기 시작한 것이다.

당과 인민의 수요에 따라야 하며 어떠한 업무나 모두 인민을 위해 봉사하는 것이어야 한다. 만약 자그마한 성적이라도 거두었다면 그것은 당의 개조정책의 위대한 성과로서 당과 조국 인민에게 돌려야 하며, 자신의 본분과 의무를 다하기 위한 것이며, 특히 속죄를 위한 것이다.

하물며 몇 년간을 일해 오면서도 아직 아무 성적도 올리지 못했다. 오히려 최근에는 이전보다도 개조를 잘하지 못했다. 처음에 북경에 와 식물원에서 지낼 때는 자만하지 않고 죄를 뉘우치며 노동인민을 따라 배웠다. 그런데 지금은 퇴보해 이전보다도 못하다. 일이나 공부나 주동적이지 않고 게다가 점점 게으르고 산만한 나쁜 습관이 생겨 열심히 연구하고 생각하지 않기에 문제도 별로 제기하지 않게 됐다……. 이 모두가 내 결함이다. 자만은 정말 발전과 개조에 방해가 된다.

주 총리께서 적시에 나에게 자만정서가 생겼다고 지적해 주시고 나를 구원해주셨다. 나는 반드시 이러한 결함을 고치고 10년의 개조성과를 공고히 하는 한편 스스로를 꾸준히 개조해 나갈 것이다. 수시로 결점을 극복하고 잘못을 바로잡으며 영원히 당을 따르고 모 주석의 말씀에 따르며, 사회주의관을 잘 수립하여 끊임없이 앞으로 발전해나갈 것이다. 그래야만 나를 새롭게 태어나게 해주신 당과 모 주석의 은혜에 보답하고 진정으로 인민에게 득이 되는 새 사람으로 거듭날 수 있을 것이다.

신 어르신께서는 나와 이야기하시는 중에 주 총리께서 여러 차례나 나에 대해 말씀하셨다면서 "그를 도와 책도 내주고 또 그가 외국 손님도 자주 만난다 하여 우쭐하면 안 된다고 전해주세요. 우쭐하면 퇴보하게 되니까 말입니다"라고 말씀하셨다고 전했다. 또 "무순에서는 발전했었는데 정협에 와서 퇴보하면 안 됩니다!"라고 말씀하시면서 총리께서는 "명령"조로 신 어르신께 이렇게 말씀하셨다고 했다. "부의를 그대에게 맡길 테니 잘 이끌어 주세요!" …… 총리께서는 정말 부모처럼 나를 배려해 주신다! 당은 나의 기둥이다……. 나에게 자만하는 마음이 생기게 되면 나는 바로 신 어르신께 알리고 내가 발전할 수 있게,

내가 사상적인 결함과 자만하는 정서를 극복할 수 있게 도와달라고 할 것이다. 그래서 내 영혼이 또 한 번 구원을 받고 내 사상이 건전해지도록 할 것이다……

1965년 4월 20일

30.
모택동, 부의에 대해
거침없이 논하다

"호남풍 가정연회"에서 느꼈던 맛이 이제는 옅어져갔고, 모택동도 더 이상 시간을 내 부의를 접견할 수가 없었다. 그러나 그는 중국의 마지막 황제를 잊지는 않고 있었다. 많은 외교활동 모임에서, 그리고 그가 주재한 일부 매우 중요한 좌담회에서, 심지어 가족이나 친척들과 대화 중에도 주석은 여러 차례나 부의에 대해 이야기했다. 1963년과 1964년 2년간 그런 상황이 유난히 많았다.

주은래가 복건청에서 4차례에 걸쳐 특별사면 된 인원들을 접견한 닷새 뒤에 모택동은 알바니아의 아라니트 체라 총검찰장을 만난 자리에서 부의 얘기를 꺼냈다. 그리고 또 열흘 뒤인 1963년 11월 26일, 모택동은 쿠바의 시인이자 작가이며 예술가인 베다 로드리게스를 만난 자리에서 또 한 번 부의에 대해 이야기했다.

베다는 그 자신은 겉으로는 시인이지만 실제로는 혁명자라고 말했다. 모택동은 베다와의 대화에서 생각이 넓고 화제가 광범위했다. 그의 대화 내용은 중국의 혁명 문호인 노신에서 그의 고향인 호남(湖南) 소산(韶山)에 이르고, 아바나의 혁명 과업에서 중국의 혁명 책략으로 대화가 이어졌다.

베다는 쿠바에서 혁명과정에 일부 관망하는 사람들이 항상 있었다고 말했다. 그 말에 모택동은 그들에게 보게 그냥 내버려두면 된다면서 "북경에도 관망하는 사람들이 있다. 혁명에서 대체 누가 승리하고 누가 패할지 조용히 지켜보고 있는 것이다. 사회주의 건설에 대해서도 그들은 지켜보고 있다. 그리고 매 차례 풍파가 일어날 때마다 그들은 한 번씩 흔들린다. 그러나 그들은 소수에 불과하다. 우리는 그들을 두려워할 것도 없고 그들을 업신여기지도 않으며 그들을 죽이지도 않을 것"이라고 말했다.

모택동은 접견행사에 참가한 쿠바 주중 대사 피노 산토스에게 몸을 돌리더니 그에게 북경에 산 지 몇 년이 되느냐고 물었다. 대사가 3년이라고 대답하자 주석이 말했다. "당신은 보았을 것이다. 우리는 사람을 별로 잡아들이지 않고 죽이지도 않는다. 우리는 대중의 감독을 받게 하는 방법을 채용해 나쁜 사람에게 대중의 감독 하에 노동에 종사하게 한다. 70%, 80%, 90%를 차지하는 대다수 인민대중에 의거해 1%, 2%, 3%를 차지하는 사람에게 노동을 하도록 감독한다. 일반적으로 나쁜 사람의 대다수는 일정한 환경에서 좋은 사람으로 개조될 수 있다." 이 대목에서 주석을 배동해 손님을 접견 중이던 국무원 대외 문화연락 위원회 장치상(張致祥)이 부의에 대한 화제를 끌어냈다.

장치상: 베다 동지는 부의를 만난 적이 있습니다.

베다: 지금 마침 주석께 부의를 만난 적이 있다고 말씀 드리려던 참입니다.

모택동: 나도 그 사람을 한 번 만난 적이 있습니다. 그를 초대해 식사를 한 적이 있습니다. 그가 많이 기뻐했거든요!

장치상: 부의는 올해 57세입니다.

베다: 나는 그에게서 확실히 개조됐다는 인상을 받았습니다. 그는 지난날 자신의 잘못에 대해 저와 긴 얘기를 나눈 적이 있습니다. 진심이 담겨 있었습니다.

모택동: 그는 과거 자신의 자유롭지 못했던 삶에 대해 크게 불만이었습니다. 황제로 산다는 것은 자유롭지 않거든요.

모택동의 주재로 편찬한 "중국혁명"이라는 논문 중에서 부의가 유력한 설명 대상이 됐다. 60년대에 중국을 방문한 아시아, 아프리카, 라틴 아메리카의 국제 우호인사들 모두가 이 때문에 북경에서 부의를 만났다. 부의의 일기 중에 베다가 방문했을 때의 상황이 간략하게 기록되어 있다.

11월 18일(월요일), 오후 2시 반, 대외 문화위원의 소개로 전국 정협에서 쿠바 문학예술 연합회 문학부 주임이며 시인인 베다 로드리게스 부부를 만났다. 만난 자리에서 나의 경력에 대해 이야기했으며 특히 나의 사상 개조 방면을 중점적으로 이야기했다. 저녁 6시경에야 손님들은 돌아갔다. 『북경주간신문(北京週報)』 석방우(石方禹) 부총편집과 진증자(陳曾慈)도 그 자리에 동참했다.

중국혁명의 예증인 부의의 경력이 인간은 교육할 수 있고 교화될 수 있으며 바뀔 수 있다는 사실을 증명해주었다. 모택동은 이는 사회혁명과 인류발전의 기본적인 한 측면으로서 경시할 수 없다고 주장했다.

1964년 2월 13일은 음력으로 정월 초하루였다. 인민대회당 북경청 내는 훈훈한 분위기로 가득했다. 모택동이 직접 주재한 음력설 좌담회가 오후 3시에 시작됐다.

참가자 중에는 유소기(劉少奇) 국가주석, 등소평(鄧小平) 중공중앙 총서기 겸 국무원 부총리, 팽진(彭眞) 전국인민대표대회 상무위원회 부위원장 겸 전국 정협 부주석 겸 북경시 시장, 육정일(陸定一) 중공중앙 선전부 부장 겸 국무원 부총리, 곽말약 전국 인대 상무위원회 부위원장 겸 전국 정협 부주석 겸 중국 과학원 원장, 황염배(黃炎培) 전국 인대 상무위원회 부위원장 겸 전국 정협 부주석 겸 중국 민주건국회 주임 위원, 진숙통(陳叔通) 전국 인대 상무위원회 부위원장 겸 전국 정협 부주석 겸 전국 정협 지방 공작 위원회 주임 위원, 임풍(林楓) 전국 인대 상무위원회 부위원장, 강생(康生) 전국 정협 부주석, 양수봉(楊秀峰) 교육부 부장, 허덕형(許德珩) 수산부 부장 겸 구삼학사(九三學社) 주석, 장경부(張勁夫) 과학기술위원회 부주임 겸 중국과학원 부원장, 진백달(陳伯達) 중국 과학원 부원장, 장남상(蔣南翔) 교육부 부부장, 주목지(朱穆之) 신화통신사 부사장, 육평(陸平) 북경대학 교장, 장사소(章士釗) 전국 정협 상무위원 등이 있었다. 그 외에 정잠(程潛) 전국 인대 상무위원회 부위원장 겸 중국 국민당 혁명 위원회 부주석과 부작의(傅作義) 수리전력부 부장도 초청을 받았지만 외출 중이어서 회의에 참석하지 못했다.

모택동은 수많은 중앙 지도자와 유명 민주인사들을 마주하고 장사소와 황염배의 중간에 앉았다. 그리고 아주 스스럼없고 유머 있게 서두를 뗐다. 주석은 좌담회를 열고 국내외 상황에 대해 이야기를 나누고자 한다고 말했다. 그리고 양쪽 옆에 앉은 장사소와 황염배를 향해 단도직입적으로 본론을 꺼냈다. 그대들이 보기에 제국주의와 수정주의, 반혁명주의가 결탁해 중국을 반대한다면 중국은 멸망할 수 있겠는가? 그대들 민주 인사들은 다 "해적

의 배"에 올라타서 내릴 수 없게 됐다. 미국이 핵폭탄을 던진다면 우리 다 같이 망하면 되
니까 별로 대단한 일도 아니다. 기껏해야 연안으로 다시 돌아가면 될 것 아닌가! 그때 연
안의 도시인구는 고작 10~20만에 불과했으며 변구[邊區, 중국의 해방·항일 전쟁 시기
에 중국 공산당이 몇 개 성(省)의 변경 지역에 세웠던 혁명 근거지] 전역의 인구를 다 합쳐
도 150만 명에 불과했다. 항일전쟁을 다시 펼치면 될 것이 아닌가. 항일전쟁을 바로 거기
서 치렀으며 결국 승리를 거두었다. 주석은 사람은 다른 사람으로부터 꾸중을 듣는 것이
좋다며 공산당원이 남에게 꾸중을 듣는 것을 두려워해서야 어디 되겠느냐고 말했다. 아마
도 1939년 전후였던 것 같다. 그 시기 국민당은 비교적 총명했던 것 같다. 대놓고 우리를
욕하지 않고 "이색 정당활동을 제한하는 방법"을 내부에 통지했다. 1941년 1월에 이르러
국민당은 완남(皖南)사변을 일으켜 우리 신사군(新四軍)을 무너뜨리고 7천여 명을 궤멸시
킨데 이어 또 여러 차례 공산당 반대 열풍을 일으켜 우리 당과 인민을 교육했다. 장개석은
기회만 있으면 우리를 진공하려 들었다. 그 뒤 항일전쟁이 승리하고 나서 장개석은 또 평
화를 담론하면서 담판을 하자며 나를 중경(重慶)으로 청했다. 중경에 이른 뒤에도 나와 장
개석은 각자 명령을 내렸다. 바로 담판이 진행되는 사이에 제일 처음으로 상당전역(上黨
戰役)을 치러 염석산(閻錫山)의 군대 9천 명을 궤멸시켰다. 그후 또 감단전역(邯鄲戰役)을
치러 마덕무(馬德武) 등 3개 군을 궤멸시켰으며, 국민당 제11전투구역 고수훈(高樹勛) 부
사령관이 군을 이끌고 봉기를 일으켰다. 주석의 연설이 이 대목에 이르렀을 때 누군가 끼
어들었다.

"고수훈이 지금은 공산당에 가입했습니다."

끼어든 사람은 등소평이었다. 그는 고수훈이 봉기를 일으키도록 부추긴 중요 인물 중의
한 사람이었다.

"그로 볼 때 사람은 바뀔 수 있습니다."

모택동이 등소평의 말을 받아 더 넓게 전개해나갔다.

"선통 황제가 올해 설 인사를 왔었습니다."

그 순간 강생이 부의를 떠올린 것은 아주 시의적절했다.

"그대에게 설 인사를 왔었습니까?"

라고 모택동이 다그쳐 물었다.

"정협에 설 인사 하러 왔었습니다."

라고 강생이 대답했다.

"선통과는 잘 단결해야 합니다. 그와 광서제는 우리의 임금이었습니다. 우리는 그들의 백성이었구요. 듣자하니 부의는 생활이 그다지 넉넉하지 않은 편이라면서요? 매달 월급도 고작 180여 위안밖에 안 된다니 너무 적은 것이 아닌지 걱정입니다."

모택동은 오른쪽에 앉은 장사소에게 머리를 돌리고 말을 이었다.

"내 원고료를 내줄테니 그대가 대신 전해주어 생활을 개선하도록 해주세요. 그가 모든 욕망을 내려놓았는데 중시를 받지 못한다는 느낌이 들지 않도록 말입니다. 그는 황제가 아닙니까?"

"선통의 숙부인 재도도 생활이 어렵습니다."

라고 장사소가 말했다.

"그 사람에 대해서도 알고 있습니다. 독일 유학을 다녀왔고 청나라 말기 육군대신과 군기대신을 지냈으며, 지금은 군사위원회 마정국(馬政局, 군사위원회 총후근부 소속 부서로서 전국 군마장을 인솔했으며, 군마의 번식과 사육, 품종 개량과 훈련을 맡아 기마병들에게 합격된 군마를 제공하는 부서)의 고문입니다. 그도 역시 생활이 어려우면 안 됩니다."

라고 주석이 말했다.

모택동은 부의뿐 아니라 부의 가족의 다른 구성원들에게도 관심을 두었다. 1950년 8월 10일, 재도가 군사위원회 포병사령부 마정국 고문으로 초빙됐을 때, 그의 위임장은 바로 모택동이 손수 사인한 것이었다. 그를 행정 13급에 임명함으로써 그는 하룻밤 사이에 국가 고급 간부로 변신했으며 월 임금이 약 200원에 달했다. 이어 또 인대대표와 정협위원으로 선출돼 교통비용으로 매달 50원씩 발급받았다. 재도는 벼락출세한 느낌이었다. 정치적 지위도 얻고 특기도 살렸으며 삶도 보장되었던 것이다. 그때 당시 그는 이상한 느낌이 들었다. 모 주석은 그를 만난 적도 없는데 그를 어찌 그처럼 잘 이해할 수 있을까? 밤잠을 이룰 수가 없어 재도는 더없이 공손한 마음으로 모 주석에게 무한한 감격의 마음이 담긴 편지를 썼다. 그때 당시 그는 이미 63살이었지만 주석의 은혜에 보답하고자 근면하고 성실하게 맡은 바 업무에 임했다. 그는 매일 자전거를 타고 수십 리 떨어진 마정국 기관을 오가며 출근했다. 중앙 지도자들은 그 상황을 알고 군사위원회 총참모부를 통해 재도에게 편지를 보냈다.

　　재도 고문께:

　　연로하신 귀하께서 매일 마정국을 오가며 업무를 보시는 일이 힘에 부칠까 우려됩니다. 귀하의 건강을 생각해 오늘부터 자택근무를 하시도록 결정했습니다. 평소에는 국 사무실로 출근하지 않으셔도 됩니다. 상의할 업무가 있을 시에는 마정국에서 임시로 통지하도록 하겠습니다. 이상과 같이 통지하는 바입니다. 건강을 빌며 삼가 경의를 표합니다.[149]

　　인민정부의 빈틈없는 배려에 황숙이자 전 청조 대신이었던 재도는 다시 한 번 감동했다. 장사소가 이번 음력설 좌담회 자리에서 재도는 생활이 어렵다고 말한 데에는 일화 한 토막이 있다. 어느 날 재도가 회의 중에 갑자기 집에서 걸려온 전화를 받았다. 북쪽 방 동남 구석 쪽 천장이 내려앉았는데 그에게 빨리 집으로 돌아와 수리하라는 내용이었다. 재도는 전화를 끊고 회의를 주재한 지도자에게 허가를 맡았다. 모두들 무슨 일이냐며 관심조로 묻는 말에 재도가 유머조로 대답했다. "하늘이 도와주지 않아 집이 무너졌는데 난들 무슨 수로 고칠 수 있겠습니까?" 물론 농담으로 한 말이지만 실질적인 말이기도 했다. 비록 그때 당시 재도의 봉급이 낮은 것은 아니었지만 대가정의 많은 식구를 먹여 살려야 하는 실정인지라 갑자기 집수리에 들어야 할 비용을 내놓을 수가 없을 만도 했다. 장사소는 그 일을 알고 모택동에서 상황을 반영하여 말했던 것이다. 주석은 "재도 선생은 생활이 넉넉지 않아 집이 무너져도 수리할 돈이 없다지요? 내 원고료에서 2천 위안을 꺼내 선생께 드려 집을 수리하도록 하세요."

　　음력설 좌담 모임이 끝나자 모택동은 즉시 말한 대로 실행에 옮겼다. 그는 개인의 원고료에서 두 몫을 떼내 장사소 선생에게 서성동(西城東) 관음사(觀音寺) 후퉁(胡同)에 있는 부의의 집과 동성관가(東城寬街) 서양위(西楊威) 후퉁(胡同)에 있는 재도의 집으로 각각 보내도록 했다. 부의는 크게 감동했다. 그는 마음은 감사히 받겠지만 돈은 받을 수 없다면서『나의 전반생』이 막 출판돼 원고료가 곧 들어오게 되면 생활도 어렵지 않을 것이라고 말했다. 결국 장사소가 거듭 설득해서야 겨우 받았다. 재도는 모 주석이 집 수선에 쓰라고 보내온 돈을 받고 감동해 할 말을 잃고 말았다. 그는 붓을 들어 두 번째로 주석에게 마음에서

---

149) 鄭懷義, 張建設,『마지막 황숙 재도 흥망록(末代皇叔載濤沉浮錄)』, 군중출판사, 1989, 제108쪽.

진심으로 우러나온 감사의 말을 담은 편지를 썼다.[150]

모택동이 국가 교육방침, 체제 등 대계에 대해 의논하는 좌담회에서 부의와 재도의 얘기를 꺼낸 것은 물론 그들을 도와 "의식주 문제를 해결해주려는 것"만은 아니었다. 주된 맥락은 역시 "변화"였다. 부의의 "변화"와 재도의 "변화"에서 시작해 주석은 역사와 연결지어 그 자리에 앉은 많은 이의 변화에 대해 이야기했다. 그는 자신의 이야기에서 시작해 남창봉기 후의 역사에 대해, 정강산(井岡山)에서의 군부대 합류에 대해, 무장 할거의 실행에 대해 이야기했다. 주석은 "나는 원래 전투에 대해 알지 못했다. 또 전투할 생각도 해본 적이 없다"면서 1918년에 북경대학 도서관에서 일하면서 매달 은화 8장씩 받아 의식주행을 다 해결할 수 있었다고 말했다. 여기까지 말하고 나서 주석은 마치 뭔가 생각이 난 듯 오른쪽에 앉은 장사소와 이야기를 주고받았다.

"바로 그맘때 양회중(楊懷中) 선생의 소개로 그대를 알게 됐지요?"

라고 모택동이 물었다.

"그보다 더 일찍, 호남에서 알게 됐습니다."

라고 장사소가 대답했다.

양회중은 곧 양개혜(楊開慧)의 아버지이다. 그는 모택동의 장인이자 스승이며 또 장사소의 절친한 벗이기도 했다. 바로 그가 호남 장사에서 모택동과 장사소 두 사람 사이의 수십 년간 정의 서막을 열어놓았던 것이다. 1920년 주석은 당 창건 준비, 호남혁명운동 전개, 유럽으로 고학을 떠나는 일부 청년 후원 등으로 거금이 절실히 필요했다. 그때 장사소가 큰 도움을 줬다. 그는 사회 각계에서 모금 운동을 전개해 주석에게 2만 은화를 마련해주어 중국혁명을 크게 도왔다. 주석은 은화 8장에서 그 2만 은화를 떠올렸던 것이다.

모택동이 이야기를 이어나갔다. 그는 장사소는 청나라 초기 동성(桐城) 사람 요내(姚鼐)가 편찬한『고문사류찬(古文辭類纂)』을 손에서 놓을 줄 몰라 "동성의 잡놈(桐城謬种)"으로 불렸고, 그 자신은 뒷간에 가서 볼 일을 보면서도 육조(六朝)시대 소통(蕭統)이 주도로 편집한『소명문선(昭明文選)』을 뒤적였던 탓에 스스로 "선학의 잔당(選學餘孼)"라고 자칭했다고 말했다. 주석은 장사소가 그때 당시 원세개가 임명한 관리직을 원치 않았다면서 북경

---

150) 「"황숙"에서 전국 인대대표가 되기까지(從"皇叔"到全國人大代表)」, 王乃文 구술, 辛芳 정리, 『단결보(團結報)』 1983년 9월 24일자에 게재됨.

대학 교장직에 억지로 앉게 됐지만─바로 육평(陸平) 동지의 자리임─이미 황제가 되려는 원세개의 의도를 알아차린 장사소는 거절했다고 설명했다. 장사소는 스스로 상해로 가서 『갑인주간(甲寅週刊)』을 창간했으며 그 뒤에는 일본으로 건너가 간행물을 계속 발행했는데 상해에서보다 더 잘 만들었다. 아무 거리낌 없이 제국주의를 반대하고 원세개를 반대할 수 있었기 때문이다. 장사소는 그 뒤 또 사법총장과 교육총장도 지냈다.

그는 장사소에 대해 이야기하고 나서 또 황염배(黃炎培)에 대해 이야기했다. 모택동은 왼쪽으로 몸을 돌려 황염배의 자를 부르며 물었다.

"황임지 선생은 그때 군주입헌파였지요?"

"나는 군주입헌파가 아니라 혁명파였습니다."

모택동과 황염배 사이에도 한 토막의 이야기가 전해지고 있다. 1945년 7월 1일 황염배 등 국민 참정원 6명이 초청을 받고 연안(延安)을 방문했다. 모택동은 비행장에서 그와 악수를 하면서 말했다. "우리 20여 년 만입니다." 그 말에 황염배는 어리둥절해졌다. 이번이 첫 만남인데……. 주석이 웃으며 말했다. 1920년 5월 어느 날 상해, 강소성 교육회가 듀웨이(杜威) 박사를 환영하기 위해 마련한 모임에서 그대가 회의 진행을 맡았었지 않았습니까? 그때 연설 중에 중국의 100명 중학교 졸업생 중 진학하는 학생은 고작 얼마 밖에 안 되며 실업자는 얼마라고 얘기했었지요. 그날 수많은 청중들 속에 모택동이 있었던 것이다. 황염배는 그제야 알게 됐다. 원래 그해 청년 모택동이 그 자신의 연설을 들은 적이 있다는 사실을……

모택동이 말을 이었다. "군주 입헌파거나 혁명파거나를 막론하고, 또 장사소, 황염배, 모택동 등 지금 우리는 이렇게 한 자리에 모여 앉아 있습니다." 주석이 특별히 장사소와 황염배 둘 사이에 앉은 데는 원래 이런 깊은 뜻이 있었던 것이었다!

모택동이 말을 이어나갔다. "부작의는 오늘 오지 않았으니 그에 대해서는 말하지 않겠습니다. 허덕형(許德珩)이 담당하고 있는 수산부는 관할 해안선이 그야말로 깁니다. 다시마를 기르면 전망이 좋을 것 같습니다. 진숙통(陳叔通)은 중화민국 제1기 국회회원으로서 초기에는 양계초(梁啓超)가 발기한 연구계(研究系) 소속으로 단기서(段祺瑞)의 지지자였으나 후에 이근원(李根源)이 발기한 정학계(政學系)소속이 됐으며 장개석의 지지자가 됐습니다. 그러나 이제는 모두가 바뀌어서 지금은 다들 한자리에 모여 앉아 함께 사회주의 건설에 참가하고 있습니다. 올해 업무를 잘해나갈 방법을 강구해야 합니다. 이는 공산당의 일이기도 하고 그대들 민주당파가 바라는 바이기도 합니다. 부의, 재도, 모택동, 장사소, 황염배, 부작의, 허덕형, 진숙통 등 모두가 바뀌고 있습니다. 각기 다른 출발점에서 시작해 지금은 한 곳에 모여 조국의 사회주의 건설에 참가하고 있으니, 이것이 바로 역사입니다."

부의도 이 한 토막의 역사에 대해 설명했다. 이것이 바로 그의 일생 경력 중 최대의 가치 있는 일이라고 말이다.

모택동은 부의에서 시작해 이상의 인물들에 대해 이야기했으며, 또 그 한 토막의 역사에 대해 언급하고 나서야 비로소 교육방면의 학제, 교육과정의 설치, 교학방법과 시험제도 등 구체적인 문제로 화제를 돌려 좌담을 시작했다. 모택동은 이런 방식으로 회의를 진행함으로써 그의 교육사상의 기본내용을 아주 잘 보여주었다. 즉 사람은 가르칠 수 있고 바뀔 수 있다는 측면에서 출발해 사회주의 정치기준에 맞는 건설형 인재를 양성해야 한다는 관점이었다.

부의라는 살아있는 전형적인 예를 비러 모택동은 많은 장소에서 그의 교육사상을 명백히 밝혔던 것이다.

음력설 교육 좌담회가 있은 지 불과 며칠 뒤 모택동은 친척 중 한 아랫사람과 이야기를 나누는 중에 또 부의에 대해 거론했다. 주석은 그 친척에게 부의는 "변증법을 모른다. 자신과 다른 사람에 대해 변증법적으로 분석할 줄 모른다. 사람이나 사물 등을 두 가지 측면에서 관찰하고 생각할 줄도 모른다. 예전에는 자신을 아주 대단하다고 여겼다가 지금은 또 자신이 아무 쓸모도 없다고 여긴다"라고 비평했다. 주석은 변증법은 아주 좋은 방법이라며 사람들이 갖고 있는 지식은 한계가 있으나 이 방법만 운용할 줄 알게 되면 모르는 문제에 닥치더라도 분석해 보면 바로 알 수 있게 된다고 했다. 학교에서 몇몇 학생이 잘못을 저질러 퇴학 처분을 받았거나 또 다른 처분을 받았다고 그 친척이 말하자 주석은 잘못을 저지른 사람이 자신이 잘못을 저질렀다는 사실을 깨달았을 때 주로 격려해주고 그의 장점을 짚어 내줘야 한다며 실제로 장점이 아주 많을 것이라고 말했다. 또 목욕을 시키듯이 잘못을 씻어내게 해야 한다면서 따스한 물로 씻겨야지 너무 뜨거운 물이거나 너무 찬 물이면 견딜 수가 없기에 온도가 적당해야 한다고 말했다. 잘못을 저지른 사람에게 퇴학 처분을 주는 것만으로는 문제를 해결할 수 없다. 퇴학시키는 건 아주 간단하다. 그러나 그리 되면 대립 면이 없어지므로 농촌으로 돌아간 셈이 되지 않겠는가? 그런 지주, 부농, 반혁명, 나쁜 분자들에 대해서는 주로 그들을 대중들 속에 두고 감독하며 개조시켜야지 법원에 넘기면 안 되는 것이다. 법원에 넘기면 모순을 위로 떠넘기기만 할 뿐 문제를 해결할 수가 없다. 부의, 두율명, 강택, 이들처럼 복잡한 사람들도 다 개조시켰는데, 하물며 청년들, 그것도 일부는 당원이고 일부는 단원(공청단원)인데 왜 개조시키지 못하겠는가 하고 자신의 생각을 밝혔다.

1964년 6월 23일, 모택동은 칠레 언론인 대표단을 만난 자리에서 국내 건설과 사회질서 등의 상황에 대해 이야기했다. 대표단의 실바 단장과 단원 바스케즈, 페레즈 등은 중국에 온 지 약 1개월이 되었다. 그들은 북경, 상해, 심양, 안산(鞍山), 무순(撫順), 장춘, 남경(南京), 무석(無錫), 항주(杭州) 등지를 다니며 참관했다. 그들은 중국인민은 조직성과 규율성이 있고 의욕이 넘치며 희생적인 정신으로 큰 성과를 거두었다고 말했다. 주석은 일정한 성과를 거둔 것은 맞지만 성과가 크다고는 할 수 없다고 말했다. 우리에게 일부 부정부패한 자들도 있어, 그들에 대한 비판을 진행하고 있다면서 이를 두고 기풍 바로잡기라고 부른다고 말했다. 정부 인원의 부정부패를 막는 것은 쉬운 일이 아니다. 우리는 그것을 인민의 내부모순으로 처리한다. 이들 소수인을 교육해 바로잡으면 되는 것이다. 대다수인은 좋은 사람이라고 믿고 있으니까. 어느 나라 인민이거나를 막론하고 나쁜 일을 하는 사람은 극소수이며, 또 나쁜 일을 한 사람일지라도 바뀔 수 있다. 심지어 우리와 싸우다가 포로가 된 국민당 장군도 바뀔 수 있다. 개조를 거치면 그들은 처음처럼 우리를 반대하지 않게 될 것이다. 또 청조의 황제도 그런 사람 중의 한 사람이다. 그는 지금 전국정협에서 역사문헌자료 업무에 종사하는데 이제는 자유의 몸이 됐으며, 어디든 마음대로 갈 수 있게 됐다. 과거에 황제로 있을 때는 너무 자유롭지 못했다고 했다.

칠레 손님은 바로 전에 북경에서 부의를 방문했는데, 그때 중국의 전 황제가 자신에게 깊은 인상을 남겼던 기억을 떠올리며 바스케즈는 모택동 앞에서 "예전에 그는 고작 작은 산의 경치만 구경할 수 있었지만 지금은 해방됐습니다"라고 평가했다.

손님의 평가는 모택동의 이야기 흥을 한층 더 돋구어주었다. 그가 말했다. "옛날 황제 자리에 앉아 있을 때 부의는 감히 사방으로 돌아다니지 못했습니다. 그것은 백성들이 그를 반대할까 두려웠고 자신이 존엄을 잃을까 두려웠기 때문입니다. 황제가 사방으로 돌아다녀서야 어디 되겠는가 하는 망상 때문입니다. 그러니 사람은 바뀔 수 있는 법입니다. 그러나 강박해서는 안 됩니다. 스스로 바뀔 수 있게 설득해야지 강제로 억압하지 말아야 한다는 겁니다. 서방의 어떤 사람들은 우리가 세뇌한다고 말하는데, 뇌를 어떻게 씻는지 나는 아직 모릅니다. 예전에 나는 공자와 칸트의 사상을 믿었는데 후에는 믿지 않게 됐습니다. 대신 마르크스주의를 신앙하게 됐지요. 제국주의와 장개석이 도와준 덕분입니다. 그들이 나를 세뇌시켜 준 것입니다. 그들은 총으로 중국인민을 도살했습니다. 예를 들어 일본은 중국에서 얼마나 많은 사람을 죽였는지 모릅니다. 일본은 거의 절반의 중국을 점령했었습니다. 그 후 미국이 장개석을 부추겨 전국적으로 우리를 반대하는 전쟁을 발동했습니다. 그들은 다 우리를 세뇌시켜 준 사람들입니다. 그들은 전 중국의 인민이 단합해 그들과 싸우도록 만들었으며, 중국인민의 정신적인 면모에 변화를 가져다 준 사람들이다. 그대들은 누가 피델 카스트로를 세뇌시켰는지 아십니까?"

모택동의 그 질문에 한바탕 웃음소리가 터진 가운데 실바가 말했다.

"주석께 이 말씀을 꼭 직접 드리고 싶습니다. 당신들은 우리 머리속에 있는 서방의 거짓말을 씻어냈을 뿐 아니라, 우리에게 눈을 뜨게 했으며 중국의 현실을 볼 수 있게 했습니다." 모택동이 인용한 부의의 실례를 통해 실바 단장이 받은 계시는 "사람은 개조될 수 있다"는 한 마디에 국한된 것만이 아님이 분명했다. 그는 부의와 같은 사람을 개조하는데서 중요한 것은 강제적 수단이 아니라 그들이 각성하도록 계발을 주는 것이며, 설교가 아니라 사회적 실천을 통한 교육이라는 이치를 알게 됐던 것이다.

보름 뒤 사사키 고조(佐佐木更三), 호소사코 카네미츠(細迫兼光) 등 일본 사회당 중, 좌익 인사들을 접견할 때 모택동은 또 개조를 거친 뒤 석방되어 귀국한 전 일본전범들을 언급하면서 중국에서 전쟁에 참가했던 장군 등 각급 군관 총 1,100여 명이 일본으로 돌아간 뒤 편지를 부쳐왔는데 한 사람만 제외하고는 모두 중국에 우호적이라고 말했다. 이 대목에서 주석은 그 예외인 사람 이름이 무엇이냐고 물었다. 그 자리에 있던 공작자가 그 이름은 이이모리(飯森)이며 지금은 법관이 됐다고 대답했다. 주석이 말했다. 1,100여 명 중에서 오직 한 사람만 중국을 반대하고 또 일본 국민을 반대하고 있다. 이는 깊이 생각해야 할 일이다. 꼭 생각해 봐야 한다.

15개월 뒤, 모택동은 또 일본 전범 개조에서부터 국민당 전범 개조에 대해 이야기하게 됐다. 그것은 항주에서 철학문제에 대해 이야기할 때였다. 주석이 해방전쟁에서 국민당에 대해 분석하고 종합한 예를 들어 분석과 종합은 서로 갈라놓을 수도 없지만 또 갈라놓을 수 있다는 이치에 대해 설명할 때, 전 국민당 명장 한 명에 대해 언급했다. 그때 당시 그는 이미 부의의 동료와 벗이 되어 있었다. 주석이 말했다. "과거에 우리는 국민당에 대해 어떻게 분석했습니까? 국민당은 통치하고 있는 땅이 크고 인구가 많으며, 대, 중 도시를 소유하고 있고, 제국주의의 지지를 받고 있으며, 군대가 많고 무기가 강하다고 우리는 말합니다. 그러나 가장 근본적인 것은 그들이 대중을 이탈하고 농민을 이탈했으며 병사들을 이탈하고 내부에 극복할 수 없는 모순이 존재했다는 것입니다. 과거에 우리는 국민당에 대해 어떻게 종합했습니까? 적을 먹어치우자는 것이었습니다. 즉 적군의 물건을 가져다 개조시키고, 포로가 된 장병들은 죽이지 않고, 일부는 풀어주고 일부는 아군 병력으로 보충했습니다. 무기와 식량, 여러 가지 기재는 모조리 가져오기로 했습니다. 버릴 것 중에 거둘 것도 있습니다. 철학 용어로 표현하면 바로 지양한다고 하는 것입니다. 두율명과 같은 사람들을 바로 그렇게 대했던 것입니다."

철학적 높이에서 부의와 두율명 등의 개조 실천에 대해 인식한 것이었다. 이 역시 모택동의 이론적 창조라고 할 수 있다.

31.
희망의 길

　북방을 뒤덮은 적설과 얼음이 채 녹지도 않았는데 양의 도시(羊城, 광주를 가리킴)는 이미 꽃이 만발한 세상으로 변해 있었다. 1962년 3월 2일, 주은래는 광주에서 전국 과학 업무, 희극 창작 등 회의 참가 대표들에게 "지식인 문제를 논함"이라는 주제로 연설했다. 연설에서 중국 현대 지식인의 발전과정에 대해 언급하면서 이런 중요한 말을 했다.

　아편전쟁 때부터 지금까지 120여 년에 걸친 역사 사실이 증명하다시피 제국주의, 봉건주의, 관료 자산계급을 위해 봉사하는 지식인은 모두 다 전도가 불투명했다. 부걸은 과거에 일본 유학을 다녀왔지만 무슨 소용이 있었는가? 그래도 신 중국이 그를 개조해 쓸모가 있는 사람으로 만들었다. 그의 숙부 재도는 과거에 군기대신을 지낸 바 있지만 인민을 위해 봉사할 수 있는 지금의 인대대표 신분에는 못 미친다. 이 자리에는 다양한 등급의 사람들이 모였다. 심형(沈衡)은 진사공(進士公)이었고, 황임(黃任)은 거인공(擧人公)이었으며, 동(董)은 수재공(秀才公)이었으며, 또 한림공(翰林公)도 있었다. 이들은 과거에는 무슨 일이나 하고 싶었겠지만 할 수가 없었다. 무슨 방법이 없었기 대문이었다. 북양군벌시대에 이근원(李根源)은 국무총리였으니까 지금의 나와 "같은 직위에 있던 사람"이었다. 그러나 그가 국가와 민족을 위해 무슨 유익한 일을 할 수 있었겠는가? 국민당시대의 행정원장이었던 옹문호(翁文灝)도 그때 당시 그자들과 같이 떠났지만 출로가 없으니까 다시 돌아오고 말았다. 끝까지 미 제국주의를 위했던 호적(胡適)은 한평생을 마감할 때까지도 출로를 찾지 못했다. 결과적으로 보면 역사의 발전이 증명하다시피 지식인은 오로지 무산계급과 함께, 노동인민과 함께, 공산당과 함께 해야만 비로소 출로가 있는 거이다. 혁명시기와 사회주의 건설시기 모든 시기를 거치면서 이러한 사실이 증명됐다.[151]

구 사회에서 지식인들이 출로를 찾지 못한 사실을 설명하기 위해 주은래는 청조시대, 민국시대, 국민당시대의 일부 유명한 지식인의 예를 들었다. 그러나 주은래는 부의에 대해서는 언급하지 않았다. 이는 그가 청나라 황제였기에 봉건시대에는 지고무상했던 인물이었으므로 그에게는 "봉사"라는 말이 어울리지 않아서였을지도 모른다. 그러나 부의는 5살 때부터 시작해 전국의 저명한 학자들에게서 "어전진강(御前進講, 이른바 임금이 되기 전에 학문을 익히는 일)"을 받을 때 중국의 역대 고문헌의 정수가 되는 내용에 대해 배웠을 뿐 아니라, 외국인 스승 레지널드 존스턴 교수를 특별 초빙해 영문과 현대과학 지식에 대해서도 배웠으므로, 부의도 역시 지식인 부류에 속했다. 세 차례나 황제의 보좌에 올랐던 이 지식인은 진정한 출로를 찾지 못하고 결국 옥에 갇히는 신세가 되고 말았었다. 역사가 증명하다시피 부의도 모든 구사회의 지식인들과 마찬가지로 출로는 신 중국이었다. 주은래가 그에게 희망찬 길로 들어설 수 있도록 방향을 제시해주었던 것이다.

1959년 4월 29일 그날은 정협 제3기 전국위원회 제1차 회의가 막을 내리는 날이었다. 회의에서 정협 제3기 전국위원회 주석에 당선된 주은래가 그날 다과회의를 주재하고 60세 이상의 전국 정협 위원들을 초대했다. 좌담회에서 총리는 "자신의 경력을 글로 써 후세에 남길 것"을 호소했다. 이는 청조 말기와 북양군벌시기, 국민당 통치시기에서 신 중국 창립 전까지 역사시기 여러 분야를 실제 겪고 보고 들은 인사들에게서 회고록 성질을 띤 글을 공모해 중국 근대와 현대 역사자료를 보충하고 풍부히 하는 한편 그렇게 모집된 진실하고 신뢰할 수 있으며 구체적인 역사상황과 경험교훈을 운용해 조국의 사회주의 건설에 봉사할 수 있도록 하기 위한 것이라고 주은래는 설명했다.

같은 해 7월 20일 전국정협 역사문헌자료 연구위원회가 주은래의 직접적인 지도 아래 설립됐으며, 범문란(范文瀾)이 주임위원을 맡고 역사문헌자료 연구위원회의 〈조직원칙〉

---

151) 『주은래 선집』 하권, 인민출판사, 1984, 357~358쪽. 인용 문장 중 심형(沈衡)은 심균유(沈鈞儒)를, 황임(黃任)은 황염배(黃炎培)를, 동(董)은 동필무(董必武)를, 한림공(翰林公)은 진숙통(陳叔通)을 각각 가리키는 말이다.

과「업무 방법」등의 문건을 통과시켰다. 이 기관은 역사문헌자료 긴급구조의 효과적인 조직형식으로서 얼마 뒤 특별사면으로 풀려날 원 황제와 원 장군, 원 고급 관원들에게 나라에 기여할 일자리를 마련해 주었다.

1961년 2월 23일 전국 정협비서장 업무회의에서 주은래의 지시에 따라 특별사면으로 풀려난 제1진 인원의 취업과 학습, 생활 배치문제에 대해 연구했으며 부의를 비롯한 7명에게 역사문헌자료 연구위원회 전문 요원직을 맡기기로 결정했다. 그렇게 되어 역사문헌자료의 저술과 연구, 편집 등 업무는 부의, 두율명 등 전문요원들의 일이 됐다. 모두들 매우 만족스러워했다. 일이 자신들에게 꼭 맞는 것이어서 기분이 상쾌했다. 모든 사람이 실천과정에서 뛰어난 공헌을 했다. 부의는『나의 전반생』이란 제목으로 장편의 회고록을 완성했다.

희망의 길은 탄탄대로가 아니라 험난한 산간 오솔길과 같은 것이다.

세 차례나 왕좌에 올랐던 부의나 많은 전투를 겪은 전 국민당 장군들이나 모두 구 사회를 거쳐 온 사람이거나 얼마 전에야 적의 진영에서 분화돼 나온 사람들이었다. 그들은 일에 대한 의욕은 넘치지만 불가피하게 많은 실제문제와 그로 인한 사상문제에 맞닥뜨리게 되었다. 예를 들어 근대와 현대 역사자료의 최대 특징은 바로 여전히 건재하고 있는 일부 인사들과 관련되어 있고, 피서술자의 자녀, 친우들과 관련이 된다는 사실이다. 어진 자, 가까운 사람, 자기 자신을 회피해야 할지 말아야 할지 이런 심각한 문제 앞에서 회고록을 쓰기 두려워하는 사람이 있는가 하면 방황하는 사람도 있었다. 관련 기록에 따르면 두율명 등 전문요원들은 모두 부의가 당에 감사하는 마음이 제일 진실되고 당에 의지하는 자세가 제일 확고하다고 생각하고 있었다. 그런데 바로 그런 부의도 회피 여부문제에서는 여전히 고민하고 망설였다. 또 어떤 전문요원은 회고록을 쓸 때 장개석에게 건의했다가 채택되지 못한 작전방안을 상세하고 명확하게 열거했다. 심지어 만약 그 방안이 부결되지 않았다면 국민당과 공산당 사이의 내전은 승부가 어찌 됐을지 모를 일이라고 주장하고 있었다. 여기서 피로한 역사적 사실이 유익하고도 중요하긴 하지만 그 속에 또 패배하고도 승복하지 않는 사상이 내비쳐 지기도 했다.

잘못된 사상인식을 제때에 바로잡지 않으면 필연코 역사문헌자료가 사실을 벗어나게 되며 그래서 그 본연의 가치와 역할을 잃게 될 것이다.

주은래는 언제나 중요한 때에 나타나곤 했다. 업무지도 면에서의 철저함은 주은래 풍격의 위대한 일면이었다. 부의, 두율명 등을 전범에서 공민으로 개조하고, 또 그들이 역사문헌자료 업무에 종사하도록 유도했지만, 그것이 끝이 아니었다. 그처럼 사무에 다망한 국가 총리가 등불 밑에서 부의의 장편 회고록, 두율명의『회해전역의 시말』, 송희렴의『직접 겪은 남경 수비 전역』, 왕요무의『남경 보위전 회고』, 요요상의『요서전역 실기』, 범한걸의 『금주전역 회고』등을 읽으며 지시하거나 수정토록 지시했다. 그는 전문 요원들이 성적을 이룰 때마다 크게 기뻐하면서 칭찬을 아끼지 않았다. 그리고 일단 문제점을 발견하면 엄숙히 지적하고 즉시 바로잡았다.

1965년 3월 18일, 주은래는 전국 정협 제4기 제1차 상무위원회의에서 중요한 연설을 통해 역사문헌자료업무의 성적과 부족한 점에 대해 종합하고 희망의 길로 갈 수 있도록 다시 한 번 방향을 제시했다.

주은래는『역사문헌자료선집』을 지금까지 총 51집 편집 인쇄했다면서 처음에는 모두들 관심을 보였으나 후에 몇 집은 잘 되지 않았으며 질이 낮아졌다고 말했다. 그는 일부 문장은 내용에 문제가 있었다면서 저급하고 퇴폐적인 내용까지 등장했다고 말했다.

주은래는 역사문헌자료 업무의 전개는 방향이 옳아야 한다면서 진실성이 있어야 하고, 실사구시적이어야 한다고 강조했다. 총리는 두 차례의 보고를 들은 적이 있는데 서로 많이 달랐다면서 그래도 원시자료가 실제적이라고 설명했다. 그래서 조사연구에서 원시자료에 주의해야 한다고 했다. 실제로 현장에 가서 조사 연구를 할 경우 어떻게 하느냐가 중요하고, 계급노선을 걷되 실사구시하는 일을 잊어서는 안 되며, 역사문헌자료 업무는 그런 식으로 해야 한다고 했다. 어떠한 원고를 가져와 분석을 하지 않고 선택하는 것이 잘못이다. 물론 모든 자료를 대대적으로 수정하는 것을 주장하는 것은 아니었다. 단지 적합하지 않은 경우 저자와 의논해 수정하도록 하거나 사실과 다를 경우에는 여러 관계자를 청해 이야기를 나누면서 해야 한다는 것이었다. 만약 저자가 수정을 거부할 경우에는 먼저 보존해두고 발표를 서두르지 않으면 된다고 했다. 결과적으로 말해서 원고에 대해서는 연구하고 선택을 잘 해야 한다는 것이었다. 즉 "역사문헌자료 연구위원회"라는 명칭 자체에 "연구"라는 두 자가 들어있지 않은가 하고 반문했던 것이다.

역사문헌자료 업무의 의의에 대해 이야기가 미치자 주은래는 역사문헌자료를 잘 정리해야 한다면서, 이는 후세 사람들이 역사를 연구하는데 큰 도움이 될 것이라고 말했다. 뭇 사람의 환심을 사기 위해 일부러 사람의 관심을 끄는 특이한 글을 만들어서는 안 된다는 것이었다. 총리는 원세개가 웅희령(熊希齡)을 억압해 국민당을 해산시킨 경과에 대해 서술한 내용을 보았다면서, 이처럼 중국의 봉건정치에 대해 제대로 알 수 있도록 청년들을 교육할 수 있도록 해야 좋은 원고라고 말했다. "우리가 역사문헌자료를 수집하는 것은 우리 동년배들에게 지난날에 대한 흔적을 써서 남기게 해 후대를 교육하고 계시를 주기 위함이다. 독자들에게 심심풀이를 만들어주기 위한 것은 아니다"라는 것이 그의 주장이었다.

주은래는 업무방식을 개선하기를 바랐다. 그는 『역사문헌자료선집』 제52집부터는 새로운 모습을 보일 것을 요구했다. 그는 역사문헌자료 업무의 두 가지 방향에 대해 하나는 역사연구자료가 되거나, 하나는 폐지가 되는 것이라고 말했다.

주은래의 연설 내용이 전달된 뒤 역사문헌자료 연구위원회 산하 여러 팀에서는 열렬한 토론을 벌였다. 부의가 소속되어 있는 북양팀에서도 3월 29일, 4월 29일, 5월 8일 세 차례에 걸쳐 총리의 연설 내용에 대해 토론했다. 모두들 총리의 지시에 따를 의향을 밝혔다. 그리고 북양팀은 원고 청탁과 심열계획을 새로 세웠다.

주은래의 연설과 관련 지시가 부의의 업무필기장에 반듯하고 또박또박한 만년필로 옮겨졌다. 그는 총리의 호소에 열정적으로 호응해 적극적으로 업무에 뛰어들었다. 부의가 1965년 제2분기에 쓴 일기장을 펼쳐보면 그가 총리의 지시를 관철해 『역사문헌자료선집』의 질을 높이기 위해 다른 전문요원들과 함께 대량의 업무를 전개했다는 사실을 발견할 수가 있다. 그는 새로운 원고 청탁계획을 세우는 일에 참가했다. 그 계획은 역사학자 하간지(何干之)가 만든 제강(提綱)에 따라 제정한 것이었다. 부의는 그 시기의 역사에 대해 잘 알고 있었으므로 적잖은 의견을 제공했다. 그는 약한 연계부분과 공백부분에 대한 원고청탁을 강화해야 한다고 주장했으며, 여러 차례나 구체적 원고제목까지 제시했다. 원고청탁 외에도 부의는 심열조례제정에도 적극 참가했다. 그는 어느 한 토론회에서 심열 담당자는 자신의 자질을 꾸준히 제고시켜야 한다면서 단서를 잘 발견할 수 있어야 할 뿐 아니라, 역사적 사실을 밝히는 면에서도 책임을 다해 "진실된 것을 남기는" 기준에 도달할 수 있도록 보장할 것을 제안했다. 부의가 남긴 필기자료 중에는 그가 「역사문헌자료 연구위원회 1965년 업무계획」, 「역사문헌자료 업무 관련 약간의 문제에 대한 의견」 등 문건에 대한 토론과 제정에 참가한 상황이 기록되어 있다. 그 기록들은 중국의 마지막 황제가 제1대 역사문헌자료 업무 종사자로서 주은래의 직접적인 지도아래 선구적인 역할을 발휘했음을 반영해 주었다.

주은래가 가리킨 희망의 길은 부의 앞에 펼쳐졌으며, 아이신줴뤄 가족 중 개조를 거쳤거나 거치지 않은 다른 사람들 앞에도 펼쳐졌다.

1957년 4월, 부의의 셋째 매부인 곽포라 윤기와 다섯째 매부인 만가희가 관대한 처분을 받아 기소를 당하지 않고 무순전범관리소에서 석방돼 북경으로 돌아왔다. 그 둘은 일본어에 정통했으므로 정부의 배치로 북경 편역사에서 일하면서 장기를 발휘할 수 있게 됐다. 만가희가 남긴 일기의 기록에 따르면 그는 가끔은 "미생물", "식량 감자" 등 자연과학자료를 번역하기도 하고 가끔은 "일본 역사"와 같은 사회과학자료를 번역하기도 했는데 아주 힘써 일했다. 그의 아내 온형은 "주은래 총리는 우리 은인입니다. 남편은 오로지 자신의 힘이 닿는 데까지 일로써 보답하고자 했습니다"라고 말했다.

온한은 부의의 여러 누이동생들 가운데서 제일 고생스럽게 살았다. 그녀의 남편 조기번(趙琪璠)은 1949년에 훌쩍 떠나버린 뒤로 감감무소식이었다. 그때부터 그녀는 혼자 두 아이를 데리고 부친의 집을 팔아 나눠 가진 유산에 의지해 살아가다가 그 돈이 바닥나버렸고, 더 처참한 것은 온한이 크게 앓은 적이 있어 건강이 좋지 않았다는 점이었다. 주은래의 접견을 받는 생기기 어려운 기회마저도 여러 차례나 몸이 아파서 놓치고 말았다. 총리는 그녀의 상황을 알고 그녀의 생활에 도움을 주기 위해 또 그녀의 건강상태로 감당할 수 있

부의의 생질. 즉 여섯째 누이동생 온오의 아들 왕소가 본인이 11살 때 그린 작품을 큰외삼촌에게 선물했다.

는 능력을 감안해 그녀에게 고궁 내 기록 보관 부서에서 적당한 일을 할 수 있도록 친히 배려해 주었다.

온오와 그의 남편 왕애란(王愛蘭)은 유명한 중국화 화가였다. 그들의 아들 왕소(王昭)는 집안의 영향을 받아 어렸을 때부터 화가로 이름을 날렸다. 60년대 초 고작 11~12살에 왕소는 중국인민 아동보호전국위원회로부터 크게 중시되었으며, 그의 작품은 프랑스, 일본, 파키스탄, 소말리아 등 10여 개 나라에 보내져 전시되기까지 했다. 부의가 특별사면으로 풀려난 뒤 왕소는 11살 때 그린 작품 「관을 쓴 학」에 사인해 사진으로 찍어 큰 외삼촌에게 기념으로 선물하기도 했다. 그 그림은 소말리아에서 전시 중에 있었다. 1961년 음력 그믐날 아이신줴뤄 가족들이 중남해 서화청에 손님으로 초대됐다. 그때 중국인민아동보호전국위원회 부주석이었던 등영초가 주은래에게 왕소의 그림 성과에 대해 소개했다. 총리는 기뻐하며 온오와 왕애란 부부에게 말했다. "그대 가정은 가족 대대로 전해지는 학문적 뿌리가 깊은 것 같습니다. 그림 그리는 전통도 가지고 있고요. 아이를 어렸을 때부터 잘 양성한 것 같으니 참으로 훌륭합니다. 다음번에 올 때는 그대들의 꼬마 화가도 데리고 오세요." 꼬마 화가를 격려하기 위해 등영초는 친히 영보재(榮寶齋, 베이징의 유명한 서화 골동품 가게 이름)에 가서 붓을 씻는 그릇, 물감, 화선지 등을 사서 총리의 비서에게 시켜 왕소의 집으로 가져다주게 했다. 그때부터 왕소의 그림 솜씨는 더 빨리 늘었다. 그가 1965년 어린이의 날을 맞아 창작한 대형 중국화 「우리는 해바라기, 공산당은 태양」은 제2회 전국소년아동미술대회에 참가해 사회적으로 호평을 받기도 했다.

부의의 출로는 신 중국이고 아이신줴뤄 가족의 출로 역시 신 중국이었던 것이다.

1965년 8월 8일, 모택동이 곤데이 세두를 단장으로 한 기니 교육 대표단과 파디아라 기니 총검찰장 부부를 접견하는 자리에서 나눈 대화 내용은, 왜 신 중국에서만 부의가 출로를 찾을 수 있었는지에 대한 설명이 될 수 있을 것이다.

파디아라는 아시아와 아프리카 법률 관계자 대표단 일원의 신분으로 1960년에 중국을 방문한 적이 있고 곤데이 세두는 처음 중국을 방문했다.

모택동: 중국 경험이 다 좋은 것만은 아닙니다. 일부는 좋은 경험이지만 일부는 그렇지 않습니다.

파디아라: 주석께서는 겸손하십니다.

모택동: 겸손이 아닙니다. 이는 실제 문제입니다. 세계 어떤 곳이나, 어떤 나라나 장점만 있고 결점이 없는 곳은 없습니다. 또 어떤 사람이나 잘못을 저지르지 않는 사람도 없습니다. 하느님이라면 잘못을 저지르지 않을 수도 있겠지만, 우리는 아무도 그를 본 적이 없습니다. 우리가 하는 일은 그것이 어떤 일일지라도 개조 중에 있습니다. 교육도 그러합니다. 과거에는 우리에게 대학 교수도, 중학교 교사도, 초등학교 교사도 없었습니다. 우리는 국민당이 남겨둔 사람들을 모두 받아들여 점차 개조시켰습니다. 물론 그중 일부는 개조가 됐으나 일부는 여전히 원래의 그대로입니다. 개조시키려 해도 그들은 말을 듣지 않습니다. 법원, 검찰원 업무도 역시 마찬가지입니다. 아직까지도 민법, 형법, 소송법을 발표하지 않고 있습니다.

이 대목에서 주석은 접견 자리에 참가한 한유동(韓幽桐) 중국 정치법률학회 서기처 서기를 향해 민법 등을 지금 제정 중이냐고 물었다. "제정 중"이라는 대답을 들은 주석은 외국 손님들을 향해 아마도 15년은 더 걸려야 할 것이라며 말을 이어갔다.

파디아라: 제가 보기에 규정은 중요하지 않습니다. 중요한 것은 의지입니다. 의지만 있으면 방법이 생기기 마련이지요. 규정은 이미 했던 일에 대해 명확히 하는 것이므로 규정은 부차적입니다.

모택동: 그 말에도 일리는 있습니다. 지금 일부 업무를 추진 중에 있습니다. 예를 들면 반혁명분자를 개조하고 형사범을 개조하는 것입니다. 우리에게는 수십 년간의 경험이 있습니다. 15년뿐만이 아니지요. 예전에 근거지에서도 일부 경험을 쌓았던 적이 있습니다.

파디아라: 1960년 나는 장정승(張鼎丞) 중국 최고인민검찰원 검찰장, 동필무(董必武) 중국 정치 법률학회 회장과 이 문제에 대해 담론한 적이 있습니다. 중국은 전범에 대한 개조 문제를 중시한다고 말입니다. 우리 기니도 같은 상황입니다. 전범을 개조해 사회에 유용한 사람이 되게 하는 것입니다. 인민을 동원해야 합니다. 사법기관과 인민을 결부시켜야 합니다. 우리 양국은 같은 문제를 안고 있습니다. 물론 그 결과 그대들은 큰 성공을 거두었지만 우리는 아직도 실험단계에 처해 있습니다. 그대들은 연구방면에서나 실제업무에서나 다 큰 성과를 거두었습니다. 예를 들어 그대들은 마지막 황제를 공민으로 개조시켜 그가 인민의 사업을 위해 일할 수 있도록 했습니다. 주석 선생, 그대는 인민을 믿습니다.

인민을 개조하는 것이 가능하다는 그대의 주장은 전적으로 정확합니다. 우리 양국의 사회적 여건은 좀 다르지만 목적은 일치합니다.

모택동: 곤데이 세두 부장 선생, 그대는 교육분야 종사자가 아닙니까? 죄를 지은 사람도 교육시켜야 합니다. 동물도 교육시킬 수 있지 않습니까? 소에게 밭을 갈도록 교육시키고, 말에게는 밭도 갈고 싸움도 할 수 있도록 교육시킬 수 있습니다. 그러할진대 왜 사람에게는 발전할 수 있도록 교육시킬 수 없겠습니까? 이는 방침과 정책의 문제이며, 또 방법의 문제이기도 합니다. 교육시키는 정책을 취할 것인지, 아니면 버리는 정책을 취할 것인지, 그들을 돕는 방법을 취할지, 아니면 진압하는 방법을 취할지를 결정해야 합니다. 진압하고 압박하는 방법을 취한다면 그들은 차라리 죽기를 각오할 것입니다. 만약 그들을 돕는 방법을 취하고 서두르지 않고 서서히 추진한다면 1년, 2년, 8년, 10년이 지나면 절대다수의 사람들은 진보할 수 있을 것입니다.

곤데이 세두: 참으로 지당하신 말씀입니다.

모택동: 이를 믿어야 합니다. 만약 일부 사람들이 믿지 못한다면 먼저 시범을 보일 수가 있습니다.

이 대목에서 주석은 머리를 돌려 한유동(韓幽桐)에게 말했다. 앞으로 이러한 내용을 법전에 적어넣어야 합니다. 민법, 형법에 다 적어 넣어야 합니다. 그런 다음 주석은 또 목소리를 높여 계속 외국 손님들에게 말을 계속했다. "범죄자도 인간으로 대우해야 한다. 그들에게 희망을 가지도록 해주어야 하며, 그들을 도와야 한다. 물론 질책도 해야 한다. 예를 들어 노동개조공장, 노동개조농장은 더 잘 운영할 수 있다. 범죄자 본인이 자급할 수 있게 할 뿐만이 아니라, 나라를 위해 돈을 모을 수도 있다. 현재 우리 노동개조는 부족점이 존재한다. 주로 우리 관리간부가 강하지 못하고 또 일부 틀린 방침을 견지하는 지방도 있다"고 했다.

파디아라: 내가 보기에 그들은 아주 강합니다. 이런 일은 바로 효과를 볼 수 있는 것이 아닙니다. 이미 거둔 성과만으로도 희망이 넘칩니다. 하나의 기구를 바꾸는 것은 비교적 쉬운 일이지만 사람의 사상을 개조하는 것은 비교적 어려운 일이기 때문입니다.

모택동: 그 문제는 범죄자에 의해 결정되는 것이 아니라, 우리가 결정할 문제입니다. 우리 일부 간부들은 사람을 개조하는 것을 우선시해야 한다는 도리를 모릅니다. 노동과 생산을

첫자리에 놓지 말아야 합니다. 범죄자의 돈을 벌 생각을 하지 말아야 한다 이겁니다.

파디아라: 그 견해에 찬성합니다. 우리에게도 같은 문제가 존재하고 있습니다. 한 가지 일을 하려면 먼저 간부부터 교육해야만 효과를 낼 수 있는 거지요.

모택동: 교육사업에서도 간부가 관건입니다. 한 학교가 잘 운영되고 있는지의 여부는 학교 교장과 당 위원회에 달렸으며, 그들의 정치 수준과 사상 수준에 달렸다는 것이지요.

곤데이 세두: 정확한 말씀입니다.

모택동: 교장, 교원은 학생을 위해 봉사하는 사람들입니다. 학생이 교장과 교원을 위해 봉사하게 해서는 안 됩니다. 우리 법원의 업무와 검찰의 업무는 범죄자를 위해 봉사하는 것입니다.

곤데이 세두: 지당하신 말씀입니다. 찬성합니다.

모택동: 결과적으로 우리 정부는 인민을 위해 봉사해야 합니다. 인민이 우리를 먹여 살리는데, 우리가 잘 먹고 나서 인민을 위해 봉사하지 않으면 무엇을 하겠습니까?

희망은 존중에서 온다. 모택동 사상이 밝게 비추는 속에서 희망의 길은 멀리멀리 펼쳐져 갔던 것이다……

32.
국가행사의 초래장

수도공항에서 일어난 한 건의 중대한 사건으로 인해 1965년 7월 20일 오전 11시, 이 장엄한 순간은 영원히 역사에 기록됐으며 세계를 들썩인 뉴스 한 건이 순식간에 세계 구석구석으로 퍼져나갔다.

국민당 정부 총통 대리를 맡았던 이종인(李宗仁) 선생이 부인 곽덕결(郭德潔) 여사와 함께 먼 길을 날아 북경에 이르렀던 것이다. 성대한 환영대열 중에서 주은래가 오른팔을 약간 받쳐들고 제일 앞줄에 서 있었다. 그 뒤에는 전국인민대표대회 부위원장, 전국정협 부주석, 국무원 부총리, 중국인민해방군 원수, 여러 민주당파 지도자들, 그리고 그해 총통 대리가 파견한 국민당 측 평화담판 대표들과 이종인의 부하였다가 해방전쟁시기에 부대를 이끌고 봉기를 일으킨 국민당 고급 장교와 포로가 되어 10년간 옥살이를 한 뒤 특별사면으로 석방된 전 국민당 고급 군정인원 등이 늘어서 있었다.

야윈 얼굴에 넓은 앞이마, 우뚝 선 콧마루를 가진, 마르고 늘씬한 몸매의 남자가 이종인의 오랜 벗인 장사소, 황소횡(黃紹竑) 등과 함께 앞자리에 서 있는 모습이 사람들의 눈길을 끌었다. 그가 바로 역사문헌자료 전문요원인 아이신쥐뤄 부의였다. 그의 젊고 어여쁜 아내 이숙현이 그의 곁에 서 있었다.

비행기 트랩을 내려온 이종인이 주은래의 안내를 받아 부의 부부 앞에 이르렀다. 발걸음

1965년 7월 20일 주은래의 소개로 부의와 이종인이 친절하게 악수했다.

을 멈춘 총리는 예리하고 깊은 안목으로 곧 일어날 역사적인 장면을 예견하면서 이종인과 곽덕결에게 소개했다. "이쪽은 중국의 마지막 황제 부의 선생입니다!" 그렇게 중국 역사에서 마지막 황제와 마지막 대통령이 중화인민공화국 현임 총리 앞에서 뜨겁게 두 손을 마주 잡았다. 순간 약 반세기 남짓한 중국의 역사가 한 자리에 모인 듯했다. 슬프고 비참했던 세월들이 이곳에 응결됐으며, 파편과 피로 얼룩진 나날들이 아롱져 있는 듯했으며, 거센 역사의 물결 속에서 점점이 돛배와 물방울들이 한 곳에 모이듯이 어제와 오늘, 내일이 서로 응집되어 있었다…….

주은래가 흥분에 젖은 사람들을 다시 역사 속에서 불러냈다. 그가 이종인에게 말했다.

"부의 선생은 새롭게 다시 태어났습니다. 보십시오. 이젠 50여 세인데 그리 돼 보입니까?"

부의도 즐거워하며 앞에 서 있는 전 국민당 총통 대리에게 말했다.

"이젠 59살입니다. 그러나 지금 저는 점점 더 젊어지는 것처럼 느껴집니다!"

총리는 또 이숙현을 가리키며 이종인에게 말했다.

"이쪽은 부의 선생의 부인입니다. 우리 항주 처녀랍니다!"

그 말에 그 자리에 있던 사람들은 다들 즐겁게 웃었다.

그날 밤, 인민대회당 내 화려한 등불 아래에서 성대한 연회가 펼쳐졌다. 주은래 주재로 열린 이날 환영모임에서 이종인이 짙은 광서지방의 억양으로 발언했다. 그는 "과거의 잘 못을 묻지 않는" 중국공산당의 "관대한 정신"을 극찬했으며, 아름다운 조국으로 돌아온 기 쁜 심정을 토로했다. 그는 "조국이 위대한, 빛나는 새 시대에 들어섰다"고 말했다. 그 자 리에 있던 부의는 저도 모르게 자신이 특별사면으로 풀려나 막 북경에 돌아왔을 때를 떠올 렸다. 그들의 느낌이 어쩌면 그렇게 일치했던 것까? 한 사람은 봉건사회 지주계급의 대 표 인물이었고, 다른 한 사람은 반봉건 반식민지 사회 중산계급의 대표적 인물이었는데, 1960년대에 이르러 둘은 공산당이 이끄는 사회주의 조국에서 객관적 진리를 추구하는 가 운데 일치하는 인식을 갖게 되었던 것이다.

보름 뒤 그날은 8월 6일 오후였다. 부의는 또 초대를 받고 주은래 주재로 열린 전국 정 협 이종인 환영 다과회에 참가했다. 이 선생은 역사를 인정했으며 "패배를 인정하는 정신" 을 찬양했다. 그는 모든 국민당 인사와 해외 애국인사들은 "중국공산당과 모 주석이 나라 창립을 인솔하도록 해야 한다. 나라의 건설이 잘되면 우리 모두에게 제 몫이 차례질 것"이 라고 말했다. 그 말을 들은 부의는 큰 감회를 느꼈다. 그는 집으로 돌아온 뒤 부인 이숙현 에게 "종인 선생은 '패배를 인정'하고 나는 '죄를 인정'했다. 이것 또한 좋은 일이 아니겠는 가? 이는 중국공산당의 승리를 의미할 뿐 아니라, 나아가 중국인민의 승리와 조국의 승리 이며, 나와 종인 선생의 후반 인생의 승리라고도 할 수 있다"라고 말했다.

비록 부의가 인생의 전반에 앉았던 황제 자리는 어린 황제, 마지막 황제, 꼭두각시 황제였지만 시대의 비바람 속에서 걸어왔던 지위였다. 그는 정치 가로서 "특별사면"라는 뜻을 물론 알 고 있었으며 자신의 사회적 처지와 짊 어져야 할 역사적 사명에 대해서도 잘 이해하고 있었다.

모택동과 주은래는 언제나 가장 적 절하게 부의를 중요한 국빈들에게 소 개시키곤 했으며, 언제나 그를 명절 행

9월 26일 부의는 이종인이 중외 기자를 초대한 뷔페식 연회에 참가해 손님들과 이야기를 나눴다.

이종인이 중외의 기자를 초대한 뷔페식 연회에서 부의가 기자의 취재를 받았다.

사 참관 등 중대한 국사행사에 초대하는 것을 잊지 않았다. 그런 일은 부의가 특별사면을 받는 순간부터 시작됐지만, 그가 전국정협 대문에 들어서서부터는 그런 일이 더욱 잦았다.

1961년 6월 14일, 유소기 국가주석과 주은래 정부 총리가 중국을 방문 중인 수카르노 인도네시아공화국 대통령 겸 총리를 국빈 초대하는 자리에 부의, 부걸, 온영, 그리고 북경에 온 지 얼마 되지 않은 사가 히로, 마치다 모토코, 호생까지 모두 초청을 받고 참가했다. 석상에서 주은래는 예나 다름없이 부의를 국빈들에게 소개시켰다. 총리는 이런 장소에서 한 사람에 대해 이야기할 때면 언제나 적절하면서도 특색이 있게 했다. 아쉽게도 그간의 세부적인 내용은 알려진 바가 없으나 총리가 국빈에게 부걸을 소개하는 정경에 대해서는 기록이 남아 있다. 총리는 식사를 하면서 수카르노에게 부걸의 변화과정에 대해 설명했다. 그리고 "저쪽 테이블 변두리에 앉은 분이 바로 부걸 선생입니다!"라고 일부러 목청을 높여 말했다. 자신에 대해 이야기하는 말을 듣자 부걸은 급히 자리에서 일어나 국빈들에게 웃으며 인사했다. 그때 그는 총리가 자신에게 눈짓하는 것을 발견했지만 그 뜻을 알아채지는 못했다. 옆자리에 앉은 서빙이 그의 옆구리를 찌르며 나지막하게 귀띔해주었다. "총리께서 당신과 당신 부인에게 술을 권하러 오라 하십니다." 그제야 부걸은 알아차리고 히로 부인을 데리고 귀빈석으로 다가갔다. 총리가 기뻐하면서 수카르노에게 "보십시오. 청나라 황제(皇弟)가 새 시대에 들어섰습니다. 옛날 모습은 그림자조차 찾아볼 수 없지 않습니까? 대단합니다!"[152]

152) 戴明久, 『중국 마지막 황제(皇弟) 부걸』, 앞의 책, 281~282쪽.

당시 손님 접대 모임에 앞서 주은래는 인민대회당극장에서 "문예의 밤"을 마련해 중국을 방문한 팜반동 베트남 민주공화국 총리가 인솔한 대표단을 초대했다. 부의와 그의 가족들도 초대를 받고 아름다운 경극, 오페라 등의 공연을 관람했다.

3개월 뒤 또 많은 나라의 우호적 대표단이 중국을 국빈 방문했다. 그중에서 제일 존귀한 손님은 오스발도 도르티코스 토라도 쿠바공화국 대통령과 마헨드라 비르 비크람 샤 데브 네팔 국왕 · 라트나 라쿠아 라크심 데와(拉特納 · 拉古雅 · 拉克西米 · 德維) 황후였다. 1961년 9월 30일 열린 성대한 건국기념일 초대회에서 주은래는 쿠바 대통령과 네팔 국왕과 그 황후에게 중국의 마지막 황제를 소개했다. 이어 부의는 귀빈들과 일일이 친절하게 이야기를 나누었다. 부의가 마헨드라 국왕에게 깊은 인상을 남긴 사실은 2년 뒤에 입증됐다. 그것은 1963년 10월 25일 곽말약의 초청으로 부의는 중국인민대외문화협회와 중국 · 네팔우호협회가 공동으로 주최한 "문예의 밤'에 참가해 비스바 반두 타파(比什瓦 · 班杜 · 塔帕) 네팔 전국평의회 의장과 그 부인, 그리고 타파 의장이 인솔한 네팔 국가평의회 대표단 전체 귀빈을 열렬히 환영했다. 중간 휴식시간에 곽 선생은 특별히 부의를 타파 의장에게 소개했다. 의장은 부의에게 떠나올 때 마헨드라 국왕 폐하가 부의 선생에게 문안인사를 전해달라고 부탁하더라면서 그는 2년 전에 부의를 만났었으며 "감동적인 이야기"도 들었었다고 전했다.

특별사면으로 풀려난 뒤 한동안 부의는 매년 주은래가 보내온 중요한 명절 초대회와 명절 행사 초대장을 받곤 했다.

부의에게 있어서 1961년의 건국기념일 행사는 평생 잊을 수 없는 행사였다. 그날 맑게 개인 천안문광장 상공에서 바람에 나붓기는 커다란 고무풍선 아래로 "간고분투하고 근검절약해 나라를 세우자!", "농업전선을 강화해 자연재해를 이겨내며 농업생산 증대에 주력하자!", "생산을 늘리고 절약하며 보다 좋은 공업제품을 많이 생산하자!" 라고 씌어 있는 플래카드들이 드리워져 있

1965년 10월 1일 행사에 참가했을 때 가슴에 달았던 붉은 비단 리본.

1961년 10월 신해혁명 50주년 기념 대회에서 주은래는 특별히 이들 세 사람을 한자리에 모여 앉게 했다. 왼쪽은 녹종린(鹿鐘麟. 1924년 11월에 부의를 황궁에서 쫓아냈던 사람), 오른쪽은 웅병곤(熊秉坤. 1911년 무창 봉기 때 제일 먼저 총을 쏜 사람)

었다. 노동자 대오는 강철연합기업의 모형을 받쳐 들고 석탄덩이를 가득 실은 꽃차를 몰고 전진했다. 농민 대오에서는 묵직하고 커다란 붉은 수수 이삭과 황금빛 벼이삭, 한 자도 넘는 옥수수 이삭들로 꽃차 위에 거대한 식량 낟가리를 쌓아올렸다……. 노동자와 농민들이 다양한 형식으로 어려움을 딛고 일어설 것이라는 신념을 굳게 다졌다. 서쪽 관람대 위에 선 부의는 눈앞에서 펼쳐지는 정경을 보자 어느 땐가의 접견자리에서 주은래와 그 사이에 있었던 아주 흥미로운 대화를 자연스레 떠올렸다.

"어려운 시기인데 생활상에 어려운 점은 없습니까?"

주은래가 관심어린 어조로 물었다.

"별로 어려운 점은 없습니다만 요 입이 말입니다. 예전에 음식을 먹어 식탐이 생긴 터라 자꾸 뭔가 먹고 싶은 게 문제입니다."

부의가 웃으면서 솔직하게 말했다.

"먹고 싶은 것은 문제가 아닙니다. 월급 전체로 먹을 것을 사면 될 것 아닙니까. 돈을 꾸지만 않으면 됩니다!"

주은래의 유머 섞인 말은 근거 없는 말이 아니었다. 부의는 그때 당시 결혼 전이어서 정협 기관 독신 기숙사에서 지냈으며 옷이나 생활용품은 거의 정부가 지원해주었다. 그의 월급은 주로 식권을 사고 담배를 사는데 썼다. 그래서 총리는 그가 담배를 사는데 쓰는 돈을 절약해 먹고 싶은 것을 사는 데 쓰기를 바랐다.

"기숙사에서 언제나 혼자서만 먹을 것을 사서 먹으면 너무 미안하잖아요."

부의가 쑥스러워하며 말했다.

"혼자 사서 먹는 것이 미안하면 다른 사람에게도 나눠주어 다들 맛보라고 하면 되지 않습니까!"

주은래의 말에 부의는 웃었다. 부의는 총리가 하는 말이 비록 농담이지만 자신에 대한 격려라고 생각했다. 그는 자신도 조국과 마찬가지로 머리를 쳐들고 가슴을 펴고 용감하게 앞으로 나가야 한다고 생각했다.

그 시기 부의와 함께 일했던 전문요원들은 모두 같은 느낌을 받았다. 즉 부의가 어려웠던 시기 내내 생활적으로 많이 자제하고 스스로에게 엄격하게 요구했다는 인상을 받았던 것이다. 한때 황제였던 사람으로서 돈을 물 쓰듯 하고 산해진미를 먹고 비단 옷을 걸치는데 습관이 되었던 사람이 이토록 절제를 하고 있으니 참으로 대견스럽고 장하다고 느꼈던 것이다.

보름 뒤 부의는 또 주은래가 신해혁명 50주년 기념행사에 참가했던 각지 대표들을 초대하기 위해 마련한 성대한 국가연회에 모습을 드러냈다. 특히 흥미로운 것은 총리가 신경을 써서 특별히 배려해준 덕분에 부의는 녹종린(鹿鐘麟)·웅병곤(熊秉坤)과 같은 테이블에 나란히 앉게 되었다는 사실이었다. 그들이 역사에서 정치적 라이벌이었다는 사실은 모두가 잘 알고 있는 사실이었다. 녹종린은 1924년 11월 5일, 풍옥상 장군의 명령에 따라 부의를 청나라 황궁에서 쫓아낸 장본인이었고, 웅병곤은 1911년 10월 10일, 무창봉기에서 제

부의가 신해혁명 원로들과 기념사진을 찍었다.

일 먼저 총을 쏜 사람이었다. 그들은 나란히 앉아 통쾌하게 건배하며 여유롭게 담소를 나누었다. 그러는 가운데 반세기 동안의 역사적 풍운을 새롭게 품어 녹여내고 있는 그들을 보며 그 자리에 있던 역사학자와 신문 기자들은 감동적인 글을 남기게 되었던 것이다.

1963년 9월 30일 금빛 가을바람이 불어올 무렵, 부의는 예전대로 주은래가 서명한 초대장을 받았다. 그해 건국기념초대회는 실로 평범하지 않았다. 그해는 80여 개 나라의 1,800여 명 외국 손님이 모여들었다. 유난히 주목할 만한 일은 초대회가 끝나갈 무렵 모택동, 유소기, 주은래, 주덕, 송경령(宋慶齡), 동필무 등 당과 국가 최고급 지도자들이 함께 주석단 위에 올라 그 자리에 모인 국내외 손님들에게 축하를 보내자 장내에서 우뢰와 같은 박수소리와 환호성이 오래 동안 지속됐던 사실이다. 집에 돌아온 부의는 아내에게 두 손바닥이 다 아플 정도로 박수를 쳤다고 말했다.

1964년 노동절 전날 밤, 남방의 6개성과 1개시에 대한 참관을 마치고 돌아온 이튿날 부의는 부인과 함께 중화전국총공회 등 12개 전국적인 인민단체가 공동으로 주최한 초대회에 참가했다. 연회청 내에서 주은래는 부의 부부를 발견하자 바로 그들을 주빈 테이블로 불렀다. 그리고 그들을 태드 시리우유몬시(塔得西里烏尤蒙西) 부룬디 왕국 국민의회 의장에게 소개했다. 총리는 부의를 가리키면서 말했다. "이쪽은 중국의 마지막 황제 부의 선생입니다." 이어 그는 이숙현을 가리키면서 "이쪽은 부의 부인입니다"라고 소개했다. 의장은 그 이름이 아주 익숙한 눈치였다. 그는 "부의 각하와 부인을 만나 뵙게 되어 참으로 영광입니다!"라고 아주 예의 있게 말했다. 부의 부부도 크게 기뻐하며 의장에게 술을 권했다. 그때 마침 유소기가 태드 의장 옆에 앉아 있었다. 부의가 어찌 이런 기회를 놓칠 수 있었겠는가? 그 자리에서 국가주석에게 자기 아내 이숙현을 소개했다. 유소기는 상냥하고 친절한 얼굴로 그녀에게 일이며 생활 등 상황에 대해 물었으며, 대답을 듣고 나서는 만족스레 머리를 끄덕였다.

1965년의 건국기념일은 중국 마지막 황제와 마지막 대통령이 역사적 악수를 나눈 뒤에 맞이했다. 기념일 전후에 부의는 더 많은 사회활동에 참가하게 됐다. 9월 28일 부의는 몇몇 역사문헌자료 전문요원들과 함께 초청을 받고 제2회 전국운동회 폐막식에 참가하게 됐다. 그들의 좌석은 국가지도자와 외국 손님들의 좌석과 아주 가까운 주석단 한쪽 켠이었다. 부의는 일기에 폐막식 순서에 대해 상세히 기록했으며 주석단 위에서 벌어진 활동에 대해 서술했다. "유 주석, 주 총리께서 전국운동회 우승자와 세계기록을 수립한 선수들에

 민족 업무 좌담회 참가증

게 체육운동 영예상장을 수여했다. 시하누크 친왕은 또 일부 우수선수에게 캄보디아 왕국 기념메달을 증정하기도 했다. 그리고 나서 지도자들은 선수들과 함께 기념사진을 찍었다."

시하누크 친왕도 부의가 잘 아는 외국 정상 중의 한 사람이었다. 부의가 특별사면으로 풀려난 지 만 1년이 됐을 때 주은래가 인민대회당에서 캄보디아 정상을 위해 마련한 연회에 초대 받았을때 그는 친왕의 풍채를 목격한 바 있었다.

부의의 일기에서는 9월 30일 행사에 대해 간략하게 기록하고 있다. "저녁 7시에 인민대회당으로 가 주 총리께서 마련한 초대회에 참가해 중화인민공화국 건국 16주년 기념일을 경축했다. 우리 모 주석, 유 주석께서 축배 제의를 하고 주 총리께서 연설을 했다." 부의는 당시 행사와 그 이튿날의 건국기념일 행사를 매우 소중히 여겨 특히 커다란 흰 봉투 안에 그 행사와 관련된 몇 가지 실물을 보존해두었다. 그 중에는 초대회에 초청한다는 붉은 초대장과 본인 좌석 소재 구역과 테이블을 설명하는 메모지, 금빛 국장 도안이 새겨진 초대회 식단, 행사 참가자격을 증명하는 붉은 비단리본 행사참가증, 행사 참가시 주의사항에 대해 설명한 통지서가 들어있었다. 그중에서도 제일 기념적 의미가 있는 것은 주은래가 서명한 붉은 색 초대장이었다. 초대장에는 이렇게 씌어져 있다.

중화인민공화국 창립 16주년을 경축하고자 1965년 9월 30일(목요일) 오후 7시, 인민대회당 연회청에서 초대회가 열립니다. 왕림해 주시기를 삼가 청합니다.

주은래

낙관의 석자가 부의에게는 너무나 친절하고 장중하고 위대하게 느껴졌다!

33.
불치병을 극복하다

　불행하게도 부의가 불치병에 걸렸다. 1965년은 병세가 제일 심각했던 때였다. 그러나 가벼운 혈뇨현상은 이미 1962년 5월 중순부터 부의 몸에서 나타나기 시작했다. 중국전통의학 검사결과 "방광습열"이라는 진단을 받았다. 그런데 주의를 기울이지 않아 사람의 목숨을 앗아갈 수도 있는 병 든 세포가 오래 동안 체내에 잠복해 있도록 방치했던 것이다. 1964년 9월초 혈뇨현상이 재차 발생했다. 이번에는 서양식 의학검진을 받았는데 "전립선염"으로 오진됐다. 2개월 뒤 혈뇨가 더 심해져 인민병원에서 입원치료를 받게 됐다.

　주은래는 그때에야 부의의 병세에 대해 알게 됐다.

　어느 때 한 번은 주은래가 동관음사 후퉁(골목)으로 차를 보내 총리가 직접 주재한 외국손님 초대연회에 참석할 수 있도록 부의를 데려오게 했다. 그런데 부의가 참석하지 못했다. 총리는 그제서야 부의가 혈뇨로 병원에 입원한 사실을 알게 됐다. 이튿날 오전 전국정협 역사문헌 업무담당자인 신백순 부비서장이 서화청으로부터 걸려온 전화를 받았다.

　"신백순 동지입니까?"

　"저입니다. 총리님의 목소리인 줄 알고 있습니다."

　"주은래입니다. 듣자하니 부의 선생이 입원했다면서요. 꼭 그의 병을 치료해야 합니다. 혈뇨가 보이는 증세로 보아 절대 일반적인 질병은 아닌 듯하니 꼭 전문가를 배치해 진료하도록 해야 합니다."

"걱정 놓으십시오. 저희들이 최선을 다하겠습니다."

그날 밤 유명한 비뇨기과 전문가 오계평(吳階平)을 비롯해 기타 여러 명의 외과, 종양외과 전문가들로 무어진 의료진이 부의의 병을 진단했다. 오 의사는 벌써 문제가 심각하다는 것을 감지했다. 그는 걱정 어린 어조로 "혈뇨가 사라졌다고는 하지만 문제가 해결된 것은 아닙니다"라고 말했다.

주은래가 친히 당시 진료를 배치해서부터 부의의 병세를 두고 오랜 시간 동안 관찰과 검사단계에 들어갔다. 그래서 오진을 바로잡고 적극적인 치료를 펼칠 수 있도록 여건이 마련됐다.

부의는 1964년 12월 상순에 퇴원했다. 그리고 일에 몰입했으며 중국인민정치협상회의 제4기 전국위원회 제1차회의에도 참가했다. 그러나 얼마 지나지 않아 주은래와 오계평의 예언대로 바로 문제가 나타났다. 1965년 2월 5일 인민병원에서 검사를 받은 결과 혈뇨가 심각해져 부의는 재차 입원했다.

3월 초, 임상 검사결과 부의의 방광 내에 두 개의 유두 모양의 작은 종양이 생긴 사실이 발견됐다. 하나는 콩알만 했고, 다른 하나는 오디만 했다. 게다가 그때 당시 두 종양이 악성일 가능성이 의심됐다. 아니나다를까 2년 여 동안의 혈뇨현상은 신장암의 무서운 징조가 틀림 없었다. 의사로부터 외과수술 제의를 받은 부의는 많이 걱정하는 눈치였다. 동료들이 잇따라 병문안을 와 위로해주었으며 정협 기관의 지도자들도 많은 관심을 보였다. 그처럼 정무에 바쁜 주은래지만 그 모든 사실에 대해 손금 보듯 빤히 알고 있었다. 그는 또 신백순 전국 정협 부비서장에게 전화해 부의를 당장 의료조건이 더 나은 협화(協和)병원 고급간부 병동으로 옮겨 전력을 다해 정성껏 치료해줄 것을 지시했다. 총리는 "부의 방광에 종양이 생긴 것을 반드시 치료해 낫게 해야 합니다"라고 강조했다. 그는 또 부의의 병세에 대해 수시로 보고할 것을 병원 측에 지시했다.[153]

3월 12일, 전국 정협기관은 주은래의 지시에 따라 부의를 무상 의료 지정병원인 인민병원에서 국내 최고 수준의 협화병원으로 옮겨 종양 제거수술 준비에 들어갔다.

3월 19일 주은래의 지시에 따라 협화병원은 제1차로 국무원 총리 판공실에 "부의 병세

---

153) 「부의일기」 1965년 3월 23일자 친필 원고.

관련 보고"를 올려 진단상황과 치료방안을 상세하게 설명했다.

3월 23일 협화병원에서 부의에게 불(火)요법 시술을 통해 순조롭게 방광 종양을 태워 제거했다. 부의는 크게 기뻐하며 이날을 "잊을 수 없는 날"이라고 말했다. 그는 그날 일기에서 감동한 나머지 이렇게 썼다.

"오늘은 잊을 수 없는 날이다. 당의 배려로 나는 협화병원에서 수개월 동안 혈뇨로 갈수록 심각해지기만 했던 방광 종양을 치료 받을 수 있었다. 당과 모 주석은 나를 또 한 번 구원해 주었으며 나에게 또 한 번의 새로운 생명을 주었다. 나는 애써 배우고 일해 자기에게 주어진 새로운 생명을 소중히 여기고 인민을 위해 봉사하는 실제행동으로써 당의 은혜에 보답할 것이다."

4월 5일 부의는 퇴원했다. 그는 그 이튿날로 역사문헌 전문요원 학습에 참가했다. 신백순 부비서장과 마주앉아 마음을 터놓고 얘기를 주고받을 때 부의는 그에게 보내준 주은래의 친절한 배려와 간절한 기대에 대해 알게 됐다. 특히 그의 치료과정에 대해 친히 문의한 사실을 전해들은 그는 눈물을 흘렸다. 그는 자신의 느낌을 4월 20일 일기에 적어 넣었다. 그는 이렇게 썼다.

> "총리께서는 정말 부모처럼 나에게 관심을 주신다. 마치 내가 무순에서 북경으로 오기 전에 김원 소장이 나를 심양역까지 바래다주면서 했던 말 "당신이 몸과 사상이 다 건강하기 바란다"는 말과 맥락이 일치한다. 당은 나의 정신적 지주이다. 내가 아프다는 사실을 제때에 신 어르신께 알려 "협화"로 옮겨 내가 종양을 치료받고 낫게 해, 또 한 번 내 목숨을 구해주셨으며 내 몸의 건강을 지켜주셨다. 내가 자만하게 되면 제때에 신 어르신께 알려 나를 도와 진보하도록 했으며, 내가 사상에 존재하는 잘못―자만 정서를 극복할 수 있도록 해, 또 한 번 나의 영혼을 구제해 내 사상의 건강을 지켜주셨다."

총리를 경애하는 부의의 깊은 마음이 행간에 넘쳐흘렀다. 그러나 무정한 암세포는 계속 커갔다. 그것은 참으로 어찌할 방도가 없는 일이었다!

일기를 쓰고 난 뒤 5일째 되던 날 부의는 혈뇨 증세가 악화되어 재차 협화병원 고급 간부 병동에 입원했다. 별로 이상할 것도 없었다. 의사는 이미 부의의 가족들에게 "불요법"은 그때 당시 의학수준에서 할 수 있는 최고의 치료법이었지만 그 치료에 성공했다고 해도 완치됐다고는 할 수 없으며, 가벼운 혈뇨현상이 수술 뒤에도 가끔씩 나타날 수 있다고 명확히 알려주었었다.

병의 원인은 전면 검사 과정에서 드디어 밝혀졌다. 부의의 일기를 보면 5월 27일 오전 주치의 오덕성(吳德誠)이 검진을 맡아 방광경과 신장 엑스레이 검사를 진행하고 방광 내에 남아있는 종양 뿌리를 전기로 태워 제거했다. 그러나 문제는 좌측 신장 내에 두 개의 땅콩 크기 만한 종양이 있는 것을 발견한 것이다. 그것은 어떤 성질의 종양이었을까? 환자의 정신적 부담을 감안해 오 의사는 부의에게 알려주지는 않았지만, 진단결과는 진료기록에 명확히 다음과 같이 적혀 있었다. "좌측 신장에서 유두 모양의 종양 발견, 좌측 신장 및 수뇨관 절제시술을 진행해야 한다.

병원 확진 결론과 시술 의견은 5월 28일 오후에 나왔다. 바로 같은 날 오후 사이에 일련의 긴급한 상황이 발생했다!

병원에서는 부의의 병세를 즉각 전국정협기관에 보고했다

신백순 부비서장은 병원의 확진 결론과 시술 의견을 즉각 주은래 총리에게 보고했다.

주은래는 즉각 "수술문제는 가족의 동의를 거칠 것"이라는 명확하고 구체적인 지시를 내렸다.

신백순은 즉각 호국사가(護國寺街) 52번지로 가 부의에게 경과와 상황을 설명하고 수술에 대한 가족들의 의견을 물었다.

이숙현과 부의가 "의사의 견해를 존중하며 수술에 동의한다"는 태도를 밝히자 협화병원에서는 즉각 면밀한 시술방안을 제정했으며 그 방안은 최종적으로 주은래의 직접적인 심사 비준을 거쳤다. 총리는 수술 전에 친히 병원에 전화해 반드시 수술을 잘할 것을 요구했다.

1965년 6월 7일, 협화병원 고급간부 병동 비뇨기과 수술실 출입문 위에 있는 지시 등을 통해서도 주은래가 얼마나 이 수술에 관심을 둔 채 진행되고 있어쓴가를 알려주고 있었다. 마취상태의 부의가 수술대 위에 조용히 누워 있었다. 집도는 유명한 비뇨기과 전문가 오덕성 의사가 담당했다. 동작은 빠르고 눈썰미는 민첩했다. 그는 과단성 있고 정확하고 신속하게 좌측 신장 절제술을 한 시간 내에, 방광의 일부와 수뇨관 절제술을 반시간 내에 순조롭게 마쳤다. 화학적 분석결과는 끔찍했다. 절제한 좌측 신장 종양은 다름이 아닌 의학전문용어로 "이행상피세포암"이었다. 부의의 친인척과 동료들은 그가 죽음의 그림자 속에서 헤어 나온 것 같아 한시름 놓았다.

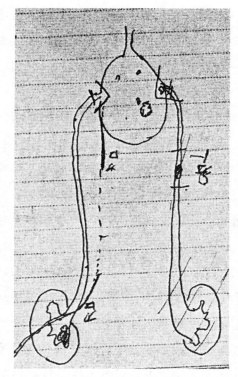

1965년 6월 7일 오덕성 의사가 부의의 일기장에 그려놓은 좌신장 및 좌신장 수뇨관 절제수술 설명 약도 1.

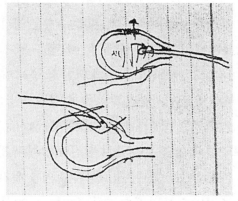

1965년 6월 7일 오덕성 의사가 부의의 일기장에 그려놓은 좌신장 및 좌신장 수뇨관 절제수술 설명 약도 2.

수술 후 실밥을 제거하는 날은 참으로 떠들썩했다. 병원으로 병문안을 와 수술성공을 축하한 지도자들 중에는 유난도(劉瀾濤) 중공중앙 서기 후보 겸 전국정협 부주석, 평걸삼(平杰三) 중공중앙 통전부 부부장 겸 전국정협 비서장, 그리고 이금덕(李金德) 전국정협 부비서장 등이 있었다. 부의는 퇴원 후 건강이 점차 회복됐으며 병세도 안정됐다.

거의 한 해 여름이 다 지나갔다. 그리고 또 다시 가을도 지나갔다. 그리고 겨울이 왔다. 비록 부의 본인은 아무런 이상 증세도 느끼지 못했지만, 주치의 오덕성은 1965년 12월 5일 부의에게 입원해 검사 받을 것을 요구하는 통지서를 보냈다. 병원의 사명감 때문이었다. 그들은 주은래의 분부에 책임져야 했으며 부의의 건을에 책임져야 했다.

그런데 유감스럽게도 입원한 지 일주일 만에 검사 결과 오줌에서 암세포가 발견됐으며 화학 분석 결과 양성반응을 보였다. 위험한 신호였다. "좌측 신장을 이미 제거했는데 우측 신장까지 문제가 생겼단 말인가?" 하는 의구심 속에서, 그 의문점을 밝혀내기 위해 국내 비뇨기과 전문가인 오계평이 주관하고 오덕성 의사가 참가한 가운데 12월 18일 부의에게 전면적인 임상검사와 실험을 했다. 결국 불행하게도 그의 하나뿐인 우신장 내에서도 의심스러운 음영이 있음을 발견하게 되었다.

불길한 징조인 음영에 대해 미처 결과를 밝혀내기도 전에 부의는 또 다른 급성맹장염의 극심한 통증에 시달리게 될 줄은 꿈에도 몰랐다. 밤이 되자 통증은 더 심해졌으며 견딜 수 없을 지경에 이르렀다. 병원 지도층은 제때에 결단을 내리고 12월 30일 깊은 밤 부의에게 맹장 제거수술을 해주었다. 비록 수술은 정상적으로 진행됐지만 부의는 수술 후 자주 혼수상태에 빠져들었다. 입에 검은 거품을 물고 배뇨가 힘들었으며 요독증 합병증을 일으켰다. 어지럽고 메스껍고 복통과 기침 등 증세가 나타났다.

부의가 병고에 시달리고 있을 때 심취가 병문안을 왔다. 제일 먼저 상황을 알게 된 그는 즉시 기관으로 돌아가 심덕순(沈德純) 역사문헌자료 연구위원회 부주임에게 부의의 병세를 보고했다. 심덕순은 즉시 심취와 함께 평걸삼 중공중앙 통전부 부부장 겸 전국정협 비서장 사무실을 찾았다. 평걸삼은 소식을 듣자마자 주은래에게 전화로 보고했다. 정무에 바쁜 총리의 전화는 계속 통화 중이었다. 반시간 동안 거듭 전화한 끝에 겨우 통화할 수 있었다. 총리는 그 즉시 평걸삼에게 북경의 명의들을 모아 모든 수단을 동원해 부의의 목숨을 구해낼 것을 지시했다.[154]

지시가 전해지자 많은 전문가들이 모였다. 부의의 주치의 오덕성은 방광경과 신장관을 이용한 도뇨를 제의했다. 그래서 배뇨문제는 당분간 해소됐다. 직접 주은래의 부탁을 받은 유명한 중의학자이며 중의학 연구원 부원장인 포보주(蒲輔周)도 부의의 병실을 찾아왔다. 그는 부의가 대소변이 안 되는 것은 "삼초(三焦)가 조화롭지 못하고 청(淸)·탁(濁)이 문란하며 기의 움직임이 비정상적인 탓"이라고 판단했다. 그가 중약 몇 첩을 써준 덕에 부의는 비로소 배뇨를 할 수 있게 됐다.

급성맹장염으로 인한 요독증 합병증이 부의에게 막대한 고통을 가져다 주었다. 그러나 진정 부의의 생명을 위협하는 것은 역시 우측 신장 내에 있는 수상한 음영이었다. 실제로 "수상한 음영"은 무서운 종양인 것으로 밝혀졌다. 부의에게 하나밖에 남지 않은 우신장도

---

154) 심취, 「황제가 특별사면된 후─부의와 함께 했던 시절을 회고하다」, 홍콩, 『신만보(新晚報)』, 1981년 4월 14일자.

지킬 수 없게 됐다. "양쪽 신장성 악성종양"은 매우 드문 불치병이었다. 그 병이 부의 몸에 생긴 것이다. 협화병원은 국무원 총리 판공실과 전국 정협에 "부의 병세 관련 보고"를 올렸다. 주은래는 보고를 받아 보고 나서 전국 정협 지도자에게 협화병원 측과 구체적인 치료방안을 의논하는 한편 부의에게 따스한 관심의 정을 보낼 것을 지시했다.

1965년 마지막 며칠은 부의가 가장 고통스럽게 지낸 나날들이었다. 중공중앙 통전부와 전국정협 지도자들인 펑걸삼, 신백순, 이금덕, 심

부의가 투병기간에 해군 병원 장영증(張榮增) 의사(왼쪽 두 번째) 등과 함께 기념사진을 찍었다.

덕순 등이 모두 병원으로 부의의 병문안을 갔다. 어느 한 날은 부의가 막 혼수상태에서 깨어났는데, 마침 펑걸삼 중공중앙 통전부 부부장이 몸을 숙여 그에게 "주 총리와 팽진 시장께서 많이 걱정하셔서 나에게 와보라고 하셨습니다"라고 조용히 알려주었다. 부의는 그때 당시 말을 할 수는 없었지만 연신 머리를 끄덕였으며 눈물을 흘렸다. 그 며칠 동안 부의는 머리가 어지럽고 눈이 침침하며 손까지 떨려 연필도 쥘 수 없었지만, 그는 펑걸삼이 전한 후의를 애써 일기에 적어넣었다.[155] 손이 떨려 필적을 알아보기가 실로 어려웠지만 비뚤비뚤하게, 끊겼다 이어졌다 하며 쓴 글들 사이에서 뛰고 있는 진심 어린 마음만은 똑똑히 보이는 것 같았다.

이미 넘겨버린 1965년 마지막 달력과 함께 맹장염과 요독증으로 인한 대소변 불통 등 병변도 드디어 가라앉았다. 소변의 양이 정상으로 회복되고 신장 기능도 이번 병변 전의 수준으로 회복됐다. 이런 상황에서 협화병원은 1966년 1월 5일 또 한 차례 전문가 진료를 마련했다. 오계평 북경 의학원 부속 제2병원 원장, 오항흥(吳恒興) 일단(日壇) 종양병원 원

---

155) 『부의일기』 1965년 12월 23일부터 25일까지 직접 쓴 원고.

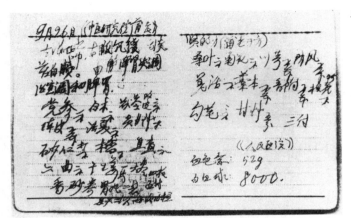

부의가 투병기간에 쓴 일기.

장 등 유명 의학자들이 진료에 참가했다. 주은래의 지시에 따라 전후로 별로 길지 않은 시간 내에 그처럼 높은 수준의 전문가 진료가 여러 차례나 이루어졌다. 전문가들의 거의 일치된 의견은 부의의 하나뿐인 우측 신장을 될 수 있는 한 보존하며 더 이상 수술치료를 하지 말자는 것이었다. 금후 치료방침에 대해서는 일단 병원에서 신중하게 적은 양의 방사선 치료를 하는 한편 보조적 요법으로 국산 내복 신제제(新制劑) 등 화학 항암약물 치료를 병행해 병세의 진행을 억제해 환자의 수명을 연장하는데 주력하기로 했다. 총리는 협화병원이 이번 전문가 진료상황을 근거로 작성한 병세보고를 보고나서 즉시 "평삼걸 동지께서 주의를 기울이세요"라고 지시했다. 총리가 당의 지도간부를 지정해 책임을 맡긴 것은 바로 전문가들의 진료 의견이 관철 이행될 수 있도록 보장하기 위해서였다.

1월 12일 일단 병원에서 경험이 풍부한 세포학 의사를 파견해 부의의 진료 기록, 병세에 대해 파악하고 방사선 치료를 위한 사전준비를 맡도록 했다.

1월 13일 일단 오항흥 원장이 친히 협화병원 방사선과 장 의사와 함께 부의를 위해 엑스선을 방사할 신장 위치를 확정했다.

1월 14일 부의는 일단병원으로 옮겨져 제1차 방사선 치료를 받았다. 오항흥이 직접 주관하고 위신림(魏新林)과 양대망(楊大望) 두 의사의 조작 하에 코발트60을 9분간 쪼였다.

1월 17일 부의는 제2차 방사선 치료를 받았다.

1월 27일 오항흥이 직접 결정해 방사 범위를 1데시미터로 확대해 변두리를 3분간 쪼이고 중심 부위를 5분간 쪼이게 했다.

2월 25일 백혈구 수량이 떨어지는 증세가 나타나 코발트 방사를 2주일간 중단키로 했다.

3월 25일 방사선 치료를 거쳐 암세포 수량이 급속히 줄어 이날 오줌 검사결과 암세포가 발견되지 않았다고 오항홍이 부의에게 알려주었다.

4월 14일 협화병원과 일단병원이 부의를 위해 진료를 펼쳤다. 오항홍은 수십 차례 소변 검사를 거쳤는데 모두 암세포가 발견되지 않았으므로 퇴원해도 되며 반나절씩 일을 해도 된다고 말했다. 그러나 반드시 병세를 감시해야 하며 매주 한 번씩 소변검사를 해야 한다고 말했다. 이상의 기록에서 보듯이 주은래의 배려로 방사선 치료를 시작해 일시적이나마 성공을 거두었던 것이다.

방사선 치료 초기에 벌써 많은 간부들이 부의에게 온정을 베풀었다. 동소붕 국무원 총리 판공실 주임이 주은래의 직접적인 문안을 전하러 제일 먼저 병문안을 왔다. 말하기 좋아하고 웃기 좋아하는 그는 온 병실을 즐거운 분위기로 가득 차게 했다. 이어 심덕순 전국 정협 역사문헌자료 연구위원회 부주임 위원과 그의 부인이 왔고, 장인선(張刃先) 전국정협 역사문헌 판공실 제1부주임과 조증수(趙增壽) 연락팀 판공실 주임이 서빙과 평걸삼 두 지도자를 대표해 병문안을 왔으며 국가 위생부에서도 사람을 파견해 병문안을 왔다. 정신적인 힘이 때론 약물 못지않을 때가 있다는 것을 증명이라도 해주듯이 말이다…….

1966년 4월 16일 부의는 "우측 신장암, 좌측 신장 유두 모양 종양 수술 뒤"라는 진단결과를 가지고 퇴원했으며, 그로부터 새로운 병세 안정기에 들어섰다. 약 반년 동안 부의는 중의학 치료를 통해 장기적으로 꾸준히 다스리는 한편 협화병원으로 주치의를 찾아가 "출근해도 된다"는 진단 증명을 떼 가지고 기관의 지도자를 찾아갔다. 이금덕과 신백순, 심덕순, 장인선 모두가 "당분간 일하지 말고" "마음을 편히 하며 안정을 취할 것"을 권고했으나, 그래도 꼭 출근하고 싶다면 "적당히 학습에 참가하되 발언하지 말고 듣기만 하라"고 말했다. "총리께서 당신을 많이 걱정하고 계십니다. 만약 우리가 당신의 건강을 제대로 돌보지 못하면 꾸중을 듣게 될 것입니다"라고 책임자가 말했다.[156]

주은래는 비록 죽음의 신이 강림하는 것을 막을 수는 없었지만, 부의의 제한된 생명은

---

156) 『부의일기』 1966년 4월 30일 직접 쓴 원고.

연장시켜주었다. 그런데 부의가 이런 생명의 연장을 계기로 열정에 차 일에 투신할 무렵 북경대학의 한 장의 대자보를 시작으로 전국을 휩쓴 인간의 대재앙이 병마보다도 열배는 더 무서운 기세로 덮쳐왔다.

34.
저녁노을

　중국 당대 역사에서 1966년이 고통스러운 시대였다는 사실은 두말할 여지가 없는 일이
다. 그 시대는 언제나 사람들의 가슴 아픈 추억과 연결되어 있기 때문이다. 부의에게는 더
불행한 일이었다. 그는 수억 중국인과 함께 선택할 여지조차 없이 돌이키고 싶지 않은 시
대에 들어섬과 동시에 또 인생의 마지막 노정에 들어섰다. 국제인물과 역사인물, 뉴스인
물로서 부의는 생명의 황혼시기에 물론 뒤틀림과 동란을 겪기는 했지만 소중한 저녁 햇볕
도 받았다. 그 햇볕은 바로 비상시기에 모택동과 주은래가 보내온 따스함이었다.

　"문화대혁명"의 풍파가 대지를 휩쓸고 있을 때 "4인방"은 절대 부의를 가만두었을 리가
없었다. 개조를 거친 마지막 황제를 통해서 주은래의 "썩어가는 것을 신기로움으로 바꾼"
업적은 평가할 만한 일이었지만, 그러나 총리를 앙숙으로 여기는 "4인방"의 입장에서는
반드시 무너뜨려야 하는 불후의 기념비였다. 총리가 애써 부의를 보호하려는 것은 결국 세
계적으로 커다란 영향을 일으킨 신 중국의 인간 개조정책을 보호하려는 것이었다.

　북경대학 섭원재(聶元梓)의 대자보가 나붙기 전에 전국정협기관은, 일이며 학습이며,
여러 가지 활동이며 모든 것은 그래도 정상적이었다. 부의는 정협 직속의 학습팀 활동에
참가해 사회적으로 지명도가 높은 수많은 인사들과 함께 했다. 다만 학습시간이 늘어났을
뿐이었다. 원래는 일주일에 반나절씩 두 차례 학습했었는데 반나절씩 세 차례로 학습시간

이 늘어났다. 양수명(梁漱溟) 선생에 대해 소개한 어느 한 편의 글에서 그 학습팀의 그때 상황에 대해 이렇게 적고 있다.

"1966년 4, 5월부터 양수명 선생이 소속된 전국정협 직속 학습팀도 주 2회에서 주 3회로 학습 시간을 늘리고, "문화대혁명"문제에 대한 학습 토론을 서둘러 실시했다. 공교롭게도 이 팀의 대다수 성원들, 예를 들어 우수덕(于樹德), 왕운생(王薈生), 두율명, 송희렴, 범한걸, 아이신줴뤄 부의, 당생명(唐生明), 진덕군(秦德君) 등은 모두 구체적인 근무처가 없었으므로, 공농병(工農兵)과 간부 및 근무처가 있는 지식인과 비교하면 이른바 국외인이었다. 그들은 "삼가촌" 비판에서 시작된 반복되는 곤경에 대해 당연히 이해할 수 없었으며 종잡을 수가 없었다. 비록 일주일에 반나절씩 세 차례의 학습이었지만 대부분의 시간은 문건을 읽고 신문을 읽는데 썼으며, 늘 발언자가 적어 사회자가 많이 난감해했다. 거의 모든 발언자들이 문건과 신문에 있는 말을 중복했으며, 그리고 나서 "굳건히 지지하며 참답게 학습해 자신을 개조할 것"이라고 한 마디 붙이곤 했다.[157]

그 글의 작자는 그때 전국정협 기관에서 근무했으며 내막을 알고 있는 사람이었다. 그 글에서는 양소명이 6월 7일 오전에 발언한 상황에 대해서도 언급했다. 양 선생은 등척(鄧拓), 오함(吳晗), 요말사, 북경시위의 주요 책임자와 기타 여러 중요 인물들을 모두 갈아치운 데 대해 전혀 이해할 수 없다고 말했다. 그는 문제점은 다년간 혁명을 거쳐 당과 인민의 큰 신임을 얻어 이미 당의 지도핵심층에 들어간 사람에게 그처럼 큰 문제가 생길 수 있다는 사실을 어떻게 이해해야 하며 어떻게 설명해야 할지 알 수 없다고 말했다. 그들이 미리 섞여 들어온 반혁명이라고 하는 것도 변질해 반(反)당, 반(反)사회주의분자가 됐다고 하는 것도 말이 안 된다. 양 선생 역시 중국 현대역사에서 풍운아적인 인물이다. 그의 이런 고론은 돌변한 정치 형세에 혼란스러워하는 아이신줴뤄 부의에게 큰 영향을 주었으며 두 눈이 휘둥그레질 정도로 충격을 주었다.

"붉은 빛 폭풍"이 하늘과 땅을 휩쓸고 있을 때, 부의는 요말사 중국공산당 북경시 위원회 통일전선부 부장이 비판받는 것을 목격했고, 같은 기관 내 역사문헌자료 연구위원회 신백

---

157) 汪東林, 『양소명과 모택동』, 길림인민출판사, 1989, 55~56쪽.

순(申伯純) 부주임 위원이 비판 받는 것을 목격했으며, 평소에 접촉이 잦았고 그에게 관심을 두고 도움을 주었던 수많은 당의 지도간부들이 비판받는 것을 목격했다. 그는 깜짝 놀랐다. 전국정협 기관의 대중조직은 8월 27일 갑자기 공지문을 내붙여 전문요원들에게 그날부터 당장 단체 활동을 중단하고 집으로 돌아가 "학습"할 것을 요구했다. 부의에게 일할 수 있는 권리는 10년간 개조를 거친 뒤에야 비로소 얻은 것이며, 국가 총리가 친히 배려한 것이었다. 그런데도 그 권리가 강제로 박탈당한 것이다. 그는 그만 아연실색하고 말았다. 유소기 국가주석을 공격하는 대자보, 안자문(安子文) 중국공산당중앙 조직부장과 서빙 통전부 부부장 등을 적발하고 비판하는 대자보가 신가구(新街口)의 번화한 거리에 나붙었다. 그리고 부의를 도와 『나의 전반생』 원고를 정리해준 적이 있는 군중출판사 편집장도 "특무"로 몰렸다. 그는 아연실색하지 않을 수 없었던 것이다. 그 시기에 그가 보고 들은 모든 것이 그를 헤어날 수 없는 곤혹 속에 빠뜨렸다. 그는 전혀 이해할 수가 없었다. 심취는 그때 부의를 보러가곤 했는데 "4인방"의 횡포에 대한 얘기만 나오면 부의는 언제나 몹시 분개하곤 했다. 심취가 그에게 사단을 일으키지 말라고 권고해도 그는 대수롭지 않게 여겼으며 그런 방식은 모 주석의 정책에 어긋나는 것이라고 반복했다.

얼마 지나지 않아 정세가 급격히 악화됐다. 역사문헌자료 전문요원들의 처지에 위기가 닥쳐왔다. 두율명과 심취가 제일 먼저 정협 기관 가족 중에서 홍위병들의 조롱과 집중 비난을 받고 모욕적인 욕설을 듣기 시작했다. 이어 요요상의 부인 장영육(張瀯毓), 왕요무의 부인 오백륜(吳伯倫) 등도 중학생 "꼬마"들에게 "국민당 장군 부인"이라며 공격을 당했다. 그리고 두율명, 송희렴, 동익삼 등의 가산이 몰수당했다. 반란파들은 공연히 트집을 잡아 동씨 아내 송백란(宋伯蘭)의 퇴직금마저 몰수해갔다. 일련의 사건들을 보면서 부의는 자신도 더 이상 구경꾼의 입장에서 소란스러운 세상을 피해갈 수 없을 것임을 느끼고 있었으며 그와 그의 가정도 안녕할 수 없을 것임을 직감하고 있었다.

부의를 습격 교란한 첫 번째 사건은 임금 삭감이었다. 전국을 들썩이게 한 "붉은 8월"에 정협 기관과 역사문헌자료 전문요원들이 거주하는 구역에 이들 전문요원들이 노동에 참가하고 임금을 삭감하라고 명령하는 내용이 적힌 대자보가 잇달아 나붙었다. 지금까지 보존되어 있는 그 당시 "동문 명령(通令)" 한 장은 바로 두율명, 송희렴, 정정급 등이 거처하는 전장(前廠) 후퉁(胡同) 내에 나붙었다. 거기에는 이렇게 쓰여 있었다.

국민당 잔여 세력, 잡귀들아, 잘 듣거라. (1) 스스로 임금을 낮추고 노동인민과 동등한 생활을 할 것을 강제로 명령한다. (2) 가정부를 고용하지 못하며 더 이상 기생충 같은 생활을 하지 말 것을 강제로 명령한다. (3) 내일부터 분공을 해 전장 후통 청소를 맡되 한 치의 실수도 없도록 할 것을 강제로 명령한다.

**중학교 홍위병 총대
1966년 8월 26일

송희렴이 써서 이에 대한 답을 한 대자보도 이튿날 벽에 나붙었다. 거기에는 다음과 같이 쓰여 있었다.

"홍위병 꼬마 용사들의 감독과 개조를 성실하게 받아들인다.
(1) 매달 임금은 이미 이달부터 정협기관에서 일부를 떼내 임금을 줄였다. 노동인민들과 동등한 생활을 하는 것은 마땅하다. (2) 우리는 가정부를 고용하지 않았으며 앞으로도 고용하지 않을 것이다. 기생충 같은 생활을 하는 것은 수치스러운 일이다. (3) 내일부터 우리에게 배당된 후통 구역을 깨끗이 청소하도록 보장한다. 그 외에도 해야 할 일이 있다면, 또 우리가 할 수 있는 일이기만 하면 더 많이 할 수도 있다.

두율명, 송희렴, 정정급
1966년 8월 27일

전국정협 기관 내 반란파의 규정에 따라 정협위원 1급(원래 임금은 200원)은 50% 감봉하고, 역사문헌자료 전문 요원 1급(원래 임금은 100원)은 30% 감봉한다. 부의는 몹시 고민스러웠다. 절반을 감봉하고 나면 백 원밖에 되지 않는데 두 병약한 사람이 지탱하기가 어려울 것이었다. 그래서 "130원을 보류해 줄 것"을 요구했지만 비준을 얻어내지 못했다. 결국 9월 월급을 받아보니 벌써 감봉이 된 100원이었다.

"붉은 8월"이 시작되자 별의별 사건들이 잇달아 닥쳤다.

부의가 일기에 기록한 내용을 보면 이름도 밝히지 않은 이상한 전화가 부의를 늘 안절부절 못하게 만들었다. 부의가 인민병원에 진료를 받으러 가면 접수처에서 "가정 성분"에 대해 묻곤 했다. 그는 자신이 바로 "선통"이라고 말하려니 상대방을 놀라게 할 것 같고, 그렇다고 거짓말은 하고 싶지 않고 하여 많이 고민스러웠다. 그래서 동익삼을 불러 같이 정협 기관을 찾아가 상의했다. 그때 기관 지도자들도 진흙 보살이 강을 건너는 격으로, 제 몸도 지키기 어려운 처지다 보니 부의 등의 일에 관여할 능력이 없었다. 그래서 그들에게 스스로 파출소나 지역주민 사무조직을 찾아가 해결책을 의논하라고 말했다. 그러나 부의는 찾아가지 않았다. 그는 그래도 스스로 극복해보기로 했다.

그런데 참을 수 있거나 참을 수 없는 일들이 꼬리에 꼬리를 물고 계속 생길 줄은 전혀 예상을 못했었다.

이숙현은 식량공급소에 가서 밀가루나 쌀을 사려 해도 거절을 당했다. 종업원이 그녀에게 이제부터는 옥수수가루만 팔며 더 이상 밀가루와 쌀을 공급하지 않을 것이라고 정식 통지했다. 부의는 이미 "검은 다섯 부류(黑五類)"의 취급을 받게 됐던 것이다. 아내는 남편이 기관 책임자를 찾아가거나 지역 주민 사무소 책임자를 찾아가 얘기하기를 바랐다. 그러나 부의는 잡곡을 먹을지언정 남에게 폐를 끼치고 싶지 않았다. 그는 아내에게 스스로 극복하자면서 양표(糧票)를 들고 거리에 나가 찐빵을 사다 배를 불릴 수 있으면 되지 않으냐고 말했다.

그러나 동관음사 후퉁 22번지의 두 쪽으로 된 검은 칠을 한 대문도 끝내 열려버렸다. "홍위병" 완장을 찬 "꼬마 용사"들이 잇달아 문을 두드리고 뛰어들었다. 의도가 불순한 불청객들은 지붕 위에 올라가 용마루 위에 있는 돌사자를 부숴버리는가 하면 방안에 쳐들어와 객실에 놓아둔 "자산계급의 가구"들을 들어내라고 강제로 명령하기도 했다…….

부의는 기관 지도자가 귀띔해주던 말이 생각났다. 정상적인 가정생활을 유지하기 위해 그는 공민으로서의 가장 기본적 요구를 제기하고자 관할구 내에 있는 복수경(福綏境) 파출소 문앞 계단을 올랐다. 그의 요구는 아주 간단했다. 관할구 주민을 보호하는 책임을 맡은 공안파출소에서 즉시 인원을 파견해 22번지 울 안에 장기 주둔시켜 줄 것을 요구했다. 수시로 상황이 발생할 수 있기 때문이었다. 그러나 파출소에서는 모든 주민의 집 울 안에 주둔해 보호책임을 담당해야 할 의무가 없었으며 실제로도 그렇게 할 수가 없었다. 그래도 부의의 특별한 신분을 감안하고 당과 정부의 개조정책과 관련된 것을 감안해 그들은 상급부서에 보고하기로 결정했다. 그때 당시 여건에서 그것은 매우 어려운 일이었다. 북경시 공안국이나 국가 공안부나를 막론하고 모두가 일부 민감한 구체적인 문제에서 감히 무모하게 함부로 태도표시를 할 수가 없었기 때문이었다. 그때 어떤 사람이 주은래를 떠올렸다. 부의가 특별사면으로 풀려난 뒤 총리로부터 제일 많은 배려를 받았기에 그들은 서화청 총리 판공실에 전화를 걸려고 시도해봤다. 그러자 명확하고도 고무적인 대답이 들려왔다. 이미 개조를 거쳐 공민이 된 부의 선생은 마땅히 보호해야 한다는 답을 받았던 것이다. 상급기관으로부터 부여받은 권한을 얻은 복수경 경찰소 동지들이 기뻐하며 부의에게 알려주었다. "문제가 해결됐습니다. 앞으로 이상 상황이 발생할 경우 전화만 하면 됩니다." 부의도 기뻤다. 그 자리에서 항상 몸에 지니고 다니는 길이 두 치에 너비 두 치 반인 작은 통신록을 꺼내 그 자리에 있던 인원과 전화번호를 적었다.

"복수경 파출소 : 사(史) 소장, 당(唐) 소장, 방(方) 소장, 왕(王) 소장(지도원), 이지의(李志義)(민경), 진은생(陳銀生)(민경). 전화: .66.6807, 66.6723"

9월과 10월에 또다시 여러 반란파 소분대가 찾아와 문을 두드리자 부의는 약정대로 파출소에 전화했으며 민경이 바로 들이닥쳤다. 때로는 관할구 내 홍위병까지 대동해 분수에 맞지 않은 생각을 품은 "반란파 꼬마 용사"들은 기세등등해서 왔다가 화가 나서 씩씩거리며 돌아가곤 했다.

파출소 소장은 평소에 자주 부의의 집을 방문해 상황을 조사하곤 했는데, 밀가루와 쌀 공급을 중단했다는 말을 듣고 자발적으로 식량공급소와 교섭을 벌여 부의 온 가족의 밀가루와 쌀 공급을 회복시켰다.

부의가 보기에 이 모든 것은 파출소의 위력이었다. 부의가 통지를 받고 9월 29일 건국기념일을 맞아 앞당겨 발급하는 월급을 타러 기관 재무과에 갔는데, 월급이 200원으로 회복

1966년 9월 24일 부의는 일기에 밀가루와 쌀 공급 문제에서 "조정이 잘 됐다"라고 써 넣었다.

1965년 9월 29일 부의의 일기 중에는 "내일 월급을 탄다. 여전히 원 액수대로"라는 임금이 원래대로 회복되었다는 내용이 있다.

된 것을 발견하고 놀라움을 금치 못했다. 그리하여 그는 열심히 생각하기 시작했다.

왜 집 울 안까지 뛰어들었던 홍위병들이 "네 가지 낡은 것을 무너뜨리는 운동"의 전성기에 그 몇몇 민경들에게 굴복해 "반란"을 포기했을까? 파출소에서는 왜 공개적으로 나서서 그를 보호하면서 "황제 보호"라는 죄명을 뒤집어쓸지도 모르는 위험을 두려워하지 않았을까?

왜 식량공급소 간부는 "뒤덮어버리자"는 함성이 자자한 속에서 매국노 황제였던 그에게만은 이미 중단했던 밀가루와 쌀 공급을 회복해 주었던 것일까?

왜 전국 정협 울 안의 대자보는 여전히 붙어 있고 확성기에서는 여전히 떠들어대고 있지만 고작 1개월간 감봉 당했던 부의를 비롯한 역사문헌자료 전문 요원들만은 그렇게 빨리 원래 월급을 회복했을까?

분명한 것은 이는 파출소가 해결할 수 있는 일도 아니고 식량공급소가 해결할 수 있는 일도 아니며 정협기관이 해결할 수 있는 일은 더욱 아니라는 사실이다. 그렇다면 그들에게는 어떤 배경이 있었던 것일까? 부의는 복수경 파출소가 "지도부로부터 권한"을 부여받은 내막은 알 리 없지만 건국기념행사에 초대된 사실에 대해서는 전후 사정을 명백히 알고 있었다.

1966년 9월 30일, 부의는 두율명, 송희렴과 함께 주은래가 신 중국 창립 17주년을 경축하고자 인민대회당에서 마련한 성대한 국가연회에 초대됐다. 이튿날 그들 셋은 또 천안문 주석대에 올라 경축행사와 불꽃놀이 행사에 참가했다. 그때 사람들은 이런 예의성 활동에 대한 참가여부, 서열 순위 등을 놓고 한 사람에 대한 중앙의 태도를 판단하곤 했다. 부의가 건국기념활동에 참가할 수 있는 것은 정치적 보험 외투를 걸친 것과 같았다. 기타 전문요원들마저도 그로 인해 희망을 내다보고 안심했다. 물론 그러한 정치적 효과는 바로 초대를 한 총리가 미리 예측했던 바가 있었기 때문이었다. 정세가 지극히 복잡했던 내란의 세월 속에서 당의 개조정책을 보호하기 위해 총리는 무진 애를 썼던 것이다. 그는 온갖 방법을 동원하여 부의에게 중대한 정치활동에 참가할 수 있는 기회를 마련해 주었으며, 그런 기회를 빌어 그에게 긍정적인 이미지를 수립해주려 했다.

부의는 청조의 마지막 황제로서 중국 자산계급 혁명의 수령이자 초대 대통령인 손중산 탄신 100주년 기념행사를 조직하는 일에 참여하는 것은 물론 매우 의의 있는 일이며 "문화대혁명" 첫해의 특출한 실질적인 예이기도 했다. 당시 기념행사를 조직하는 일은 원래 1965년 10월 24일 열린 전국정협 제4기 제3차 상무위원회의에서 결정된 것이었다. 유소기를 비롯한 271명 준비위원회 명단에 부의의 이름도 들어있었다. 일주일 뒤 부의는 손중산 탄신 100주년 기념 준비위원회 제1차 회의에 참가했으며 유소기 주임 위원의 연설을 들었다. 그는 그 일을 영광스럽게 생각했으며 그날 일기에 손중산 선생의 역사적 업적에 대해 높이 칭송했다. 그는 이렇게 썼다.

"손중산 선생은 반제국주의 반봉건 투쟁을 견지해왔으며, 봉건 황제를 무너뜨리고 중화 민국을 건립했으며, 강(康)·양(梁) 등 황제 보위세력과 첨예하게 맞서 투쟁해왔다. 10월 혁명에서 승리한 후 그는 또 공산당의 도움으로 국민당을 개편했으며, 공산당과 연합하고 소련과 연합하며 농민과 노동자를 지원 협조하는 3대 정책을 제기했다. 그는 제국주의를 타도하자는 구호를 제기했으며 무산계급 선봉대와 합작할 용기를 가지고 있었다. 그래서 그는 낡은 민주주의를 신민주주의로 발전시킬 수 있었다. 이는 그가 세계의 흐름과 인민의 염원에 발맞춰 꾸준히 발전할 수 있었음을 반영한다. 손중산 선생은 노신(魯迅)이 아니며 마르크스-레닌주의자가 아니지만 그는 감히 제국주의를 반대할 수 있는 위대한 혁명가였다."

이러한 국내의 정치형세는 반 년 뒤에 갑자기 돌변했다. 유소기가 주임위원 자격을 박탈당한 건 물론 손중산을 기념해야 할지 말아야 할지, 부의가 참석할 수 있을지 없을지 마저도 문제시됐다.

1966년 10월 24일 손중산 탄신 100주년 기념일까지 20일을 남겨두고 있었다. 모택동은 중앙보고회의에서 기념행사는 예정대로 진행한다고 결정지었다. 주석이 말했다. 민주당파도 있어야 하고 정협도 있어야 한다. 홍위병에게 명확히 얘기해야 한다. 중국의 민주혁명은 손중산이 창조해낸 것이며 강(유위)과 양(계초)을 반대하고, 군주제를 반대했다. 올해는 손중산 탄신 100주년을 맞는 해이다. 왜 기념하지 않으려 하는가? 홍위병들과 의논해 기념회도 열어야 한다.

11월 10일 부의는 손중산 탄신 100주년 기념 준비위원회 마지막 회의에 참가해 준비위원회 요승지 비서장의 준비업무상황 보고를 들었다.

11월 12일 오후 기념대회는 인민대회당에서 성대히 거행됐다. 홀 내 높고 둥근 천정 위에서 다섯 개의 붉은 별이 더없이 밝은 빛을 뿜어내고 있었다. 주석단의 막 위에 3~4장 높이의 손중산의 컬러사진이 드리워져 있었고, 양 쪽에는 각각 5개의 붉은 기가 걸려 있다.

하나 하나의 붉은 기는 흘러간 10년을 대표했다. 붉은 기 아래에는 "1866", "1966"이라는 몇 개의 큰 숫자가 쓰여 있었다. 이 숫자들은 중국의 거인이 탄생해서부터 이 시각까지 한 세기의 역정을 걸어왔음을 밝혀놓은 것이었다. 회의는 동필무가 진행을 맡고 개막사를 했다. 이어 주은래가 연설을 통해 손중산의 위대한 업적을 칭송했다. 그 뒤를 이어 이미 연로한 송경령이 강단 위에 서서 중산 선생의 생애에 대해 흥미진진하게 이야기했다. 하향응 (何香凝) 중국 국민당 혁명위원회 주석과 미야자키 세타미(宮崎世民) 일중우호협회 이사장도 잇달아 연설했다. 유소기, 주덕, 등소평, 그리고 도주(陶鑄) 등 중앙 지도자들도 대회에 참석했다. 부의는 수도 각계 1만 여 명 인사들과 함께 대회에 참가했다. 대회에서 송경령의 연설이 그에게 깊은 인상을 주었다. 회의가 끝나 집에 돌아온 그는 부인에게 "송 부주석은 70세가 넘었는데도 연설을 50분간이나 했습니다. 참으로 대단합니다!"라고 말했다.

부의는 자신이 "봉건 황제"의 "성분"임에도 홍위병 운동의 전성시기에 중산 선생의 기념행사에 모습을 드러낼 수 있었던 것은 주은래의 분부가 있었기 때문이라는 사실을 알지 못했다. 이는 부의가 일생에서 마지막으로 참가한 중대한 국사활동이었다. 이런 사항 외에도 주은래는 부의를 비롯한 전문 요원들에게 닥쳐져 있는 구체적인 문제에 대해 단호하게 간섭하면서 그들을 지지하고 보호했으며 그들이 의외의 일이나 피해를 당하지 않도록 미연에 방지해주었다.

얼마 뒤 9월 감봉됐다가 10월 원래의 월급으로 도로 회복된 이상한 사건의 내막이 드디어 드러났다. 사건의 원인은 심취에게 있었다. 그는 10월초 기관 재무과에 월급을 타러 갔는데 두율명 등의 부탁을 받고 그들의 월급까지 대신 타주게 됐다. 월급봉투를 열어보니 원래 월급으로 회복돼 있었다. 심취가 이상해서 왜 임금 삭감으로 감소된 부분이 없느냐고 물었다. 그랬더니 상급자로부터 통지를 받았다면서 앞으로는 삭감하지 않을 것이며, 지난 달에 깎은 월급은 보충 발급할 것이라는 답변이 돌아왔다. 상급자란 또 누구라는 말인가? 재무과에서 말하지 않으니 심취도 물어보기가 불편했다. 그가 월급을 타가지고 전창후통 (前廠胡同)에 들고 가서 거기 살고 있는 두율명, 송희렴, 정정급 등에게 나눠주자 그들은 모두 어리둥절해하며 의론이 분분했다. 전국정협과 중앙 통전부의 지도자들이 모두 자신을 돌볼 겨를도 없으니 이런 일에 관여할 능력이 없을 테고 그렇다면 "상급자"란 도대체 누구를 가리키는 것일까? 이때 같은 울 안에 살고 있는 민주인사이며 국민당 제1병단 부사령관을 담당한 바 있고, 1949년 호남봉기에 참가했던 전국정협위원 당생명이 방 안으로 걸어 들어왔다. 그는 매우 격동된 상태로 "내가 방금 전에 믿을 만한 인사에게 전화로 물어봤는데 주 총리 판공실에서 정협에 전화해 민주인사와 특별사면 인원의 월급을 삭감하지 말 것을 지시했다"며 말했다. 그 말을 들은 그 자리에 있던 사람들은 눈시울이 붉어졌다. 그 후 양수명도 다른 경로를 통해 같은 소식을 입수했다. 심취가 실마리를 쫓아 조사한 끝에 끝내 그 일의 진상을 밝혀냈다. 원래 9월에 감봉한 것은 정협기관의 반란파들이 오랜 지도자를 무너뜨리고 중학교 홍위병들이 거리에 내붙인 "동문 명령", "강제 명령" 따위의 유행 통지문에 따라 결정한 것이었다. 그 소식은 바로 주은래의 귀에 들어갔으며 그는 즉시 명령을 내려, 민주인사와 역사문헌자료 전문요원들의 원래 월급을 반드시 회복할 것, 1위안도 줄이지 말 것, 이미 삭감했던 월급은 반드시 보충 발급할 것을 지시했던 것이다. 반란파 우두머리들은 비록 내키지는 않았지만 중남해의 명령이니 실행하는 수밖에 없었던 것이다.[158]

이와 동시에 주은래는 전국에서 올라온 대량의 지시 요청 전보를 받았다. 모두 투쟁 받는 중인 간부의 월급을 변경해야 할지 여부를 물어보는 전보였다. 이에 총리는 1966년 9월 18일 전국에 전보로 다음과 같이 지시했다.

"**비판 투쟁 대상의 월급에 대한 처리 의견:**

이미 죄질이 확정된 사람일지라도 잠시는 변경하지 않는다. 만약 본인이 월급을 적게 타겠다고 요구하거나 월급의 일부를 당비로 바치겠다고 할 경우는 스스로의 의견에 따르되 강박하지 않는다. 또 비용 감소로 병이 나거나 하면 안 된다. 죄질이 확정되지 않은 사람은 월급을 원래대로 발급한다."[159]

이러한 조치는 기본적인 대우면에서 간부에 대한 최대한도의 보호였다.

홍위병의 공격을 받지 않도록 부의를 보호한 개별적 사례가 주은래의 대뇌를 거쳐 하나의 정책으로 전환될 무렵, 중국의 마지막 황제 한 사람이 혜택을 받을 수 있게 됨으로 해서

---

158) 왕동림, 『양수명과 모택동(梁漱溟與毛澤東)』, 길림인민출판사, 1989, 274~275쪽. 심취, 「황제가 특별사면 된 후─부의와 함께 했던 시절을 회고하다(皇帝特赦以后─回憶與溥儀在一起的時候)」, 홍콩, 『신만보』, 1981년 4월 18일자.
159) 『주은래 선집(周恩來選集)』 하권, 인민출판사, 1984, 452쪽.

많은 사람이 혜택을 볼 수 있도록 발전했을 때에 이르러서야 그 내막이 비로소 점차 외부에 알려지기 시작했다. 수개월 뒤 비교적 명망이 높은 부의의 전문요원 동료가 당시의 상황을 회고하여 일기에 적었는데 "천기누설" 비슷한 느낌이 들 정도였다.

> "나는 공안부 관계자가 얘기하는 것을 들었는데, 우리가 무산계급 문화대혁명 속에서 오늘 같은 날이 있고, 대체로 무탈한 것은 중앙의 지시가 있었기 때문이란다. 이 부류의 사람을 건드리지 말라……. 그 지시는 공안부, 공안국, 우리 기관에도 전달된 적이 있다. 그렇지 않고서 누가 이 부류의 사람들을 지킬 수 있었단 말인가? 공안부도 지켜주지 못할 것이며, 공안국, 파출소는 더더욱 지켜주지 못할 것이며, 기관도 지켜주지 못할 것이다."

여기서 말하는 "중앙의 지시"란 주은래의 지시임이 틀림없다! 그 특별한 역사 시기에 오직 그만이 모택동을 대표해 부의와 같은 부류의 사람들을 보호하라는 지시를 내리고 그 지시가 효과적으로 관철 이행되도록 할 수 있는 박력과 능력을 지녔기 때문이다. 같은 시기 총리는 "보호해야 할 간부의 명단"과 간부를 보호하는 것에 대한 전보문을 대량으로 작성하고 발송하지 않았던가? 그간의 내막은 20년 뒤에야 장함지(章含之)의 한 편의 회고글에서 밝혀졌다.

그때 장함지는 북경대학에서 교편을 잡고 있었는데 홍위병의 공격을 받으면서 액운이 그 아버지인 장사소에게까지 미쳤다. 1966년 8월 29일 밤 장씨 집안이 수색을 당했다. 장사소는 그날 밤으로 모택동에서 편지를 써 가택을 수색당하고 투쟁을 받은 상황에 대해 설명했다. 편지를 띄운 이튿날 주석이 친필로 쓴 답장을 받았는데 "이미 총리에게 배치하라고 부탁했다"는 내용이 적혀 있었다. 주석은 장사소의 편지를 넘길 때 "총리에게 전해 적절하게 처리하도록 하라. 응당 보호해야 한다"라고 명확히 지시했다. 이 기회를 빌어 총리는 장사소를 보호할 주도면밀한 조치를 취했을 뿐 아니라 적시적으로 보호해야 할 명단을 차례차례 제기했던 것이다.[160] 모택동과 주은래는 일부 국가 지도자와 원로 혁명 간부들을 보호하고 국가에 중요한 기여를 한 고급 민주인사와 봉기를 일으켰던 장군들을 보호하는 한편, 황제에서 공민이 된 부의와 전범에서 공민이 된 그의 전문요원 동료들을 보호하는

---

160) 장함지, 「모택동과 장사소(毛澤東和章士釗)」, 「모택동의 교제록(毛澤東交往錄)」

것도 잊지 않았다.

주은래가 부걸과 사가 히로 부부에 대한 보호가 바로 그 생생한 실례이다. 바로 주은래가 부걸로 하여금 반란파의 예봉을 피할 수 있게 했다. 사이온지 긴이치(西園寺公一) 선생은 "부걸도 역시 주 총리의 신변에서 생활했다. 부걸이 만약 홍위병들에게 끌려 나가 비판을 받았다면 그는 견딜 수 없었을 것이다"라고 말한 적이 있다.[161] 부걸 스스로도 말한 적이 있다. "홍위병이 우리 집에 왔다. 나와 아내는 주 총리의 보호를 받았다. 근무하던 기관에서 매번 회의를 소집해 나를 비판하려 할 때마다 나는 출근하지 않고 집에 있곤 했다."

확실히 그런 적이 있었다. 속사정을 잘 아는 홍위병은 부걸이 완전 무방비상태일 때 갑자기 나타났다. 순식간에 호국사거리(護國寺街)의 고요하던 사합원 내에서 구호가 하늘땅을 진동하고 붉은 기가 휘날렸다. 그들은 "매국노 황제의 아우"만을 목표로 온 것이 아니었다. "장기간 잠복해 있던 일본 여자 특무"도 그들의 표적이었다. 더욱 이상한 것은 울 안에 들어서자마자 제일 먼저 주방에 뛰어든 것이었다. 그리고 바로 조미료 찬장 안에 배열돼 있는 일본에서 계속 보내온 간장과 초를 담은 병 따위를 찾아내서는 마치 도무지 용서할 수 없는 적을 만난 것처럼 바로 산산이 부숴버렸다. 홍위병들이 거들먹거리며 떠나간 뒤 부걸과 사가 히로는 온 바닥을 가득 메운 유리조각과 고여 있는 간장을 바라보며 멍해 있었다. 사가 히로가 북경에 정착한 뒤로 친척과 친구들이 늘 일본에서 식품이나 조미료를 부쳐 보내곤 했다. 설마 이것도 "죄악"이란 말인가? 그들은 도무지 받아들일 수 없었다. 그 무리들은 첫날 다녀갔다가 이튿날 또 왔다. 부걸은 안으로 문을 잠그고 등불을 끈 채 아무 소리도 내지 않았다. 사가 히로는 자신의 회고록에서 그 일의 진상을 서술했다. 그는 앞장선 홍위병이 남편의 외조카일 줄은 꿈에도 생각지 못했다면서, 그들은 큰 충격을 받았다고 썼다. 그러나 홍위병들은 당시에는 감히 문을 부수고 들어오지는 못했다. 그 후에는 더 이상 오지 않았다. 왜 그랬을까? 원래 주은래가 이 소식을 듣고 즉시 지시를 내려 소동을 피우지 못하도록 제지시켰던 것이다. 그는 홍위병들에게 특별사면으로 풀려난 뒤 나라에 공헌한 부걸과 사가 히로 부부을 정확히 대하라고 교육하는 한편 관련 부서에 부걸의 가택이 침범을 당하지 않도록 보장해 줄 것을 지시했다. 그 일에 대해 사가 히로는 더없이 감사

---

161) 『붉은 귀족의 춘추-사이온지 긴이치 회고록(紅色貴族春秋-西園寺公-回憶錄)』, 중국평화출판사, 1990, 220~221쪽.

하는 마음으로 이렇게 썼다.

"문화대혁명 때 수많은 북경 시민들이 이런 충격을 받았다. 어떤 사람은 온갖 고통을 다 겪고 갖은 시련을 다 겪었다. 주은래 총리께서는 어디서 소식을 들었는지 당장 우리에게 보호 조치를 해주었다. 기나긴 문화대혁명 기간 동안 주 총리의 배려가 우리 일가를 구해주었다."[162]

주은래는 특수한 역사 환경 속에서 부의를 구원하고 부걸을 구원했으며, 또 아이신줴뤄 가족의 다른 식구들을 구원하는데도 진력을 다 했다. 도광(道光) 황제의 장자 은지군왕(隱志郡王) 혁위(奕緯)의 제4대 손 손육낭(孫毓崀)은 이렇게 회억했다.

"문화대혁명 초기 홍위병들은 그의 집에서 그 아버지 홍두관주 부동(溥侗)이 서양인과 함께 찍은 사진을 수색해내서는 외국과 내통한 증거로 삼았다. 그리 되어 육낭에게 제왕의 후대 자손, 반혁명분자라는 팻말을 걸게 하고 비판을 행했는데 팔을 비틀어 불구로까지 만들었다. 그는 다음과 같은 소중한 역사사실을 회억해냈다. 한 번은 내가 홍위병들에게 매를 맞고 있었다. 그러자 파출소 소장이 홍위병들에게 말했다. '저 사람은 나이가 어립니다. 과거에는 가정 역사 문제였구요. 요즘 행동을 보면 그다지 나쁘지도 않습니다. 제멋대로 못된 짓을 하지도 않구요. 그러니 저 사람은 때리지 마십시오.' 그의 말이 내 목숨을 구했다. 1982년에 그 소장을 만났을 때 감사하다고 인사를 했더니 그제야 그가 말했다. 그때 주 총리께서 북경의 아이신줴뤄 가족은 보호해야 한다며 그들이 당을 반대하고 사회주의를 반대하지만 않으면 보호해야 한다고 지시했다는 것이었다. 다행히 주 총리의 보호가 있었으니 망정이지 그렇지 않았으면 나는 그때 맞아 죽었을 지도 모른다."[163]

---

162) 사가 히로, 『떠돌이 왕비(流浪王妃)』, 북경, 시월문예출판사, 1985, 185~186쪽.

163) 郭招金, 『마지막 조정의 자손들(末代皇朝的子孫)』, 단결출판사, 1991, 117쪽.

35.
런던지를 통해 전해진
기쁜 소식

　모택동과 주은래의 보호 덕분에 부의와 그의 가정은 "네 가지 낡은 것을 뒤엎는" "붉은
색" 거센 물결을 무사히 피해갈 수 있었다. 그런데 부의가 쓴 책이 그때 그만 "물에 빠지고
말았다."

　『나의 전반생』은 1964년 3월에 출판됐다. 제1차로 3만 4,500권 인쇄 제작했는데 "내부
발행"이라고 밝혀 제한했음에도 불구하고 여전히 발 없는 말이 천 리 간다고 소문이 퍼져
일순간에 다 팔려 나갔다. 그해 11월에 제2차로 3만 권 인쇄 제작했는데 또 금방 다 팔려버
렸다. 그러나 유감스럽게도 출판자가 제3차 인쇄 시기를 제대로 때에 맞추지 못해 대 재난
기간 인쇄되는 바람에 인쇄된 2만 권의 도서가 인쇄공장에서 실려 나와 불에 태워졌다. 그
런 의미에서 "물에 빠진 것"이 아니라 "화장" 당했다고 해야 맞는 말이 된 것이다.

　그런 일을 그 시대에는 아무도 원망할 수 없었다. 출판기관의 지도자에서부터 신화서점
의 영업원에 이르기까지 아무도 책 몇 권을 판매하기 위해 "봉건 제왕을 미화했다"는 죄명
을 뒤집어쓰려고 할 리가 없었다. 그들이 감당할 수 있을 만한 일이 아니었다.

　작자로서 그리고 장편 자서전의 주인공으로서 부의는 당연히 책과의 관계를 벗어버릴
수가 없었다. 『나의 전반생』을 비판한다는 명분 아래 부의에게 묵은 빚을 청산하라는 편지

가 결국 1966년 9월 15일 동관음사 후통 22번지의 고요하던 부의네 집문을 두드렸다. 그 편지 전문은 위협적인 어투로 쓰여져 있었다.

"아이신줴뤄 부의, 그대는 정말 개조를 받았는가? 석방된 뒤 그대는 당과 인민을 위해 무엇을 했는가? 그대는 인민의 돈을 받고 공산당의 밥을 먹으면서 어떤 글을 썼는가?"

편지에서 『나의 전반생』에 대한 비판은 생트집을 잡는 것이 확연했다. 부의가 조부 혁현(奕譞)을 "영광스럽다"라고 쓰고, 조모 유가씨(劉佳氏)를 "인자하다"라고 썼으며, 부친 재풍을 "관직을 싫어한다"라고 쓰고, 융유(隆裕) 황태후는 너무 "백성을 사랑한다"라고 썼다고 비판했다. 편지에서는 또 자신의 죄악을 "다른 사람에게 뒤집어씌웠다"고 하는 등 헤아릴 수도 없을 만큼 많은 트집을 잡았다. 그 편지 제일 마지막 단락에서는 더더욱 공격적인 어투로 쓰여 있었다.

"똑똑히 들으시오. 나는 먼저 그대의 『나의 전반생』 몇십 쪽을 보고 그대의 대답을 듣고자 하오. 그렇지 않으면 전국의 공농병에게 그대를 비판하라고 호소할 것이오. 제일 마지막 한 쪽까지 비판할 것이며 그대가 잘못을 인정할 때까지 비판할 것이오. 그대는 이 책이 해가 된다고 선언하고 원고료 5천 위안을 국가에 도로 바쳐야 할 것이오. 나는 몰래 숨어서 일을 꾸미지 않을 것이오. 그러니 마음의 준비를 해두는 것이 좋을 것이오."

그 편지를 쓴 사람은 원래 만주국 황궁의 "사내아이 종"이었다. 그는 그때 당시 "강덕 황제"의 잔인함과 난폭함을 기억했을 것이며, 벌을 받았던 탓에 자신의 몸에 남아 있는 수많

1966년 9월 15일자 부의 일기 중에 손박성(孫博盛)이 편지를 보낸 상황에 대해 적고 있다.

은 상처자국들을 잊을 리가 없었을 것이다. 편지 내용에 그 "아이 종"의 계급적 원한이 담긴 것도 이해할 수 있는 일이었다. 또 문구들 사이에 묻어나는 "문화대혁명"적인 극'좌'사상 역시 이상할 것이 없었다. 그러나 당사자인 부의는 견딜 수 없는 내용이었다.

이숙현의 회억에 따르면 부의는 그 편지를 보면서 "너무 무서워했다. 혼이 다 빠져나간 것 같았다. 목석처럼 전화기 옆에서 편지를 쥔 두 손을 부들부들 떨면서 오래도록 그렇게 꼼짝 않고 서 있었다." 정신이 좀 들자 그는 즉시 전국정협기관과 대중출판사에 전화 통화를 시도했으나 계속 걸리지 않았다. 겨우 전화가 통했지만 사람을 찾을 수 없었다. 그날 부의는 식음을 전폐했으며 밤에는 잠도 이루지 못했다. 꿈속에서 이따금씩 울면서 깨곤 했다.

장춘에서 전해온 편지의 요구에 따라 이튿날 부의는 원고료를 전국정협기관에 바쳤다. 그 원고료 총 금액은 1만 위안이었다. 그때 당시 이는 어마어마한 액수였다. 원고료를 받은 부의는 원고 정리를 도운 편집인원들을 잊지 않고 그들에게 원고료의 절반 금액을 사례금으로 떼어주었다. 나머지 절반 원고료의 행방에 대해 부의는 1966년 9월 16일 일기에 기록해놓았다.

> "정협기관으로 가 장인선 주임에게 원고료 4천 위안을 드리고, 나머지 1천 위안 중 자료 제공을 도운 사람들에게 사례금으로 6백 위안을, 그 외 4백 위안은 숙현이 병치료에 썼다. 지금 실제 저금액은 4백 위안밖에 안 됐다. 그것을 나라에 도로 바쳤다."

멀리서 오는 호된 질문은 부의가 원고료를 환원했다고 해서 사라지지 않았다. 장춘에서는 여전히 며칠 만에 한 통씩 편지를 보내왔다.

혹자는 부의가 회답 편지에 도장을 찍지 않았다면서 "이는 책임지지 않는 태도요. 내가 띄운 편지는 도장을 찍었소. 그럼 그대의 도장은 아직도 옥새와 같은 것이오?"라며 질책했다.

혹자는 부의가 "또 거짓말을 한다"며 "잘 들으시오. 답장이 만족스럽지 않으면 그대의 사실에 근거해 홍위병총부와 연락을 취할 것이오. …… 전단지를 찍어 각지에 돌릴 것이니 그때 가서 후회하지 마시오. 그때 다시 반성해도 용서하지 않을 것이오!"라고 위협했다.

혹자는 부의에게 끈질기게 치근거리며 성가시게 굴었다. "예전에 그대에게 편지를 쓴 것은 비공식적인 비판이었으며 사상적 각오를 하라고 귀띔한 것이오. 내 업무가 바쁜 관계로 이제부터는 한 쪽씩 비판해나갈 것이오. 상세하게 보기 바라오. 그래야 심각하게 인식할 수 있으니까. 문화대혁명은 인간의 심금을 울려주는 운동이오. 고작 종이 몇 장으로 그대 사상의 깊은 곳까지 울려줄 수 있겠소? …… 지금 그대가 대강대강 얼버무려 일을 끝내려 들고, 폐쇄주의를 고집해서야 되겠소?"라고 말하기도 했다.

혹자는 "그대가 공산당의 교육을 받은 세월도 짧지 않지 않은가? 풀려나서부터 1964년 까지 짧은 세월이 아니지 않은가? 당에 감사하다는 건 정말인가? 아니면 거짓인가? 정말 제대로 개조된 것이 맞는가? 그대는 자신의 『나의 전반생』 책이 당의 위대한 개조정책을 선양한 것이라고 말하지만 나는 그대가 자신과 자기 가문을 선양했다고 말해야겠소. 사실 은 웅변보다 힘이 있는 것이오. 그런지 아닌지 그대의 이른바 『나의 전반생』이라는 책을 펼 치고 찾아봅시다!"

비록 편지를 쓴 사람이 받아들이기 어려울 정도로 신랄하고 매몰찬 단어를 대량으로 사 용했지만 부의는 마음속으로 그를 양해했으며, 그가 어렸을 때 받은 고통에 대해 마음속 깊이 죄책감을 느꼈다. 부의는 모든 편지를 꼼꼼히 읽었으며, 자신의 저서를 한 쪽 한 쪽 진지하게 검토하면서 더 정확히 인식하고 더 심각하게 검사해 그 사람이 만족할 수 있기를 희망했다. 첫 회답편지에 부의는 "내가 비록 특별사면을 받긴 했지만, 과거에 조국과 인민 에 저지른 죄악은 확실한 사실입니다. 한시라도 잊어서는 안 된다고 생각하고 있습니다" 라고 진심으로 말했다. 그는 『나의 전반생』에서 "일부 사실에 대해 폭로하기는 했지만 문 구에는 자신이 저지른 나쁜 짓에 대한 변명의 뜻도 담겨 있다"고 인정했다. 두 번째 회답편 지에서 부의는 반성자료를 한 부 첨가하기까지 했다. 『나의 전반생』 제1쪽부터 제104쪽까 지 보면서 잘못 된 곳 14군데를 찾아내 정치노선의 원칙에 따라 하나씩 자아비판을 진행했 다. 부의가 아홉 번째 회답편지를 쓸 때는 이미 "잘못"된 60여 군데를 찾아내 자아 반성을 했다. 장춘으로 보낸 편지는 점점 두터워졌지만 이상하게도 아무리 반성해도 인정해 주지 를 않았다.

편지를 써 보내는 사람이 제기하는 문제점은 갈수록 많아졌고 그 장수는 갈수록 길어졌 으며 비판의 목소리는 갈수록 높아만 갔다. 최초에는 그저 책 속의 내용에 대해서만 비판 하더니 후에는 "정치적 배경"까지 들춰내 조사하기 시작했다. 1966년 12월 1일 보낸 다섯 번째 편지에서는 이런 한 내용이 똑똑히 적혀있었다.

"『연산야화(燕山夜話)』에서는 빙빙 둘러서 당을 헐뜯고 비난하지 않았는가? 그대는 왜 책에서 공산당을 비난했는가? 그대의 책은 1964년에 출판된 것이오. 해방 초기에 쓴 것이 아니란 말이오. 그렇다면 그것이 무슨 뜻인지 모르겠는가? 나는 그대가 다른 저의가 있다고 말할 것이오. 그대는 어떤 사상을 토대로 쓴 것인가? 누구의 지지를 받았는가? 배후 조종자는 누구인가? 대중출판사의 어느 지도자인가? 아니면 다른 누구인가?"

주지하다시피 1960년대 초에 출판된 등탁의 저작 『연산야화』는 "문화대혁명"의 "서막을 알리는 북소리와 징소리"로 여겨져 지극히 공정하지 않은 비판을 받았으며 아무런 근거도 없이 "당과 사회주의를 반대하는 반동 서적"으로 비난 받았다. 그래서 『나의 전반생』을 포함한 수도 없이 많은 책들도 "반동 서적"이 돼버렸다. 있지도 않은 죄명을 부의는 어떻게 인정해야 하는지, 거기에다 "배후 조종자"까지 캐묻고 있으니 매우 난감했다. 부의는 누가 그에게 『나의 전반생』이라는 책을 쓰라고 지지했는지를 너무 잘 알고 있었다. 그들은 바로 모택동과 주은래였다. 그러나 그 같은 역사 환경 속에서 부의는 어떤 설명도 할 수가 없었다.

수없이 많은 문제들을 안고 부의는 전국정협기관의 역사문헌자료 연구위원회 심덕순 부주임 위원과 역사문헌자료 판공실 장인선 주임 두 명의 옛 지도자를 찾아갔다. 그들은 부의가 "조직에 의지하려는 것은 잘한 일"이라고 칭찬하는 한편, 그에게 "문제에 봉착하면 스스로 대책을 강구해보라"고 말해 주었다. 그때는 특별한 역사시기였으므로 많은 일들에서 지도자도 속수무책이었다. 부의는 그런 말을 듣고 비록 무슨 얘기인지는 알아들었지만 요령은 알 수가 없었다.

1966년 12월 2일, 부의는 또 출판사의 책임편집자에게 전화해 "나쁜 영향"을 해소할 수 있도록 도움을 청하고자 했다. 그런데 전화를 받은 사람은 내막을 잘 알고 있는 책임자가 출타 중이라고 알려주었다. 부의는 전화에서 아주 간곡하게 말했다. 그는 어느 개인에 의지하려는 것이 아니라 조직에 의지하려는 것이라고……. 장춘에서 온 편지에서는 그의 거듭되는 반성에도 여전히 만족하지 않고 그에게 계속 상세하고 전면적으로 반성할 것을 요구했기 때문이다. 그래서 그는 많이 난감했다. "제 자신은 수준에 한계가 있어 더 이상 어떻게 반성해야 할지를 모르겠으니 출판사와 의논해보고 싶다"고 말했다. 전화를 받은 사람은 비록 "지도자에게 반영해보겠다"고 대답했지만 그 후 감감무소식이었다.

조직에도 더 이상 의지할 수가 없었다. 동료 동익삼이 자신의 경험에 비추어 방법을 제시해주었다. 그는 부의에게 이런 특별한 역사환경에서는 "오로지 스스로 독립적으로 어려움을 극복하고 해결하는 수밖에 없다"고 알려주었다. 그러나 부의에게 있어서 일반인들처럼 자립한다는 것은 너무나 어려운 일이었다. 하물며 사면초가의 궁지에 몰린 실정이라 더욱 어려웠다. 부의는 스스로를 "물에 빠져 허우적거리는 사람"에 비유했다. 여기서 그때 당시 그의 진실한 입장에 대해 읽을 수가 있을 것이다.

마음이 급한 부의는 혈압이 갑자기 올라갔으며 1966년 12월 23일 요독증까지 발병해 협화병원에 입원하게 됐다. 입원해 있는 동안에도 이숙현은 장춘에서 쉴새 없이 보내오는 편지를 받았다. 그러나 그녀는 남편의 건강을 생각해 더 이상 편지를 병원으로 가져오지 않고 개인의 명의로 회답편지를 띄워 부의가 입원한 상황에 대해 설명하고 나서 병세가 호전되어 몸 상태가 허용하면 상대방이 만족스러워 할 때까지 계속 반성할 것을 보장하겠다고 썼다. 그런데 뜻밖에도 그 편지가 먼 곳에 있는 편지 쓴 사람의 분노를 사게 되었던 것이다. 그는 북경에 올 것이라며 와서 "전단지를 찍어 북경 시내에 살포할 것"이며, "혁명의 공농병에게 호소해" 부의를 비판할 것이라고 위협했다. 부의는 머리를 내리누르는 심각한 위압감을 느끼며 자신의 후반생에서 가장 어려운 세월에 접어들고 있었던 것이다.

설상가상으로 "어린 사내 종"이 『나의 전반생』에 대한 비판에다 지병의 재발에 따른 비판까지 겹쳤다. 4월에 시작된 병세 안정기가 끝나버렸다. 부의에게 혈액 채취, 주사 등 치료 과정을 다시 겪는 것은 별로 낯설지도 않고 걱정스럽지도 않았다. 그러나 그를 놀라게 한 것은 명성이 드높은 협화병원이 "반제국주의(反帝) 병원"이라는 팻말로 고쳐달고 내란의 진흙탕 속에서 완전히 다른 모습으로 변해버렸다는 사실이었다.

입원해서 처음 며칠간 부의는 스스로 병세가 심각해지고 있음을 느끼고 포보주 의사의 진료를 받아 중약을 복용할 수 있기를 바랐다. 그런데 병원 측에서는 아예 거들떠보지도 않았다. 마치 그가 더 이상 개조를 거친 황제가 아니라 역사 속으로 되돌아가기라도 한 듯했으며, 다시 "어린 사내 종" 눈에 비친 폭군과 인민의 공동 적으로서의 추악한 꼭두각시 원흉으로 돌아가기라도 한 듯이 대우했다. 분노를 느끼게 한 것은 병원 내부에서 두 파벌 간의 투쟁 대문에 이미 한계에 이른 부의를 끌어들인 사실이었다. "반란파"들은 "보황파(保皇派)"가 "철두철미한 봉건 제왕"을 고급 간부 병동에 배치한 것은 "자산계급의 반동노선을 견지하려는 것"이라고 지목하면서 부의를 쫓아내겠다고 떠들어댔다. "보황파"도 왕관을 잃어버린 지 오랜 부의 때문에 상대방에게 빌미를 잡히고 싶지 않아 주치 의사를 통해 축객령을 내리게 했다. "병원 대중들이 부의가 계속 고급 간부 병동에서 지내는 것을 허락하지 않았으므로 당장 나가라는 통지"를 접한 이숙현은 속이 바질바질 타들어갔다. 『나의 전반생』과 부의 본인에 대해 계속되는 비판이 분명했다! 이는 글로써 비판하는 것과는 다른 생명에 대한 잔혹한 비판이었다!

이숙현은 눈물을 머금고 병원 측에 사정했다. 추방령이 내려졌다는 사실을 당분간 부의에게 알리지 말고 그녀가 다른 방법을 생각할 수 있도록 하룻밤 말미를 더 달라고 사정했다. 그리고 그녀는 그날 밤으로 전국정협기관으로 갔다. 그러나 책임질 만한 사람을 아무도 찾을 수 없어 서둘러 호국사거리로 달려가 부걸에게 병원 측 실제상황을 설명하고 부의가 포보주 의사에게 진료 받기를 원한다는 얘기도 했다. 부걸은 허겁지겁 심덕순의 집으로 달려가 보고했다. 심 노선생은 더 이상 이것저것 따질 겨를이 없었다. 대자보니 고깔모자니 검은 패쪽이니 하는 것을 따질 생각도 없이 그는 전화 수화기를 집어 들고 국무원 총리 판공실에 전화했다.

명확한 지시 한 마디로 중남해 서화청에서 "반제국주의 병원"으로 전해졌다. "부의가 계속 고급 간부 병동에 입원할 수 있도록 허용할 것, 반드시 정성을 다해 빈틈없이 치료하고 간호할 것"을 지시했다. 주은래는 또 친히 포 선생에게 부의가 그에게 진료 받기를 원한다고 전하고 가게 되면 대신 문안을 전해달라고 부탁했다.

1966년 12월 29일, 포 선생이 주은래의 위탁을 받고 협화병원 입원부 5층의 고급간부 병동을 찾았다. 팔순이 가까워오는 노인은 부의를 보자 첫 마디에 "주 총리께서 많이 걱정하시네. 나더러 자네를 보러 가라 하더군." 하고 말했다.

주은래의 관심과 포보주의 방문은 사면초가의 경지에 처한 부의에게 희망을 안겨주었다. 그는 뜨거운 눈물을 쏟으며 포 선생의 손을 꼭 잡고 오래도록 놓을 줄을 몰랐다. 이날 부의는 속이 편해졌으며 정신상태도 좋아졌다. 계속 오르기만 하던 요독의 수치도 빠르게 내려갔다.

역시 같은 준엄한 역사 시각에 주은래는 부걸이 병세가 위중한 형 때문에 크게 걱정하고 있으면서도, 형을 구원하기 위해 여기저기 연락한 관계로 정치적으로 약점을 잡힐까봐 난감해한다는 소식을 전해 들었다. 총리는 사람을 시켜 부걸에게 걱정하지 말고 형제간에 정상적으로 왕래해야 한다며 치료에 지장을 주어서는 안 된다고 전하게 했다. 총리의 배려 덕분에 부걸도 더 이상 이리저리 눈치 보지 않고 늘 아내와 함께 형을 보러 가곤 했으며, 그에게 음식이나 일본에서 부쳐온 약품을 가져다주곤 했다. 사가 히로는 『떠돌이 왕비』에서 그때의 정황을 이렇게 회고했다.

"그때 당시 내가 유일하게 할 수 있는 일은 그를 자주 찾아뵙는 일이었다. 나는 그에게 '드시고 싶은 음식이라도 있습니까?'라고 물었다. 그런데 의외에도 그는 '일본의 닭고기탕을 먹고 싶습니다'라고 대답했다. 아주버님은 평소에 줄곧 중국 요리가 세계 으뜸이라고 주장해 왔으며, 어렸을 때부터 최고급 궁중 요리를 드셔왔다. 아마도 아프면서 담백한 음식이 드시고 싶었던 모양이다. 내가 북경에 정착한 뒤로 친척과 친구들은 늘 일본에서 나에게 일본의 식품들을 보내 주었다. 그중에는 라면도 있었는데 아주버님이 매우 즐겨 드셨다. 그는 또 닭고기를 튀긴 후 구운 뒤에 식힌 닭고기 요리를 드시고 싶다고 말씀하셨다. 나는 만들어서 가져다 드렸다. 그러나 병원 측에서 제12차로 국무원 총리 판공실과 전국정협, 중앙통전부, 위생부에 올린 '부의의 병세 보고' 통해 부의의 병세가 위독한 단계에 처했다는 사실을 알 수 있었다. 보고에는 환자의 하나뿐인 오른쪽 신장 내 종양이 계속 진행 중이며 비록 방사성 치료를 거쳐 조금은 억제됐지만 요독이 가중되고 있으며 심각한 산중독과 빈혈 증세를 동반하고 있다고 적혀 있었다. 또 구급 치료를 거쳐 산중독만 조금 완화됐을 뿐 오른쪽 신장 상황이 더 악화되고 요독도 재차 악화될 가능성이 있으며, 현재로서는 중의학과 서양의학 치료법을 결합해 구급 치료 중이라고 적혀 있었다."

"문화대혁명"시기에 비판을 받은 서적이 수도 없이 많았지만, 액운을 면한 책은 한 권도 없다. 그러나 『나의 전반생』만은 예외였다. 부의는 참으로 행운아였다. 그럼 도대체 누가 그 책을 물과 불의 세례를 받지 않도록 건져냈던 것일까?

1967년의 달력이 며칠 안 남았을 때 만가희가 보물과 같은 홍위병 전단지 한 장을 들고 허둥지둥 부의의 병실에 들어섰다. 전단지 위에는 모택동과 친척 간의 담화 내용이 인쇄돼 있었다. 그 내용 중 부의의 이름이 제기된 곳에 만가희가 벌써 굵은 선을 그어놓았다. 그래서 그 글들이 더 크게 더 두드러져 보였다.

잘못을 저지른 청년들에 대해서는 포기하지 말아야 한다. 포기하게 되면 그들을 해치게 되므로 대립 면도 없어진다. 부의, 강택과 같은 사람들도 개조됐는데 청년들 중 일부는 당원이고 일부는 단원인데 개조하지 못할 리 있겠는가? 포기해버리는 것은 너무 간단한 방법이다.

기실 이 말은 2년 전에 한 말이었다. 그러나 위대한 수령께서 중국의 마지막 황제 부의가 이미 "개조됐다"고 인정했으며, 게다가 동란 시대의 전단지라는 점에 힘입어 널리 퍼져나갔으니 부의와 같은 복잡한 역사 인물에게는 거대한 정치적 보호막이 됐음에 틀림없었다.

격동된 심정을 억누를 길 없던 부의의 두 눈에서 눈물이 두 볼을 타고 하염없이 흘러내렸다.

그로부터 얼마 지나지 않아 만가희가 또 다른 전단지를 통해 입수한 새로운 희소식을 전해왔다. 주은래가 1967년 2월 중순에 한 연설에서 또 한 번『나의 전반생』은 훌륭한 도서라고 긍정해줬던 것이다. 이와 때를 같이 해 당 기관지에 "확고부동하게 공농병과 서로 결합하는 길을 걸어야 한다"는 제목의 중요한 글이 발표됐다. 작자는 총리의 말을 인용해 부의가 소련에서 돌아온 지 16년이 되며 그는 책 한 권을 썼는데 마음이 너무 무겁고 아프다고 썼다. 또 우리는 마지막 황제를 훌륭하게 개조해냈으며 이는 세계의 기적이라고 썼다.

지병에 시달리던 부의는 또 한 번 주은래의 목소리를 듣게 되자 아내와 매부가 보는 앞에서 눈물범벅이 된 채 울어버렸다.『나의 전반생』과 더불어 하늘을 가득 메우며 몰려왔던 먹구름이 온데간데없이 흩어져버렸던 것이다.

36.
마지막 날들

 중국 역사상 가장 혼란했던 비상시기에 모택동과 주은래가 부의를 보호했으며 부의도 깊은 감정으로 인민의 주석과 인민의 총리를 소중히 아꼈다.

 편지를 써 『나의 전반생』을 비판한 전 만주국 황궁의 "어린 사내 종"이 물러가자 이번에는 부의를 더 잘 아는 여사가 또 북경으로 찾아와 부의가 입원해 있는 병동으로 쳐들어왔다. 그녀는 바로 장춘 만주국 황궁 동덕전(同德殿)에서 2년 넘게 살았으며, 또 천진과 북경의 황족 옛집에서 10년간 수절한 "복귀인(福貴人)"이었다. 그녀는 그녀의 올케와 함께 동북에서 북경으로 왔으며 과거의 "강덕(康德) 황제"를 찾아왔다. 자신과 관련된 역사에 대해 분명하게 밝히기 위해서였다. "복귀인"은 더 이상 "황제의 여인(皇娘)"이라는 누명을 뒤집어쓰고 싶지 않았고, 그녀의 손위 올케는 "황제의 가족"이라는 빈 모자를 벗어버리길 희망했다. 이 모든 것은 이해할 수 있는 일이었다. 그러나 특정된 역사환경이고 게다가 부의가 중병으로 앓는 몸이다 보니 문제가 복잡해졌던 것이다.

 1967년 1월 30일, "복귀인"과 그녀의 올케가 "반제(反帝)병원" 입원부 고급간부 병동의 문을 밀고 들어섰다. "동북 인민을 대표해" 부의와 "묵은 빚을 청산"하러 온 것이다. 공교롭게도 병간호를 하던 부의의 아내 이숙현과 마주쳤다. 이숙현은 남편을 대신해 불평을 털어놓았고 결국 병실 내에서 한바탕 토론이 벌어졌다. 한쪽에서는 부의에게 당시 "21조"와

367

이옥금(李玉琴)이 "문화대혁명" 시기 하향해 돈화현(敦化縣) 대교공사(大橋公社) 흥발대대(興發大隊)로 갔을 때의 모습.

"6조"의 금지령을 내려 "복귀인"과 그 친정 친척들을 학대한 상황에 대해 사실을 증명해줄 것을 요구했으며, 또 『나의 전반생』을 비난하고 관련 편지와 사진을 돌려받을 것을 요구했다. 다른 한 쪽에서는 환자의 건강을 생각해 사람을 겁주는 언행을 반대했으며 역사문제에 대해 사실을 증명해야 한다는 것을 주장했다. 그런데 토론 결과 문제해결에는 별로 도움이 되지 못했으며, 오히려 부의에게 사상적인 부담만 가중시켰다. 분명 부의가 보고 싶었던 것은 지금의 아내와 역사의 옛 사람이 서로 화해하는 모습이었다.

이옥금이 부의에게 14가지 문제에 대해 답할 것을 요구했다.

"내가 증명을 써주겠다"고 부의가 옥금에게 약속했다.

변론은 저녁 무렵에 일단 "휴전"을 했지만, 그것은 새로운 악전고투의 전야일 뿐이었다. "이런 것을 부의가 감당해 낼 수 있을까?" 이숙현은 몹시 걱정이 됐다. 그래서 주은래에게 편지를 써서 유력한 도움을 청해 빨리 벗어나자고 제의했다. 그러나 부의는 찬성하지 않았다. 그는 그날 일기에 이렇게 썼다.

"숙현이가 7시에 귀가했다. 그녀는 주 총리에게 편지를 써 보고할 생각이라고 말했다. …… 모순을 순조롭게 해결하기 위해서는 더 이상 의미 없는 말썽을 일으키지 말아야 한다. 이옥금에게 자료를 한 부 써줘 그녀 대신 사실을 분명히 밝혀줄 것을 허락해도 된다. 만약 이 일로 총리에게 편지를 쓴다면 모순이 해결되는 대신 오히려 더 첨예해져 양 측이 논쟁을 펼치게 될 것이다. 어찌 스스로의 힘으로 해결할 수 있는 일로 정무로 바쁘신 총리에게 걱정을 끼칠 수 있겠는가? 역시 총리에게 알리지 않는 것이 낫다. 물론 만약 상대방이 트집을 잡아 말썽을 일으키고 싸우려 들거나 다른 곳으로 옮길 것을 요구한다면 반드시 총리에게 편지를 써 보고해야 할 것이다."

막대한 압력을 느끼면서도 부의는 주은래의 명성과 덕망을 빌어 위험하고 어려운 고비를 넘길 생각이 없었던 것이다. 더욱이 편지를 써서 총리를 방해하고 싶지 않았다. 이는 무슨 거리끼는 바가 있어서가 아니라 진심으로 우러나는 경애하는 마음에서였다. 어지러운 내란 시기에 총리는 정무로 너무 바쁘고 너무 지쳤으며 너무 고생이 많았다! 부의는 다만 자신의 일 때문에 총리에게 부담을 더해줄까봐 걱정이었다. 기실 "문화대혁명" 때 부의는 한 발자국을 내디딜 때마다 감당하기 어려운 힘이 필요했다. 그 힘을 어찌 모택동으로부터 얻은 것이 아니라 하겠는가? 또 어찌 주은래로부터 얻은 것이 아니라 할 수 있겠는가? 그는 일생에서 마지막으로 건국 기념행사에 참가했던 정경을 항상 잊지 못했다. 1966년 10월 3일 그는 반듯한 해서체로 한 편의 긴 일기를 또박또박 적어내려 갔다. 그 일기에서 그는 그때 당시 전국 정협 상무위원이었던 동북 구국운동의 유명한 전 지도자 염보항(閻寶航)과 함께 기념행사에 참가했던 경력에 대해 썼다. 그는 이렇게 썼다.

"그저께 밤 8시 염보항과 함께 천안문으로 가 밤행사에 참가하고 불꽃을 구경했다. 염보항과 나는 비교적 일찍(9시경) 집으로 돌아왔다. 후에 신문을 보고서야 알게 됐는데 우리의 가장 경애하고 가장 위대한 수령 모택동 주석께서 9시 30분에 차를 타고 천안문 앞에 오셨던 것을 알았다. 우리 주석께서는 초록색 군복을 입고 활력이 넘치는 씩씩한 모습으로 금수교(金水橋)를 걸어 지나 대중들 속으로 왔던 것이다. 너무 아쉬웠다! 난 왜 염보항과 그렇게 빨리 돌아왔을까? 그날 밤 …… 모 주석께서 대중들과 만나 함께 땅 위에 앉아 불꽃놀이 구경을 하는 정경을 보지 못했던 것이다. 나는 10월 2일자 『인민일보』에서 '주석이 대중들과 함께 맨 땅바닥 위에 앉아……'라는 보도가 실린 것을 보았다. 그 보도를 보면서 모 주석이 너무 그리워졌다. 나는 또 그 어르신께서 1962년에 나를 접견하고 같이 사진을 찍고 같이 식사를 하던 정경이 그립고 나를 여러 모로 배려하고 격려해주던 모습이 그립다. 나는 영원히 그 가장 행복했던 순간을 잊지 못할 것이다. 모 주석이시여! 전 너무 오래 주석을 뵙지 못했습니다. 당장이라도 날개가 돋아나 당신 곁으로 날아가지 못하는 것이 한스럽습니다. 그러나 저의 침대 옆에는 모 주석의 사진이 걸려 있습니다. 당신의 사진을 보니 그처럼 자상하십니다. 마치 저를 향해 미소를 짓는 것 같습니다. 그 미소가 저에게는 최대의 위안이고 최대의 격려이며 최대의 행복입니다!"

구구절절 정감이 넘쳐흐르는 내용으로 일관되어 있었다.

그러나 1967년 2월 7일 결국 "복귀인"이 당시 위세가 당당했던 "수도 홍위병 3사"의 특파 관찰원을 데리고 백탑사 부근에 위치한 인민병원 병동으로 왔다. 이제 막 여기로 옮긴 부의를 찾아 "결판을 내고" 회의를 열어 그와 투쟁을 벌이기 위해서였다. 부의의 일기 기록을 보면 상대방은 숱한 사람들이 보는 앞에서 부의의 박해로 처하게 된 "여러 가지 역경"에 대해 성토했는데, 많은 환자들이 모여들어 그 특수한 "비판회"를 구경했다. 그 과정에서 극적인 장면이 빈번히 나타났다. 예를 들면 "복귀인"의 올케가 부의를 향해 "너를 동북으로 끌고 가 너의 개대가리를 박살내겠다"며 큰 소리로 위협했다. 진두에서 포화가 '쾅'하고 터지자 이어서 맹렬한 공세가 펼쳐졌다. 그것이 바로 그들이 제기한 미리 준비해놓은 "14가지 문제"였다. 부의가 펼쳐보니 첫 줄에 "부의! 너로 인한 피해자와 그 가족들에게 솔직하게 죄를 뉘우치고 문제를 자백하라!"라는 글귀가 눈에 들어왔다. 황제였던 부의는 꼭두각시 황제였던 전반생에도 수많은 방대한 장면을 겪었으며 개조 기간에는 성심으로 머리 숙여 죄를 뉘우쳤다. 공민으로 살아오는 과정에서는 더구나 국가 지도자의 초청을 받아 중대한 국사활동에 참가하기도 했다. 그러나 오늘 같은 일은 처음 겪어보는 경험이었다. 부의는 심각한 고민을 일기에 쏟아냈다. 그는 1967년 2월 10일의 일기에다 다음과 같이 적었다.

"나 자신은 역사에서 확실히 인민에게 죄를 지었다. 당과 정부의 특별사면을 받아 새롭게 태어나서야 오늘이 있게 됐다. 이제 어떤 사람들이 동북인민의 명의로 진상을 알지 못하는 사람들을 선동해 나를 공격해오고 있다. 나 자신은 그들을 참으로 상대할 수가 없다."

이숙현은 진정할 수 없었다. 그는 "상대할 수 없는 문제"를 위해 동분서주했다. 먼저 칠숙 재도를 찾아 해결책을 문의했다. 재도는 주은래에게 보고할 것을 건의했다. 이숙현은 또 동익삼의 자택을 방문해 그에게 총리에게 올릴 보고문을 대필해줄 것을 부탁했으며, 그일로 부걸과 상의한 적도 있다. 그러나 그 건의 작성 건은 최종적으로 부의에 의해 취소됐다. 그 과정은 1967년 2월 10일자 동익삼의 일기에 상세하게 기입됐으니 믿을 만할 뿐 아니라 증거도 있다 할 수 있다.

"오후 세 시경 이숙현이 우리를 찾아와 그녀가 재도에게 부의의 상황에 대해 알려주었다고 말했다. 재도는 총리에게 보고할 것을 건의했다. 이숙현이 나에게 대필해줄 것을 요구했다. 나는 타당한 결정이 아닌 것 같다고 여겨 그녀에게 부걸과 상의할 것을 건의했다. 부의에게 작성하도록 하는 것이 적합하다고 여겼다. 이숙현은 우리가 저녁식사를 마친 뒤에 또 왔다. 그녀는 우리에게 부의가 지금 총리에게 상황을 반영하지 말고 좀 더 기다렸다가 나중에 다시 보자고 한다고 알려주었다. 나는 부의의 의견에 찬성하고 반영하는 일을 뒤로 미루기로 했다."

이때 쓴 일기가 이제는 소중한 역사자료가 됐다. 그 일기 내용을 통해 부의의 감정을 엿볼 수 있기 때문이다. 청조의 마지막 황제가 중화인민공화국 초대 총리에 대한 진지하고 깊은 감정이라고도 할 수 있다. 그러한 감정이 생긴 것은 이상할 것이 없었다.

얼마 뒤 "복귀인"과 그녀의 올케는 부의가 쓴 사실 증명자료와 부의가 전국정협기관을 통해 대신 지불한 돌아가는 여비를 가지고 만족스러워하며 북경을 떠났다. 때는 마침 1967년 봄이 막 시작될 무렵으로 부의의 건강도 호전되는 기색을 보이기 시작했다.

그러나 부의에게 안녕이란 말은 어울리지 않는 말이었다. 참으로 산 넘어 산이라더니 "4인방" 내 문장가로 불리는 척본우(戚本禹)가 영화 『청궁비사(淸宮秘史)』를 빌어 유소기를 공격한 장편의 글 "애국주의냐 매국주의냐?"가 발표된 후 병실까지 부의를 직접 찾아와 청나라 황궁 역사 배경 등 상황에 대해 묻는 사람이 적지 않았다. 4월 하순 부의는 퇴원했다. 그때부터 그는 그 자신이 공민 신분으로 처음 이룬 가정에서 5개월 남은 생명의 마지막 날들을 보냈다. 그간 『청궁비사』 때문에 문의하려는 사람들이 끊임없이 동관음사 후퉁으로 찾아왔다. 4월, 5월, 6월 삼 개월 동안에만도 10여 차례나 사람들이 찾아왔다.

부의는 생명의 마지막 날에 거의 매일 의사에게 병을 보였다. 그가 제일 신뢰한 의사는 포부주 노선생이었다. 주은래에게서 직접 위탁을 받은 포 선생은 중국 역사상 마지막 황제의 생명을 연장시키기 위해 언제나 최선을 다해 부의를 위해 맥을 짚어보고 처방을 해주었으며 그가 이 시대와 함께 좀 더 오래 갈 수 있기를 바랐다. 그럼에도 불구하고 부의의 병세는 갈수록 악화됐다. 걸을 수 없게 되고 생활에서 자립할 수 없게 되면서 세수하고 발 씻고 목욕하는 것마저 아내가 시중을 들어야 했다.

설상가상으로 모 기관의 "붉은기병단"이라고 서명한 대자보가 제일 먼저 천안문과 왕부정(王府井) 거리에 나붙었다. 그 대자보에서는 『중국 마지막 황제-부의』를 "매국주의 영화" 『청궁비사』의 "속편"이라면서 맹렬하고도 무정하게 비판하고 나섰다. 그중에는 이런 내용이 있었다.

> "부의는 어떤 물건이냐? 그는 봉건사회의 마지막 반동 통치자이며 중국인민을 학살한 만주국 최대의 전범이며 나라를 팔아 일본 제국주의에 항복한 대 매국노이다! 바로 죄가 하늘에 사무치는 더 없이 반동적인 그런 놈을 극소수의 반혁명 수정주의분자들은 공개적으로 그를 위해 전기를 써서 칭송하고 공개적으로 이미 무너진 중국의 봉건왕조를 소리 높이 부르고 있으며 …… 공개적으로 무산계급독재를 향해 방자하게 공격을 발동하고 있으니 얼마나 오만하고 얼마나 가증스러운가!

대자보에서 자신을 욕하는 구절에 대해서 부의는 별로 개의치 않았다. 부의가 제일 참을 수 없었던 것은 그가 잘 아는 많은 통전 지도간부들을 "극소수의 반혁명수정주의분자"라고 칭하고 "전기를 써 칭송했다"는 죄명을 그들에게 뒤집어씌운 것이었다. 그러나 그에게는 "다 기울어진 정세를 돌려세울 힘"이 당연히 없었다. 심지어 마음속의 진실한 생각을 솔직하게 말할 엄두조차 낼 수가 없었다.

그 대자보가 1967년 7월 3일 나붙은 지 닷새째가 되던 날 한 고무공장의 노동자가 특별히 부의의 집에 찾아와 그 소식을 알려주었다. 부의의 일기에 따르면 어떤 사람이 찾아와 대자보의 내용을 전했다. "마지막 황제-부의"라는 영화 내용 중에는 1964년에 부의가 각지를 참관하고 유람하는 장면만 찍었고, "커다란 독초"라고 했으며, 또 부의가 영화 샘플을 보고 "크게 찬양했다"고 대자보에 적혀 있었다. 부의는 "그 영화는 대외 홍보용으로서 국내에서는 공식 상영된 적이 없다", 그리고 그는 "찬양한 적이 없다"고 그 자리에서 반박했다. 마음씨 착한 그 노동자는 대자보를 베껴다 부의가 볼 수 있게 가져다주겠다면서 돌아갔다.

그때 당시의 일기를 빌어 이제 사람들은 부의의 생각에 대해 이해하고 그가 어떻게 현실 속에서 뒤죽박죽이 된 사상을 정리할 수 있었는지에 대해 이해할 수 있다. 그는 이렇게 썼다.

> "역사문헌자료 전문요원들이 1964년에 단체로 참관한 것은 '주은래 총리께서 대회당에서 접견할 때 호소하고 결정한 일이며 통전부에서 기획하고 정협 책임간부의 인솔 하에 출발한 것'이다. 영화를 찍은 것과 관련해서는 정부에서 파견되어 온 '중국신문사 사람들이 와서 사진을 찍었다', '우리는 사진 찍는 것을 거절할 이유가 없었다'. 특히 다큐멘터리 제작을 위해 '배우가 사진을 찍는 것과는 달랐기에' 부의는 개인적으로 '더욱이 그 단체 사진을 찍는 것을 거절할 이유도 권리도 없었다.' 영화를 찍은 뒤 부의는 초청을 받고 영화 샘플을 봤지만 '아무런 의견도 표하지 않았다.' 사실이 그러할진대 대자보를 날조한 자들은 도대체 누구의 트집을 잡으려 하는 것인가?"

눈치 빠른 사람들은 그 대자보가 향하는 표적이 누구인지를 이미 알아챘을 것이다. 이는 "4인방"이 연출한 한 부의 연극에 지나지 않았다. 그 같은 연극을 꾸며낸 것은 바로 여론을 조성하기 위한 목적에서였다. 분위기를 조성해 최종적으로는 인민의 칭송하는 주은래 총리를 사지로 몰아넣을 심산이었다. "항장(項莊)이 검무를 추는 의도가 유방(劉邦)을 죽이기 위한 데 있는 식"의 거대한 음모에 대해 부의가 그 문제의 본질을 인식했다거나 그중의 미묘하고 복잡한 관계를 꿰뚫어보고 있었다고는 할 수 없지만, 그러나 그는 필경 곰곰히 사고해보았을 것이고, 또 대자보의 죄악적 창칼이 누구를 겨냥하고 있는지 하는 문제에 대해 깊이 생각해 보았을 것이므로 자신의 결론이 서 있는 상황이었을 것이다.

　바로 그날 깊은 밤에 마음씨 착한 방문자가 또 베껴온 대자보 전문을 보내왔다. 부의는 단숨에 다 읽고 나서 밤중에 찾아온 손님과 악수하고 헤어졌다. 그리고 그는 책상 앞에 앉아 열심히 일기를 쓰기 시작했다. 부의는 두려움을 모르는 전사가 아니었다. 그러나 그는 이제 다른 사람에게 관심을 둘 줄도 알고, 당과 국가, 민족에 관심을 기울일 줄도 알았다. 그는 정직하고 양심적이며 자격 있는 한 명의 공민이 됐다. 그는 일기에 이렇게 자신의 느낌을 토로했다.

　"참관을 하게 된 것은 총리의 호소로 이루어진 것이다. 총리께서 직접 우리 정협 여러 전문 요원들에게 알려주었다. 나 자신은 죄가 크다 백 번 죽는다 해도 죄를 다 덮을 수는 없을 것이다. 다만 모 주석과 중국공산당의 위대한 개조를 거쳐 마귀에서 인간으로 변한 것이다. 이는 역사적으로 선례가 없는 일이다. 모 주석의 건의에 따라 개과천선한 전범들이 특별사면을 받았다. 그 덕분에 나는 1959년 12월 4일 석방되어 진정한 사람으로 살아갈 수 있는 밝은 앞날을 보게 됐다. 이 모든 것은 당과 모 주석께서 주신 것이다. 나는 마음속으로 항상 생각한다. 새로운 삶을 살게 해주신 모 주석과 당 중앙의 덕을 모든 방면에서 잊지 말자……바르게만 살고 나쁘게는 변하지 않을 것이다. 한편 사상적 부담도 생겼다. 한때는 나 자신이 잘 개조됐다고 여겼었는데 이는 그릇된 생각이었다. 영화를 찍는 문제에서 예전에는 자신이 독초라고 여기지 않았었다. 자신이 새 사람이 된 후의 생활을 영화로 찍는 것은 이를 비러 위대한 모택동 사상을 표현하고 세계와 인류, 범죄자를 개조한 당과 모 주석의 빛나는 성과를 표현할 수 있다고 여겼다. 영화를 찍는 것은 당의 정책을 선전하기 위해서였다. 여기에 쓴 비판 내용을 보니 그중에 '특별사면을 받은 후의 참관, 생활 장면을 많이 찍고, 노동과 학습, 개조 등 방면을 적게 찍었거나 찍지 않았다'고 하면서 스스로를 미화했다고 했는데, 그러한 비판에 찬성한다. 그러나 그것은 다만 사진을 찍는 사람의 관점이 잘못일 뿐이다."

　부의는 대자보를 정면으로 부정할 용기는 없었다. 그때 당시 환경에서 이는 전혀 이상할 것 없는 일이었다. 그러나 그는 당의 개조정책을 수호하는 입장에서 자신의 의견을 발표했다. 그는 당의 개조정책과 자신의 결점, 잘못을 구분하길 바랐으며 영화를 찍은 진정한 의도와 구체적 제작자의 잘못된 관점을 구분하기 바랐으며, 결국에 가서는 주은래의 호소가 더 많은 사람들에게 이해 받기를 바랐다.

부의의 사상적 출발점은 타당했다. 그는 말할 수 없는 고충이 있었으며 투쟁코자 하는 염원도 있었다. 그는 어려웠던 시절에도 자신이 깊이 우러르고 있는 총리를 걱정했다.

1966년 10월에서 1967년 10월까지 부의는 생명의 돛을 높이 올리고 "역사에서 선례가 없는" 거칠고 사나운 파도 속에서 자신 인생에서의 마지막 한 해를 보냈던 것이다.

37.
시계추가 멈추다

부의의 생명의 시계가 끝내 멈춰섰다! 역사는 영원히 그 시각을 기록하고 있다. 1967년 10월 17일 새벽 2시 15분, 불치병에 걸렸다는 측면에서 볼 때 이는 예상했던 일이었다.

"문화대혁명" 전 부의의 병세는 이미 몇 년 동안 악화되어 가고 있었다. 그러나 우수한 의료조건에 힘입어 번번이 악화되어 가는 과정을 억제시킬 수 있었던 것이다. 그런데 문화 대혁명이라는 광풍이 모든 것을 씻어버리고 바꿔버렸다. 심취 선생은 이런 상황을 다음과 같이 서술했다.

10년 대재난 전, 주 총리께서 특별히 친필로 쓴 지시문을 내려 다음과 같이 지시한 바 있다. '전국정협 역사문헌 전문요원(즉 특별사면을 받고 전국정협에 남은 10여 명의 제왕 장상)들의 의료문제는 일률적으로 고급 간부로써 대우한다.' 그래서 우리는 진찰을 받을 때 줄을 서지 않았다. 병원 보건실로 전화해 자신의 의료증 번호만 알려주고 내과 혹은 외과 등 진찰을 받을 것이라고 말하면 그들이 전화로 언제 보건실로 오라고 회답해주었다. 그들이 고급 간부 의료증에 있는 번호에 따라 먼저 진료 기록을 꺼내 놓고 기다린다. 시간에 맞춰 가면 의술이 높은 자격이 오랜 의사들이 진찰을 해준다. 진찰을 다 받고 약을 받으러 가도 약국에 특별히 설치된 작은 창구로 가서 받으면 된다. 그리고 약도 비교적 귀한 약들을 준다. 만약 입원하려면 보건실 의사의 결정만 거치면 바로 고급 간부 병실에 입원할 수 있었다. 10년 동란이 시작되자 홍위병들은 이러한 규정을 취소해버렸다. 보건실은 문을 닫았으며 고급간부 병동도 없어졌다. 심지어 중앙의 여러 부서 부장들도 진료를 받으려면 일률로 줄을 서서 기다려야 했다. 우리는 더욱이 잡귀로 불리던 '검은 다섯 부류'(지주, 부농, 낡은 군정 인원 즉 반혁명분자, 나쁜 분자, 우파)였으므로 진료를 받으러 가고 싶어도 접수조차 시킬 수 없었다. 오랜 기다림 끝에 간신히 접수를 시키고 차례가 됐어도 의사는 '검은 다섯 부류'인 것을 발견하고 아무 약이나 대충 주거나 때론 약조차도 주지 않았다. 게다가 '한 명이 죽으면 한 명이 줄어드는 것이니 약을 줄 수 없소. 돌아가 죽기를 기다리시오!'라고 욕까지 한 마디 얹어주기가 일쑤다('4인방'이 거꾸러지고 나서 보건의료제도가 다시 회복됐으며, 우리도 예전과 마찬가지로 고급 간부 대우를 받게 됐다). 그래서 나는 늘 아내와 함께 부의를 보러 가곤 했다. 그가 병원에 가서 줄을 서고 모욕을 당하지 않도록 하기 위해서였다.[164]

그때 신혼인 심취의 아내는 의료원이었기에 부의에게 진료하고 약을 사줄 수 있었다. 그러나 큰 문제는 해결할 수 없었다. 정상적인 고급간부에 대한 의료 대우가 취소된 후부터 부의는 오직 주은래의 관심과 구체적 지시에 의지하는 수밖에 없었다.

1967년 10월 4일 새벽 5시.

부의의 병이 갑자기 중해졌다. 호흡이 급해지고 얼굴빛이 창백해졌으며 부종으로 인해 손가락으로 얼굴과 다리를 가볍게 눌러도 움푹 패인 자국을 발견할 수 있었다. 친척과 친구들이 그를 인민병원과 협화병원으로 호송해 검진을 받게 했다. 병세를 봐서는 당장 입원해야 했지만 두 병원에서는 모두 거부했다.

병상이 부족한 것도 물론 사실이지만 더 중요한 원인은 그것이 아니었다. 그때 당시 상황에 대해서는 아무나 다 알 수 있었다. 극'좌' 사조가 범람하던 세월에 누군들 "봉건 황제", "매국노", "전범"과 관련되는 것을 달가워하지 않았기 때문이었다. 그 때는 이미 감투를 벗어버린 지주, 부농, 반혁명분자, 나쁜 분자, 우파도 검은색이었으니, 하물며 매국노 황제였던 부의가 어찌 흰색일 수 있었겠는가 말이다.

참기 힘든 통증이 부의를 괴롭혔다. 병세는 변질적으로 발전하고 있었다. 매 분마다 죽

---

164) 심취, 『황제가 특별사면을 받은 후—부의와 함께 했던 시절을 회고하다』, 홍콩, 『신만보』 1981년 4월 13~14일자.

음이 도사리고 있었다. 위급했다, 너무 위급했다, 일각도 지체할 수 없었다!

그때 당시 전국정협기관을 통제하고 있던 대중조직의 우두머리마저도 책임의 막중함을 느꼈던지 가족들의 강력한 요구 하에 중남해 서화청의 총리 판공실에다 상황을 반영했다. 주은래는 상황을 알게 되자 크게 화를 내며 "특별히 보살펴줄 것"이라고 친히 서면으로 지시했다. 이는 부의가 투병기간에 총리의 관심을 받은 마지막 기록이었다. 총리 판공실 업무인원들은 즉시 전화로 병원에 지시를 전달했다. 그런데 인민병원 비뇨기과 병동 내에는 병상이 하나도 없었다. 그래서 임시로 내과 병동에 입원하게 됐다. 주은래의 지시로 부의의 입원과 치료 문제는 해결됐지만 병이 깊어질 대로 깊어진 환자를 도울 방법이 없었으며 되돌릴 힘도 없었다.

10월 8일부터 부의는 다만 산소호흡기와 포도당 주사에 의지하면서 생명을 유지할 수 있었다. 요독증 합병증으로 인한 심장 쇠약이 가져다준 결과였다. 그때 부의는 병상에 누워 고통스럽게 신음하고 있었다. 콧구멍에 호흡기관이 꽂혀 있었으며 눈을 계속 위로 치켜뜬 모습은 당장이라도 호흡이 멈출 것 같았다.

치명적인 문제는 역시 배뇨를 못하는 것이었다. 그런데 의료원들은 그에게 배뇨를 제때에 해주지 않았다. 모든 당직 간호사들에게 일일이 "특별히 보살필 것"이라는 서면 지시를 내려달라고 주은래에게 부탁할 수도 없는 노릇이었다! 그때 당시 인민병원에서 실습했던 한 의사의 말에 따르면 그는 부의가 배뇨하기 힘들어 너무 고통스러워 하고 이숙현이 곁에서 흐느끼는 것을 보고 자발적으로 부의를 위해 배뇨를 해주었다. 그 의사는 후에 글을 쓰면서 이렇게 회억했다.

"소변을 다 배출하고나니 부의는 조금 편안해보였다. 나에게 연신 머리를 끄덕이며 감사의 뜻을 전했고, 이숙현도 거듭 감사하다고 말했다. 나는 마음이 무거웠다. 부의가 이 세상에서 살 날이 얼마 남지 않았다는 것을 알고 있었다. 그리고 간호사 출신인 이숙현도 이를 모를 리 없었다.[165]

부의의 생명이 경각에 달했음에도 친척과 동료들이 병문안을 하는 것은 여전히 엄격히

---

165) 전 북경 의학원 부속 인민 병원 실습 의사 장숭신(張崇信)의 회고 문장. 『해방일보』, 1985년 2월 24일자.

제한돼 있었다. 심취 선생은 부의를 병문안할 때의 정경을 다음과 같이 서술했다.

"내가 제일 처음 병원으로 그를 보러 갔을 때였다. 나를 아는 사람들이 나를 발견하고 내가 그를 보러 가는 것을 허용하지 않았으며, 심지어 나를 욕하고 윽박지르며 쫓아내기까지 했다. 그의 병세가 위독할 때 나는 더 이상 가만히 있을 수 없어 점심 휴식시간에 병원에 몰래 잠입했다. 그는 콧구멍에 호흡기관을 꽂고 있었는데 얼굴빛이 말이 아니었다. 그는 내가 곁에 서 있는 것을 발견하자 두 눈에 눈물이 그렁그렁해진 채 나를 쳐다봤다. 나는 그의 손을 꼭 잡아주었다. 마음이 너무 아팠다. 그에게 막 물어보려는 찰나 당직 간호사가 걸어들어 오더니 나를 사정없이 마구 밀어냈다."[166]

부의 생애 마지막 날들에 주은래의 부탁을 받은 포보주(蒲輔周) 노 의사가 그를 잊지 않고 세 번이나 직접 병상 앞에 와서 진맥하고 처방을 해주었다. 제1차는 10월 4일, 제2차는 10월 7일, 제3차는 10월 12일이었다. 부의는 매번 처방을 그대로 일기에 베껴놓곤 했다. 제3차로 베낄 때는 7~8자로 되어 있었으나 알아볼 수조차 없을 정도로 희미했다. 더 이상 연필을 들 힘이 없었던 것이다. 이것이 부의가 마지막으로 쓴 글씨였다.

포 의사의 처방은 아직까지 보존되어 있다. 이는 진귀한 문화유물이다. 고작 13가지 약재와 복용방법만 기록되어 있지만, 사람들은 중국의 마지막 황제의 사상을 개조하기 위해 주은래가 끝까지 모든 심혈을 기울였음을 볼 수 있는 것이다.

중의학 연구원 광안문(廣安門) 병원 처방
(1967년 10월 12일)
이름: 부의   성별: 남   연령: 성(成)
당삼(臺黨參)(1냥) 부편(附片)(2돈) 복령(茯苓)(3돈) 백출(白術)(2돈)
백작(白芍)(2돈) 택사(澤瀉)(1돈)   (上安桂)(5분, 후에 넣음)
천련자(川棟子)(2돈, 포제) 목향(木香)(5분) 사인(砂仁)(5분, 두드릴 것)
진피(陳皮)(1돈) 차전자(車前子)(3돈, 주머니에 싸 달일 것) 금사금(錦砂金)(2돈)

---

166) 심취, 『나의 30년(我這三十年)』, 호남인민출판사, 1983, 221쪽.

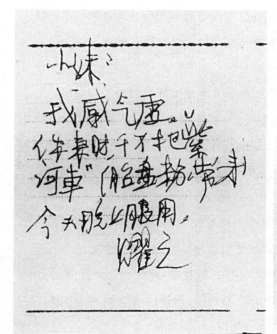
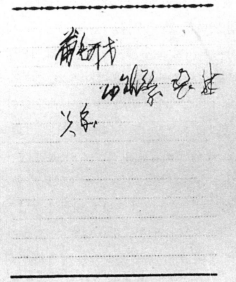

1967년 10월 6일, 부의가 세상을 떠나기 11일 전 아내 에게 쓴 쪽지.

1967년 10월 12일, 부의 임종 전의 마지막 일기.

물을 넣어 달여 5첩 복용한다. 한 첩을 두 번씩 달여 매일 2회씩 복용한다.

포 의사 처방, 설명수(薛明壽) 씀

포 의사는 머리를 절레절레 흔들고 손을 비비며 탄식하면서 돌아갔다. 사흘 뒤 병세가 위독해진 부의는 1인실로 옮겨졌다. 부의는 요독증이 후기에 접어들어 생명이 경각에 처했다고 의사가 말했다. 친족들이 잇달아 찾아와 곁을 지켰으며 동료들도 잇달아 병상 앞에 와서 마지막 인사를 나눴다.

"나는 끝내 진정한 인간으로서 이 세상을 떠나게 됐다. 그래서 나는 기쁘다!"

이는 부의가 둘째 누이 온화와 정광원 부부에게 남긴 마지막 말이었다.

"난 안 될 것 같구나. 내 말 잘 기억하기 바란다. 잘해서 나라를 위해 힘써야 한다!"

이는 부의가 집안 조카 육암에게 남긴 마지막 말이었다.

"너무 오래 담배를 피우지 않았습니다. 피우고 싶으니 한 대 주십시오!"

두율명은 병원의 금지령마저 어기고 눈물을 머금고 부의의 그 마지막 소원을 들어주었다.

"난 아직 죽어서는 안 돼. 아직 나라를 위해 할 일이 많아! 너희들은 아직 가지 마라. 잠시만 기다려, 걸 아우, 맹 의사를 불러줘. 날 살려줘!"

이는 부의가 눈을 감기 4시간 전에 이의광과 범한걸에게 제기한 마지막 요구였다.

부의가 임종할 즈음에 걸 아우가 끝내 도착했다. 부의는 중요한 말을 하려는 것처럼 입안에서 계속 중얼거렸다. 부걸이 귀를 그의 입가로 가져갔다. 비록 목소리는 낮았지만 "정말 총리를 한 번만 더 보고 싶구나!"라고 분명하게 한 마디 했다. 이는 부의가 부걸에게, 그리고 이 세상에 남긴 마지막 말이었다.

이들 마지막 목소리를 통해 모택동과 주은래의 가르침과 당부한 말에 대해 분명히 느낄 수 있으며, 또 인민의 수령에 대한 진실한 경모의 정을 분명히 느낄 수 있었다.

새벽 무렵 부의는 신음을 멈췄다. 호흡이 멎고 심장이 멈췄다. 새벽 다음에는 동이 틀 것이며 동이 트면 동쪽에서 붉은 해가 서서히 떠오를 것이다. 그러나 부의는 이를 기다리지 못하고 떠났다. 그처럼 다급하게 떠나고 말았던 것이다.

주치의사가 사망증명서에 신장암, 요독증, 빈혈성 심장병이라고 그를 죽음에 이르게 한 몇 가지 질병들을 열거했다. 그 질병들이 "붉은 폭풍"을 타고 "문화대혁명"이라는 진흙탕 물을 몰아 와서 중국 공민으로서의 마지막 제왕을 매장해버렸다.

부의는 죽었다. 쓸쓸하게 죽었다. 그의 아내와 둘째 아우 부걸, 셋째 누이 온영의 자식, 그리고 보모 한 명만이 곁을 지켰을 뿐이었다. 그날 오전 이숙현은 보모의 도움을 받으며 부의에게 갓 뜯어서 씻은 솜옷과 솜바지를 입혀주었다. 그러면서 "이건 올 겨울에 입으라고 준비한 건데 입고 가세요. 추위를 막을 수 있을 거예요"라고 입속말로 중얼거렸다. 부의가 두 발이 부어 있었으므로 이숙현은 특별히 보모에게 거리에 나가 큰 사이즈의 새 신발을 사오게 해 부의에게 신겨주었다. 그녀는 부의가 생전에 산책하기를 즐겼다면서 신발이 편해야 한다고 말했다. 이숙현은 또 부의가 평소에 제일 쓰기 좋아하던 진한 남색의 펠트 모자를 그의 머리 위에 단정히 씌워주었다. 이어 그녀는 또 사람을 시켜 부의가 평소에 사용했던 베개와 담요를 가져와 몸 아래에 깔아주고 머리 밑에 받쳐주었다.

이숙현은 죽은 남편의 얼굴을 물끄러미 바라보면서 그녀에게 잇달아 다가와 위로하는 친척과 친구들에게 말했다. "부의는 눈을 채 감지 못하고 입도 채 다물지 못했습니다. 이는 내가 걱정돼서입니다!" 그리고 그녀는 남편의 얼굴을 가볍게 어루만졌다. 고인이 눈을 감고 입을 다물 때까지……. 마지막으로 그녀는 또 남편에게 머리를 빗어주고 나서야 비로소 보모가 부의 몸을 덮은 흰 천을 머리 위까지 씌우도록 허락했다…….

한편 막 입수한 관련 상황에 근거해 국무원 총리 판공실은 부의가 병으로 세상을 떠났다는 요약 보고서를 서둘러 작성했다. 주은래는 비통한 심정을 안고 보고서를 다 보고 나서 즉시 한 명의 부총리에게 "전국정협기관에 부의 후사 처리방안을 작성해 상부에 보고토록 하라"고 지시했다. 총리는 또 한 명의 공작인원을 파견해 이숙현을 직접 만나 위문의 뜻을 전하게 했다. 파견돼 온 인원은 "총리께서 비보를 접하시고 마음이 몹시 무거워하셨으며 부인께서 비통한 마음을 자제하시고 몸조심하시길 진심으로 바란다고 하셨습니다." 총리의 지시에 따라 그는 부의의 병세와 세상 떠나기 전과 후의 구체적인 상황에 대해 상세하게 물었다. 그는 총리께서는 "문화대혁명" 환경 속에서 의료방면에서 부의 선생을 제대로 보살피지 못했을까봐 제일 걱정하셨다면서 "총리께서 우리에게 이 방면의 책임을 반드시 분명히 조사할 것을 분부하셨다"고 말했다.

범한걸, 나역융(羅歷戎), 이의광(李以劻)과 구문승(邱文升) 부부, 동익삼과 송백란 부부, 요요상의 부인 장영육, 왕요무의 부인 오백륜 등 전문요원의 동료와 그 가족들이 잇따라 찾아와 이숙현에게 위문을 전했다. 여러 사람들의 요구에 따라 전문요원 학습팀 송희렴 부팀장이 나서 기관 책임자에게 유체를 화장하기 전에 간단한 고별식을 갖고 부의에 대한 애도의 뜻을 표할 수 있도록 허락해 줄 것을 요청했다. 비록 "통지를 기다리라"는 답을 받긴 했지만 실제로 "함흥차사"였다.

이상하게도 부의의 죽음에 대해 중국 국내에서는 아직 아는 이가 없을 때인 10월 18일 출간된 일본의 여러 큰 신문들에는 이미 전 "강덕 황제"가 "붉은 수도"에서 병으로 세상을 떠났다는 상세한 소식이 문자에 사진까지 곁들여 보도됐다. 이어 미국의 에이피(AP) 통신과 영국의 로이터 통신에도 이 같은 소식이 보도됐다.

중국 마지막 황제의 죽음과 관련된 소식이 전 세계로 퍼져나갈 무렵 부의의 유체가 북경 서부의 교외인 팔보산 화장터에서 조용히 화장됐다. 조화도 없고 장송곡도 없었다. 오직 이숙현, 부걸, 그리고 이의광 부부 등 영구를 호송해온 몇몇 친척과 친구들만이 있을 뿐이었다.

수천 수만의 국내외 중국어판 독자들은 10월 20일 출판된 「인민일보」에서 부의가 병으로 세상을 떠났다는 짤막한 소식을 보게 됐다.

부의 별세와 관련된 보도.

신화사 19일발 소식:

중국인민 정치협상회의 전국위원회 위원 아이신줴뤄 부의 선생은 신장암과 요독증, 빈혈성 심장병으로 장기간 치료에도 효험을 보지 못하고 10월 17일 2시 30분 북경에서 세상을 떠났다. 향년 60세였다.[167]

일본과 미국 등의 무선통신 보도에 비해 중국 공산당의 개조정책에 의해 개과천선해 새 사람이 된 아이신줴뤄 부의가 병으로 세상을 떠난 소식이 중국신문에서 보도된 것은 이틀이나 늦어서였을 뿐만 아니라 보도내용도 너무 적고 너무 간단했다. 심지어 아주 작은 평가나 추모의 뜻조차도 표하지 않았다. 부의의 죽음을 직접 목격했으며 사망증명서를 직접 본 적이 있는 한 의사는 신문에 보도된 짤막한 소식을 보고나서 그 소식은 주치의사가 부의의 사망증명서에 적은 원문을 그대로 베껴낸 것이며 한 글자도 고치지 않았다면서 기자가 참으로 조심하고 신중했다고 말했다. 그렇지만 반란파들이 난리를 치던 상황에서 부의의 죽음과 관련된 소식이 어록으로만 가득 찬 당 기관지에 게재될 수 있었다는 사실은 비록 뚜렷하지 않은 지면을 차지했다고는 하더라도 그리 쉬운 일은 아니었다. 만약 신화사에서 당장 발표하라는 주은래의 명확한 지시가 없었다면 어느 주필이 감히 온 세상 사람에게 비난받을 짓인 이 가치 있는 사회 뉴스를 빼앗아갈 생각을 할 수 있었는가 말이다. 당시에 이는 있을 수 없는 일이었다.

부의의 유체가 화장된 뒤 유골을 처리하는 것도 그때 당시에는 어려운 문제였다. 그때 그는 일반 공민이었지만 또 일반 공민과는 다른 점도 있는 듯했다. 그와 관련된 문제는 반

---

167) 부의는 1906년 2월 7일생이며, 1967년 10월 17일 세상을 떠났으니 향년 62세이다.

드시 오랜 경력을 갖춘 사람이 나서야만 해결될 수 있었다. 그렇지 않으면 사람들은 어찌할 바를 몰라했다. 전국정협기관은 부의의 안장문제에 대해 토론을 벌였었지만 의견을 내릴 수가 없었다. 아이신줴뤄 가족들도 여러 모로 의논해봤으나 어찌 했으면 좋을지 알 수가 없었다. 결국 또 주은래가 지시를 내렸다. 어려운 처경 속에서 총리가 선뜻 나서 책임을 떠안았다. 한편 만주족의 민족습관과 아이신줴뤄 가족의 역사적 전통을 존중해 자결권은 부의의 가족과 친척들에게 넘겼다. 총리는 이 문제는 아이신줴뤄 가족들이 스스로 결정할 일이라며 팔보산(八寶山) 혁명 공동묘지나 만안(萬安) 대중 공동묘지에 유골을 보관할 수도 있고, 다른 곳에 예쁜 능묘를 마련할 수도 있다고 말했다. 총리가 이렇게 말한 것은 부의의 구체적 역사 상황을 감안했기 때문이었다. 부의가 10살 나던 해 단강(端康) 황귀비가 주장해 청서릉(淸西陵) 내 태동릉(泰東陵) 뒷산 위에다 그를 위해 "만년 길지(萬年吉地)"를 선정해 두었다. 부지를 선정한 뒤 둘러막고 "점혈(點穴, 묏자리를 잡는 것)"을 했다. 즉 묘지 범위 내에서 관을 안치할 "금정(金井)"의 위치를 확정했다. 그리고 나서 구덩이를 둥글게 파낸 다음 그 위를 덮어 영원히 햇빛과 달빛, 별빛 세 가지 빛을 보지 못하도록 했다. 이른바 모든 준비를 끝내고 무덤을 착공하기만 기다리는 중이었다.[168]

총리의 지시에 따라 아이신줴뤄 가족 주요 구성원들이 10월 21일 다시 모였다. 친척들 모두가 "예쁜 능묘"를 건설하는 것에는 찬성하지 않았다. 시의 적절하지 않은 처사라고 생각했음이 분명했다. 만약 정말 그렇게 한다면 총리에게 폐를 끼치는 일이어서 부의가 저 세상에서도 눈을 감지 못할 것이라고 생각했다. 칠숙 재도가 팔보산 인민납골당 내에 보관할 것을 제의했고, 부걸은 전적으로 찬성했다. 이숙현도 역시 이견이 없었다. 그녀는 "부의가 생전에 떠들썩한 곳을 좋아했으니 대중 공동묘지에 유골을 보관하면 오랫동안 일반 백성들과 같이 있을 수 있어 너무 좋을 것"이라고 말했다. 가족 다른 구성원들도 모두 찬성했다.

약 2개월 뒤 주은래가 친히 가족들이 의논해 결정한 의견을 비준했으며, 부의의 유골을

---

168) 다른 한 설에 따르면 부의가 1909년 대통을 이은 뒤 바로 하북성(河北省) 역현(易縣) 왕룡촌(旺龍村) "호선묘(狐仙廟)"에 "천년 길지"를 선정했다. 그 곳은 반경 2km 면적의 평탄한 분지로서 세 면이 산에 둘러 싸여 있고, 나머지 한 면은 물과 맞닿아 있다. 능묘의 지하궁전은 분지 서북쪽에 산비탈과 인접한 곳으로 확정됐으며, 물을 사이에 두고 광서황제의 숭릉과 마주보고 앉았다. 1910년 공사를 시작했는데 그 후에 신해혁명이 일어나면서 공사가 중단됐다. 그때 지하 궁전, 명루(明樓)와 보성(寶城)의 기초공사가 이미 완성됐다.

팔보산 인민 공동묘지 납골당에 보관하는 데 동의했다. 이숙현과 부걸, 그리고 이웃집의 딸이 바로 납골 보관 수속을 밟았다.

1970년대 중엽 부걸 선생이 일본으로 친척 방문을 간 기회를 비러 일본 교토통신의 요코보리 요우이치(橫堀洋一) 기자가 그를 인터뷰했다. 인터뷰 중에 그때 부의를 안장한 방식에 대해 언급하면서 부걸은 주은래가 그에게 예쁜 능묘를 세워야 하지 않을까 하고 물은 적이 있다고 회고했다. 그러나 그는 시민으로서 거절했다고 말했다. 그는 또 묘석이나 묘비 같은 것도 세울 필요가 없이 그저 일반 공민의 납골 방식에 따라 부의의 유골도 납골당 내 목제 선반 위에다 보관했다고 말했다.

38.
깊은 정과 큰 은혜
오래도록 이어져

　깊은 정으로 위로를 받은 넋은 하늘로 날아갔으나,

　큰 은혜는 인간세상에서 오래도록 계속 이어졌다.

　부의는 갔지만 주은래의 따스한 보살핌은 여전했다.

　부의가 임종 전에 남긴 두 마디 유언 중 한 마디는 아내의 앞으로의 생활을 걱정하는 내용이었다. 이숙현은 그때 아직 젊었다. 그리고 건강은 매우 나빴다. 여러 가지 만성질환을 앓고 있었다. 1964년 7월 14일부터 무급 휴직에 들어간 뒤로 더 이상 출근하지 않았다. 부의가 생전이라면 남편의 수입에 의지할 수도 있겠지만 이제는 어찌할 방법이 없었다.

　주은래는 제일 먼저 이숙현이 생활이 어렵다는 사실을 떠올렸다. 부의가 세상을 떠난 지 2개월 만에 부의 후사 처리에 대한 총리의 지시내용 중에 미망인 생활을 보살펴줄 수 있는 방법에 대한 내용이 포함되어 있었다. 규정에 따라 이숙현에게 520원의 무휼금을 지급하는 것 외에 전국 정협기관에 지시해 부의가 1년 전에 상납했던 『나의 전반생』 원고료 4천 원 전액을 즉시 이숙현에게 돌려주도록 했다. 만약 정책이 실현된 때였다면 그 같은 일은 아주 예사로운 일에 지나지 않았겠지만 "문화대혁명"이 판을 치던 세월이었기에 보기 드문 특례였다.

이숙현은 앞으로 오랜 세월동안 살아가야 하는데 놀고먹다간 아무리 많은 재산도 다 말아먹고 출로가 없을 줄 알고 1968년 초 원래 근무하던 직장에 복직 요구를 제기했다. 그러나 직장에서는 "건강검진증명서가 없다"는 이유로 거절해버렸다. "문화대혁명"기간이었던 탓에 아무도 이 유명한 전범의 미망인을 동정해줄 엄두를 내지 못했던 것이다. 고아 출신의 이숙현에게는 잔인한 일이었다. 그는 살아나가야 했다. 절망 속에서 그녀는 주은래 총리를 떠올렸다. 그녀는 용기를 내 자신의 상황을 설명하는 내용의 편지 한 통을 써서 중남해로 보냈다. 그녀는 구원의 손길이 뻗쳐주길 오매불망 바랐다. 그러나 그녀 자신이 예측했던 것처럼 그녀가 띄운 편지는 애초에 총리에게까지 전해지지도 못하고 얼마 안 가 원래의 직장으로 되돌아왔으며 그대로 그냥 묻혀버렸다.

이숙현은 어렵고 지루한 하루하루를 보내야 했다. 수입 한 푼 없는 그녀에게는 동관음사 후퉁에 위치한 객실과 침실에다 기타 생활설비까지 갖춰진 널찍한 주택의 집세며 수도료, 전기료 등 의 지출을 장기간 감당하는 것이 부담스러웠다. 그래서 그녀는 스스로 큰 집에서 나와 두율명 선생 네 울 안에 있는 화장실을 개조해 만든 어둡고 습한 작은 방으로 이사했다.

세월은 하루하루 흘러 1971년 6월 하순이 됐다. 이숙현은 또 한 번 용기를 내 위험을 무릅쓰고 중남해에 편지를 보냈다. 다행히도 이번에는 주은래가 그 편지를 받았다. 이숙현은 이렇게 회고했다. 그녀가 편지를 띄운 지 열흘도 지나지 않았는데 국무원 기관 사무관리국 후춘괴(侯春槐) 부국장이 총리의 명을 받고 이숙현이 거처하고 있는 그 어둡고 습한 방으로 찾아 왔다. 그는 이숙현의 건강과 생활상황에 대해 자세히 물었으며, 그녀에게 어떤 어려움이 있는지, 무슨 요구사항이 있는지에 대해 물었다. 이숙현은 두 가지 요구를 제기했다. 하나는 복직시켜 달라는 요구였다. 그녀가 할 수 있는 일을 배치해 줘 생활 출로문제를 해결할 수 있게 해달라는 것이었다. 다른 하나는 현재의 거주 여건이 너무 좋지 않아 개선해줬으면 하는 요구였다. 후춘괴는 일일이 기록해두었다. 그리고 이숙현에게 "당신의 요구를 총리에게 보고할 것이며 처리 결과는 정협과 직접 연락하라"는 말을 남기고 떠나갔다.

얼마 뒤 전국 정협 기관에서 사람을 보내 이숙현에게 통지했다. 그녀의 건강상황을 감안할 때 가벼운 일도 맡을 수 없을 것 같다고 판단돼 당분간은 일을 하지 말고 정협에서 매달 생활비 60원씩을 발급하기로 한다는 것이었다. 그리고 또 즉시 방 두 칸짜리 햇빛이 잘 드는 적당한 주택으로 바꾸도록 배치하겠다는 것이었다. 이렇게 통지하고 난 파견원은 "총리께서 친히 당신의 생활에 대해 돌봐줄 것을 배려하셨습니다. 세부적인 것까지도 세밀하게 생각하셨습니다!"라고 특별히 한 마디 보충해서 말했다. 그 말을 들은 이숙현은 흐르는 눈물을 주체할 수가 없었다. 이로써 부의가 세상을 떠나면서 계속 마음을 놓을 수 없었던 일이 주은래의 직접적인 관여 하에 해결됐다. 부의가 저세상에서 보고 있다면 더없이 기쁘고 위안이 되었을 것이다.

바로 주은래가 이숙현의 생활난 문제를 해결하도록 서면 지시하기까지 약 10개월 전에 부의의 칠숙인 재도가 심장병과 전립선암으로 세상을 떠났다. 1970년 9월 2일 재도가 별세한 그날 전국인대 상무위원회가 재도의 후사를 처리하는 문제에 대한 보고서를 제출했다. 총리는 즉시 서면 지시를 통해 그대로 실행하는 것에 대한 동의와 아울러 이선념 부총리에게 전해 처리하도록 지시했다.

주은래의 지시에 따라 국가민족사무위원회는 소수민족 지도자를 대하는 규정에 맞춰 장례식을 거행했다. 전국인대 상무위원회가 인원을 파견해 영구를 장지로 운구했다. 영구를 호송하고 장례식에 참가하는 가족들과 친척, 친구들을 호송하기 위해 고급 승용차인 홍기(紅旗) 등 교통수단이 제공됐다. 사부민(謝扶民) 민위 주임이 화장터 영결식장에서 간결한 고별식을 주최했다. 사람들은 고인의 유체를 향해 숙연히 세 번 경례하고 묵도했다. 유체는 화장한 뒤 팔보산 혁명공동묘지 제8실에 안장됐다.

재도가 병으로 세상을 떠난 이튿날 신화통신은 "전국인민 대표대회 대표이며 중국국민당 혁명위원회 중앙위원 재도 선생(만주족)이 병으로 9월 2일 북경에서 세상을 떠났다. 향년 83세였다"라고 소식을 발송했다.

재도와 부의는 모두 "문화대혁명"기간에 사망했으며 후사도 모두 주은래가 심사 결정했다. 양자를 비교해보면 재도의 장례식 규정이 더 높았다. 이는 1970년에는 1967년에 비해 정치 형세가 뚜렷한 안정세를 보였음을 알 수 있다. 총리는 이런 문제를 처리함에 있어서 한도를 가장 잘 파악했다. 작은 일 때문에 큰 일을 그르치지 않고 국부적인 것으로 전반적인 것에 해가 되지 않게 했다. 총리의 이러한 풍격은 상기의 사건을 통해서 엿볼 수가 있다.

부의가 세상을 떠난 뒤 몇 년간 한 가지 무거운 걱정이 부걸과 사가 히로의 마음을 짓눌렀다. 정치와 외교방면의 여러 가지 원인으로 인해 사가 히로는 1961년에 북경에 와서 정착한 뒤로 일본으로 돌아가 친척방문을 하고 싶은 소원을 줄곧 실현할 수가 없었다. 그러는 동안에 수많은 마음에 걸리는 일들이 일어났다. 1967년 사가 히로의 부친인 사가 시츠카츠(嵯峨實勝) 후작(侯爵)이 병으로 세상을 떠났고, 이어 딸 호생의 혼사가 거론됐다. 사가 히로는『떠돌이 왕비』라는 책에서 이렇게 썼다.

"우리가 아버지의 장례식에 참가하고자 무리할 필요는 없었다 하더라도 딸의 혼례식에는 무슨 한이 있어도 참가하고 싶었다. 그러나 때는 "문화대혁명" 중이어서 시국이 가장 어지럽던 시기였던지라 북경에서 일본으로 간다는 것은 하늘의 별 따기보다도 더 어려웠다.

쇼와 43년(1968년) 5월 딸이 혼례를 치렀다. 나와 남편은 부쳐온 16cm짜리 녹화테이프를 북경에서 보았다. 희색이 만면한 가운데 화려하게 차려입은 딸의 영상을 보았다."

"문화대혁명"의 "가장 어지러웠던 시기"가 드디어 끝났다. 부걸과 사가 히로가 녹화테이프를 통해 딸의 행복을 함께 나누던 역사도 따라서 끝났다. 1974년 12월 주은래의 특별한 배려로 일본에 가 친척과 친구들을 방문하고자 하는 부걸과 사가 히로의 신청이 비준을 얻었다.

다년간의 소원을 이룰 수 있게 된 부걸 부부에게는 물론 마음 설레는 기쁜 일이었지만 한편 큰 불안감도 함께 찾아왔다. 이는 그때 당시 정치상황과 연관이 있었다. "문화대혁명"이 비록 후기에 들어섰지만 "4인방"이 계속 말썽을 부렸다. "평법비유(評法批儒, 법가를 평가하고 유가를 비판한다는 뜻으로 "문화대혁명" 후기인 1974년 강청(江靑)의 무리가 주은래를 겨냥해 벌였던 사악한 운동을 가리킴)"니, "주공(周公, 주은래를 가리킴)을 비판한다"느니, "재상(주은래를 가리킴)을 비판한다"느니 하면서 반란을 일으켰다. 눈치 빠른 사람은 그들의 창 끝이 주은래를 겨냥한 것임을 금방 알아차릴 수 있었다. 그때 그들 무리는 아주 큰 세력을 갖고 있었으며 총리를 쓰러뜨려 걸림돌을 제거한 뒤 당과 국가의 영도권을 찬탈하려는 정치적 야심을 채우려 했다. 부걸은 바로 그러한 시기에 총리에게 폐를 끼칠까 제일 우려됐다. 그는 자신의 전반생에서 일본 군국주의와 결탁했던 역사는 지울 수 없는 것으로서 이번에 일본에 가게 되면 옛날 귀족, 관료, 군인들, 동창들과 만나게 되는 건 불가피한 일인 줄 잘 알고 있었다. 그들 중에는 그때 군사를 이끌고 중국을 침략했던 크고 작은 사령관들도 있을 것이고, 오늘날 정계와 상계의 큰 인물들도 있을 것이다. 그리고 중국과 일본 양국은 수교한 지 얼마 되지 않으므로 공산당과 신 중국을 적대시하는 태도를 가진 사람도 있을 것이었다. 하물며 여론 계에서 헛소문을 퍼뜨리고 말썽을 일으키는 것쯤이야 일도 아니었다. 그러한 상황에서 자칫하다가 건더기라도 만들어 국내 일부 사람들에게 말꼬리라도 쥐어주는 날에는 총리 얼굴에 먹칠하는 것이 아니겠는가? 여기까지 생각이 미친 부걸은 심지어 당시 일본 방문 기회를 포기할 생각까지 했다. 그러나 만약 그리 되면 몇 년간 아내의 마음에 쌓인 고향과 친인에 대한 그리움을 달래줄 수 없을 것이 미안했으며 더욱이 총리와 중앙의 관련 부서가 그에 대한 믿음을 저버리는 것이 미안했다. 바로 그때 총리가 믿을 만한 인사에게 부탁해 부걸 선생에게 전갈을 보내왔다.

"그대는 개인의 명분으로 일본을 방문하는 것이다. 그대가 접촉할 사람들은 친척과 친구, 오랜 벗, 그리고 민중 단체들이다. 그러니 그대는 언행이나 활동을 편한대로 자유롭게 하라. 너무 구애받을 것 없다. 나타날 수 있는 여러 가지 문제에 대해 그대가 잘 처리할 수 있으리라 믿는다……."[169]

얼마나 다른 사람의 마음을 잘 헤아려주는 훌륭한 총리인가!

1974년 12월 2일, 부걸과 사가 히로 부부는 중국 민항 항공편으로 북경 동쪽 교외의 공항을 출발해 3시간 비행을 거쳐 바다를 건너 일본 하네다 공항에 도착해 일본 방문의 오랜 숙원을 이루었다.

1974년 부걸 부부가 일본을 친지 방문했다. 연회에서 사가 히로가 양고기 구이를 선보였다.

---

169) 戴明久, 『중국 마지막 황제(皇弟) 부걸』, 앞의 책, 272쪽.

3개월 남짓한 동안 부걸과 사가 히로 부부는 이미 80세 고령인 모친 사가 히사코를 찾아뵙고 고베(神戸) 스마(須磨)에 있는 딸 호생의 집에서도 얼마간을 지내면서 전 일본사관학교 시절의 많은 동기들을 만났으며 일본 각계의 우호 인사들과 광범위하게 접촉했다. 그들은 또 도쿄, 오사카, 고베, 교토, 규슈, 홋카이도 등 일본 각지를 참관하고 유람하면서 연설하고 기자의 인터뷰를 받는 등 다양한 형식으로 신 중국의 변화를 선전하면서 중일 우호를 위해 적극적으로 활동했다. 특히 부걸과 사가 히로 부부가 일본 황족 지치부노미야 비(秩父宮妃), 다카마츠노미야(高松宮) 부부, 미카사노미야(三笠宮) 부부를 만난 자리에서 부걸은 중국 생활을 상세히 소개했으며, 특히 주은래가 그들 일가에 대한 각별한 보살핌에 대해 언급해 여러 궁 전하들의 큰 감동을 불러일으켰다.

1975년 3월 부걸과 사가 히로 부부는 귀국할 때가 됐다. 존경하는 마음과 감사의 마음을 전하기 위해 사가 히로는 한사코 주은래에게 줄 선물을 가지고 돌아가려 했다. 부걸은 총리는 종래 선물을 받으려 하지 않는다며 거듭 말렸으나 부인을 설득할 수 없었다. 논의를 거쳐 결국 아름답고 화려한 목련꽃 한 묶음과 은빛 마노로 후지산 그림을 그려 넣은 삼절식 작은 병풍만 가져가기로 결정했다. 그들은 그때 이미 총리의 병세가 위중하다는 소식을 전해 들었는지라 편지를 써 총리에게 안심하고 병을 치료할 것과 휴식과 치료에 전념하기 바란다고 했다. 그들은 생화가 시들까 걱정되어 북경 공항에 이르자마자 즉시 전국정협 기관으로 달려가 중일 우호의 상징인 두 가지 선물을 총리판공실로 전하도록 했다. 며칠 뒤 총리는 사람을 시켜 병풍을 되돌려왔으며 부걸 부부에게 "그대들은 일본에서 참 잘했습니다. 나는 그대들에게 감사합니다. 그대들은 중일 우호 사업을 위해 아주 큰일을 했습니다. 보내온 선물은 목련꽃만 받을 겁니다. 병풍은 그대들이 두고 쓰세요. 그러나 그대들의 마음은 전부 받겠습니다"라는 말을 전해왔다. 그 뒤 총리는 일본 손님들을 접견할 때 부걸 부부의 일본 방문에 대해 칭찬했다. 그들을 중일 우호의 사자라면서 일본 방문기간 활약이 훌륭했으며 정부 사이에도 하기 어려운 많은 일들을 해 좋은 영향을 끼쳤다고 칭찬했다.

10개월 뒤 주은래는 북경 병원에서 병으로 세상을 떠났다. 애도곡이 전파를 타고 전해지자 부걸 부부는 통곡했다. 그들은 식사도 못하고 잠도 잘 수 없었으며 얼이 빠진 듯했다. 오랜 시간 동안 그들은 병원으로 총리의 병문안을 갈 것을 조석으로 요구했지만 실현하지는 못했다. 몇 년간 사가 히로는 손수 음식을 만들어 총리를 대접하고 싶어 했지만 이제는 못 이룬 소원으로 남았다!

그때 관련 부서는 "4인방"의 뜻을 받들어 추모행사를 하지 못하도록 명을 내렸다. 부걸과 사가 히로는 집에다 빈소를 마련해 총리의 영정사진을 걸고 총리가 되돌려온 병풍을 한쪽 옆에 세워 놓았다. 사가 히로는 손수 몇 가지 일본 요리를 만들어 영정사진 앞에 놓았다. 그들은 이런 방식으로 애도의 뜻을 기리며 마음속으로 총리를 기념했다.

그 비통한 시각에 부걸은 눈물을 머금고 흐느끼며 추모시를 지었다.

"필생을 영원불멸의 혁명 대업에 바쳤다네.

8억 인민 소리 없이 흐르는 눈물이 손수건을 적시누나.

총리의 크나큰 명성을 영원토록 믿고 따를 것이니,

백성에게 큰 은혜를 베풀고 이 세상을 떠나갔네.

후방에서 책략을 세우는데 당할 자 없고,

자기 한 몸 돌보지 않고 나라를 위해 성심을 다했으며,

언제나 모 주석을 적극 따랐으니,

고금중에 둘도 없는 완벽한 사람이었다네."

이 『주 총리를 그리며 운다』는 추모시는 후에 널리 퍼져나갔지만, 부걸이 그때 등영초에게 쓴 한 통의 편지에 대해서는 아는 이가 극히 적다. 편지에는 이렇게 써 있었다.

"총리께서 이 세상을 영원히 떠나셨습니다. 마치 밝은 별이 진 듯이 이 땅에서 많은 빛이 사라졌습니다. 저는 슬픈 마음을 주체할 길이 없습니다. 총리을 대신해 저세상으로 가지 못하는 것이 한스럽습니다. 전혀 과장하지 않더라도 총리께서는 저의 스승이었고 저의 형이기도 했습니다. 그 분이 저에게 지난 일은 잊어버리고 새롭게 시작하라고, 잘못을 뉘우치고 바른 길로 들어서라고, 새로운 사람이 되라고 교육하셨습니다. 그분이 저를 도와 저의 부부가 한데 합쳐 다시 천륜지락을 누릴 수 있게 해주셨습니다. 그 분은 저의 생활 속의 지도자이며 본보기였습니다. 저의 부친이 돌아가셨을 때 저도 눈물을 흘렸었습니다. 그러나 그건 그저 봉건적인 효도를 위한 것이지 슬퍼서가 아니었습니다. 그는 한 번도 저에게 교육의 책임을 진 적이 없었으므로 정이 깊지 않았습니다. 그런데 총리께서 세상을 떠나시고 저는 너무 많은 눈물을 흘려 이제는 더 이상 흘릴 눈물도 없습니다. 저는 이 비통한 심정을 형용할 말이

떠오르지 않습니다. 총리께서는 저를 형제보다도 더 가까이 대해주셨습니다. 저 부걸이 오늘이 있기까지는 온전히 총리의 관심과 가르침 덕분입니다. 이 모든 것을 저는 영원히 잊지 않을 것입니다!

　저는 비통을 힘으로 바꿔서 남은 여생 동안 나라와 인민을 위해 온 힘을 다해 몸과 마음을 다 바치는 것만이 가르침을 준 총리의 은혜에 보답하는 길이라고 생각합니다. 그렇지 않으면 구천지하에 계신 총리의 영령에 미안할 일입니다……."

　총리의 높고 큰 형상을 오래오래 곁에 간직하기 위해 부걸은 화가를 청해 총리 옆모습 반신상을 한 폭 그리게 했다. 그리고 스스로 "그 목소리 그 모습 잊지 못하리"라고 제목을 붙여 액자에 끼워 거실에 걸어놓았다. 그리고 이탈리아 촬영가 로티가 찍은 총리의 컬러 사진을 서재에 걸었다. 그 사진은 유명한 사진 작품인데 위인의 영웅호걸다운 기개를 진실하게 담아냈다.

　1987년 6월 20일, 사가 히로가 북경 우의(友誼)병원에서 병으로 세상을 떠났다. 주은래의 부인 등영초가 화환을 보냈다. 고별식이 있던 날 밤 전국정협은 화평문(和平門) 오리구이집에서 사가 히로의 일본 친척들을 초대했다. 등영초는 또 특별히 비서를 시켜 그들을 찾아가 보게 했다. 또 이런 말도 전했다.

　"등 누님이 이번 일에 매우 관심을 주고 있으며, 원래는 친히 여러분을 보러 오려 했으나 건강이 별로 좋지 않아 제가 그 분을 대표해 오게 됐습니다."

　총리 댁에서 보내온 위안 덕분에 비통해 죽을 것만 같던 부걸은 정서가 안정되는 것 같았다. 이는 총리가 서거한 지 10년이 지난 뒤의 일이었다.

　지금은 사가 히로가 세상을 떠난 지도 5년이 된다. 그러나 그녀와 남편이 일본에서 주은래에게 선물하려고 사온 후지산 그림이 그려진 병풍은 아직도 서재에 놓여있다. 부걸도 이제는 85세 고령이다. 전국인민대표대회 상무위원회 위원 겸 민족위원회 부주임 위원인 그는 가르침을 준 총리의 은혜에 보답하고자 아직도 온 힘을 다해 근무하고 있다.

　부의와 부걸의 많은 아우와 누이동생들 중 여섯째 누이동생이 병으로 세상을 떠난 것 외에는 모두들 건재하며 모두 북경에 살고 있다. 그들은 혹자는 편벽한 후통의 어느 한 정원이 딸린 가택에, 혹자는 고층빌딩의 어느 한 아파트에……. 수도의 동성(東城)과 서성(西城)에 흩어져 살고 있다. 천만 명 인구의 대도시에서 그들을 찾는다는 것은 너무 어려운 일이다. 그러나 아무래도 누군가는 길거리에서 그들과 마주칠 수 있을 것이다. 그러나 생김 새도 평범하고 차림새도 평범한 이들이 예전의 "왕제(王爺, 왕의 아우)"요, "복진[福晉, 청(淸)조 만주족의 친왕(親王)·군왕(郡王)·친왕세자(親王世子) 등의 정실부인]"이요, "꺼거(格格, 공주, 황제의 딸)"요, "액부(額駙, 공주의 남편)"였다는 사실을 누가 알겠는가! 주은래가 말했다시피 "부의는 청조 황제였었고 기타 아우와 누이동생들도 청조 황족이었는데 이제는 모두가 변화했습니다. 모두 일자리가 있고 노동에 참가했으며 자신의 힘으로 생활하고 있습니다. 이는 사람은 바뀔 수 있다는 사실을 설명해줍니다."

둘째 누이동생 온화와 매부 정광원은 이제는 다 팔순이 넘었으며 현재 북경시 서성(西城) 구(區) 정협위원으로서 만년을 편안하게 보내고 있다.

셋째 누이동생 온영도 이제는 팔순에 가까운 나이다. 그녀는 북경시 동성(東城) 구 정협위원이다. 그녀의 남편 곽포라 윤기는 전국정협위원으로서 법제위원회 업무에도 참가하고 있으며 국가 법제건설 문제로 자주 여러 지역을 조사 연구하고 있다.

넷째 누이동생 온한은 건강이 좋지 않아 집에서 요양한 지 몇 해가 된다. 그녀는 만년에 부부가 한데 합쳐 행복해하고 있다. 남편 조기번(趙琪璠)은 추근(秋瑾) 열사를 살해한 소흥(紹興) 지부(知府)였던 귀복(貴福)의 아들이다. 그는 일본 육군사관학교를 졸업하고 오랫동안 부의의 호위관으로 있었다. 1948년에 전란을 피해 상해에서 대만으로 도주했다가 생계에 쫓기어 "혁명실천연구원 군사훈련단"에 참가했다. 수료 후 중령 통역, 대령 편심을 역임했으며, 그후 행정원몽장위원회(蒙藏委員會) 전문요원을 맡고 과장에 임명됐다. 1981년 봄부터 육군사관학교의 한 동기생의 주선으로 대륙의 아내, 자녀와 소식을 통할 수 있게 됐다. 이어 부걸의 배려로 간호장으로 근무하는 조기번의 딸 조려영(趙麗瑛)이 사가 히로의 전담 간호사 신분으로 1982년 봄 일본 도쿄로 가 그 아버지와 만날 수 있었다. 부걸은 매부에게 신 중국에서의 자신의 생활을 소개하면서 그에게 더 이상 그리워만 하지 말고 고향으로 돌아와 가족이 한데 합치라며 나뭇잎이 떨어져서 뿌리로 돌아가듯이 숙원을 이룰 것을 권고했다. 그가 "주은래 총리께서는 몇 번이나 자네에 대해서 물으셨네. 자네가 나의 넷째 누이동생과 하루빨리 한데 합치기를 바라셨네. 총리께서 이날을 보지 못하시는 것이 너무 아쉽네"라고 말했을 때 조기번은 결정을 내렸다. 1982년 4월 말 72세의 조기번이 북경으로 향하는 여객기에 몸을 실어 아내의 곁으로 돌아왔다. 그리고 대만의 행정원 몽장위원회 위원장에게 바로 편지를 띄워 조국 대륙에 정착하길 원한다고 명확히 밝힘과 아울러 대만에 있는 그의 예금과 부동산 재산 전부를 자선사업에 기부했다. 조기번은 이러한 실제 행동으로 정부와 인민의 신임을 얻어 초청을 받고 북경시 민족사무위원회 위원과 북경시 정협위원직을 담당했다. 그는 1989년 세상을 떠났다.

다섯째 누이동생 온형은 조용한 것을 좋아하고 자녀교육을 잘했다. 이미 퇴직한 국가 공직인원으로서 여전히 전정(前井) 후통의 개인 소유의 작은 사합원 내에 살고 있다. 남편 만가희는 1972년에 병으로 세상을 떠났다.

넷째 아우 부임(溥任)과 부인 장무영(張茂瀅)은 서성에 살고 있다. 그는 전국정협위원이며 가끔씩 가정 문헌이나 궁정 문물을 고증하는 글을 써서 발표하곤 한다.

여섯째 누이동생 온오는 "4인방"이 무너진 뒤 여러 차례 그림전실회를 개최했으며 모택동의 시 『매화를 노래하다(詠梅)』의 뜻을 한 폭의 그림으로 그려 등영초에게 선물한 적이 있다. 얼마 뒤 등영초는 사람을 시켜 주은래의 유품인 고묵 3개를 답례 선물로 보냈다. 그녀는 1982년에 병으로 세상을 떠났다. 남편 왕애란도 다재다능한 사람으로서 시, 서예, 그림 등에 대해 조예가 깊었다.

일곱째 누이동생은 막내지만 이제는 고희가 넘었다. 1979년 말 북경시 제227중학교 부교도주임직에서 퇴직한 뒤 북경시 숭문(崇文) 구 정협 상무위원직을 맡았다. 그녀에게 주어진 일은 오히려 더 늘어났다. 덕분에 대량의 사회활동이 남편을 일찍 잃은 외로움을 덜어주었다.

그들 형제자매들은 후반생의 삶을 생각할 때마다 한 사람에 대한 감동으로 눈물을 흘리곤 한다. 그 사람은 당연히 주은래였다. 주은래의 위대함은 멀리 내다볼 수 있는 안목과 확고한 원칙이 있다는 것이다. 부의가 세상을 떠난 뒤 비록 짙은 먹구름이 오랫동안 중국 대지를 뒤덮고 있었지만, 주은래는 변함없이 부의의 후사에 친히 관여했으며 이숙현의 문제에 대해 신경을 써 주었고, 재도의 후사에도 관심을 돌렸으며, 부걸과 사가 히로가 일본을 방문해 친척과 벗을 만날 수 있도록 신경을 썼으며, 아이신줴뤄 가족 구성원의 대, 소사에 관여했다. 그러면서도 저세상으로 떠난 부의 선생을 잊지 않고 계속해서 그의 성공적인 개조를 인정해주었고, 국제 벗들에게 그의 저서를 열심히 추천 소개했던 것이다.

맺음말

– 새로운 역사

인민대회당 북경청

모택동이 에티오피아 황제 하일레 셀라시에 1세와 한창 이야기 중이었다. 팔순에 가까운 이 황제는 중국과 에티오피아 양국이 대사급 외교관계를 수립해서부터 1년도 안 됐을 때 에티오피아 국가 정상으로서는 처음 중국을 국빈 방문했다. 셀라시에는 모택동에게 그가 북경에 온 지도 사흘째인데 4~5일간 더 머물 수 있다면서 소원이 하나 있는데 중국의 마지막 황제 부의를 만나고 싶다고 말했다. 그가 이러한 요구를 한 것은 얼마든지 이해할 수 있는 일이었다. 부의라는 이름과 그가 청조 때 사용했던 연호인 선통은 셀라시에가 청년시절부터 아주 잘 알고 있었다. 하일레 셀라시에 1세는 1930년 11월 2일에 왕관을 썼다. 그때 에티오피아는 독립 제국이었다. 1936년 5월부터 1941년 5월까지 이 제국이 이탈리아 파시즘에 강점당했던 시기에 셀라시에는 영국으로 망명했었으며 그 뒤 영군의 도움을 받아 아디스아바바로 돌아와 다시 보위에 올라 계속 군주입헌제를 실행하면서 120여 만 km^{2}에 이르는 아프리카 국가를 통치해왔다. 셀라시에는 그 자신이 이탈리아 파시즘의 침략을 받아 망명했던 시대에 동방의 한 곳에서는 일본 파시즘의 침략으로 "황제"가 된 한 사람이 나타났으니 그가 바로 아이신줴뤄 부의라는 사실을 잘 알고 있었다. 그러한 역사적 원인으로 셀라시에가 처음 중국을 방문한 지금 부의를 만나고 싶어하는 것은 전혀 이상한 일이 아니었다. 모택동이 그에게 중국의 그 선통 황제는 4년 전에 이미 병으로 세상을 떠났다고 알려주었다. 그 말을 들은 셀라시에는 크게 탄식하며 오랜 소원을 이룰 수 없게 된 것을 매우 아쉬워했다.

그것은 1971년 10월 8일에 있던 일이었다.

모택동과 회담을 한 뒤 셀라시에는 중국의 명, 청 두 대 제왕의 궁정과 부의가 청소년시대에 살았던 곳-자금성(紫禁城)을 참관했다. 그는 또 참관을 동반한 주은래에게 부의를 만날 수 없게 돼 너무 유감스럽다고 말했다.

운명에 대해 말하자면 제2차 세계대전 중 파시즘의 침략 앞에서 셀라시에는 하는 수 없이 조국을 떠나 도주했었지만, 그는 자기 민족을 배신하지는 않았다. 이로부터 볼 때 그의 운명은 부의보다 나았다. 그러나 인생의 각도에서, 생명의 결말로 볼 때 그는 부의와 비교할 수조차 없었다. 하일레 셀라시에는 중국 방문을 마치고 귀국한 지 4년도 채 안 되어 멩기스투가 지휘한 혁명에서 무너졌으며, 그 본인은 에티오피아의 마지막 황제로서 끝내 처형당하는 운명에서 벗어나지 못했던 것이다. 더욱 비참한 것은 그의 유해가 1975년 8월 27일 새로운 대통령의 집무실 어느 한 구석 바닥 아래 3m 깊숙한 곳에 몰래 묻혔다가 16년 뒤에야 멩기스투 대통령 정권이 무너지면서 비로소 발굴되어 새로 안장된 사실이었다.

부의와 셀라시에는 둘 다 마지막 황제였고, 둘 다 생전에 파시즘전쟁을 겪었으며, 또 둘 다 혁명을 겪었지만 결말은 뚜렷한 차이가 났다. 이를 어찌 "운명"으로 설명할 수 있을까?

하일레 셀라시에가 중국을 방문하기 전과 후 주은래는 또 많은 외교활동 장소에서 중국의 마지막 황제 아이신줴뤄 부의에 대해 언급했다.

1971년 6월 21일, 주은래는 대만과 중미관계에 대해 미국 「뉴욕타임즈」지의 시모어 토핑 총편집장 보좌관, 「뉴욕 데일리 뉴스」지 윌리엄 앳우드 사장 겸 발행인, 「월스트리트저널」지 로버트 키틀리 외사 기자 등과 이야기를 나눴다. 대만의 조국 귀환정책에 대해 언급하면서 총리는 대만이 조국으로 귀환한 뒤 "원래의 상황을 바탕으로 그들의 생활수준을 점차 제고시킬 수 있다"며 "대만이 더 많은 이득을 얻게 할 것이며 아무런 손실도 보지 않게 할 것"이라고 말했다. 또 "중미 관계는 더 좋아질 것"이라고 말했다. 총리는 예를 들어 말했다.

"여러분들도 아마 알고 계실 것입니다. 중국의 마지막 황제는 만주국 황제가 된 적이 있으며 감금된 적도 있습니다. 후에 해방되어 공민의 자유를 회복했습니다. 불행하게도 그는 4

년 전에 사망했습니다. 그의 부인은 아직도 생존해 계시며 아우도 계십니다. 그의 아우의 아내는 일본 귀족인데 역시 북경에 살고 있습니다. 장개석 수하의 수많은 고급 장교들도 해방전쟁 중에 우리에 의해 포로가 가 됐으나 이제는 모두 직업을 찾았습니다. 적지 않은 사람들이 북경에서 살고 있습니다."[170]

주은래의 담화의 뜻은 아주 빨리 전 세계 많은 신문들에게 퍼져나갔다. 1949년 중국인민해방군이 남경을 해방하던 장면을 목격한 바 있는 토핑 선생이 북경에서 발송한 보도가 제일 먼저「뉴욕타임즈」지에 실렸다. 그중에는 이런 한 내용이 있었다.

"주은래는 1949년 후부터 전패한 중국 국민당 군대의 고급 군관들은 줄곧 북경에 살고 있으며 큰 보살핌을 받아 왔다고 진술했다. 그는 또 폐위된 일본의 꼭두각시, 만주국 황제 부의에 대해 언급하면서 3년여 전 세상을 떠나기 전까지 줄곧 북경에서 살았으며 자유로운 생활을 했다고 말했다."

일본「아사히신문」도 본 지 고토 모토오 편집국장이 중국 동북지역을 방문한 뒤 주은래를 만나 나눈 담화 내용을 게재했다. 만남은 1971년 초겨울 북경에서 있었으며, 10개월 뒤 중일 양국 국교 정상화가 실현됐다. 보도는 "국교 회복은 인민의 염원"이라는 제목 아래 이렇게 썼다.

"고토 편집국장이 동북은 크게 발전했다고 말했다. 이어 주 총리가 또 발전한 건 맞지만 큰 발전을 이룬 것은 아니라고 말했다. 그는 어쨌든 간에 만주국 시대는 절대 다시 돌아오지 않을 것이라며 만주국의 황제 부의는 이미 죽었다고 말했다. 그는 또 공정하게 말해 마지막에 그는 훌륭하게 개조됐다고 말했다. 주 총리는 우리에게『나의 전반생』을 보여주면서 그대들은 모두 그가 쓴 책『나의 전반생』을 읽은 적이 있을 것이라며, 그는 인식이 크게 달라졌다고 말했다. 또 만약 신장암에 걸리지만 않았다면 좀 더 오래 살 수 있었을 것이라고 덧붙였다. 그는 또 마지막 황제를 그처럼 각성시킨 것은 결코 쉬운 일이 아니라고 말했다."

---

170)『주은래 외교 문선』, 중앙문헌출판사, 1990, 479~480쪽.

부의는 중국정부가 특별사면으로 석방한 첫 전범으로서 1959년 12월 4일 석방됐다. 이 날과 대응되는 날짜는 1975년 2월 19일, 이날 최고인민법원은 수감 중인 모든 전범 총 293명을 특별사면으로 풀어준다고 선포했다. 이로써 수감 중이던 모든 전범에 대한 처리작업이 마무리됐다.

전범 처리 마지막 절차로서의 결정권은 모택동에게 있었다. 1975년 2월 27일 모택동은 공안부 당의 핵심팀의 "제7차 특별사면 문제 관련 보고"와 인대 상무위원회의 설명을 듣고 나서 명확히 지시했다. 전범을 석방할 때는 환송회를 열 것이며, 모든 사람에게 공민권을 부여하며 일부 능력이 있는 자는 일을 할 수 있게 하고 연로하여 병든 자는 치료를 받도록 하라.[171]

그해 3월 17일, 제4기 전국인민대표대회 상무위원회 제2차 회의에서 주은래가 당 중앙과 모택동의 지시에 따라 제출한 모든 수감 중인 전범을 특별사면으로 석방하는 문제에 대한 건의에 대해 토론했으며 이에 상응하는 결정을 내렸다. 한 부총리가 이와 관련해 인대 상무위원회의에서 간단한 설명을 했다. 그는 이렇게 말했다.

"모 주석의 지시에 따라 이번에 특별사면으로 풀려나는 모든 수감 중인 전범에게 모두 공민권을 부여한다. 일할 능력이 있는 자에게는 적당한 일자리를 배치해주고 병든 자는 우리 간부들과 마찬가지로 치료해 주며 의료 혜택을 누리게 하며, 일할 능력을 상실한 자에 대해서는 부양해준다. 대만으로 돌아가길 원하는 자에게는 충분한 여비를 주고 편리를 제공해주며 갔다가 돌아오길 원하는 자는 환영한다. 석방될 때 모든 사람에게 새로 만든 의복과 100위안의 용돈을 나눠주며, 그들을 북경에 집결시켜 환송회를 마련한다. 당과 국가 지도자들이 그들을 접견하고 연회를 베푼 다음 그들을 조직해 참관과 학습을 시킨다."

이로부터 전범 특별사면에 관한 문제는 부의를 특별사면으로 풀어주면서 처음 시작했던 것처럼 모택동과 주은래가 제정한 개조정책이 시작과 끝이 있고 일관성이 있는 정책임을 충분히 증명할 수 있다. 또 부의가 황제에서 공민으로 바뀐 것은 오직 한 사람의 개조만이

---

171) 孫世强, 「무순전범관리소 역사 연혁과 대사기(撫順戰犯管理所歷史沿革與大事簡記)」, 「세계를 놀라게 한 기적(震撼世界的奇蹟)」, 중국인민출판사, 1990, 262쪽.

아니라 한 정책의 성공이요 역사적 의의가 있는 승리였음을 충분히 증명할 수 있었다.

부의는 밝은 앞날을 향해 몸을 던져 새로운 역사를 씀으로써 국가와 인민의 존중을 받았다. 1980년 5월 29일 전국정협은 아이신줴뤄 부의, 왕요무, 요요상 3명의 위원을 위해 성대한 추모 모임을 열었다. 등영초, 오난부(烏蘭夫) 등 당과 국가 지도자들이 화환을 보냈다. 유녕일(劉寧一) 중앙통전부 부부장 겸 전국정협 부비서장이 추도사를 통해 3명 위원의 정치적 태도, 업무 기풍, 사상 경계와 도덕적 정조를 매우 높이 평가했다. 중앙의 지시에 따라 부의의 유골은 팔보산 혁명 공동묘지 제1실 부사(副舍)에 새로 안장됐다.

부의에 대한 재평가가 확정되면서 그의 저서 『나의 전반생』이 새롭게 인기를 띠기 시작했다. "내란"이 채 끝나지 않은 1974년에 재차 인쇄하기 시작했던 이 책은 지금까지 이미 10여 차례나 인쇄 발행됐으며 총 인쇄한 수량은 200만 권에 이른다. 홍콩 문통(文通)서점과 대만의 금천(金川)출판사에서도 번자체로 잇따라 출판했다. 동시에 외국어출판사에서 번역 출판한 영문, 독일문, 아라비아문, 인도문과 방글라데시문 판본도 속속 세상에 나왔으며, 일본, 미국, 헝가리, 이탈리아, 독일, 프랑스 등에서도 번역 출판되면서 세계적으로 거대한 영향을 불러일으켰다.

최근 몇 년간 부의의 형상을 더 완전하게 부각시키기 위해 북경시 동성구 정협위원이며 부의의 미망인인 이숙현은 다른 사람과 합작해 『부의의 후반생』, 『아이신줴뤄 부의 화전』, 『아이신줴뤄 부의 일기』 등의 저서를 편찬, 출판했다.

중외의 극작가들은 『나의 전반생』과 부의의 후반생 생활, 그리고 부의의 후(后), 비(妃), 귀인(貴人) 등 새로 드러난 자료를 기본 소재로 재창작을 거쳐 부의를 스크린과 연극 무대에 올렸다. 그때부터 영화, TV, 무대의 예술 감상 분야에서 "중국 마지막 황제에 대한 붐"이 일어났다. 따라서 부의라는 사람의 가치, 『나의 전반생』이라는 도서의 가치도 갈수록 많은 사람들의 인식과 이해를 얻을 수 있게 됐다.

모택동과 주은래가 부의를 영원한 역사의 장 속에 기록해 넣었던 것이다.

후기

　천하를 통치하던 한 제왕이 후에는 기꺼이 한 명의 일반 공민이 되기를 원했다. 이는 실로 이해하기 어려운 인생 경력이었다. 그러한 경력이 부의에게서 일어났기에 그는 전 세계의 관심을 모은 전기적 인물이 됐다. 개조가 부의 일생의 관건이었으며, 그의 후반생의 토대가 됐음을 잘 알 수 있다. 부의를 이해하려면 반드시 이로부터 시작해야 하며 부의를 연구하려면 역시 이를 깊이 파고들어야 한다.

　영화 "마지막 황제"가 일거에 7개의 아카데미 금상을 거머쥐었을 때 프랑스 공산당 기관지 「위마니테」 기자가 이 거대한 영예를 창조한 세계적인 감독 베르나르도 베르톨루치(Bernardo Bertolucci)를 인터뷰한 적이 있다. 베르톨루치 감독은 영화 속의 부의의 일생 경력에 대한 인식과 이해를 이렇게 표현했다.

　"나는 이를 하나의 도덕 이야기로 간주했다. 역사, 정치, 도덕과 관련된 하나의 우화이야기인 것이다. 제일 처음에 나의 흥미를 불러일으킨 것은 청대 궁정의 놀라운 쇠락과 부패였다. 그런데 영화가 클라이맥스를 향해 전개되면서 이른바 교육자가 나타났다. 이야기가 점차 명랑해질 무렵이야말로 나에게는 제일 어렵고 또 나를 제일 빠져들게 하는 부분이었다. 바로 부의의 개조 부분이었다. 그 부분 역시 서방 관중들에게는 제일 이해하기 어려운 부분이었다. "세뇌"를 주도한 유령같은 존재가 계속 사라지지 않고 있었기 때문이었다. 나는 중국을 6~7차례 여행하면서 과거의 수감자, 간수, 심문 인원, 노동 개조 관리인원을 만나보았다. 그제서야 나는 처음에 우려했던 바를 대담하게 떨쳐내고 실제 일어난 사건을 서술할 수 있는 자신이 생겼다."[172]

"세뇌"라는 표현은 중국 정부의 범죄자 개조정책에 대해 서방인들의 머리속 깊이 뿌리내린 선입견을 반영하는 말이다. "세뇌"는 개조와는 다른 개념이다. 전자는 강제적이며 세뇌 대상의 외관만을 변화시킨다. 실제적인 고찰을 거쳐 베르톨루치는 "세뇌"라는 단어는 부의에게 적합하지 않다는 사실을 발견하게 됐다. 부의에게서는 이미 심적인 변화가 일어났기 때문이다. 혹은 선량한 본성의 회귀라고 할 수도 있을 것이다. 그의 영화 결말 부분에서 비록 부의의 걸음걸이와 활동 자세가 여전히 "황제식"이기긴 했지만, 그는 평생 처음 자유인이 되어 자유로이 자전거를 타거나 공공버스를 타고 거리에 나가 중국 농민이 신는 것과 같은 검은색 헝겊신 한 켤레를 살 수 있게 됐다. 다시 말해 그는 이미 일반 공민이 된 것이다. 베르톨루치가 말했다시피 부의의 일생은 어둠속에서 밝은 세상으로 걸어나온 한 차례의 여행이었다. 그는 어둡고 사람을 질식시키는 선통의 황궁에서 걸어 나와 매일 아침의 밝은 세상을 향해 달려왔으며, 모든 공민과 같은 일상생활을 향해 걸어왔다. 부의의 성공적인 개조에 대해 베르톨루치는 믿지 않던 데서 믿기에 이른다.

왜 중외 수천 수만에 이르는 사람들이 부의의 개조에 대해 도무지 이해가 되지 않는 것일까? 또 왜 "황제에서 공민으로"라는 부의의 현상을 신비한 미스터리로 보고 있을까? 그것은 그들이 부의 뒤에 있는 전 세계가 다 아는 두 명의 위인-모택동과 주은래를 본 적이 없기 때문이다. 만약 사상의 변화가 부의 일생의 관건적인 고리라고 한다면, 모택동과 주은래는 바로 그 변화를 이룰 수 있게 만든 관건적인 요소이다. 의심할 것도 없이 모택동과 주은래가 부의와의 실제 왕래는 한 각도에서 보면 모택동과 주은래가 자신들이 제시한 사회를 개조하고 인간을 개조하는 일련의 무산계급정책을 스스로 시범 보이고 스스로 설명한 것으로서, 이는 분명히 우월한 최상의 시각임에 틀림없다. 모택동과 주은래가 부의와의 실제 왕래를 다른 한 각도에서 보면 중국 마지막 황제의 일생에서 제일 중요한 경력으로서 수많은 독자들에게 부의의 미스터리의 해답을 찾아주는 황금 열쇠라 할 수 있다. 나는 오랜 세월 동안의 연구 실천 과정에서 이런 생각을 하는 사이에 이 책의 제목이 자연스레 머

---

172) 孟濤, 「베르톨루치가 『마지막 황제』를 논함」, 『당대 영화』, 1988년 제2기.

리에 떠올랐으며, 강렬한 연구 욕망을 갖고 나의 업무일정 속으로 뛰어들 수 있게 됐다. 이것이 바로 이 책을 쓰게 된 이유이다.

나는 이 책을 쓰면서 모택동과 주은래가 부의와의 실제 왕래에 대한 서술에 치중했다. 독자들은 정무에 바쁜 두 위대한 수령이 부의에게 그처럼 많은 정력을 쏟았고, 그처럼 많은 섬세한 배려를 했다는 사실을 놀랍게 발견할 수 있을 것이다. 그들의 왕래가 증명하다시피 두 위인은 통일전선정책과 범죄자 개조정책을 창조하고 이행한 빛나는 본보기이며, 그들은 모든 범죄자들을 사회와 국가, 민족에 유용한 새 사람으로 개조해 소극적인 요소를 적극적인 요소로 바꿀 수 있는 결심과 믿음을 갖추었다. 그들은 또 혁명 인도주의자로서 혁명의 이익에서 출발해 개조 대상의 근무와 학습, 생활 및 건강 등 여러 방면에 대해 진심으로 관심을 기울였다. 이는 애국통일전선을 더 한층 확대시키는데 있어서 중대한 의의가 있으며 국제적으로도 많은 영향을 일으켰다.

청조의 멸망에서 만주국의 붕괴에 이르기까지 부의는 30여 년간 복위의 꿈을 꾸었었다. 그 뒤 사회주의 개조를 거쳐 더 이상 그 꿈을 꾸지 않았다. 그는 매우 기꺼이 신 중국의 공민이 됐을 뿐만 아니라 인민의 나라에 기여하기 위해 노력했다. 이 모든 것은 모택동과 주은래의 개조와 통일전선정책 실천의 성공일 뿐 아니라, 그들의 위대한 이론적 창조의 승리이기도 했다. 그들은 마르크스주의의 기본 원리와 장기적인 혁명 실천 경험에 따르고, 전 민족과 전 인류의 최대의, 장대한, 근본적인 이익에서 출발해 민족통일전선과 민주통일전선·애국통일전선을 기본 내용으로 하는, 서로 다른 역사시기에 서로 다른 형식의 혁명통일전선을 취해야 한다는, 혁명의 3대 법보 중 하나가 된 혁명통일전선 이론과 정책을 제정해냈다. 뿐만 아니라 그들은 두 차례의 세계대전 후에 점차 형성된 혁명인도주의 원칙에 따라 전쟁포로를 대해야 한다는 국제관례를 참고로 하고, 장기간 국내혁명 투쟁과정에서 포로를 우대하고 원래의 압박자와 착취자였던 대상을 개조해온 역사적 경험을 종합해 부의의 사회주의 개조 문제에서 한 층 더 이론적으로 논술하고 발휘해 모택동 사상의 내용을 풍부히 했던 것이다.

왕칭상

1992년 6월 8일 창춘(長春) 난후신춘(南湖新村)

모택동과 주은래 그리고 부의

초판 1쇄	인쇄 2015년 10월 30일
초판 1쇄	발행 2015년 11월 10일
지 음	왕칭샹(王慶祥)
옮 긴 이	김승일 · 전영매
발 행 인	김승일
펴 낸 곳	경지출판사
출판등록	제2015-000026호

판매 및 공급처 / 도서출판 징검다리/경기도 파주시 산남로 85-8

Tel : 031-957-3890~1 Fax : 031-957-3889

e-mail : zinggumdari@hanmail.net

ISBN 979-11-86819-03-6   03320